U0694331

万卷方法学术委员会

学术顾问

黄希庭　西南大学心理学院教授

沈崇麟　中国社会科学院社会学所研究员

柯惠新　中国传媒大学教授

劳凯声　北京师范大学教育学院教授

张国良　上海交通大学媒体与设计学院教授

学术委员（以下按姓氏拼音排序）

陈向明　北京大学教育学院教授

范伟达　复旦大学社会学系教授

风笑天　南京大学社会学系教授

高丙中　北京大学社会学人类学研究所教授

郭志刚　北京大学社会学系教授

蓝　石　美国 DeVry 大学教授

廖福挺　美国伊利诺大学社会学系教授

刘　军　哈尔滨工程大学社会学系教授

刘　欣　复旦大学社会学系教授

马　骏　中山大学政治与公共事务学院教授

仇立平　上海大学社会学系教授

邱泽奇　北京大学社会学系教授

苏彦捷　北京大学心理学系教授

王天夫　清华大学社会学系教授

孙振东　西南大学教育学院教授

夏传玲　中国社会科学院社会学所研究员

熊秉纯　加拿大多伦多大学女性研究中心研究员

张小劲　清华大学政治学系教授

张小山　华中科技大学社会学系副教授

谨以此书献给我的妻子，卞蓉。

万卷方法

Survey Design and
Data Analysis:
From Research
Proposal to Publication

社会调查设计与数据分析
——从立题到发表

徐云杰 著

重庆大学出版社

内 容 提 要

本书从科研立题开始,手把手带领学者走过社会调查研究过程中的每一步,并解释理由、做法、各方法的优缺点。详细介绍了问卷设计、数据收集过程中的要点,重心是调查数据的分析,包括回归建模、因子分析与结构方程,目的是教读者提出合理的科研模型。最后,本书介绍了国际学术期刊论文写作与发表的要点。

图书在版编目(CIP)数据

社会调查设计与数据分析:从立题到发表/徐云杰
著.—重庆:重庆大学出版社,2011.6(2021.11 重印)
(万卷方法)
ISBN 978-7-5624-6074-9

Ⅰ.①社… Ⅱ.①徐… Ⅲ.①社会调查—调查方法
Ⅳ.①C915-31

中国版本图书馆 CIP 数据核字(2011)第 047055 号

社会调查设计与数据分析
——从立题到发表

徐云杰 著

策划编辑:雷少波 林佳木

责任编辑:林佳木   版式设计:林佳木

责任校对:邹 忌   责任印制:张 策

*

重庆大学出版社出版发行

出版人:饶帮华

社址:重庆市沙坪坝区大学城西路 21 号

邮编:401331

电话:(023) 88617190 88617185(中小学)

传真:(023) 88617186 88617166

网址:http://www.cqup.com.cn

邮箱:fxk@ cqup.com.cn (营销中心)

全国新华书店经销

重庆升光电力印务有限公司印刷

*

开本:787mm×1092mm 1/16 印张:19.5 字数:473 千

2011 年 6 月第 1 版   2021 年 11 月第 8 次印刷

印数:19 001—22 000

ISBN 978-7-5624- 6074-9   定价:69.00 元

本书如有印刷、装订等质量问题,本社负责调换

版权所有,请勿擅自翻印和用本书

制作各类出版物及配套用书,违者必究

知己者明,知人者智。行为研究的主要目的是要了解人们对问题或现象的认识与态度如何影响他们的行为。这样的知识可以用在教育中、营销中、服务中、管理中、信息系统的设计中、服务系统的设计中、心理辅导中、广告中、公司形象管理中、大众传播管理中、组织动员中、政治宣传中等。了解人的行为,可以让我们更好地为别人服务。

通过社会调查对人的行为进行研究是一门科学,是一种应用心理学。这种研究在国外十分普遍,是社会学、管理学、心理学、教育学等社会科学研究中的基本研究方法。但是国内这方面的教材与读物却很少。现有的教材往往只是一般性的介绍,无法指导学术研究。本书的目标就是为那些准备写与行为研究相关的学术论文的学者提供一本简明的研究方法参考书。本书的对象包括做毕业论文的本科、硕士与博士生,以及希望在学术期刊上发表论文的学者。

本书的重点不是教读者如何写好英语或者提出一个伟大的研究模型。本书假定读者已经有一个研究课题,只是苦于不知道如何把它实施出来,不知道如何设计问卷、收集数据、对数据进行统计分析,并写出像样的研究方法报告。本书以社会调查研究为对象,对以上的难点进行解释。本书不求全备,而求实用。边做、边学、边写是学习社会调查研究方法行之有效的途径。

作者愿尽最大的努力把自己在行为研究方面粗浅的经验与读者分享,希望这些经验对大家有所裨益。作者同时抱着战战兢兢的态度,唯恐书中有不妥之处。作为初版,笔者热切希望得到读者的反馈,以期在本书再版时可以更好地服务大家。读者可以通过网络搜索(按笔者名字或名字的拼音)找到笔者的个人网页并与笔者直接联系。另外,笔者也有相应的教学材料,包括试卷、测验、参考文献、课外阅读与课内讨论,供任课老师使用。这些材料不会向学生提供。有意者请与笔者联系。请读者就本书中任何错误与含糊之处提出建议。请注明页码与位置。

在本书的成稿过程中,作者非常感谢很多热心读者的帮助。因为篇幅的缘故,我在这里只列举其中几位,他们是:

- 张诚,复旦大学

- 于笑丰,南京大学

- 伍琳瑜,南京邮电大学

- 郭零兵,中南大学

作者热心期盼更多的读者提供反馈意见。

作者深信,知识的价值在于分享。所以,本书之征求意见稿在网上可以免费下载。本书出版之后,蒙重庆大学出版社的慷慨应许,原稿还是可以在作者的博客免费下载。但是,使用者不得修改本教材,修改意见可以反馈给作者;使用者也不得将本教材用于任何商业目的,比如出版、商业培训等;使用者也不得在其他网站传播原稿。允许的使用方式仅限于作为大学的教材与自学。本教材在出版之后,版权属于重庆大学出版社,请大家自觉停止未经许可的传播,否则传播者将承担相应的法律责任。谢谢大家的理解!

徐云杰

2008 年初稿于新加坡,2011 年定稿于上海

导　论 **1**

1.1 谁需要读这本书

　　本书的目的是为了给中国社会科学及其相关学科的研究人员提供研究方法的入门训练。现在国内研究环境在改善,对教师与学生的科研要求也越来越高。据笔者所见,很多高校年轻教师与研究生缺少研究方法上的训练,这个现象在社科类研究中更是如此,比如管理学、心理学、社会学、教育学。现在很多高校要求研究人员不但在国内发表文章,而且要在国际期刊上发表,这对于不熟悉国际上主流的研究方法的科研人员是一个很大的挑战。国内现在也有很多研究方法论的书,而且不乏国外原著及译本。国内看得到的社会调查研究方法著作有两类:一类是本科教材,对社会调查进行概念性的介绍,但不介绍如何提出理论模型与进行数据分析,所以不足以指导学术研究。第二类侧重于数理,对于社会科学研究人员来讲,这些书就是统计教材,不但艰涩,而且对统计技术在实际研究,尤其在社科研究中的应用缺少论述。至于国外原著与译本,则夹杂很多术语与不甚通达的翻译,使读者在理解与吸收上都有困难。研究人员往往也不知道什么样的原著与译本是应该看的,什么可以不看。如果费了九牛二虎之力,啃下一本外语书或者译本后还不知道如何应用,或发现其实没什么用处,岂不冤哉。

　　为此,笔者总结自己在海外研究与教学的粗浅经验,与国内的学者分享社会调查研究方法的一般原理与做法,使国内的学者可以比较快地进入到合乎国际标准的研究方法中来。本书的对象包括做毕业论文的本科、硕士与博士生,以及希望在学术期刊上发表论文的学者。笔者曾给研究生与博士生上过多年的研究方法论,其中很多是来自国内的学生,或者是没有任何研究基础的学生。这些教学经验也使笔者体会到如何介绍研究方法会更为有效。而且,在开授这门课之前,笔者是带着工程研究的背景来接触社会科学研究并学习社会科学的研究方法的。这个经历也许与许多国内有工科或理科背景的学者相似。所以,这本书即是一本授课教材,也是一本自学笔记。笔者愿意把这些经验分享出来,供更多的人借鉴。

　　本书所讲的社会调查研究方法面向管理学、心理学或其他社会科学。本书的研究方法可能不适用于工程或数理研究(虽然社会科学与自然科学的研究方法有很多相通之处)。举例来讲,我们所讲的研究课题可能是:

1. 哪些因素会影响消费者对 3G 通讯产品的采用?
2. 哪些因素会影响会员在一个网上社区的忠诚度?
3. 一个用互动式 FLASH 设计的网上产品演示相比传统的文字或图片方式有什么好处? 为什么?
4. 哪些因素会影响一个员工学习的知识量? 为什么?
5. 哪些因素会影响一个企业对新技术,比如网上交易平台的采用?
6. 哪些因素会影响企业之间供应链的稳定性与效率? 为什么?
7. 什么样的个性因素与游戏设计元素会导致青少年更容易上瘾?
8. 农民对电子技术的采用与城市居民有什么不同? 为什么?
9. 哪些因素影响一个员工在组织中的知识分享?

这样的例子当然还有很多。以上有很多例子与 IT 比较相关,这也是笔者的研究兴趣所在。但是,本质上,我们所要讲的研究方法适用于消费者心理学、组织行为学、管理信息系统、心理学、社会学、教育学中的一般性课题。这些课题的基本特点是研究人的态度、意愿、行为。这一类研究统称为**行为研究**(behavioral research),它是心理学在其他学科上的一种应用研究。它的研究对象往往是作为个体的人。当然有时候行为研究的对象是公司或组织——此时,公司或组织的管理人员往往是分析单位,他们代表所在的组织。读者可以由此决定这本书是否适合你的研究兴趣与研究方向。

行为研究的方法有多种,最常见的是社会调查方法(survey)与实验设计(experimental design)。本书只介绍社会调查方法。社会调查方法是一种使用调查问卷来收集数据、对人的态度、意愿、行为进行研究的定量方法。

1.2 如何读这本书

作为一本教材或自学教材,要通过它学习研究方法,最重要的是身体力行。如果不去实践其中的研究方法,这本教材就会和其他教材一样,在被读者浮云流水一般地阅读后,不留下丝毫记忆。为了让读者更好地掌握社会调查方法,本书采用两个做法:第一,在内容安排上,本书不求全而力求简单,控制内容的长度。而且,除了介绍基本原理,本书给出具体范文,并要求读者研读、思考范文中的研究方法。本书也要求读者重新分析范文中的数据,以理解其中的过程与结果。第二,希望读者在阅读此书的过程中,计划并实施一个简单的研究课题,一边学,一边做。如果边学边做,阅读这本书大概会花 3~6 个月时间。如果你觉得这是一本可以在一两周内读完的书,你就错了,还是不要浪费时间。相比之下,阅读范文、理解方法以及其中的统计技术都不是最难的;根据研究方法,自己做一个项目才是最难却最有效的途径。

如果你想用本书作为教材授课,要求学生在学习方法的同时进行一个课题研究也是一个必不可少的部分。笔者的经验是学生可以在一个学期中完成一个简单课题的数据收集与分析。我们会在第 2 章末再来讨论这个问题。

在理解本书的内容时,读者需要使用统计分析软件。我们推荐 SPSS 与 LISREL。这两种软件都需要。STATA 的功能与 SPSS 类似,因而可以用来取代 SPSS。AMOS 或 MPLUS 与 LISREL 类似,因而可以用来取代 LISREL。LISREL 的学生版可从 http://www.ssicentral.com 获得。但读者至少要有其中一种。

在进入研究方法的细节之前,我们先来讨论一些关于科研一般性的话题,以界定本书的范围。

1.3 行为研究要回答什么问题

我们要从科学研究中发现什么呢? 一个简单的回答是知识。可是什么是知识呢? 这个问题很难回答。知识(knowledge)可能是关于一些事物的事实(facts)、事物间的关系(relationship),或事物的发展过程(process)。也有学者认为知识是一个主体知道的过程(knowing)与能力。我们将简单地把知识看做一些事物的状态、事物间的关系和事物的发展过程。这也常常被叫做是"什么""为什么"与"如何"的问题(what,why,how)。要注意前两者是静态的,而第三者是动态的。比如,我们的兴趣可能是一个组织采用 IT 的现状(what),采用的决定因素(why),与采用的过程(how)。不同类型的知识要求由不同的研究方法来发现。而在本书中,我们将侧重于关于事物的状态与事物间关系的研究,也即关于 what 与 why 的问题。我们所要讨论的科研方法也是适合这些课题的方法。关于事物发展过程的实证研究方法相对不成熟。读者在了解基本的研究方法之后,可以自行选读其他的研究方法著作。

关于 what 与 why 的问题往往以一定的形式出现。如以上的例子所述,当我们问"是哪些因素影响了一个因变量?""哪些因素"回答了 what,而为什么一个因变量会取一定的值(当然是因为哪些因素影响了它)则回答了 why。

1.4 管理与社会科学中定量的行为研究方法

管理学是一个庞大的学科体系,它包括财务、营销、战略、信息系统、运营、会计等各方面。其中每个专科都有其独特的课题与相应的研究方法。比如,财务与金融研究多采用经济学或计量经济学模型,运营管理则采用运筹学等应用数学方法,营销学根据课题的不同会用到计量经济学模型或心理计量学方法,组织行为学则多用心理计量学与社会学中的方法。本书所讲到的方法,主要针对的是管理中的行为研究。因此,这些方法适用于组织行为学、消费者心理学、管理信息系统研究、人力资源管理,等等。这些课题的一个共有特点是它们对一个或一群人的行为感兴趣,并试图理解人的行为是怎样,为什么会这样。比如,为什么有的电子商务网站受欢迎? 为什么有的领导得到支持? 为什么有的企业信息系统会成功? 也即,这些课题的基础是心理学或社会心理学。心理学侧重于对个人心理的研究,而社会心理学则侧重于对人与人关系中的心理学的研究。所以说,这些管理研究可以被看做是心理学或社会心理学在管理中的应用。心理学与社会心理学则为这些课题提供了基础理论与相应的研究方法,因此,它们被认为是这些学科的基础学科(reference disciplines),就好象数学是计量经济学的基础学科,生理学是病理学的基础学科。一个管理行为科研人员的基本训练中必需包括对心理学与社会心理学的认识。

心理学与社会心理学不但为管理中的行为研究提供了理论基础,也为其提供了方法论,即心理计量学(psychometrics)。心理计量学提出了一套如何测量心理现象,并对其进行数学分析的统计方法。当然,心理计量学本身以统计学、数学为基础。心理计量学方法被广泛地应用在管理行为研究中并成为主流方法。所以统计学和心理计量学是我们所要介绍的研究方法的基础。

根据研究目的的不同,行为研究可以分为几类。第一类要描述一个事物的状态,即关于 what 的问题。相应地,所用的统计方法往往是描述性的。**描述性研究**(descriptive research)往往只汇报一个现象的各种描述性统计参数(descriptive statistics)。比如中国每年的网民统计即属于此类。它可能汇报网民的年龄分布、职业分布、上网方式及收入分布。第二类是**探索性研究**(exploratory research),它对各变量之间的关系进行描述。这种研究往往在描述性统计参数的基础上报告变量之间的相关性,比如相关系数(correlation)。可是这种相关性往往不是事先推理得到的,并指望在一个数据中得到检验。科研人员可能直观地觉得某些变量之间应该有关联,或在数据中发现有些变量之间有关联。因为这些关联有一些潜在的价值,所以值得报告。第三类则是**验证性研究**(confirmatory research)。它往往先对一个现象作假设,并使用统计方法进行假设检验。在这种情况下,科研人员通过理论推导,认为一个变量很有可能影响另外一个变量。所以科研人员有意识地去采集这些变量,并在所采集的数据中对这个关系进行检验,看它到底存在不存在。一个大的科研项目往往会有多个研究目标并使用多类行为研究方法。在初期研究中,我们往往对 what 感兴趣。当我们知道发生了什么,我们对 why 感兴趣。一个科研项目往往包含多次的数据采集与分析。本书的重点在验证性研究,即先对一个现象的原因做一定的假设来回答why 的问题,然后做假设检验。验证性研究往往同时包含描述性的内容。

假设检验往往需要用定量方法。定量的研究方法有多种,最常见的有问卷调查与实验设计。这两种方法在管理学、心理学、社会学中都很常用。本书所要介绍的是基于问卷的社会调查方法。我们将专注于如何对问卷调查的结果进行定量分析。问卷调查方法是一个相当复杂的学科。但本书的目的不是面面俱到,而集中在大家觉得比较难的数量分析方面。我们的原则是力求简单、直观但不失深度,用一本小小的册子介绍这种方法,使得读者能快速入门,并开始做可以发表的研究。

1.5 什么是科学的研究方法

什么是研究方法呢? 首先,我们要知道什么是科学。什么是科学? 科学界、哲学界,乃至宗教界对此有无数的争论,而且至今不息。然而这并不是本书所要讨论的话题。但是我们却需要在这一片争论中界定我们的主题。对我们来讲,我们简单地把科学理解成是关于自然、社会、人的事实与理论。这是它静态的层面,是我们所要致力寻求的。科学动态的层面是指对原有知识的否定与发展,即科学的进步。从动态的角度看,很多以前所谓的"事实"与"理论"可能根本就不是事实或理论,而只是假设或假说。国内的读者应该很熟悉这种辩证关系。所以所谓的科学可能只是我们现在觉得可信,也觉得够用了的知识。它在我们觉得不可信、不够用的时候被挑战、被否定。科学的研究方法是发现与验证新的事实、理论的方法,也是科学进步的基础。

那么什么是科学的研究方法呢? 科学的研究方法首先要求的是科研人员的诚信。虽然科研人员之间的竞争(假定竞争是公平的)迟早会淘汰伪劣的学者,但没有科研人员的诚信,科学的进步却会大大受阻。所以,科学研究的方法论始于科学的研究态度,也就是科学家的职业道德。

科学家只有职业道德是不够的,因为好心可以做错事。**研究方法**(research methodology)要求科研人员按照一定的步骤进行科研,以保证所发现的知识的**效度**(validity)。而效度的基本含义是可靠性,可靠性反映为逻辑性与可重复验证性。逻辑性与可重复验证性是判断研究效度的核心。那么在行为研究中如何保证其结论有一定的效度呢？这主要是通过严谨的理论论证与严谨的实证研究来保证。而严谨的实证研究指的就是使用严谨的研究方法。在讨论研究方法之前,我们有必要先解释理论论证是什么。

在行为研究中,理论论证往往是基于概念推导。比如,如果信息的空间位置是帮助记忆的一个重要因素, 我们可以推理得到:在显示信息的时候,如果我们让信息的空间位置变得不明确,那么这样的信息就不容易记住。所以,当我们在电脑上显示一篇文章时,如果显示界面类似一个真实的书本,因为这时信息的空间位置比较明显(比如大概在多少页、在某页的大概哪个位置),读者就比较容易根据位置记住其中的信息。如果整篇文章都在一长页中,因为没有页码与某页在书的厚度中的大概位置,信息的位置只有二维坐标,而没有第三维的位标。而且这个二维坐标又因为页面会滚出显示屏而难以准确定位,结果是读者会比较难以记住其中的信息。这可能是很多人发现机考 TOEFL 比纸考难的一个原因。又如,人际沟通理论(communication theory)认为两个人之间的交流不但传递了信息,而且同时会改变两个人之间的关系。所以,我们可以推理得到如果所有的人都用计算机来通讯,那么人与人之间的关系(比如说感情)也会改变,虽然这个改变的速度与方式可能与不用计算机时不同。这种概念推理的背后是典型的三段论,而三段论式的论证方式在行为研究中大行其道。

理论推导并不一定是概念推导。比如,理论推导可以是数学证明,用数理逻辑性来保证结论的效度。在经济学中,寻找一个关系(比如供求关系)的平衡点往往也是一种数学或逻辑推理(比如 game theory)。在数学与经济学中,这个推理的准确性是明确的。对错之间决不含糊。在社会科学中,数理逻辑并不常用,更多则是基于文字与概念的推理,但这样的推理也应当基于形式逻辑。

如果一篇文章只有概念推理,而没有实证研究,这样的文章被称为一篇理论性文章。这样的文章是观点性的。其观点的严谨性和新意是判断这篇文章的主要指标。

为保证一篇论文结论的效度,除了理论论证,还需要按照严谨的方法收集实际数据来支持。收集数据对理论进行论证的过程就是**实证研究**(empirical research)。所以我们也把一个具有实证研究的文章叫做是一个实证研究。和理论性的文章一样,一个实证性的文章往往也会有一个严谨的理论性的推导。在这个推导的基础上,研究人员还需要按照一个严谨的方法来收集实际数据,并对推导的结论进行验证,看它是否与实际数据相符。其他的研究人员也可以对他人的理论推导所得的结论收集不同的数据加以验证。这种同时用逻辑与实证来保证知识的效度的观点是欧洲文艺复兴以来的主流,并被冠以实证主义(positivism)的名号。实证主义的好用之处在于其可重复性。所以如果一个科研人员无法验证另外一个科研人员的推理,或在实证过程中发现不同的结论,前者的效度就会被质疑,从而去芜存菁,使真理得以发现,使科学能继续成为科学。

所以,为了保证科学研究的结论是有效的,科研人员就要采用一个大家公认的、客观的步骤来进行研究,这样后人可以重复这个步骤来验证前人的结果。这样的步骤,就是我们所讲的研究方法。

但是实证研究也有无能为力之处。实证研究的前提是我们感兴趣的课题适于逻辑推理与实证。如果一个现象"不具有逻辑性"怎么办？比如,社会现象可以很复杂,几十个变量在一起作用,其复杂度是一般的逻辑推理无法应付的。一种办法当然是简化这个问题,只保留最主要的几个变量,再进行逻辑推理。如果问题中没有明显的主要变量,或简化后的问题与原问题相去甚远、失去真实性怎么办? 为保留问题的原貌,个案研究(case study)、基于情境的解释方法就有可能被用来理解这个问题。在管理研究中,解释主义(interpretivism)是一种最近经常被采用的方法。这种方法并不一定尝试去简化问题,而是按照事情实际发生的过程与相关的变量来解释其发生。比如,为什么布什政府会发动伊拉克战争? 文明冲突、资源争夺也许可以简化问题并预测这样的战争迟早会发生,却无法解释它为什么发生在布什任内。也许解释主义能从布什的个人政见、美国与伊拉克的互动、石油商,乃至美国情报部门的一些小小意外来解释这件事情的来龙去脉。

如果一个现象"不具有可重复性"怎么办? 仍然用上面的例子:同样的事件只能发生一次,或有限的几次。统计方法将无法使用。统计意义上的实证效度也无从讲起,传统的实证主义方法也将无法使用,科研人员可能诉诸解释主义或类似的方法。显然这些方法在基于统计的实证主义的范畴之外。

对于本书来讲,我们所指的社会调查研究方法仅限于基于统计的实证主义方法。读者要注意到其局限性。但是,在当前的管理研究中,这些方法是主流,并将在我们所能看到的未来仍是主流。在这本书中,我们将专注于有足够样本量的社会调查方法。我们的重点是理解其中的数据收集与分析的数量方法,也即一个研究的实证部分。作为背景知识,我们也会介绍一般的科研立题与理论论证过程。但重点在于执行过程与数量分析。值得注意的是:一个成功的科研项目往往会把它百分之七八十的时间花在立题与理论论证过程中,数据采集与数据分析往往只占一小部分。而且,实证过程的重点在于对数据采集过程的规划,真正的采集与分析本身只是一小部分中的一小部分。更重要的是,理论论证与数据采集、分析是一个紧密结合的整体。这一点我们会不断强调,虽然本书侧重于数据采集与分析。

1.6 总　结

以上我们的主要目的是界定本书的讨论范围。就研究对象而言,我们关心的是管理中(或其他社会科学中)人的行为的静态方面,那些关于"为什么"的问题。就整个科研过程而言,我们关心的是研究方法论部分,即数据采集与分析的规划及操作。就研究方法的种类而言,我们关心的是定量的、实证的方法。读者所要注意到的是我们的范围只是研究方法冰山上的一角。以一个开放的心态去接触学习其他方法是极其必要的。对大部分科研人员来讲,掌握两类以上科研方法是必要的。只会其中一类(比如本书中的方法)是基本要求。

在本书的介绍过程中,我会尽可能地用到不同管理学科的例子。但是由于作者本人的研究方向是信息行为与管理信息系统,这方面的例子会多一点。而且,我们的目标是到世界级的英语学术期刊发表论文。我们所用的例子也会是英语论文。

有的人说,研究(尤其是社科类研究)就是用谁都听不懂的话,来讲谁都知道的东西。本书的目的是要读者真正了解这些"谁都听不懂的话",而且知道如何讲这种话,并最终让别人也听得懂。

课后练习

阅读

必读论文（范文）

Xu，Y.，& Chen，Z.（2006）. Relevance judgment：What do information consumers consider beyond topicality？ *Journal of the American Society for Information Science and Technology*，57（7），961-973.

课程项目

请开始设计一个研究模型，并在课程结束时完成。

词汇表

行为研究（behavioral research）　　验证性研究（confirmatory research）

社会调查方法（survey）　　研究方法（research methodology）

描述性研究（descriptive research）　　研究效度（validity）

探索性研究（exploratory research）　　实证研究（empirical research）

附：范文及注解

在这一部分,我们通过分析一篇论文(Xu & Chen, 2006)来看它的研究计划、理论论证、实证方法,以及写作等各方面。这是一个信息科学(information science)方面的题目。它的主题是人们在判断一篇文章或文档与他们的信息需求(information need)之间的有用性(relevance)时会采用哪些评判标准。从本文的出发点来看,其目的是为电子化的信息检索提供理论基础。

选用这篇文章作为范文并不是因为这篇文章写得特别好,而是基于以下原因。第一,因为这是作者自己的文章,作者对于其中的每个细节都熟悉,所以可以更好地与读者分享其中的经验。第二,因为作者有这篇论文的实际数据,可以与读者分享,作为读者的一个练习。第三,这篇文章是一个相当中性的课题,不管读者是什么学科背景,都可以相当直观地理解这篇文章的内容。第四,我们会对本文的不足之处进行讨论,读者可以从中了解一些常见的错误。第五,本文所论述的文档有用性的评判标准也可用来作为判断一篇论文质量的标准。

范文分两部分:第一部分是范文的手稿。作为手稿,其内容与实际发表的文章略有不同。这是因为实际发表的文章会因为最后定稿的需要作一些编辑。但内容主旨相同。作为手稿,本文基本上遵循手稿的格式,虽然字体与行距较紧,以节省空间。文中所用的图与表也一律放在正文之后,一如大部分手稿所要求的。第二部分是调查问卷。读者可以看到本文所用的调查问卷。但是与正文一样,因为排版的需要,以及与本书主旨的协调,其格式做了一些微调整。这些部分都加了注解。

读者可以先把下文读一遍。在读第二遍的时候再读注解。在本书的各章节,我们会常常引用范文作为例子。所以先对这个范文有一定的了解对于理解其他各章节会有很大的帮助。

这篇范文的另外一个目的是提供一个手稿写作的范例。初学者可以从这篇范文学习一般的论述与报告过程。

一、范文手稿

原文	注解
Relevance Judgment-What Do Information Users Consider beyond Topicality?	摘要中点出了:

ABSTRACT

How does an information user perceive a document as relevant? The literature on relevance has identified numerous factors affecting such judgment. Taking a cognitive approach, this study focuses on the criteria users employ in making relevance judgment beyond topicality. Based on Grice's theory of communication, we propose a five-factor model of relevance: topicality, novelty, reliability, understandability and scope. Data are collected from a semi-controlled survey and analyzed following a psychometric procedure. Topicality and novelty are found to be the two essential relevance criteria. Understandability and reliability are also found to be significant while scope is not. The theoretical and practical implications of this study are discussed.

Keyword: relevance, relevance criteria, topicality, novelty, reliability, understandability, scope, psychometric analysis, structural equation modeling

摘要中点出了:

- 科研主题:即研究 relevance,一个信息行为学中的关键概念。
- 本文的视角(cognitive view, Grice's theory of communication)。
- 理论模型的主要自变量(topicality, novelty, reliability, understandability and scope)。
- 实证研究的主要发现。以上几点往往是一个摘要的要点。

INTRODUCTION

The rapidly expanding Internet and other digital document depositories have generated a huge amount of textual documents. Consequently, information overload becomes a pressing issue for users of these depositories(Wurman, 1989). Searching for relevant information is increasingly a hard and frustrating task. Among the huge amounts of textual documents retrieved by typical information retrieval (IR) systems nowadays, most are found irrelevant. This phenomenon has raised doubts about the effectiveness of the mechanical approach to relevance definition such as the well-known cosine score in the vector space model. It has also triggered a resurgence of interest in the concept of relevance. Relevance is regarded as the "fundamental and central concept" in information sciences(Schamber et al., 1990; Saracevic, 1975). As a result of the inadequacy of system or algorithm oriented perspectives on relevance, recent studies have advocated a user oriented and subjective perspective. For example, Saracevic(1970, p. 20)argues that "only the user himself may judge the relevance of the document to him and his uses". Subjective relevance concepts like psychological relevance and situational relevance are accepted, at least theoretically, as replacements or extensions of objective and system-determined relevance. In general, relevance is now regarded as a subjective, multidimensional, dynamic and measurable concept(Schamber et al.,1990).

Introduction 点出课题的大背景:Information age calls for the understanding of subjective relevance. 这一段强调了两个重要性:

- 本课题的实践重要性。
- 研究界对这个问题的重视。

原文	注解

原文

If relevance is subjective, then what makes a user judge a document as relevant? Many different document attributes have been noted to affect relevance judgment, including recency, reliability and topicality. Such a list of document attributes can easily contain more than 20 criteria (e. g., Barry & Schamber, 1998). Though comprehensive, the long lists in the extant research suffer a number of limitations. First, when the number of factors is large, it obscures the key factors. Second, although Barry and Schamber (1998) suggest that there is a core set of user criteria across different situations, no consensus has been reached regarding the set and the definition of key factors in the set. One factor that seems ubiquitous is topicality (e. g., Hirsh 1999; Schamber & Bateman, 1996; Wang & Soergel, 1998; Bateman, 1999). In fact, topicality has been identified as the first or basic condition of relevance (Greisdorf, 2003). In contrast, there is no agreement on factors beyond topicality; neither in terms of what they should be nor how important they are. Finally, methodology-wise, past studies are almost exclusively exploratory and data-driven. Exploratory studies are very useful in uncovering an unknown phenomenon. However, they cannot confirm if a certain factor so identified is statistically significant in the domain of interest. Comparatively, confirmatory studies adopt a hypothesis testing procedure, which helps further test the validity of the identified factors and weed out the insignificant ones. Unfortunately, almost no studies in relevance judgment have adopted the confirmatory approach. Consequently, the importance of many relevance criteria is still unclear.

With a focus on user's relevance judgment, the purpose of this study is: 1) to identify a set of core relevance criteria using a theory-driven approach, and 2) to test the validity of these factors with a rigorous psychometric approach. The rest of the paper is organized as follows: We review the literature on relevance and relevance judgment next.

After that, we identify a set of core factors based on Grice's (1986) communication theory, which leads us to our research model and hypotheses. The empirical study is then discussed and the data analysis reported. Finally, we discuss the theoretical and empirical implications of our findings.

注解

从课题的大背景聚焦到本文的研究课题:What makes a user judge a document as relevant? 以非常简练的方式指出**前人研究的不足**:There is no agreement on factors beyond topicality; neither in terms of what they should be nor how important they are.

至此,科研动机十分明显。一定程度上,本文的潜在贡献也表达出来了。科研动机要以因变量为中心。

明确陈述本文的**研究课题**(research question)。课题陈述是一篇文章的必要元素。由此可以看出,subjective relevance是本文的因变量。有时候我们会在这里提到这个研究的贡献。

概述论文结构。

原文	注解

REVIEW OF RELATED WORK

Subjective Relevance

What is relevance? For more than fifty years, information scientists have attempted to define this concept in different ways (Saracevic, 1975; Schamber, 1994). In recent years, the concept has increasingly come to be regarded as subjective in nature rather than being algorithm-determined(e. g. , Saracevic, 1975; Schamber, 1994; Cosijn & Ingwersen, 2000; Borlund, 2003; Mizzaro, 1997). The term subjective relevance is used as an umbrella term to cover the concepts of subjective topicality(or topical relevance) and situational relevance. Here, subjective topicality refers to the 'aboutness' of a document as perceived by the user in relation to her information need; situational relevance refers to the usefulness, value, utility, pragmatic application or pertinence of a document to the task or problem at hand (e. g. , Saracevic 1975; Cosijn & Ingwersen, 2000; Hjørland & Christensen, 2002; Park 1997; Mizzaro,1997).

Subjective topicality extends system-determined querydocument match which is known as system relevance (Saracevic, 1996). However, it is different from system relevance. While system relevance is calculated by mechanical criteria such as cosine similarity in the vector space model, topical relevance is the user's subjective judgment. If the user believes a document is about the topic area of interest, then it is topically relevant. However, relevance is not limited to topicality, as indicated by Bookstein (1979). Boyce(1982) argues that merely hitting the topic area is insufficient; users are looking for informativeness beyond topicality. Hersh's(1994) study in medical field calls for the recognition of situational factors in defining what is relevant. In the 1990s, more researchers turned to the situational aspects of this concept(e. g. , Harter, 1992; Park, 1997; Barry, 1994).

Situational relevance takes a pragmatic perspective and defines relevance as the utility of a document to the user's task or problem at hand (Saracevic, 1996; Borland, 2003). In this view, if a document contributes to problem-solving, it is relevant; otherwise, it is irrelevant. Wilson(1973, p.458) first introduced the concept of situational relevance and defined it as "the actual uses and actual effects of information: how people do use information, how their views actually change or fail to change consequent on the receipt of information". Saracevic (1975; 1996) regards the utility perspective of relevance as a cost-benefit trade-off. Saracevic (1975, p.334) highlights that "it is fine for IR systems to provide relevant information, and the true role is to provide information that has utility-information that helps to directly resolve given problems,

介绍这个因变量(也是本文的主题)的定义。如果因变量对读者来讲是非常易懂的,或者可以假定读者非常了解这个领域的科研,对因变量的解释可以大大简化。本文则相当复杂。这是因为这个领域的研究还在相对初级的阶段。以下部分详述了这个概念与相关概念之间的关系。

Subjective relevance 不是简单的搜索关键字与文档的匹配。也不只是主题分类上的匹配(topicality)。

Subjective relevance 表现为对信息搜寻者境况的匹配(situational relevance)。

原文	注解

that directly bears on given actions, and/or that directly fits into given concerns and interests". Borlund(2003, p. 922) conceptualizes situational relevance as a user-centered, empirically based, realistic and potentially dynamic type of relevance. Therefore, the key difference between subjective topicality and situational relevance bears on the pragmatic impact a document brings about.

Although the fine line between situation relevance and topicality has been drawn, the term relevance has been used to refer to any position in the continuum from topicality to situational impact by different authors(Harter, 1992). One type of relevance that lies in-between is cognitive relevance(Saracevic, 1996). Cognitive relevance means that a document should be understandable to the user given the current stock of knowledge the user possesses(Saracevic, 1975; 1996). In this continuum, topicality is viewed as a basic requirement while situational relevance is viewed as the highest requirement as it corresponds more directly to the user's judgment in a real situation(Borlund, 2003). In this sense, situational relevance requires topicality and cognitive relevance. In this study, topicality is regarded as a document attribute rather than relevance itself; the term relevance refers to the portion of the relevance continuum beyond topicality; it encompasses both cognitive and situational relevance. We define it as the perceived cognitive and pragmatic impact of the content of a document relating to the user's problem at hand.

> Subjective relevance 还表现为认知匹配(cognitive relevance)。

> 因为有多种不同的定义，所以要明确表明本文的立场。

Relevance Criteria

While relevance in general is conceptualized as the user's judgment of the strength of the relationship between a document and her information need(Saracevic, 1975), the question that follows naturally is what the criteria that the user employs in the judgment are. Schamber et al. (1990, p. 771) highlight the importance of relevance criteria studies and suggest that "an understanding of relevance criteria, or the reasons underlying relevance judgment, as observed from the user's perspective, may contribute to a more complete and useful understanding of the dimensions of relevance". As early as in the 1960s, researchers have attempted to identify the criteria for relevance judgment. For example, Rees and Schulz (1967) suggested 40 variables that would affect relevance judgment. Cuadra and Katter(1967) found that relevance judgment is affected by 38 factors, including style and level of difficulty of the document. Since 1990, many empirical studies have been carried out to identify relevance criteria or factors in different problem domains(e. g. , Hirsh, 1999; Schamber & Bateman, 1996; Wang & Soergel, 1998; Bateman, 1998).

> 定义了因变量后，言归正传，回顾因变量决定因素方面的文献。

> 这一段对文献的回顾可以说是非常的简化。一般来讲，这一部分应当相当细化。前人找到的因素是什么？有几类？用了什么样的理论指导？有了这些细节才能看出本文对前人研究的发展。本文的写法相当粗略。但这不等于作者不需要做详实的文献研究。在后面的附表中列示作者对前人研究的一个总结。

原文	注解

While prior empirical studies provide a rather comprehensive view of relevance criteria, they suffer a few serious limitations. First, the number of factors is very large. If a predictive model is to be built eventually in an IR system, asking the user to provide feedback on all the factors or automatically measuring all of them is impractical. Second, the terminology is confusing. The same criterion is named differently by different authors or users(e. g. , accuracy and reliability, utility and usefulness); this calls for a streamlining of terms(Greisdorf, 2003). Third, factors overlap with each other in meaning(e. g. , novelty, recency, temporal issues). Fourth, the judgment of an IR system and the judgment of document content need to be distinguished. For example, the accessibility of a document(Bateman, 1998; Hirsh, 1999) is more a property of the IR system(whether it carries a certain document or not) rather than the document per se. The relevance of a document should be based on its content rather than its physical property such as physical availability or monetary cost(Borlund, 2003). Fifth, document attributes and relevance evaluations are treated at the same level(Fitzgerald & Galloway, 2001; Spink et al. , 1998; Park, 1997). Variables like utility, usefulness, pertinence, informativeness and helpfulness should be treated as surrogates of relevance judgment, i. e. , as dependent variables; they should not be treated as independent variables or criteria because they are overall evaluations. Document attributes, whether objectively observed(e. g. , date of publication) or subjectively perceived(e. g. , novelty) should be independent variables. These attributes measure aspects of the document and contribute to the overall evaluation of it(i. e. , relevance). A special case of the overall evaluation of a document is its hedonic consequence such as enjoyment and happiness after reading. Just as the consumption of a product can be for utilitarian or hedonic purpose, the consumption of information can be so as well. Our study, however, focuses only on the utilitarian aspect of relevance. Finally, as mentioned above, the existing studies are exploratory rather than confirmatory in their methodology. With the myriad of explorations carried out, a theory-driven and confirmatory study to integrate and verify the results is in order.

We note here that some of the problems described above have been identified by prior researches as well. For example, Barry and Schamber(1998)compared the results of their two studies in totally different situations: academic and weather media, and found a considerable overlap of relevance criteria. However, a critical question still remains: What is the set of core relevance criteria? For that purpose, we turn to human communication theory.

相当直接就跳到对文献的评论。注意对文献进行总结性评论时要正反面兼顾。

对前人进行批判时，可以从理论（比如前人概念混淆）与研究方法的角度来批判。

批判的结果是作者提出新的科研模型的灵感的来源。

原文	注解

Theory and Research Model

　　Departing from the extant research which adopts an inductive and grounded exploratory methodology, we adopt a positivist perspective which starts with hypotheses deduced from current stock of domain knowledge or existing theories(Tashakkori & Teddlie, 1998). The positivist perspective and its theory-based hypothesis construction and testing procedure offer a number of advantages (Neuman & Kreuger, 2002). First, established theories, such as those from psychology and communication, address fundamental human behavioral patterns. They have also been tested in many different contexts and are proven to have good generalizability. Second, established theories have identified the most important factors and their relationships in a more general domain. When applied to a particular problem, these factors provide guidance in identifying the corresponding domain-specific factors. Finally, because established theories postulate relationships among key factors, they provide a foundation on which new hypotheses may be proposed. Such hypotheses serve as the major testing area of a confirmatory study.

　　To identify the core relevance criteria, we propose that Grice's(1975; 1989) maxims on human communication be used as theoretical foundation. Not only does Grice's framework of maxims address human communication in general(and IR may be regarded as an indirect form of human communication), it is also consistent with many empirical studies in the IR area as we will discuss shortly. Grice's work established the foundation of the inferential model in human communication which is more general than Shannon's code model of communication(Sperber & Wilson, 1986). Grice(1975; 1989) posits that the essential feature of human communication, both verbal and non-verbal, is the recognition of the speaker's intention. In this model, a hearer infers a speaker's meaning or intention on the basis of the words or information provided. The communication is successful when both parties cooperate in making their meanings clear, i.e., the principle of cooperation. What kind of communication is cooperative? Grice further describes the hearer's expectation of the speaker's message in terms of the following conversational maxims:quantity, quality, relation and manner.

注解栏：
　　强调本文基于理论的实证主义(positivist)作风。这在管理学科中是不必要的。但信息科学中会有人对这种方式不熟悉，所以要点明。
　　本文在文献回顾之后提出理论。也有论文先提出理论，然后把文献回顾糅合在模型论证中。

　　为了建立科研模型，引入一个更为基本的理论作基础。

原文	注解

The maxim of quantity has two sub-maxims. In Grice's words, contributing an appropriate amount of information to communication is to "make your contribution to the conversation as informative as is required" and "not make your contribution to the conversation more informative than is required". While Grice focuses on the appropriate amount of information in conversational communication, a more appropriate term in written communication via documents would be scope. We therefore identify scope as one relevance criterion. The concept of scope can be described in terms of two components: breadth and depth. Levitin and Redman(1995) suggest scope and level of detail to be the two important dimensions of data quality. They argue that a user needs the data to be broad enough to satisfy all the intended use, and at the same time, not to include unnecessary information. We define scope as the extent to which the topic or content covered in a retrieved document is appropriate to user's need, i. e. , both the breadth and depth of the document are suitable. This definition encompasses similar concepts such as specificity(Schamber, 1991; Cool et al. , 1993; Fitzgerald & Galloway, 2001), depth/scope (Barry, 1994) and depth/breadth (Tang & Solomon, 1998). We hypothesize:

H1: Document scope is positively associated with relevance.

Notice that although Grice's maxim of quantity focuses on amount of information, it suggests that new information should be supplied; therefore, the conversation is "informative". In a user study, Wang and Soergel (1998) suggest that novelty and the resultant epistemic value are implied in any functional value of a document. Therefore, we add the criterion: *novelty*.

Psychology researchers define novelty as a property of a stimulus that has not been previously presented to or observed by and thus unfamiliar to the subject. In psychology literature, novelty seeking behavior is regarded as the internal drive or motivational force of a human being(Cattell, 1975). Harter(1992) notices that normally a citation corresponding to an article already known to the requester could not be psychologically relevant because it will not produce cognitive change in the requester. However, it may serve as a reminder. Therefore, novelty should be regarded as a matter of degree. We define novelty as the extent to which the content of a retrieved document is new to the user or different from what the user has known before. Novelty, as we define it, unifies similar concepts such as content novelty(Barry, 1994; Park, 1997) and divergent and strange content(Fitzgerald & Galloway, 2001). A few prior studies(e. g. , Tang & Solomon, 1998; Cool et al. , 1993) have mentioned recency of a document. However, when a user comments

注解：

这个理论本身不是一个因果性的理论。它表述了一组"公理"。这组"公理"可以对应到本文所在领域的一些变量中。要注意这里的对应关系不是一一对应。这些"公理"的"因变量"是 cooperative communication。而作者把它对应到relevance。"公理"一没有明确的自变量。作者把第一条公理理解成两个方面：scope 与 novelty,并把理论中的变量与领域中的变量对应起来。

这个理论可以说相当"原始"。更为近代的理论往往会直接表明一组自变量与因变量之间的关系。

注意所有的重要变量都要定义。

理论上的支持结合领域研究中的前人的发现来作为假设的依据是本文的基本论证方法。

原文	注解

原文

on recency, she implicitly assumes that recency leads to novelty. Recency can be regarded as one possible way of ensuring novelty, but not the only one. Therefore, recency is conceptually different from novelty, though related to it. We therefore hypothesize:

H2: Document novelty is positively associated with relevance.

The maxim of quality also has two sub-maxims: "do not say what you believe to be false" and "do not say that for which you lack adequate evidence". We use the term *reliability* because the term quality in IR implies more than what Grice means. For example, quality could mean presentation, formatting, and even print quality, and these are not properties of document content per se. However, Grice's maxim clearly refers to reliability.

Content reliability is different from source reliability. Reliability is first and foremost determined by document content. However, in addition to that, "source status, by influencing perceptions of source credibility, competence, or trustworthiness, can provide message recipients with a simple rule as to whether or not to agree with the message" (Petty et al., 1994, p. 103). Therefore, the credibility of the source can be regarded as an external cue of document reliability (e. g., Bateman, 1998; Spink et al., 1998; Hirsh, 1999). In this study, we define reliability as the degree that the content of a retrieved document is perceived to be true, accurate or believable. Similar concepts in the literature are accuracy (Schamber, 1991), validity (Barry, 1994) and agreement/disagreement (Fitzgerald & Galloway, 2002). We hypothesize:

H3: Document reliability is positively associated with relevance.

The maxim of relation is defined as to "be relevant." However, the term "relevant" in the maxim is used in its everyday sense-whether a response is about the topic being discussed or an abrupt switch to a different topic. In that sense, the term refers to *topicality* as defined in information science. The importance of topicality is widely recognized in relevance literature. Maron (1977) suggests that aboutness is the heart of indexing. Boyce (1982) indicates that users first judge the topicality of a document, and then consider other factors for their relevance judgment. Greisdorf (2003) also acknowledges topicality as the first or basic condition of relevance. Harter (1992) treats topicality as a weak kind of relevance. Based on early studies, Froehlich (1994) posits the nuclear role of topicality for relevance.

注解

　　有时候,理论中的变量命名与本课题会有冲突。比如,relevant 在公理中也出现了,但含义与本课题、本领域中的 relevant 不一样(在本课题中它是因变量,不是自变量)。这时,要根据文献中的用法来确定它在文献中的实际意思。

　　背景:有时候,一个学者可能先选定理论,再根据理论来得到自变量;有时候,一个学者可能先确定一组重要的自变量,再找一个合适的理论加以支持。

原文	注解

We adopt a subjective view and define topicality as the extent to which a retrieved document is perceived by the user to be related to her current topic of interest. Topicality, as we define it, unifies concepts which have been proposed in prior studies, such as subject area, discipline, focus and aboutness. Because of the fundamental role of topicality in situational relevance, we have aligned our understanding of it with most prior exploratory studies and hypothesize:

H4: Document topicality is positively associated with relevance.

Finally, the maxim of manner is to "avoid obscurity of expression", "avoid ambiguity", "be brief", and "be orderly". The meaning of this maxim is that conversation should be perspicuous so as to reduce the cognitive load of the hearer. We term it *understandability* in the context of written documents. Researches in communication and education show that the use of jargon or technical language reduces the clarity of a message, and leads to significantly lower evaluation of the message than a jargon-free one (Dwyer, 1999). For example, in client-professional exchange of information, the use of sophisticated language may affect the acceptance of the professional's advice (Elsbach & Elofson, 2000). Both experts and non-experts are sensitive to the use of jargon in documents (Brown et al., 1978). However, background knowledge is not the only factor that affects understandability. Presentation of the content, use of examples in explanation, and use of graphics can all affect understandability (Bateman, 1998).

We define understandability as the extent to which the content of a retrieved document is perceived by the user as easy to read and understand. Understandability, as we define it, summarizes the effect of related concepts such as clarity, provision of examples (e. g., Bateman, 1998; Schamber, 1991) and special prerequisites (Wang & Soergel, 1998). We hypothesize:

H5: Document understandability is positively associated with relevance.

In summary, based on Grice's maxims, we identify *scope*, *novelty*, *topicality*, *reliability and understandability* as five core relevance criteria. The five criteria that we have identified based on Grice's maxims correspond very well to the empirical findings in relevance research. Many user studies have found these factors to be important (Schamber, 1991; Barry, 1994; Park, 1993; Park, 1997; Bateman, 1998; Spink et al., 1998; Wang & Soergel; 1998; Wang & Wite, 1999; Tang & Solomon, 1998; Hirsh, 1999; Fitzgerald & Galloway, 2001; Maglaughlin & Sonnewald, 2002; Choi & Rasumusse, 2002).

注解：

前一种方式是演绎式的（deductive），这是实证研究中最常用的方法。后一种方法在本质上是归纳法（inductive），理论更像一个点缀，让文章看起来更象演绎式的。更多时候，这两个方面是互动的，学者会时而演绎，时而归纳。本文研究同时具有这两方面的特点，但从文献回顾方面来看更像是归纳性的。

原文	注解

METHODOLOGY

In order to test the proposed hypotheses, we used survey method in our empirical study. This was followed by rigorous psychometric analysis as proposed by methodologists Anderson and Gerbing (1988). In psychometric analysis, structural equation modeling is a well established and dominant quantitative data analysis method. It is widely used in education, marketing, information systems research, education, organization behavior and many other disciplines (Kline, 1998). It is particularly suitable for testing causal relationships among psychological perceptions which are not directly observable to researchers.

介绍所使用的研究方法的类型。如果读者群是熟悉这种方法的,这样的介绍是不必要的。

Instrument Development

In psychometric analysis, in order to test hypotheses, the first step is to develop an instrument(e. g. , questionnaire) to measure human perceptions of interest. Human perceptions of an object are called constructs or latent factors(e. g. , topicality, relevance). A construct is assumed to be unobservable directly, but manifest in different ways. For instance, we cannot directly observe how novel a document is to a user, but we can ask her different questions regarding the novelty of the document. Responses to those questions are the manifestations of the novelty construct. The questions are known as items or scales; they reflect the different aspects of the construct. For example, in order to measure novelty, survey participants might be asked about the amount of new information in it, the amount of unique information in it, and its similarity to prior knowledge. Multiple questions are better than a single one. With multiple questions, the latent meaning underlying all the questions can be extracted using statistical procedures such as factor analysis to produce a more accurate measure of a subject's true perceptions (the reader is referred to Nunnally & Bernstein, 1994, for detailed treatment of methodology). With a single question-for example, the amount of new information-the concept of novelty is reduced to a single aspect, and other possible manifestations of novelty are not provided for. In fact, the concept of construct or latent factor is not new to information scientists. Latent semantic analysis leverages on exactly the same reasoning. When all constructs are measured with multiple questions in a survey, the relationships among them can be tested.

作为一个问卷型的研究,在方法论部分,首先要解释的是问卷的设计。作者在这里也解释了为什么一个理论构件(construct)需要用多个测度项。这种解释,对于熟悉这种方法的读者群是不必要的(详见因子分析一章)。

原文	注解

It is recommended that researchers should reuse existing quality questions designed by others for the same construct(Nunnally & Bernstein, 1994). Because there is no prior study using a psychometric instrument, we developed all questions in this study based on our definitions of the five core concepts. Items (i. e., questions) for topicality, novelty, understandability, reliability and relevance were designed with an eight-point scale. There were three anchoring points on the scale, with one on value zero, one on value one, and one on value seven. For example, a question measuring relevance was: My opinion/view towards the current topic has been significantly changed or strengthened by this document(0—totally disagree, 1—strongly disagree, 7—strongly agree). Although Tang et al. (1999) suggest seven-point scale as the best choice, we included zero in the scale to allow for possible binary judgment by users. However, scope and background knowledge were designed as seven-point scales because we believe it is meaningless for them to assume zero value. The complete questionnaire is given in Appendix A.

To ensure that items reflect the intended construct, content validity should be checked first. Assume that all the possible manifestations of a construct collectively form the population of questions, content validity is the degree that the questions used in survey for a construct provide a representative coverage of the population. The questions we used were to a large degree the rephrasing of different aspects of a construct as defined in the literature. This provided the basis for content validity. In addition, two Ph. D. students familiar with the research project were invited to discuss the phrasing of the questions to ensure that the questions had at least face validity(Nunnally & Bernstein, 1994; chapter 3). Minor changes were made based on the feedback.

Data Collection

We carried out a semi-controlled survey to collect data. The subjects were undergraduate and graduate students from a major university in Southeastern Asia. They were invited to a computer laboratory where they were given four search topics and asked to choose one that interested them the most(The topics were: 1. inappropriate intake of vitamins, 2. outlook of the job market related to the subject's main area of study, 3. reasons for the dotcom bubble burst in 2000, 4. a three-day trip plan to Tibet.). They were also allowed to define their own topic if none of the given ones interested them. The subjects were then instructed that the search would be done on the Internet, and the results were meant for a group discussion that they should be involved in later. They were also told to

---

言归正传,作者在此解释问卷的设计。作者往往会提到一些基本的实证研究方法中的做法,比如尽量使用已有的测度项。这一方面可以帮助不清楚方法论的读者了解一般的做法,也可以向了解方法论的读者解释这个问卷设计中的某些做法的原因。

作者也解释了测度项的形式,Likert Scale。这是必要的。

一个测度工具,特别是一个新的测度工具,在检验其区别效度与聚合效度之前,我们先要保证至少测度项的措词与构件是一致的,即内容效度。这往往通过测度项分类测试来保证。作者在此并没有报告分类测试,而是仅仅依靠字面检查。这当然意味着更高的后期风险。

抽样方法

这个研究模型的目标群体应当是任何人对任何文档的评估。在对人进行抽样方面,作者用了一个方便样本(学生)。在文档方面,作者用了一组信息需求来增加样本的代表性。

除了解释抽样方法,抽样过程也是不可缺少的报告内容。

原文	注解

search for as much information as possible so that they might feel comfortable with their knowledge on the chosen topic. After a topic had been chosen, the subjects were measured on their background knowledge on the chosen topic (refer to Appendix A). Following that, the search process began. A monitoring program was also started on each computer to collect the browsing history of the subjects and the time they spent on each web page. When the subjects had completed their search, the monitoring program provided them with a list of documents they had browsed and the time that they had spent on browsing each. They were then asked to freely choose and evaluate two web documents which they had browsed. The criteria for these documents were: they must not be navigation pages (pages containing mainly links); and the subjects must have spent more than one minute on the documents as recorded by the monitoring program. The subjects were told to evaluate the two documents according to the questionnaire in Appendix A. They generally took 30 to 60 minutes to complete the whole process and were given about $5 as reward for their participation.

A semi-controlled survey suited our study for two main reasons. First, it helped control for many peripheral factors such as document formatting quality (if we assume web pages are of similar visual readability), task motivation (the subjects used their search results for group discussion), and accessibility (all documents were accessible online). User's background knowledge was measured as a covariate. Controlling for peripheral factors allowed us to focus on the effect of the theoretically interesting factors. Second, although the requirement for the subjects to evaluate only documents that they had read might introduce sampling bias, it helped to ensure that the subjects really knew the content. If a subject did not even read the document, it was impossible for her to make valid evaluations. However, our procedure was likely to have included more relevant documents than irrelevant ones. As will be shown later, the actual sample was upward biased. However, it still had a very satisfactory coverage; hence, it should not affect final hypothesis testing.

The survey was carried out in two phases. Phase one was a pilot test involving 36 students. The purpose of the pilot test was to ensure the quality of the questionnaire and experiment procedure. After that, the main study was carried out. Both studies followed exactly the same procedure as described above.

值得注意的是:每个调查对象评价了两个文档,这就引入了观察点之间的相关性,违反了随机抽样中观察点相互独立的要求。

因为这个问卷调查与一般的开放式的问卷调查不太一样,作者解释这种做法的原因。

原文	注解

Pilot Study

In the pilot test, 72 document evaluations were collected. In order to verify the questionnaire, exploratory factor analysis (Nannally & Bernstein, 1994) was conducted to test the convergent and discriminant validity of the instrument. Convergent validity means that all questions intended to measure a construct do reflect that construct. Discriminant validity means that a question should not reflect an unintended construct and that constructs are statistically different. Exploratory factor analysis is an adequate tool because it allows the underlying factors to emerge naturally from the data without imposing any constraint. If the questions for a construct are well designed, they should converge and form a major factor. If a question is problematic, it can be detected and removed from later study.

Exploratory factor analysis with principal component analysis was used to extract factors in our study. Following the recommended procedures (Hair et al., 1995), major principal components were extracted as constructs; minor principal components with eigenvalue less than 1 were ignored as noise; an item and the intended construct correlation (also known as factor loading) should be greater than 0.5 to satisfy convergent validity; an item and the unintended construct correlation should be less than 0.4 for discriminant validity. We extracted seven factors corresponding to the seven constructs. The items NOVEL4, SCOPE4, and RELEV2 were dropped because they did not satisfy the discriminant and convergent requirements. The remaining items showed appropriate validity and were kept for the main study. Table 1 reports the principal component analysis results with Varimax rotation using SPSS11.0 after the items that failed to satisfy validity requirements were dropped.

[Place TABLE 1 about here]

Main Study and Data Analysis

The main study involved 132 student participants, yielding a total of 264 document evaluations. However, two evaluations were incomplete and had to be discarded, resulting in 262 document evaluations for use. The majority of the subjects were male ($M = 72.7\%$, $F = 27.3\%$) undergraduate students (undergraduate = 96.7%, graduate = 3.3%). The mean age was 20.6 (stdev = 1.5).

Among the 262 returned questionnaires, most items did not take a zero score, even though we allowed topicality, novelty, reliability and relevance to assume zero value. The number of instances where an item took zero score was 53 or 0.6% of the total data. The zero-score items came from 20 documents, representing 7.6% of 262 documents.

注解：

预调查的目的是为了检验(1)测度工具,尤其是新的工具,(2)数据收集过程。这一点很重要:数据收集过程是数据质量的另外一个决定性因数。

预调查一般会收集一个较小的样本,往往在70~100。

探索性因子分析是对预调查数据结果进行分析的主要工具。其目的是检验测度工具的区别效度与聚合效度。基于与前面一样的目的,作者解释了方法论中一些基本概念(比如convergent validity),并报告主成分分析法的结果。我们在软件操作中会详细解释这个过程。

预调查中工具检验的结果往往总结成一个因子载荷矩阵(见软件操作)。

先报告主体研究的样本的基本人口统计特征。这表明这个样本的一般代表性。在这个例子中,学生样本显然无法在人口统计特征上代表目标群体。这个样本也只能算是一个方便样本。

不是所有的观察点都是有效数据。有时,有的观察点无效是因为数据不完整,有的是因为填写不认真,有的是因为不符合理论要求。本文中很多不符合理论要求。这种操作可以看做是数据的预处理。

原文	注解

There were only three cases where all items of one construct received zero score. We discarded the 20 documents with zero-score items because a zero score indicated a binary decision which is qualitatively different from scores between 1 and 7 that are incremental and continuous. Binary and continuous evaluations should not be mixed in data analysis. With the 20 documents discarded, we had 242 usable document evaluations left. Among them, 73 were based on the topic of inappropriate vitamin intake(30.2%), 17 on the topic of job market (7%), 10 on the topic of dotcom bubble(4.1%), 78 on the topic of three-day trip to Tibet (32.2%) and 64 were self-selected topics (26.4%).

报告主要变量的描述性统计数据。很多后续的统计分析(比如回归分析或结构方程模型)要求数据符合一定的统计特征,比如是正态分布的。这就需要我们对这些要求作检验。

Most of the constructs had a mean between 4.0 and 5.0, indicating an upward bias in the document sample, comparing to the midpoint of 4. One possible reason for this bias is that we required the subjects to evaluate only the documents they had read for more than one minute. Since structural equation modeling requires the data to be normally distributed (Nunnally & Bernstein, 1994; Hair et al., 1995). To ensure that the upward bias would not jeopardize normality, we did a univariate normality test for all items on skewness and kurtosis. A 95% confidence level was imposed. All items fell within the corresponding confidence intervals, rendering our data suitable for further analysis. Table 2 shows the descriptive statistics.

[Place Table 2 about here]

Measurement model. According to Anderson and Gerbing (1988), measurement modeling should be carried out as the first step of structural equation modeling. The purpose of measurement modeling is to further ensure instrument quality. Unlike exploratory factor analysis, measurement modeling pre-specifies construct-item correspondences but leaves correlation coefficients (i. e., factor loadings) free to change. The pre-specified construct-item correspondences are then tested for confirmation. Confirmatory factor analysis (CFA) is the conventional statistical method to specify and test such relationship for measurement model. With this method, items are expected to be highly correlated with the intended construct only. If an item is not substantially related to the intended construct, or significantly related to an unintended construct, the pre-specified relationship is invalidated and adjustment of the instrument is required. Therefore, the first requirement of confirmatory factor analysis is that the construct-item correlation should be significant (Anderson & Gerbing, 1988). In addition to that, for an item, the average variance extracted(AVE) by the latent factor should be greater than 0.5, which means that a construct should explain more than 50% of the item variance(Fornell & Larcker, 1981). Moreover,

在心理计量学中,在做假设检验之前,我们先要做测度模型检验,以再度保证测度工具的效度。作者介绍了做测度模型检验时所采用的检验标准。对于熟悉方法论的读者群,这种详细的介绍并不必要,可以简化。

检查聚合效度。

原文	注解

items of the same construct should be highly correlated. To measure such correlations, two measures, composite factor reliability (CFR) and Cronbach's alphas (α) are required to be greater than 0.7 (Hair et al., 1995). If all these criteria (significant correlation, high AVE, high CFR and α) are satisfied, the convergent validity of the items are said to be confirmed. Table 3 reports the result of convergent validity for our sample using statistical package LISREL v8.5. All criteria were satisfied.

《Place TABLE 3 about here》

检验区别效度。

One way to confirm discriminant validity is to check that inter-construct correlation is less than the square root of AVE (Fornell & Larcker, 1981). The underlying rationale is that an item should be better explained by its intended construct than by some other constructs. The correlation among constructs is reported in Table 2. Discriminant validity was confirmed in our sample.

In summary, our measurement model confirmed the difference between all the relevance factors used. It also confirmed the internal consistency of the different aspects of the relevance factors as manifested in different questions (items). With that, we could proceed to test the causal relationship among all the factors.

Structural model. The structural model could be intuitively understood as a regression model, albeit with the variables being latent factors (i.e., the constructs) rather than explicit measures. The measurement model discussed above can be used to calculate latent factor scores, which are then used as input for the later regression analysis to estimate the relationship between the independent variables (e.g., topicality, novelty) and the dependent variable (i.e., relevance). If the hypotheses are supported, we expect significant regression coefficients for the factors.

因为测度模型具有效度，我们可以进一步进行结构模型（因果模型）检验，并对假设进行检验。

Since the measurement model was satisfactory, we proceeded to hypothesis testing. Hypothesis testing is done by creating a structural equation model in LISREL, which specifies both item-construct correspondence and construct-construct causal relationship excluding the control variables. The coefficients are then solved with maximum likelihood estimation. We followed this procedure, and arrived at the results summarized in Figure 1.

Before any conclusions can be drawn for hypothesis testing, the model must fit the data well. A few model fitting indices can be employed here. For example, the chi-square and the degree of freedom ratio (a normalized measure of the 'badness of model fit') must be less than 3; the root mean square error of approximation (RMSEA, a measure of the residual) must be less than 0.10; and the goodness of fit index (GFI) must be greater than 0.9 (Anderson & Gerbing, 1988; Nunnally & Bernstein, 1994; Hair et al., 1995).

但在此之前，我们需要保证模型整体上具有合理的拟合度。我们在此做拟合度测试。

进行假设检验。读者会注意到，做了这么多工作，假设检验本身却很简单！

原文	注解

Our results indicated satisfactory model fit. From the detailed results, we concluded that all our hypotheses were supported except scope which was non-significant at p = 0.05 level but significant at p = 0.10 level.

《Place Figure 1 about here》

We had also added age, gender, order of a document, search topic, and user's prior knowledge as control variables to the model. They were all insignificant except topic 3: age($\beta = -.03$, $p = .59$), gender ($\beta = -.03$, $p = .52$), order in which a document is evaluated by a subject($\beta = -.02$, $p = .75$), search topics(topic 1:$\beta = -.03$, $p = .71$; topic 2:$\beta = -.03$, $p = .62$; topic 3:$\beta = -.11$, $p = .05$; topic 4:$\beta = -.08$, $p = .23$), and prior knowledge($\beta = 0.09$, $p = .09$). No significance change was observed for the main factors. Therefore, the hypotheses were robust across variation in the control variables.

在模型中增加控制变量以验证假设检验不会因为这些控制变量的引入而变化。这可以在一定程度上说明假设检验结论的普适性。也有相当多的研究先引入控制变量，再在控制变量的基础上增加理论变量，并测试这些理论变量的显著性。这种向上增加的做法更有合理性。但本文未采用。

DISCUSSION AND IMPLICATIONS

Summary of Data Analysis

The objective of this study is to identify and confirm a set of key relevance judgment criteria. We have identified five such criteria, i. e., topicality, novelty, understandability, reliability and scope from Grice's maxims and prior literature. We are particularly interested in the factors that a user considers beyond topicality.

讨论与引申是对一个研究的总结。

先总结实证研究的基本结果。

The results of our exploratory and confirmatory factor analysis show that our five constructs satisfy discriminant validity(i. e., they are distinct concepts) and convergent validity requirements. For each construct, different phrasings that emphasize different aspects of the same construct should be unified. For example, topicality can be termed as relatedness to information need or subject area aboutness; yet all such terms load on a single factor because of their shared meaning. A first attempt at the same goal was made by Bateman (1998) using confirmatory factor analysis. However, because the items used in that study were not designed based on theory, the conceptualization was incomplete. Our study goes one step further by refining and verifying the key relevance antecedents.

对本文来讲，建立一个（也是第一个）测度模型是一种贡献。这也回应了先前对文献中存在的问题（概念混淆）的批评。在管理学中，因为往往存在先前的同类研究，这种基于测度模型的贡献往往不值得一提。

Among the five criteria which we have proposed based on Grice's theory, only the criterion, scope, is not supported by the data. Our results show that topicality and novelty are the two factors that are most significant to relevance judgment ($\beta_{\text{Topicality}} = 0.31$, $\beta_{\text{Novelty}} = 0.32$). Understandability and reliability are also significant but to a smaller degree. Together, all our criteria explain 52% of relevance variance in our results, suggesting that these factors are quite comprehensive in explaining relevance judgment. Inclusion of control variables does not appear to change the significance of the hypotheses. Our results are therefore robust across the demographic and topical differences in our context of study.

总结假设检验的结果。

原文	注解

Limitations and Future Directions

As ours is the first confirmatory study in relevance judgment following a psychometric procedure, it appears logical that we should point out the key limitations of our effort before drawing any implications. First, although we adopted a hypothesis confirmation process in our study, our findings may not be valid in some other contexts because relevance is context-dependent and dynamic. Second, the use of structural equation modeling assumes an additive model, i. e. , the contribution of each criterion to relevance is additive. This assumption might be viable when minimum topicality is assumed, in which case other criteria can be considered extra premium to the basic topicality requirement. In our study, because the document sample is upward biased and totally irrelevant documents were discarded, we may assume topicality to be present for most documents. In other contexts, if this assumption is not met, other types of models such as multiplicative or step-wise model might be considered.

Relevance Revisited

Our findings suggest that topicality and novelty are the two major underlying dimensions of relevance. If they are, then the concept of relevance can be depicted with different combinations of topicality and novelty levels. If we classify topicality and novelty into low and high levels, we will have four quadrants: low topicality-low novelty, low topicality-high novelty, high topicality-low novelty, and high topicality-high novelty.

In the low topicality-low novelty quadrant, a document is neither on topic, nor new to the reader. It is thus most likely to be dismissed as *irrelevant*. While in some cases, a document may be outright off-topic or it may provide duplicate information (already known to the user), in other cases, it could be a document slightly related to the user's information need even though the information may already be known to the user. For example, Salton and McGill's (Salton & McGill, 1983) classic textbook "Introduction to Morden Information Retrieval" is at best marginally related to this paper and not new to us; its relevance for this study is very low if not none at all. In the high topicality-low novelty quadrant, a document is on topic but already known to the user. Imagine that we are writing another paper to address the limitations of this study; Saracevic (1975) would then fall into this category. Saracevic (1975) is a classic paper on the topic of subjective relevance, hence it has topicality. However, as we write the follow-up paper, we would already be familiar with the content of Saracevic (1975). We may still treat it as relevant because we need to reference it once in a while and to check some concepts defined there or to quote some sentences. Such a document would be useful, pertinent and relevant to the research at hand, but it would be used as a *tool*.

局限性讨论。这一部分有时会很长。作者必须明确一个研究的局限性,这种局限性可能来自于理论上的不完整、实证研究中的局限性、统计方法本身的问题、样本的代表性、重要变量被遗漏、对结果的其他可能解释,等等。这些讨论也给读者一个认识:这个领域的研究可以如何改善。一个好的研究不但要解决一个问题,更要为自己、为别人开创一个新的研究领域,所以要不吝提出建设性的研究方向。功利地讲,如果你提出建设性的研究方向,就会有更多的人做跟进研究,你的文章可以得到更多的引用。本文在这方面似有欠缺。

因为因变量是一个还没有被明确认识的概念,本文的一个理论贡献是系统地解释这个因变量。作者从两个主要的自变量:Topicality 与 Novelty 来解释因变量的含义。以前的解释把 Relevance 看做一个多层的概念(Topicality, Cognitive Relevance, Situational Relevance),作者从另外一个角度来解释这些层次之间的关系,即这些层次是两个主要自变量的不同组合。

总之,一个研究的理论贡献在于从一个新的角度(比如新的变量、新的理论、新的研究方法)来更深入地解释一个因变量。本文是这样一个例子。

原文	注解

The low topicality-high novelty quadrant deals with documents that are unclear in topicality yet provide certain new information that attracts the reader's attention. As Harter (1992) points out, there is no absolutely fixed information need in a search process. Information needs are typically vague and multiple in nature. The interaction between new information in a document and the current cognitive state of the user helps clarify her information need and create future needs. Consequently, a document might be regarded as relevant because the reader anticipates its future value rather than its current value. Harter(1992) even draws a surprising conclusion that a relevant document not on topic is more important than a relevant document on topic. We attribute the potential value of such off-topic documents to their novelty. Researchers share the common experience that a not-so-relevant reference previously collected turns out to be a major reference in later research. It is such *potential relevance* that characterizes the low topicality-high novelty quadrant. Finally, the high topicality-high novelty quadrant contains the ideal documents that inform and satisfy the current need. Such documents might help the reader clarify her information need or offer new solutions or new method to evaluate different possible solutions. In either case, they enrich the reader's cognitive state about the topic of interest, or the information they contain can be applied directly to solve the problem at hand. If the utility of the document is more on cognitive enlightening, we can term this type of relevance *informativeness*. If the utility of the document also bears on actual problem solving, it has high *situational relevance*. In this quadrant, when the current information need is satisfied, it spurs new information needs and new rounds of search. Taking the two dimensions together, a relevant document is not one that is just on topic. The change it introduces to the current cognitive state is also indispensable. Such cognitive change is the heart of relevance being a potentially dynamic subjective notion. Because cognitive change hinges on novelty, relevance would be a static concept without novelty. Topicality and novelty are thus the two pillars of the concept of relevance.

原文	注解

Contribution of Reliability, Understandability and Scope

Why is scope non-significant in our findings? One plausible explanation is that scope is a premium factor. Users may not have a keen expectation of scope and turn to other criteria first. Hence, although they could be happier with documents of appropriate scope, they would not take that as critical to their relevance judgment. Wang and Soergel (1998) posit that information seeking is a phased process. The first step is to select relevant documents for focused reading. The relevance judgment we have investigated falls into this phase. Here, because a user faces pressure to go through a lengthy list of documents, quick decision is required to filter out the irrelevant ones. Less effort is therefore exerted to judge the appropriateness of scope. However, scope might be a significant factor when we move to the later stages of information seeking behavior, e. g., focused reading or citation.

What are the roles of understandability, reliability and scope in relevance decision? Our findings show that they exert relatively less influence compared to novelty and topicality. Assume a document is at least marginally on topic. Two scenarios may then be visualized when understandability and reliability take effect. In the first scenario, when a document is outright unreliable (Grice, 1989) or impossible to understand(e. g., in a non-preferred language, Spink et al., 1998), document relevance vanishes. However, such cases are rare or could be addressed technically(e. g., retrieve only documents in the desired languages). In most cases, users are very unlikely to dismiss the document as totally unreliable or impossible to understand. Regarding reliability, because a user has only limited knowledge of a domain(which is why she needs to search for information), she is unable to judge the reliability of a document with full confidence. She tends to assume a document as reliable until she is confronted by other arguments. In our sample, no subject set reliability score to zero and the average reliability was 5. 4, indicating a rather high perceived reliability. As for understandability, the mean was the second highest(5. 27). Again, if a user does not have full knowledge of a topic, a certain level of cognitive effort in reading a document is anticipated. In summary, when topicality and novelty are present even at a low level, reliability, understandability and scope are more likely to be additional values.

其他自变量的作用。虽然这些自变量不如前两个重要(至少在作者看来),它们仍然具有重要性。作者解释这些变量之间的关系。

原文	注解

Would the contribution of all the five factors the same to different types of relevance (i. e. , cognitive, situational and affective relevance, Saracevic, 1996; Cosijn & Ingwersen, 2000) and at different stages of document consumption (i. e. , collection, reading and citation, Wang & Soergel, 1998; Wang & White, 1999)? These are the future directions for exploration.

Methodological Implications

As ours is the first study that adopts confirmatory psychometric analysis in relevance judgment, the methodological implication of our effort is also manifold. First, we have demonstrated how various conceptualizations of relevance criteria can be unified and differentiated with exploratory and confirmatory factor analysis. Our study showcases a pathway to establish a common language. It also provides some building blocks for future relevance research. Second, we recommend rigorous hypothesis testing for relevance study. When a large number of exploratory field studies have been carried out, further verifying or fortifying of the explored territory would provide an established foundation on which further studies could be carried out. Hypothesis testing is a useful tool for verifying exploratory findings and establishing causal relationships among theoretical constructs. While exploratory studies are good for uncovering underlying factors of a domain, the complementary advantage of hypothesis testing lies in its ability to statistically verify the factors in a larger context and hence ensure their generalizability.

> 一个研究如果在一个领域中有方法论上的贡献,也是值得一提的。

System Design Implications

Decades of research effort have been made to better capture topicality. What our study suggests is that the next powerhouse of IR system design might be the quantification of novelty. Some questions that we could consider include: How could we capture a reader's cognitive state before document evaluation? How could we measure the novelty of a document against the cognitive state? How could we combine novelty and topicality into an overall relevance score? While this study does not offer any answer to these questions, we suggest that effort in these directions will be rewarding. In fact, at the paragraph or sentence level, the novelty track of TREC has already begun to consider these issues. Document level application of novelty, however, still lacks attention.

> 因为 Information Science 是一个与系统设计十分紧密的领域,所以对系统设计方面的建议是一种实践性的贡献。但显然,从对人行为的研究到实施一个有效的系统还有很大的差距。事实上,还没有一个文档检索系统从这些维度上(e. g. , Topicality, Novelty)来作检索。这也意味着一个潜在的研究机会。

ACKNOWLEDGEMENT

This research is supported by the School of Computing, National University of Singapore, Research Grant: R253-000-028-112.

原文	注解

REFERENCES

Anderson, J. C. , & Gerbing, D. W. (1988). Structure equation modeling in practice: A review and recommended two-step approach. *Psychological Bulletin*, 103(3), 411-423.

Barry, C. L. (1994). User-defined relevance criteria: An exploratory study. *Journal of the American Society for Information Science*, 45(3), 149-159.

Barry, C. , & Schamber, L. (1998). Users' criteria for relevance evaluation: A cross-situational comparison. *Information Processing & Management*, 34, 219-236.

Bateman, J. (1998). Changes in relevance criteria: A longitudinal study. *Proceedings of the 61st Annual Meeting of the American Society for Information Science*, 35, 23-32.

Bookstein, A. (1979). Relevance. *Journal of the American Society for Information Science*, 30(5), 269-273.

Borlund, P. (2003). The concept of relevance in IR. Journal *of the American Society for information Science and Technology*, 54(10), 913-925.

Boyce, B. (1982). Beyond topicality: A two stage view of relevance and the retrieval process. *Information Processing & Management*, 18(3), 105-109.

Brown, R. D. , Braskamp, L. A. , & Newman, D. L. (1978). Evaluator credibility and acceptance as a function of report styles: Do jargon and data make a difference? *Evaluation Quarterly*, 2(2), 331-41.

Cattell, R. B. (1975). *Personality and Motivation: Structure and Measurement*, New York, NY: Harcourt, Brace & World. Inc.

Choi. Y. , & Rasmussen, E. M. (2002). Users' relevance criteria in image retrieval in American history. *Information Processing & Management*, 38, 695-726.

Cool, C. , Belkin, N. J. , & Kantor, P. B. (1993). Characteristics of texts affecting relevance judgments. In M. E, Williams(Ed.), *Proceedings of the 14th National Online Meeting*, 77-84, Medford, NJ: Learned Information.

Cosijn, E. , & Ingwersen, P. (2000). Dimensions of relevance. *Information Processing & Management*, 36(4), 533-550.

Cuadra, C. A. , & Katter, R. V. (1967). Opening the black box of "relevance". *Journal of Documentation*, 23(4), 291-303.

Dwyer, J. (1999). *Communication in Business: Strategies and Skills*, Sydney: Prentice Hall,.

Elsbach, K. D. , & Elofson, G. (2000). How the packaging of decision explanations affects perceptions of trustworthiness. *Academy of Management Journal*, 43(1), 83-89.

Fitzgerald, M. A. , & Galloway, C. (2001). Relevance judging, evaluation, and decision making in virtual library: A descriptive study. *Journal of the American Society for Information Science and Technology*, 52(12), 989-1010.

Fornell, C. , & Larcker, D. F. (1981). Structural equation models with unobservable variables and measurement error: Algebra and statistics. *Journal of Marketing Research*, 18, 382-388.

Froehlich, T. J. (1994). Relevance reconsidered: Towards an agenda for the 21st century: Introduction to special topic issue on relevance research. *Journal of the American Society for Information Science*, 45, 124-134.

原文	注解

Greisdorf, H. (2003). Relevance thresholds: A multi-stage predictive model of how users evaluate information. *Information Processing & Management*, 39, 403-423.

Grice, H. P. (1975). Logic and conversation. In P. Cole and J. Morgan (eds)., *Syntax and Semantics*, 3, 41-58. New York: Academic Press.

Grice, H. P. (1989). *Studies in the Way of Words*, Cambridge, MA: Harvard University Press.

Hair, J. F., Anderson, R. E., Tatham, R. L., & Black, W. C. (1995). *Multivariate Data Analysis with Reading* (4th ed), Englewood Cliffs, NJ: Prentice Hall.

Harter, S. P. (1992). Psychological relevance and information science. *Journal of the American Society for information Science*, 43(9), 602-615.

Hersh, W. (1994). Relevance and retrieval evaluation: Perspective from medicine. *Journal of the American Society for Information Science*, 45 (3), 201-206.

Hirsh, S. G. (1999). Children's relevance criteria and information seeking on electronic resources. *Journal of the American Society for information Science*, 50 (14), 1265-1283.

Hjørland, B., & Christensen, F. S. (2002). Work tasks and socio-cognitive relevance: A specific example. *Journal of the American Society for Information Science and Technology*, 53(11), 960-965.

Kline, R. B. (1998). *Principles and Practice of Structural Equation Modeling*. New York, NY: The Guilford Press.

Levitin, A., & Redman, T. (1995). Quality dimensions of a conceptual view. *Information Processing & Management*, 31(1), 81-88.

Maglaughlin, K. L., & Sonnewald, H. (2002). User Perspective on relevance criteria: A comparison among relevance, partially relevance, and not-relevance. *Journal of the American Society for Information Science and Technology*, 53(5), 327-342.

Maron, M. E. (1977). On indexing, retrieval and the meaning of about. *Journal of the American Society for Information* Science, 28(1), 38-43.

Mizzaro, S. (1997). Relevance: The whole history. *Journal of the American Society for Information Science*, 48(9), 810-832.

Neuman, W. L., & Kreuger, L. W. (2002). *Social Work Research Methods: Qualitative and Quantitative Approaches*. Boston, MA: Allyn & Bacon.

Nunnally, J. C., & Bernstein, I. H. (1994). *Psychometric Theory*, New York: McGraw-Hill.

Park, H. (1997). Relevance of science information: origins and dimensions of relevance and their implications to information retrieval. *Information Processing & Management*, 33(3), 339-352.

Park, T. K. (1993). The nature of relevance in information retrieval: An empirical study. *Library Quarterly*, 63, 318-351.

Park, T. K. (1994). Toward a theory of user-based relevance: A call for new paradigm of inquiry. *Journal of the American Society for Information Science*, 45 (3), 135-141.

原文	注解

Petty, R. , Priester, J. , & Wegender, D. (1994). Cognitive processes in attitude change. In R. Wyer & T. Srull(eds.), *Handbook of Social Cognition*, 69-142, Hillsdale, NJ: Erlbaum.

Rees, A. M. , & Schultz, D. G. (1967). *A Field Experimental Approach to the Study of Relevance Assessments in Relation to Document Searching*, *1*: *Final report*(NSF Contract No. C-423), Cleveland: Case Western Reserve University.

Salton, G. , & McGill, M. (1983). *Introduction to Modern Information retrieval*. New York: McGraw Hill.

Saracevic, T. (1970). The concept of "relevance" in information science: A historical review. In Saracevic, T. , *Introduction to information Science*, 111-151, New York: R. R. Bowker.

Saracevic, T. (1975). Relevance: A review of and a framework for the thinking on the notion in information science. *Journal of the American Society for Information Science*, 26(6), 321-343.

Saracevic, T. (1996). Relevance reconsidered '96. In P. Ingwersen & N. Ole Pots(eds.) *CoLIS2. The 2nd International Conference on Conceptions of Library and Information Science*, 1996, 201-218, Copenhagen, Denmark: Royal School of Librarianship.

Schamber, L. (1991). Users' criteria for evaluation in a multimedia environment. In J. M. Griffiths(ed.), *Proceedings of the 54th Annual Meeting of the American Society for Information Science*, 28, 126-133.

Schamber, L. (1994). Relevance and information behavior. In M. E. Williams (ed.), *Annual Review of Information Science and Technology*, 29, 33-48.

Schamber, L. , & Bateman, J. (1996). User criteria in relevance evaluation: Toward development of a measurement scale. *Proceedings of the 59th Annual Meeting of the American Society for Information Science*, 33, 218-225.

Schamber, L. , Eisenberg, M. B. , & Nilan, M. S. (1990). A reexamination of relevance: Toward a dynamic, situational definition. *Information Processing & Management*, 26(6), 755-776.

Sperber, D. , & Wilson, T. D. (1986). *Relevance: Communication and cognition*. Cambridge, MA: Harvard University Press.

Spink, A. , Greisdorf, H. , & Bateman, J. (1998). From highly relevant to not relevant: Examining different regions of relevance. *Information Processing & Management*, 34, 599-621.

Tang, R. , & Solomon, P. (1998). Towards an understanding of the dynamics of relevance judgments: An analysis of one person's search behavior. *Information Processing & Management*, 34, 237-256.

Tang, R. , Shaw Jr, W. M. , & Vevea, J. L. (1999). Towards the identification of the optimal number of relevance categories. *Journal of the American Society for Information Science*, 50, 254-264.

Tashakkori, A, & Teddlie, C. (1998). *Mixed Methodology: Combining Qualitative and Quantitative Approaches*, Thousand Oaks, CA: SAGE Publications.

Wang, P. & Soergel, D. (1998). A cognitive model of document use during a research project. Study I. Document selection. *Journal of the American Society for Information Science*, 49(2), 115-133.

原文	注解
Wang, P. , & White, M. D. (1999). A cognitive model of document use during a research project. Study II. Decisions at the reading and citing stages. *Journal of the American Society for Information Science*, 50(2), 98-144. Wilson, P. (1973). Situational Relevance. *Information Storage and Retrieval*, 9(8), 457-471.	

Appendix A. Major Items of the Questionnaire.

	Strongly disagree					Strongly agree	
1. I know this topic area very well. (KNOW1) *	1	2	3	4	5	6	7
2. I am able to tell others much about this topic. (KNOW2)	1	2	3	4	5	6	7
3. I am very confident in my knowledge about this topic. (KNOW3)	1	2	3	4	5	6	7

1. The main content of this document ____ my current topic of interest. (TOPIC1) *	Marginally describes						Substantially describes
	1	2	3	4	5	6	7
2. This document ____ the general domain of my current topic of interest. (TOPIC2)	Touches on						Is surely within
	1	2	3	4	5	6	7
3. The subject area of the document is ____ to my current topic of interest. (TOPIC3)	Marginally related						Substantially related
	1	2	3	4	5	6	7
4. _____ details in this document are related to my current topic interest. (TOPIC4)	Very few						A large number of
	1	2	3	4	5	6	7
5. In this document, the amount of *new information* to me is _____. (NOVEL1)	Small						Substantial
	1	2	3	4	5	6	7
6. I *already* ____ the phenomenon/arguments described in the document. (NOVEL2)	Knew a substantial part of						Knew little of
	1	2	3	4	5	6	7
7. This document has ____ *unique information* that I am coming across for the first time. (NOVEL3)	A small amount of						A substantial amount of
	1	2	3	4	5	6	7
8. The content of this document is ____ the content of other document(s) I have read. (NOVEL4) **	Very similar to						Very different from
	1	2	3	4	5	6	7
9. The content of this document is ____ for me to understand. (UNDER1)	Very difficult						Very easy
	1	2	3	4	5	6	7
10. I am able to follow the content of this document ____. (UNDER2)	With much effort						With little effort
	1	2	3	4	5	6	7

Continued

11. Readers of my type should find the document _____ to read. (UNDER3)	Very difficult						Very easy
	1	2	3	4	5	6	7
12. I think the content of this document would be _____ . (RELIA1)	Very inaccurate						Very accurate
	1	2	3	4	5	6	7
13. I think the content of this document would be _____ facts. (RELIA2)	Very inconsistent with						Very consistent with
	1	2	3	4	5	6	7
14. I think the content of this document would be _____ . (RELIA3)	Very unreliable						Very reliable
	1	2	3	4	5	6	7
15. I think the content of this document would be _____ . (RELIA4)	Most likely false						Most likely true
	1	2	3	4	5	6	7
16. The content of this document is either *too general or too specific* for me. (SCOPE1)	Strongly disagree						Strongly agree
	1	2	3	4	5	6	7
17. The coverage of this document is either *too broad or too narrow* for me. (SCOPE2)	Strongly disagree						Strongly agree
	1	2	3	4	5	6	7
18. This document gives either *too many* or *too few* details compared to what I expected. (SCOPE3)	Strongly disagree						Strongly agree
	1	2	3	4	5	6	7
19. The scope of this document is *inappropriate* for me. (SCOPE4) **	Strongly disagree						Strongly agree
	1	2	3	4	5	6	7
20. This document can *be used to solve problems in my current topic of interest*. (RELEV1)	Strongly disagree						Strongly agree
	1	2	3	4	5	6	7
21. My opinion/view towards the current topic has been *significantly changed or strengthened* by this document. (RELEV2) **	Strongly disagree						Strongly agree
	1	2	3	4	5	6	7
22. If asked on the current topic, I would *tell people* things based on this document. (RELEV3)	Very unlikely						Very likely
	1	2	3	4	5	6	7
23. When facing a problem in my current topic of interest, I will really *apply the knowledge* learned from this document to solve it. (RELEV4)	Strongly disagree						Strongly agree
	1	2	3	4	5	6	7
24. When facing a problem in my current topic of interest, I will *take action* in accordance to what is suggested in this document. (RELEV5)	Strongly agree						Strongly agree
	1	2	3	4	5	6	7

Note:

In the original survey, in addition to scale points 1-7, there was a column corresponding to the scale point 0. That practice is unique for this topic domain, and shall not be adopted by most organizational research. That column is deleted in order not to confuse readers.

* Item IDs were not in the original questionnaire.

** Items dropped after pilot test.

TABLE 1. Factor loading table for exploratory factor analysis of pilot data

Construct	Items	Component						
		1	2	3	4	5	6	7
Topicality	TOPIC1	.851	.172	− .084	− .008	.115	.129	− .114
	TOPIC2	.886	.043	.131	.062	.009	.056	− .141
	TOPIC3	.896	− .004	.189	.115	.074	.124	− .007
	TOPIC4	.787	− .032	.009	.159	.285	.156	− .017
Reliability	RELIA1	.212	.681	− .236	.180	.193	.054	− .071
	RELIA2	− .065	.850	− .082	.048	.112	.143	.024
	RELIA3	.119	.883	.055	.020	.091	.099	.004
	RELIA4	− .048	.740	.364	− .025	− .135	− .026	.076
Understandability	UNDER1	.134	.030	.919	− .062	.067	.009	− .048
	UNDER2	.030	.012	.944	.017	.026	.089	− .043
	UNDER3	.047	− .013	.865	.044	.001	.099	− .107
Novelty	NOVEL1	.341	− .069	− .346	.582	.106	.303	− .177
	NOVEL2	.069	.150	.161	.670	.058	− .059	− .048
	NOVEL3	.053	.011	− .084	.784	.014	.034	− .173
Scope	SCOPE1	.146	.056	.124	.016	.899	.092	− .004
	SCOPE2	.064	.101	.048	.046	.887	.112	− .130
	SCOPE3	.301	.108	− .162	.119	.523	.249	.048
Relevance	RELEV1	.191	− .073	.068	− .033	.090	.668	− .161
	RELEV3	.242	.121	.249	.333	.189	.607	.207
	RELEV4	.127	.132	.117	− .004	.108	.861	.120
	RELEV5	− .005	.181	− .083	.007	.089	.876	.173
Prior Knowledge	KNOW1	− .096	− .037	− .065	− .116	.023	.087	.941
	KNOW2	− .095	.041	− .150	− .062	− .082	.031	.944
	KNOW3	− .059	.028	.023	− .141	− .052	.070	.935
	Eigenvalue	5.330	3.345	3.004	2.364	1.722	1.480	1.195
	Variance %	22.21	13.94	12.52	9.85	7.17	6.17	4.98
	Cumulative Variance %	22.21	36.15	48.67	58.52	65.70	71.86	76.84

TABLE 2. Descriptive statistics and factor correlation

	Mean	S.D.	Zeros*	Min.	Max.	KNOW	TOP	RELI	UND	NOV	SCO	RELE
KNOW	3.25	1.36	—	1	7	0.91						
TOPIC	5.08	1.29	16	1	7	0.00	0.85					
RELIA	5.40	0.97	0	2	7	− 0.12	0.62	0.86				
UNDER	5.27	1.23	2	1	7	− 0.08	0.35	0.33	0.87			
NOVEL	4.61	1.20	5	1	7	− 0.10	0.25	0.25	0.09	0.74		
SCOPE	3.93	1.23	—	1	7	− 0.06	0.25	0.24	0.21	0.14	0.78	
RELEV	4.67	1.14	30	1	7	0.02	0.57	0.54	0.35	0.47	0.31	0.81

 * Number of zero-scores(Zero) are counted based on the 262 surveys returned. The rest of the statistics is based on the data after dropping the records with zero score. Min. and Max. correspond to the minimum scores and maximum scores for items of each construct. Reporting zeros, minimum and maximum are not a usaual practice in managerial research. Readers are not encouraged to followed this practice.

TABLE 3. The convergent validity of the measurement model

Construct	Item	Std. Loading	T-value	AVE	CFR	α
Topicality	TOPIC1	0.84	15.72	0.715	0.909	0.907
	TOPIC2	0.86	16.81			
	TOPIC3	0.88	16.86			
	TOPIC4	0.80	14.49			
Reliability	RELIA1	0.83	15.50	0.732	0.916	0.916
	RELIA2	0.89	17.41			
	RELIA3	0.87	16.83			
	RELIA4	0.83	15.54			
Scope	SCOPE1	0.80	13.35	0.606	0.821	0.818
	SCOPE2	0.83	13.85			
	SCOPE3	0.70	11.31			
Understand-ability	UNDER1	0.89	16.94	0.757	0.903	0.903
	UNDER2	0.84	15.52			
	UNDER3	0.88	16.83			
Novelty	NOVEL1	0.76	12.22	0.550	0.784	0.778
	NOVEL2	0.62	9.67			
	NOVEL3	0.83	13.51			
Relevance	RELEV1	0.70	11.95	0.652	0.882	0.877
	RELEV3	0.83	15.53			
	RELEV4	0.88	16.80			
	RELEV5	0.81	14.72			
Prior Knowledge	KNOWE1	0.94	19.14	0.823	0.933	0.933
	KNOWE2	0.89	17.52			
	KNOWE3	0.89	17.43			

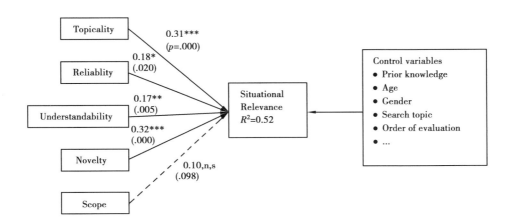

$\chi^2 = 272.19$, $df = 174$, $p = 0.000\ 0$, RMSEA $= 0.048$, NFI $= 0.92$, NNFI $= 0.96$, CFI $= 0.97$, IFI $= 0.97$, RFI $= 0.90$, GFI $= 0.90$, AGFI $= 0.87$, $* p < 0.05$, $** p < 0.01$, $*** p < 0.001$

FIG 1. Standardized LISREL solution for hypothesis testing

二、范文调查问卷

Internet Browsing Survey

Purpose: The purpose of this survey is to investigate Internet browsing behavior. It is a pure academic research.

Reward: Participants will be paid SGD$10 for their participation.

Process: In this survey, you will be asked to choose a topic of interest, and then browse the Internet as you usually do. After you **find and read** enough information regarding the chosen topic of interest, you need to evaluate two documents randomly picked by our monitoring program. The detailed instruction will be given to you as you follow this survey form.

Topics:

1. Vitamins are important to our health. In fact, it has been suggested that we should supplement our diet with vitamin pills. However, experts suggest that too much vitamin intake (as an example of misuse) might be harmful as well. Find useful documents that describe the incorrect use of vitamins.

2. What is the outlook of the job market related to your major? For example, if you are a computer major, what will be the job market for computer professionals in the coming 3 years in Singapore (or the place you are interested)? Find relevant documents that provide useful information.

3. What were the major reasons that led to the dotcom bubble burst in 2000? What were the lessons learned? What are the online companies doing now in order to prevent such bubble burst in the future? Find relevant documents that provide useful information.

4. Assume you plan to go to Tibet next summer, because you have only 3 free days there, you have to decide which resorts to visit. Find relevant documents that help you choose the most interesting places.

5. (Any other topic of interest, please describe)

The topic you plan to search is: _____
Regarding the topic your chose, please answer these questions:

	Strongly disagree						Strongly agree
1. I know this topic area very well.	1	2	3	4	5	6	7
2. I am able to tell other much about this topic.	1	2	3	4	5	6	7
3. I am very confident in my knowledge on this topic.	1	2	3	4	5	6	7

在问卷设计中要避免过度披露研究模型。否则调查对象会顺着研究者的思路回答问题，影响数据质量。注意，这些"好心"的调查对象反而会损害而不是提高数据质量！你也更不容易得到想要支持的假设。所以别以为你的调查对象可以"帮"你。如果他们帮忙，更多时候只会是帮倒忙。

问卷设计并不只是测度项。在回答测度项问题之前，往往需要给调查对象一个明确的评价对象。在这里，我们要调查对象明确一个信息需求，并据此评价一个文档。

在这种测量人的认识或态度的研究中，真正的目标群体往往是人与一个评估对象的组合，所以这个"环境"的设定主要是选择合适的评估对象，以增加调查结果的的代表性。

The Procedure

For the topic that you chose, please follow the steps below.
Steps:
1) Insert the Zip disk into the disk drive.
2) Double click to run Monitor.exe from the zip drive.
3) Leave this program running and start your Internet browsing as usual.

After you have **find and read** enough information you need on web, please follow these steps:

4) Click "Show URL" to see the web pages suggested by the program for you to evaluate.
5) Select a web page and "Open URL".
6) Click "Save History" of the monitoring program.
7) For that document, if it is a "connection page" which is mainly about links to other page, but contains little content of itself, please select another web page in the Monitor program. We are interested only in documents which have their own content. You can try "show URL" many times if the web pages suggested by the Monitor are not suitable.
8) Evaluate the web page based on the survey form below.
9) After that, evaluate the second document in sequence.
10) Finally fill in your personal particulars.

Document 1

Regarding the first document you have identified for evaluation, please answer following questions. Again, there is no right or wrong answer, only your personal opinions matter.

Please indicate your amount of reading with this document so far:	
☐ 1. I didn't read the document at all.	
☐ 2. I took only a glance at the title area.	☐ 5. I read it through.
☐ 3. I briefly read a small part of it.	☐ 6. I carefully read it through.
☐ 4. I briefly read a large part of it.	☐ 7. I carefully read it more than once.

In order to answer the following questions, if you haven't read the document yet (e.g. you indicated 1, 2, or 3 with the previous question), please read it again until you feel comfortable with the content of the document. **Don't change the answer in the previous question.**

1. The main content of this document ____ my current topic of interest.	Is totally unrelated to	Marginally describes					Substantially describes	
	0	1	2	3	4	5	6	7
2. This document ____ the general domain of my current topic of interest.	Is totally off	Touches on					Is surely within	
	0	1	2	3	4	5	6	7
3. The subject area of the document is ____ to my current topic of interest.	Totally unrelated	Marginally related					Substantially related	
	0	1	2	3	4	5	6	7
4. ____ details in this document are related to my current topic interest.	None of the	Very few					A large number of	
	0	1	2	3	4	5	6	7
5. In this document, the amount of new	None	Small					Substantial	

对问卷过程的这种描述并不常见。这个过程更像是实验研究中所常采用的过程。大部分的问卷调查会直接进入测度项的问题回答。

有一些变量，比如调查对象对搜索主题的"背景知识"必须在他们阅卷文档之前测量。基本原则是，所有可能受到以后的调查步骤影响的控制变量必须先行测量。

这个检查是为了保证数据的效度。在任何问卷调查中都应该包括一些问题来保证，或者事后过滤无效的问卷。当然导致问卷无效的原因有很多，研究者应该预见到常见的原因。

Statement	0	1	2	3	4	5	6	7
information to me is ____.	0	1	2	3	4	5	6	7
6. I already ___ the phenomenon/arguments described in the document.	Knew all	Knew a substantial part of						Knew little of
	0	1	2	3	4	5	6	7
7. This document has ___ unique information that I am coming across for the first time.	No	A small amount of						A substantial amount of
	0	1	2	3	4	5	6	7
8. The content of this document is ____ the content of other document (s) I have read.	Identical	Very similar to						Very different from
	0	1	2	3	4	5	6	7
9. The content of this document is ____ for me to understand.	Impossible	Very difficult						Very easy
	0	1	2	3	4	5	6	7
10. I am able to follow the content of this document ____.	In no way	With much effort						With little effort
	0	1	2	3	4	5	6	7
11. Readers of my type should find the document ____ to read.	Impossible	Very difficult						Very easy
	0	1	2	3	4	5	6	7
12. I think the content of this document would be____.	Totally wrong	Very inaccurate					Very accurate	
	0	1	2	3	4	5	6	7
13. I think the content of this document would be ____ facts.	Totally against	Very inconsistent with					Very consistent with	
	0	1	2	3	4	5	6	7
14. I think the content of this document would be____.	Totally unreliable	Very unreliable					Very reliable	
	0	1	2	3	4	5	6	7
15. I think the content of this document would be ____.	Surely false	Most likely false					Most likely true	
	0	1	2	3	4	5	6	7
16. The content of this document is either too general or too specific for me.		Strongly disagree					Strongly agree	
		1	2	3	4	5	6	7
17. The coverage of this document is either too broad or too narrow for me.		Strongly disagree					Strongly agree	
		1	2	3	4	5	6	7
18. This document gives either too many or too few details compared to what I expected.		Strongly disagree					Strongly agree	
		1	2	3	4	5	6	7
19. The scope of this document is inappropriate for me.		Strongly disagree					Strongly agree	
		1	2	3	4	5	6	7
20. This document can be used to solve problems in my current topic of interest.	Totally disagree	Strongly disagree					Strongly agree	
	0	1	2	3	4	5	6	7
21. My opinion/view towards the current topic has been significantly changed or strengthened by this document.	Totally disagree	Strongly disagree					Strongly agree	
	0	1	2	3	4	5	6	7
22. If asked on the current topic, I would tell people things based on this document.	Not at all	Very unlikely					Very likely	

	0	1	2	3	4	5	6	7
23. When facing a problem in my current topic of interest, I will really apply the knowledge learned from this document to solve it.	Totally disagree	Strongly disagree						Strongly agree
	0	1	2	3	4	5	6	7
24. When facing a problem in my current topic of interest, I will take action in accordance to what is suggested in this document.	Totally disagree	Strongly disagree						Strongly agree
	0	1	2	3	4	5	6	7

Your Personal Information

Email: _____

Gender: (1) Male ☐ (2) Female ☐

Education: (1) Undergraduate ☐ (2) Post-graduate ☐ (3) Other _____ (Please specify)

Faculty: _____

Birth Year: 19_____

Thank you for your participation!

调查表的组织一定要整齐,并显示出专业化。条件允许的话可以打印成带封面的小本。理由很简单,研究者花心思去做一件事,调查对象才会觉得这是一件严肃的事,才觉得被尊重,才愿意认真填写。结果是更好的数据质量。

人口统计变量可以放在最后。到最后,调查对象已经疲惫,但人口统计变量不需要太多的思考。应当在他们有精力的时候让他们回答模型中的主要变量。

这个问卷范例省去了对第二个文档的评估。

2 研究模型与实证研究

2.1 引　言

在第 1 章中,我们把一个研究课题简单地分为理论论证与实证研究两个部分。一个**研究计划**(research plan)指的是对理论论证与实证研究的总体计划。它包括理论论证的全部与实证研究的计划部分。不包括在研究计划之内的只有数据的实际采集、分析和结论,其他部分都在研究计划之内。本章的重点是理论论证。它包括科研立题、文献研究、模型确立几个部分。在阅读本章之前,读者必须先阅读范文的理论部分,以了解论文的一般结构。读者应该在读完本章后再回头检验范文中是否体现以及如何体现本章中的要点。所以,学习本章的前提是阅读范文。

2.2 行为研究的一般过程

我们先用一张图来表示行为研究的一般过程。这个过程不是线性的。任何一个阶段中出现的问题都可能使研究者回到前面的步骤,甚至起点。我们逐步介绍。

2.3 科研立题与文献回顾

科研的百分之七八十工作在于立题。所谓立题,狭义来讲,是要明确一个研究方向,即哪个 why 的问题你想要问;广义来讲,立题包括明确**科研主题**(research question),提出科研模型,论证模型,直到设计实证研究的整个过程。一个完全"立"起来了的课题除了收集数据进行实证以外,在文献回顾、研究方向确定、研究假设与研究模型、实证研究规划方面都已经有相当成熟的研究准备。这也是一个所谓的立题(开题)报告应当包括的部分。其核心是**研究模型**(research model)的确定。

我们这里所指的研究模型是**因果模型**(causal model)。显然,科研中并不仅有因果模型,但因果模型是目前最常见

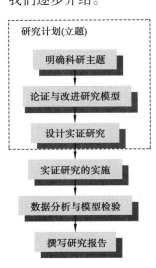

图 2-1　研究的一般过程

的模型,所以我们以此为中心。如第 1 章所述,这一类模型往往假设变量之间的关系,并用实证研究方法来检验假设。

那么如何立题呢?显然这不是一个容易回答的问题。我们可以先从一个论文评价的角度来看。怎样的论文是一篇好论文呢?首先是其贡献。在管理学中,科研的贡献往往被简化为两类:**学术贡献**(academic contribution)与**应用贡献**(practical contribution)。学术贡献又叫**理论贡献**(theoretical contribution),即一篇论文在多大程度上发展了前人的研究,回答了前人没有回答的问题,并对将来的研究有指导意义。试想爱因斯坦的相对论,正因为它改变了人们对时空的传统看法而突破了前人的研究。而它本身又开创了一个全新的研究领域。因此,不论这种理论是否能直接转化为生产力,其学术贡献是显而易见的。这样的例子也许太遥远。拿管理学中人们熟悉的 Herbert Simon 所提出的相对理性作例子。传统的经济学把人的行为假定为追求优化、绝对理性的。而 Simon 则认为不尽然。这样,一个被长期忽略的科研领域——人的相对理性及其后果——就被重新审视。Simon 所作的并非是革命性的创新,也不是要取代所有基于理性假设的研究,他只是指出了一个被忽略的领域,因而具有理论贡献。很多年轻的学者会直觉地去做"流行"的课题。这里的假设其实也是一样:流行的课题往往比较新,所以前人没有回答过这样的课题。如果做得好,也更有可能影响后人的研究。其实,一个好的研究人员更应该去创造"流行",而不是跟随"流行"。往往,一个课题的周期会是三五年。如果此类课题在立题时已是流行,恐怕这个课题已经被他人研究了几年。等你再研究几年,流行已过,你的课题便食之无味、弃之可惜了。

其二是应用贡献。应用贡献指的是科研结果对业界的影响。比如,对顾客的心理研究表明顾客对以九九结尾的价格(例如:2.99 元)与整数结尾的价格(例如:3.00 元)有相当不同的反应。这样的结果可以用来指导商品定价。又比如,使用最新式的消费电子产品(比如手机)能改变消费者形象,使其在他人眼中显得更潮流。那么产品的设计就要考虑产品的展示性。一个好的研究当然最好同时具备这两种贡献。而对这两种贡献的解释也是一篇学术论文不可或缺的部分。这部分往往在数据分析之后,以"讨论与引申(Discussion and Implications)"作为标题。但不管怎样,在立题的时候,一个科研人员首先要考虑的就是这个课题的贡献。一般来讲,理论性研究(或基础学科)会侧重学术贡献,而应用性研究(或应用学科)会侧重应用贡献。管理中的行为研究往往需要兼备这两种贡献。

但是如何找到一个有贡献的课题呢?对大部分学者来讲,这是一个阅读、思考、创新的过程。充分的文献检索是极其重要的一步。一般来讲,如果一个科研人员想在理论中创新,并提出一个新的基本理论,他可能需要回顾至少上百篇的文献。一个相对较小的课题,比如管理学杂志中的论文,一般会引用 50 到 100 篇文章。一般来讲,每三篇阅读的论文中大概会有一篇适合引用。这意味着一个科研人员需要读至少 150 到 300 篇。这些数据可以显示文献研究所应具备的工作量。如果一天读一篇,要半年到一年你才能真正了解一个领域的研究近况。几乎可以肯定地说,对于新近涉足一个领域的学者,没有充分的文献研究就没有高质量的研究课题。当然,当一个科研人员在一个领域研究时间长了以后,对于后续的课题可能不需要如此大的投入(所以对于年轻的学者,一开始就专攻一个领域是一个好的策略)。对于一个全新的课题,比如新技术的出现,也许直接相关的论文并没有这么多。比如,如果我们要研究用户对移动支付手段的采用,我们很难找到这么多直接相关的文章,因为这种现象还比较新,鲜少有人研究。但是,几乎可以肯定地说,在相关的领域,比如电子商务中的支付手段或其他新技术采用方面,我们可以找到无数的相关论文。我们的文献研究不但需要包括有关移动支付手段的论文与行业新产品信息(比较移动支付的种类与特点、市场预测、各种媒体所报导的用户接纳情况、用户反应、与用户的第一手面谈等),而且要包括相对传统的支付手段采用方面的文献,比如用户对信用卡和手机的采用、新技术的扩散研究、高技术产品的消费者心理、移动通讯所特有的风险问题与隐私保护,等等。

文献研究的目的是要理解所感兴趣的课题的基本变量、理论、课题的背景(context)、相关研究的发展过程,以及现有研究中的不足。没有充分的文献研究就不可能提出一个有创造力的新课题,因为你不知道你所提出的课题是否有人做过、前人的研究与你有什么不同。所以,文献研究中的思考也就是对文献的理解与突破。

对于一个新的科研人员来讲,一个很有效的做法是对所读的论文进行摘要。要注意这不是去重复摘录文章已有的摘要,而是根据读者自己的理解进行归纳。然后对所读的文章进行分类,并总结这个课题的基本框架。作者自己的经验是对所收集的文章先作粗读,选出有用的,细读并做**文献摘要表**(annotated bibliography)。往往这个文献表会包括至少 50 篇十分相关的论文。而这些论文也极有可能成为最后的参考文献。摘要的内容也成为论文中文献回顾的内容,并用来支持所提出的假设。所以,前期的文献回顾虽然辛苦,却能一石双鸟。

文献研究不但是找课题的一种方法,也是用来检验从其他渠道得到的课题的方法。研究人员常用的另外一些主要课题发现方法包括跟踪行业新闻、与行业人士交流、在实际工作中发现问题,等等。从这些方法得到的课题往往具有应用贡献。进一步的文献研究可以检验其理论贡献。科研主题的确定与文献研究是一个循环往复的过程。

例 2-1　文献摘要表

一个文献摘要是对一篇文献的总结或评价。它往往包括以下这些内容。

总结:总结一个文献的主要内容。原则上,凡是读者感兴趣的内容都可以摘下来。对一个领域的新学者来讲,一开始所记的内容会比较多。当背景知识丰富之后,所记的内容会减少。对于一篇行为研究的论文,它的研究课题、理论模型的假设、所用的理论、对主要变量的量表设计往往是值得关注的内容。

批判:这篇论文的强项是什么? 它的缺点或弱点是什么? 它的结论可靠吗? 往往随着一个读者在一个领域中知识的积累,他会越来越善于发现前人研究的优缺点。

价值:对于一个学者正在研究或思考的课题,这篇文章的价值是什么? 它为你的文章提供了什么? 是理论、是论证方式、是调查所用的量表、是论证的例证之一、是行业数据、还是其他方面?

那么一个文献摘要的书写格式是什么呢? 文献摘要没有统一的格式要求。作者推荐按以上的内容对摘要进行组织。文献摘要可长可短,但一般在几行到两页之间。以下的例子是作者所做的一个文献摘要。它对作者感兴趣的内容作了摘要,但没有太多的批判。文章的价值在 remark 部分作了总结。

Doll, W. J., Torkzadeh, G. (1988). The measurement of end-user computing satisfaction. *MIS Quarterly*, 12(2), 259-274.

The main research question of this study is to propose and test the dimensions of end-user computing satisfaction. While this study is built past research, there is no overarching theory used to propose the dimensions of end-user computing satisfaction.

This paper suggests two ways to describe the end-user computing: one is the "utility" in terms of improved decision making and the resultant productivity and competitive advantage; the other is user satisfaction. The authors argue users' utility is enhanced when the information of a system meets users' requirement and the system is ease to use. Information is treated as "product" in this paper; this concept is attributed to Bailey and Pearson(1983).

"End-user computing satisfaction is conceptualized as the affective attitude towards a specific computer application by someone who interacts with the application directly. End-user satisfaction can be evaluated in terms of both the primary [decision maker] and secondary user [system operator] roles. User information satisfaction, especially the information product, focuses on the primary role and is independent of the source of the information(i. e. , the application). Secondary user satisfaction varies by application; it depends on an application's ease of use. Despite the growing hands-on use of inquiry and decision support applications by managerial, professional, and operating personnel, research on user information satisfaction instruments has emphasized the primary user role, measuring overall user information satisfaction. "(p261).

In the authors' model, the end user has dual roles-as a primary and a secondary user at the same time. The resulting instrument covers five dimensions and both roles.

Content

C1: Does the system provide the precise information you need?

C2: Does the information content meet your needs?

C3: Does the system provide reports that seem to be just about exactly what you need?

C4: Does the system provide sufficient information?

Accuracy

A1: Is the system accurate?

A2: Are you satisfied with the accuracy of the system?

Format

F1: Do you think the output is presented in a useful format?

F2: Is the information clear?

Ease of use

E1: Is the system user friendly?

E2: Is the system easy to use?

Timeliness

T1: Do you get the information you need in time?

T2: Does the system provide up-to-date information?

Method: There were 96 end-users from 5 firms for the pilot study and 618 users from 44 firms for the main study. A measurement model was used to test the quality of the instrument.

Remark: Timeliness and ease of use are system characteristics rather than information characteristics. In my current research on information relevance, system characteristics are not relevant. The content and accuracy dimension matches some aspect of information relevance, but the format dimension does not.

Additional reference:

Bailey, J. E. , Pearson, S. W. (1983). Development of a tool for measuring and analyzing computer user satisfaction. Management Science, 29(5), 530-545.

例 2-2　文献格式

　　在文章的末了,作者需要列示所引用的文章,即**文献列表**(reference list)。文献列表需要按照一定的格式。虽然每个期刊的要求会有不同,最常用的可能就是 APA(American Psychological Association, www. aps. org)格式了。这个格式有以下基本要求:

　　1. Authors' names are inverted(last name first); give the last name and initials for all authors of a particular work unless the work has more than six authors. If the work has more than six authors, list the first six authors and then use et al. after the sixth author's name to indicate the rest of the authors.

　　2. Reference list entries should be alphabetized by the last name of the first author of each work. If you have more than one article by the same author, single-author references or multiple-author references with the exact same authors in the exact same order are listed in order by the year of publication, starting with the earliest.

　　3. When referring to any work that is NOT a journal, such as a book, article, or Web page, capitalize only the first letter of the first word of a title and subtitle, the first word after a colon or a dash in the title, and proper nouns. Do not capitalize the first letter of the second word in a hyphenated compound word.

　　4. Capitalize all major words in journal titles.

　　5. Italicize titles of longer works such as books and journals.

　　6. Do not italicize, underline, or put quotes around the titles of shorter works such as journal articles or essays in edited collections.

　　Based on the above rules, the basic reference format for papers in a periodical is as follows:

Author, A. A. , Author, B. B. , & Author, C. C. (Year). Title of article. Title of Periodical, volume number(issue number), pages.

Harlow, H. F. (1983). Fundamentals for preparing psychology journal articles. *Journal of Comparative and Physiological Psychology*, 55, 893-896.

　　For a book:

Author, A. A. (Year of publication). Title of work: Capital letter also for subtitle. Location: Publisher.

Calfee, R. C. , & Valencia, R. R. (1991). *APA Guide to Preparing Manuscripts for Journal Publication*. Washington, DC: American Psychological Association.

　　For articles or chapters in a book:

Author, A. A. , & Author, B. B. (Year of publication). Title of chapter. In A. Editor & B. Editor (Eds.), Title of book(pages of chapter). Location: Publisher.

O'Neil, J. M. , & Egan, J. (1992). Men's and women's gender role journeys: Metaphor for healing, transition, and transformation. In B. R. Wainrib(Ed.), *Gender Issues across the Life Cycle*(pp. 107-123). New York: Springer.

　　For articles in a conference:

Field, G. (2001). Rethinking reference rethought. In *Revelling in Reference: Reference and Information Services Section Symposium*, 12-14 October 2001(pp. 59-64). Melbourne, Victoria, Australia: Australian Library and Information Association.

2.4 理论基础与研究模型

文献研究的产出有几个。

首先,我们要确定研究课题。这个研究课题往往用一个问题的方式来表述,叫做**科研主题**(research question)。因为我们的重点在关于"为什么"的知识类型上,一个研究问题往往表述为"有哪些自变量影响了某个因变量?",比如范文的研究问题是如此表述的:"The purpose of this study is:1)to identify a set of core relevance criteria using a theory-driven approach, and 2) to test the validity of these criteria with a rigorous psychometric approach."这里的因变量是 relevance,自变量是 relevance criteria。**因变量**(dependent variable)往往是社会调查研究中最感兴趣的变量,一个研究就是想解释因变量。比如,是什么影响了用户对移动支付手段的采用?因变量的确定也就是研究课题方向的确定。

其次,我们要确定**自变量**(independent variables),也即采用意愿的影响因素。影响因素一经确定,研究模型的框架就出来了。可是如何确定影响因素呢?我们应该先讨论什么是"好"的研究模型。在常见的管理学的关系模型中,一个简单的原则是我们要包括所有的重要的自变量。换句话说,自变量要是必要且充分的。可是充分性与必要性又如何保证呢?这里我们就要依靠理论。

所谓理论就是那些经过广泛测试、能广泛地应用到一个较大领域的一般性因果模型。所以理论本身也往往是一个因果模型(描述性理论不在我们的讨论范围之内),只不过它具有广泛性罢了。比如说,Rogers(1995)的新技术扩散模型(innovation diffusion theory)在很多种不同的新技术上被验证是可以应用的,它反映了新技术扩散的一般规律。它提出新技术的扩散主要由技术的相对先进性、技术兼容性、复杂性、可试性、表现性,以及采用者的特征决定。假如移动支付手段可以被看做一种新技术,如果我们要从新技术扩散的角度研究用户的采用意愿,我们就可能提出一个除采用者特征以外的五因素模型。采用者特征被忽略并非因为它不重要,而是因为我们希望以移动支付手段为研究的中心,对其设计提出建议,所以我们假定在随机抽样过程中采用者的特征因为样本的随机性而不会影响其他变量的作用。在这里,自变量的充分性与必要性依赖于所建基的理论的适用性。所以,与确定自变量紧密相关的是理论的选择。这是在文献研究中立题的第三个产出。

什么样的理论是好的理论呢?在管理学及其所建基的心理学、社会心理学、社会学等其他基础学科中有无数的理论。但理论也是良莠不齐的。一个广为接受的理论往往是一个可靠的理论。但同时,这样的理论所推导出来的自变量也往往没有什么新意。因此,整个基于它的科研模型也不过是把一个具有广泛性的理论用在一个特殊的场合,从而没有什么新意。相反,一个较新的理论或者表面上没有直接联系的理论可能会带入全新的视角。所以理论的选择是研究中一个十分重要的因素。可以毫不夸张地说,有些重要的论文除了引入一个新的理论与新的视角外并无其他过人之处。当然新意并非理论选择的唯一考虑。一个理论在多大程度上能解释当前的现象是另外一个更重要的因素。如果一个理论可以成功解释所感兴趣的课题中的所有现象,那么就没有理由引入一个新的理论。对于一个新理论,首先要求的是这个理论能解释其他理论所不能解释的东西。这往往反映为可以解释更多因变量的变化或引入新的自变量。所以,理论的选择是一个课题上的相关性与新意的综合考虑。

一个科研模型需要用到一个理论所建议的所有变量吗?不尽然。科研人员需要筛选哪些是适用的,哪些是不适用的。不过如果一个理论的大部分变量都无法使用,那很有可能这个理论是不适用的。

一个科研模型只能用一个理论吗？不尽然。一个模型可以组合使用几个理论。往往，这些理论具有一定的相关性，并具有一定的互补性。比方说，在以上的例子中，技术接受模型(technology acceptance model)指出有用性与易用性是技术接受的两大因素。有用性显然在一定程度上反映为新技术扩散理论中的先进性、技术兼容性等。但易用性在新技术扩散理论中却没有相应的变量。所以，组合这两种理论可能可以更好地解释我们的因变量。技术接受模型给了我们一个新的重要变量：易用性。一种极端的情况是每一个自变量都有一个理论来支持，但没有一个涵盖全模型的理论。这样的模型显然会过于繁杂，且不能保证充分性与必要性。这种情况应当避免。当多个理论被应用时，一个很重要的方面是有一个全局性的框架。比如，在研究网上个人的信息披露行为时，我们可能从成本—收益(cost-benefit)角度来看。其中的收益可能可以根据资源理论(Foa & Foa，1980)分为六种(比如增进感情、得到更好的服务)，其中的成本可能可以根据某个风险理论分成四类。这样两个理论在一个框架中实现了充分性与必要性。一般来讲，在模型的整体规划中，我们的理论不会超过三个。

举例来看，在范文中，作者的科研主题是哪些因素影响人们对一篇文章有用性的看法。作者选用了 Grice(1975)的人际沟通理论作为基础理论，并引申得到五个因素。每个因素对因变量的影响都是一个研究假设。读者可以参看范文中的注解，其中详细解释了文献回顾、确定科研主题、选用理论的整个过程。

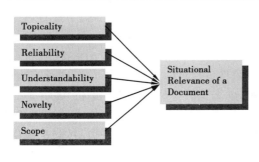

图2-2 影响文章有用性的五因素模型

一个科研模型中可以加入理论中没有的变量吗？我们分几种情况来看。第一种情况是，我们对一个理论中的概念进行具体化。有时，理论中的"变量"是一个**概念**(concept)。概念指的是一类变量，而不是一个变量。概念与变量的区别在于变量是可测量的，而概念可以在不同的环境下引申为不同的变量。比如，计划性行为理论(theory of planned behavior)认为人的行为**意愿**(intention)导致实际**行为**(behavior)。在消费者心理学中，这可能就会被引申为采购意愿导致采购行为。这时，这个模型中所有的变量其实还是基于理论的，引申不过是一种具体化。当把一个普遍性的理论用在一个特殊的领域中时，特别要避免不正确的引申。计划性行为理论又说：人们对自己将要做的一种行为的**态度**(attitude)会影响这种行为的行为意愿。这里的态度指的是对这个行为的总体的好坏评估。有的学者就会由此引申：人们对互联网的态度影响他们网上购买的意愿。这时，这种引申就是错的，因为在理论中，态度是对行为的态度，而不是对一个环境的态度。即使人们对互联网的态度的确影响他们网上购买的意愿，那也不是基于计划性行为理论。正确的引申是：人们对在互联网上购物的态度影响他们网上购买的意愿。

第二种情况，我们会把一个理论中的概念细分为几个变量。比如，新技术的扩散模型中的技术先进性可能会根据具体的技术分成几个指标。对于微机技术，我们可能会用CPU速度、内存大小、耗电量等来描述。

第三种情况，我们引入其他变量来克服理论中的不足。比如，沟通理论(communication theory)认为沟通有两个作用：传递信息，改变关系。如果用这个理论来解释"我们会询问谁来获得工作中所需的信息"，我们会得出结论：我们找那些信息质量高而且有助于改进两人关系的人来问取信息。直观地,我们会觉得那个信息源是否易于接近(accessibility)也会是一个重要因素。这时,我们就会发现其实沟通理论并不能为我们所研究的行为提供一个完整的解释。如果没有替代理论,额外的变量就需要引进,来补充理论的不足。这种引进,就需要一些前人的研究或其他理论来支持。显然,如果这样引进的变量太多,则会喧宾夺主,原有理论的效度就会受到质疑。

一个模型可以有理论中没有的因果关系吗?有时候,我们会觉得有些变量之间有因果关系,而这个因果关系在原有理论中没讲。比如,我们觉得一个新技术的表现性会影响人们对其先进性的看法,而这种关系在新技术的扩散模型中没讲。在这种情况下,如果概念推理可以支持这种观点、前人的实证研究中有这种发现,或者其他理论有这样的论述,这样的因果关系可以被加进来。一个经验法则是:对于所有的变量(因变量与自变量),除了理论所描述的关系外,要检查所有的两两关系,以确保所有可以假设的重要关系都被假设到了。当然,如果理论中没有假定这种关系,在添加的时候要格外小心。

模型越复杂越好吗?否。表面上看,一个复杂的模型无所不包,应该最具有完整性。其实不然。从理论的角度看,人的行为往往是人决策的反映,而人的决策往往是有限理性的,这反映为人往往考虑很有限个数的决策变量。众所周知,人的暂时记忆的限度是5到9(7±2)。如果一个模型有超过9个的自变量,这个的模型极可能不是人们的真正决策模型。从现实的角度来看,一个复杂的模型在数据采集的过程中会降低数据质量,在分析的时候会引入不必要的统计假象,会增加数据收集成本,实在是得不偿失。

一个模型可以没有全局性理论吗?可以。但一个没有理论的模型将比较难回答充分性的问题。可是没有充分性并不能说所测试的自变量没有用,尤其在基础理论的研究课题中。这种基础性的研究课题往往很难有一个现成的理论供套用。在心理学研究中或消费者心理试验中,这种情况相当普遍。可是在其他更接近应用领域的研究中,比如管理信息系统,一个没有理论的模型很难被接受。这在一定程度上与这个研究领域的现行定位有关。管理信息系统学术圈倾向于把这个学科视为一个心理学与其他基础学科的应用学科,所以没有理论支持的模型很难被接受。而消费者心理学学术圈则本身就包含一群心理学家,他们更愿意接受基础领域的探索,哪怕是不完整的。一些心理学研究甚至没有任何基础理论。在这些研究中,科研人员往往发现了一种全新的心理现象,而且没有现成的理论可供解释。这种情况下,科研人员会直观地提出几种可能的解释并加以测试。比如,在消费者心理学中,环境效应(context effect)在被提出来的时候就没有一个完整的理论依据。同样,当预期理论(Prospect theory)被提出来的时候,也是根据一系列的观察,而不是理论的推导。这些理论在最初提出的时候,更多是通过归纳方法,而后才用假设检验来检验这些现象的原因。

至此,一个研究课题的理论模型部分已经完成了。在进入实证研究的规划与实施之前,我们要进一步介绍理论论证中要用到的一些基本概念。

2.5 因果关系

我们所讲的理论模型无非是一组假设的集合(例见图2-2)。这些假设无非是一组关于因果关系的假设。具有讽刺意味的是,科学发展到今天,对于什么是**因果关系**(causality),人们仍然没有定论。很多这一类争论是哲学上的或语言学上的。对于我们来讲,我们把因果关系理解为三要素(Bollen,1989):因对果的作用可以**区别出来**(isolated)、因与果的**相关性**(association)、影响的**方向性**(direction)。一个真正因果关系的确立,这三个要素缺一不可。一个因的可区别性指的是对于一个果 Y,如果要看它是否受因 X 的影响,我们要保持其他所有的因素都不变,只允许 X 与 Y 变化。如果 Y 真的随 X 的变化而变化,我们就有信心说 Y 的变化不是因为其他不可知的因素,而是因为 X。但是理想的单独运作性几乎是不存在的。即使在所谓的实验研究中,当我们操纵一个因,我们可能会不小心改变另外一因。比如我们给一个顾客 20% 折扣,再看她的购买意愿,这个果(购买意愿的变化)可能不是由价格变化(我们想要改变的因)引起的,而是由于她看到我们疯狂打折而同情我们的销售处境(一个无心插柳的因)引起的。所以实验研究虽然会在很大程度上让我们个别观察一个因素的作用,但它也不能完全保证一个因的可区别性。相关性指的是因与果一起变化。如果因变而果不变,或者果变而因不变,则显然没有相关性。方向性指的是如果 X 是因,Y 是果,那么 X 的变化要在 Y 之前。如果 Y 的变化在 X 之前,则我们很有可能颠倒了因果关系。一种更具迷惑性的情形是 X 与 Y 是互为因果的,比如两个人之间的相互喜欢程度与交往次数之间的关系。

2.6 研究假设

假定我们已经确定了自变量与因变量,我们可以假设它们之间的因果关系。假设是一个关于变量之间关系的可测试的命题。因果假设有一些特征:

- 它包括至少两个变量
- 它表达了变量之间的因果关系
- 它表述了一种对将来的结果的预测
- 它与研究课题有逻辑上的联系
- 它与理论往往有逻辑上的联系
- 它是可证伪的。即我们可以用实际证据来显示它是真或假

假设往往表述为:

- A 导致 B(A causes B)
- A 影响 B(A affects B)
- A 与 B 是相关的(A and B are associated; A and B are correlated)
- A 与 B 是正/负相关的(A and B are positively/negatively associated)
- 如果 A,那么 B(If A, then B)
- A 越高,B 越高/低(If A is high, then B is high/low)

> 想一想,以上假设的表述方式适用于什么样的研究? 并各有什么优缺点?
> 第一与第二种表述方式可以用于社会调查,也可以用于实验研究,但对因果关系的表述缺少明确的方向性,虽然默认的方向是正向。
> 第三与第四种表述方式多用于社会调查。但第三种表述方式缺少方向性。第四种表述方式较优。
> 第五与第六种表述方式多用于实验研究。但第五种表述方式缺少方向性。
> 通常,如果我们不明讲两个变量之间关系的方向(正相关或负相关),默认是正相关。
> 想一想,associated, correlated, affect, cause, 这些用词有何不同? 什么时候该用哪个词?

例 2-3　范文中的假设

H1：Document scope is positively associated with relevance.

H2：Document novelty is positively associated with relevance.

H3：Document reliability is positively associated with relevance.

H4：Document topicality is positively associated with relevance.

H5：Document understandability is positively associated with relevance.

一个好的假设需要避免以下的问题。

同义反复(tautology)。因果上的同义反复指的是对因的定义中包含了果，或者对果的定义中包含了因。比如：一个信息系统给企业带来的价值与这个系统的有用性(usefulness)是正相关的。要注意，一个系统的有用性按定义就是它给企业带来的价值。所以这个假设其实是一个定义。又如：在小组工作中，如果一个任务需要对方在场，在需要沟通的时候，一个组员就会选用面对面的方式沟通，而不是 Email。要注意，一个任务需要对方在场的程度就是使用面对面方式沟通的程度，唯一的不同是前者可能可以看做一个连续变量，而后者是一个二值变量。另一种更为隐蔽的方式是因是果的一部分。比如：降低成本会提高利润。显然成本影响利润的一部分。这样的假设是永真的，所以也是没有意义去验证的。这是一种在假设表述中常见的错误。

命定论(teleology)。这种假设讲的是"命中注定"的事，而且，这命中注定的事已经发生。比如：因为人类出现了，所以进化过程一定存在过。因为我们无法观察到人类不出现的现象，以上的命题无法证伪。以下命题同样无法证伪：因为上帝决定要创造人类，所以人类出现了；因为第四代通讯技术一定会成功，所以第三代通信技术被淘汰了。这类命题的一个特征是往往果已经出现，而且果不出现的事件无法发生；或者，命题中的因发生在果后，即因果时间错位。这种错误不常出现在假设表述中，却常出现在论证过程中。

社会生态学错误(ecological fallacy)。这类错误往往没有匹配因与果的分析单位。比如，富裕国家的家庭用车比贫穷国家的多。如果一个假设是：如果 A 国比 B 国富，那么 Tom(A 国人)比 Jack(B 国人)的车多。这个错误相当明显。但是如果我们说：如果 A 国比 B 国富，那么 A 国的人均拥车量比 B 国多，则是合理的。又如，在教学试验中有 40 个学生小组。20 个学生小组有小组长，另外 20 个没有小组长。假设：有组长的小组成员的成绩比没有组长的小组成员的好。这个假设是不合理的。合理的假设是：有组长的小组的平均成绩比没有组长的小组好。这种分析单位的不匹配往往发生在对小组行为的研究中，比如群体决策研究、虚拟小组行为。

简化论(reductionism)。这是社会生态学错误的另一个极端，即由个体特征推出集体特征。这在假设表述中并不常见。但在一般文章的论述中可能出现。比如：因为马丁·路德金的努力，美国的种族平等得到了实现。这是一种个人英雄主义的说法。又如：我们发现顾客认为电视机的价格反映电视机的质量，所以所有的电器都可以用价格来作质量标志。

相关性假象(spuriousness)。相关性假象指的是两个变量有相关性，却没有因果联系。比如：空调的销量与冰淇淋的销量是相关的，但空调的销量影响冰淇淋的销量却不是一个合理的假设。它们之间的相关性是因为这两者都受到同一个第三因素的影响(比如气温)。这是一种常见错误。在一个假设中，自变量应当是因变量在机理上的直接原因,而非间接的或通过第三因素而表现出来的相关因素。

2.7 变量的定义

在一个模型的确定过程中,很重要的一点是变量的定义。在理论上我们把一个变量叫做理论构件。在很多论文中,作者们往往忽略了变量的定义。这是一个很不好的习惯。当然,如果读者可以毫无异议地理解作者的变量,不定义或许不妨碍理解。可是这种可能性不大。一篇好的论文要求领域外的读者也能够看懂。所以对变量的定义必不可少。定义变量不只是为了让别人看得懂,更重要的是,你的假设论证要基于对变量的定义,你在实证过程中的测度模型也要基于变量定义。没有变量定义,后续的实证工作就没有了指导。如果其他学者要重新检验你的模型,他们也需要你的变量定义作为共同语言。否则不同学者之间的交叉论证将不可能。同时,变量定义也可以让别人看到变量与理论的一致性。有些论文,如果仔细检查其变量定义,就会发现有些变量与理论不一致。这种错误是致命的。变量的定义会促使研究人员仔细思考理论与问题领域之间的关系。

如何给一个变量或理论构件下定义? 我们不妨先考虑如何给它们"起名"。在模型的规划过程中,给理论变量一个合理的名字至关重要。因为变量是可测度的,给变量命名的第一条规则是这个名字是可测度的。比如,我们研究哪些产品适合在网上购买,我们知道有的产品可能比其他产品更适合网上购买。我们会说不同的产品会影响人们从网上购买这类产品的意愿。如果我们的因是"产品",果是"购买意愿",那么"购买意愿"是一个合适的变量名字,因为意愿可强可弱。但是"产品"是一个糟糕的变量名字。因为"产品"这个词本身并不能说明什么。我们的意思可能是产品的种类。但是"产品种类"也不是一个合适的变量名。首先这是一个类别性的名字(产品种类有几万个,难道我们要一一研究?),不适合量化;其次,影响购买意愿的不是产品种类本身,而是划分产品种类的一个标准。在营销中,不同产品往往被认为具有不同程度的"搜索性"或"体验性"。如果一个产品按其属性指标就可以确定其质量,这个产品是搜索性的(search product),比如书籍。一个产品如果需要感官上的体会来确定质量,它是体验性的(experience product),比如水果。研究者可能想说,不同的产品,因为它在搜索性(或体验性)的不同,从而影响购买意愿,所以,合理的变量名是产品的搜索性。如果研究者一定要用"产品种类",那么"产品种类"就需要被定义成一个产品在从搜索性到体验性这个连续统上的不同取值。

从这个起名的例子可以看出,一个变量往往是某种"性质"(比如:可信性、多样性)、某种"度"(比如:满意度、忠诚度、意愿的强度)、某种"值"(比如:价值)。一个变量的定义是单纯的,它不会有第二个意思。一个变量是可测的。一个好的定义需要把这些方面准确地描述出来。比如在范文中:

例 2-4　范文中的变量定义

We define it〔relevance〕as the perceived cognitive and pragmatic impact of the content of a document relating to the user's problem at hand.

We define scope as the extent to which the topic or content covered in a retrieved document is appropriate to user's need, i. e. , both the breadth and depth of the document are suitable.

2.8 分析单位

一个初学者经常忽略的问题是**分析单位**(unit of analysis)的确定。研究单位是研究中所关注的个体。因为行为研究关注的对象往往是人,个人往往是我们的研究个体。我们可以想象所收集到的数据以一个数据表的形式出现,每一行数据代表对一个人的观察。比如:

表 2-1　对应于研究单位的数据表

顾客 ID	卖家服务水平	卖家产品质量	顾客忠诚度
C1	2	2	3
C2	3	4	3
C3	5	6	6
⋮	⋮	⋮	⋮

这个例子显示研究者认为卖家的服务水平与产品质量影响顾客忠诚度,并想对此做检验。但这个例子还有一些令人混淆的地方。研究者是想说:如果一个顾客觉得一个卖家的服务水平与产品质量比较好,就会对这个卖家有忠诚度;还是想说:如果一个卖家的服务水平与产品质量比较好,它的顾客们对它会有忠诚度? 这两个研究主题虽然相似,但所隐含的研究单位其实不一样。对于前者,研究单位是个别顾客,即顾客的感观影响他们的行为。如果这个假设成立,其直接的结论不是卖家要提高服务水平与产品质量以得到高的顾客忠诚度,而是卖家要提高顾客所感知的服务水平与产品质量,不管真的服务与质量有没有提高。当然,在正常情况下,如果这个假设成立,它的**引申的意义**是卖家要提高服务水平与产品质量以得到高的顾客忠诚度。对于后者,研究单位是卖家,其相应的数据格式应当是:

表 2-2　对应于研究单位的数据表

卖家 ID	卖家服务水平	卖家产品质量	顾客忠诚度
S1	2	2	3
S2	3	4	3
S3	5	6	6
⋮	⋮	⋮	⋮

如果前表中的顾客忠诚度是个别顾客对某一卖家自我评估的忠诚度,在这个表中,顾客忠诚度则应当是这个卖家所有顾客的总体忠诚度,比如顾客的平均光顾的时间长短或光顾的频率等。按这个研究单位,服务水平高与产品质量好的卖家有高的顾客忠诚度是一个直接的结论,而不是引申的结论。

> 想一想,对于这个例子,哪个研究单位比较好? 为什么? 每个研究单位的优缺点各是什么? 在什么时候应当选哪个研究单位?

我们再来看一个例子。一个教育研究者对集体学习(collaborative learning)感兴趣。他提出了以下知识管理的模型。在这个模型中,信任是小组成员对小组的信任程度;认同度是小组成员对小组的认同程度;个人成绩期望水平是他对期末成绩的估计;分享的知识的量是整个小组中相关电邮与网络讨论帖子的总和;分享的知识的质量是这些电邮与帖子中概念的个数。请讨论这个模型中各变量的分析单位。

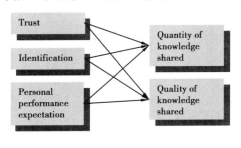

图 2-3　知识管理模型中的分析单位

显然,这个模型问题重重。我们在此只关注分析单位。首先,信任可以被定义为两个人之间的信任(dyadic trust)或一个人对一个团体的信任。研究者选择的是后者。认同度往往是一个人对一个团体的认同,这与研究者的定义是一致的。个人对成绩的估计是个人层面的变量,与团体或其他人基本无关。分享的知识的质与量则是团体层面的变量。假定研究者开始收集数据,他对每个人用问卷进行调查,但对于每个小组,他只能得到一个知识的质与量的测度结果。按照定义,对于一个小组中的所有成员,他们小组的知识的质与量的取值是一样的。这个调查最后的样本量是多少呢? 是所有成员的总数还是小组的个数? 研究者的假设能否通过这个数据来验证? 我们把这个问题留给读者思考。

2.9　你的课题

到此,你已经知道一个课题的理论部分是如何建立起来的了。理论部分的最后产出当然是一个理论模型及其对应的假设。范文中 Methodology 之前的部分就是理论部分。

虽然本书的重点不在理论模型的建立,但是,我们在第 1 章已经要求读者带着自己的课题来读这本书。在本章结束之前,我们要求读者花一定的时间(比如几个星期到两个月)去寻找一个相对较小、可以比较快实施的课题。这个课题并不要求有很大的贡献,因为寻找一个有大的贡献的课题会花很多时间。读者必须为这个课题建立一个理论模型,并加以论述。

我们鼓励读者带着自己真实的、正在进行中的课题来读这本书,同时本书提供一些启发性的课题。如果读者实在没有自己的课题,可以带着其中一个课题阅读以后的章节。如果读者真的用到以下的课题,我们也要求读者对这个选定的课题作一定的文献研究。读者可以通过网上数据库进行关键字检索。读者的学校可能订阅了 JSTOR, PRO-QUEST, ABI/INFORM, METAPRESS 这样的全文数据库。如果没有,读者也可以通过 scholar.google.com 寻找相关文献。在做文献检索时,可以先注重理论部分与结论部分。方法论部分如果看不懂可以先跳过去,但读者要知道理论中的假设是否在实证研究中被支持。适当的笔记是必要的。

IT/IS 类课题:

- 哪些因素影响一个 Blog 的受欢迎程度?
- 哪些因素影响一个人在网上论坛上发帖的多少?
- 哪些因素影响一个网上广告的点击率?

组织行为学

- 哪些因素影响毕业生对网上求职市场的采用?
- 高技术企业的员工跳槽动机是什么?

- 哪些因素影响员工的知识分享行为？

消费者心理学

- 超前消费的主要原因是什么？超前消费量受哪些因素影响？
- 冲动型购买的影响因素是什么？
- 哪些因素影响一个人想去同一个旅游点多次？

在做一定的文献检索之后，读者需要

- 提出一个研究课题；
- 论证其潜在的理论与实践贡献；
- 提出一个理论模型与一组假设；
- 论证假设的合理性，论证自变量的充分与必要性；
- 定义所有的变量；
- 与授课老师或其他同学进行讨论，并修改模型。

课后练习

讨论题

1. Discuss the process that the research model was proposed in Sample Paper on Relevance Judgment.

2. End users' software pirating behavior is a big threat to the profit and growth of software vendors. The extant literature has studied a number of personal motivations to use pirated software, such as convenience, economic motivation and norm. Let the dependent variable be the number of pirated software installed on one's computer, state a few hypotheses.

3. Discuss the problems with the following hypothesis: (1) The adoption of open source software is a mainstream phenomenon increasing over time.

4. It is often believed that certain organizational structure is better than others. For example, a flatter organizational structure is often considered more effective than a hierarchical one. This line of though argues that certain organizational structure is more effective because it is more efficient in conducting business processes. Therefore, it is reasonable to hypothesize that organizational structure affects business process which in term affects business outcome, i. e., performance. Criticize this model and the above resoning.

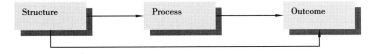

图2-4　结果-过程-产出模型

5. In a research model, a researcher wants to investigate the impact of privacy in an organization. The independent variable is privacy concern of individuals in sharing personal knowledge, and the dependent variables are organization impact(e. g. , improvement of business process)and individual impact(e. g, promotion). Discuss the problems in the naming of constructs.

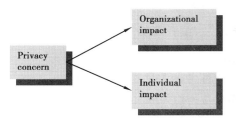

图 2-5　隐私的影响

6. Many web sites such as Amazon. com now provides product reviewers. A researcher is interested in studying how online product reviews affect consumers' evaluation of the product and their purchase intention. The research hypothesis that the credibility of an online review would affect consumer's product evalution which in turn affects purchase intention. Criticize this research model.

图 2-6　网上产品评价模型

阅读

1. 必读论文,要求做文献摘要。

Moore, G. C. , & Benbasat, I. (1991). Development of an instrument to measure the perceptions of adopting an information technology innovation. *Information Systems Research*, 2(3), 192-222.

2. 选读论文。

Krosnick, J. A. (1999) Survey research. *Annual Review of Psychology*, 50, 537-567.

Schaeffer, N. C. , & Presser, S. (2003). The science of asking questions. *Annual Review of Sociology*, 29, 65-88.

Armstrong, J. S. , Y Overton, T. S. (1977). Estimating nonresponse bias in mail surveys. *Journal of Marketing Research*, 14, 396-402.

词汇表

研究计划(research plan)　　　　科研主题(research question)
研究模型(research model)　　　　文献摘要表(annotated bibliography)
概念(concept)　　　　　　　　　因变量(dependent variable)
行为意愿(behavioral intention)　　自变量(independent variables)

行为(behavior)　　　　　　　因果关系(causality)

态度(attitude)　　　　　　　　因的可区别性(isolation of cause)

因果模型(causal model)　　　　因果相关性(association)

学术贡献(academic contribution)　　因果方向性(temporal direction)

应用贡献(practical contribution)　　分析单位(unit of analysis)

理论贡献(theoretical contribution)

参考文献

Bollen, K. A. (1989). *Structural Equations with Latent Variables*. New York：Wiley.

Foa, E. B., & Foa, U. G. (1980). Resource Theory：Interpersonal Behavior as Exchange, in Gergen, K. J., Greenberg, M. S., & Willis, R. H. (eds.), *Social Exchange：Advances in Theory and Research*, Plenum Press, New York, 77-101.

Grice, H. P. (1975). Logic and conversation. In P. Cole and J. Morgan(eds.), *Syntax and Semantics*, 3, 41-58. New York：Academic Press.

Kahneman, D., & Tversky, A. (1979). Prospect Theory：An Analysis of Decision under Risk, *Econometrica*, XLVII, 263-291.

Rogers, E. M. (1995). *Diffusion of Innovations*(4th ed.). New York：The Free Press.

3 社会调查方法

3.1 引 言

在第 2 章中,我们把一个研究计划分成理论论证与实证研究两个部分。理论论证的重要产物是研究模型。在第 2 章的例子中,我们看到研究模型是一组相关的假设。当这样的一组假设提出之后,我们就需要规划实证研究,计划好如何收集和分析数据来检验假设。研究方法的一个主要组成部分就是对实证研究的规划。如前所述,一个实证研究中对数据采集的规划是十分重要的,其重要性超过数据收集过程的本身。这是因为实际数据收集不仅会占用大量的时间与经费,而且一旦失败,很有可能这个数据源将无法被再次使用,从而失去一个研究机会。比如 Ebay.com 允许你对其所有的企业用户做一个调查,以了解企业采用网络拍买的主要原因。如果在一次大规模的调查后,你突然意识到你的调查表中遗漏了一个重要的变量,这时,Ebay.com 就可能不会让你再次"骚扰"客户,一个研究机会因此而夭折。大部分时候,一个研究者可能不会因为粗心遗忘变量,却很有可能因为理论论证上的不充分而遗漏变量。更经常的设计问题是调查问卷中的问题不明确、引人误解、不符合变量的理论定义,或者为不同变量设计的测度项缺少明确的概念区别,使得最后收集到的数据不可靠或不足以支持理论模型。

我们在这一章介绍社会调查方法的基本过程。这个过程包括以下几个主要步骤:

1. 确定社会调查方法是否适用于本研究
2. 根据理论模型设计问卷
3. 确定目标群体与抽样方法
4. 进行抽样(数据收集方法)
5. 数据预处理
6. 数据分析,根据数据分析结果对理论模型与实证研究进行再思考

本章的目的是对这个过程进行一个概要的介绍。在这一章中,除了对以上整个过程的综述,我们会对问卷设计进行比较细致的讨论。在下一章,我们对抽样方法作进一步的讨论。在此之后的几章会对数据分析进行详细的讨论。

在我们对这些步骤及其常见的问题进行介绍之前,我们请读者仔细阅读范文全文,并特别注意其实证部分。我们会讨论这篇文章的得失之处。

3.2 社会调查方法是否适用于本研究

调查方法是一种基于统计的数据收集和分析的过程。简单地讲,调查方法是根据理论模型设计调查问卷,对目标群体进行抽样,对样本进行测量,并对测量结果进行分析的过程。比如,在一个关于知识管理的研究中(Xu *et al.*, 2007),作者对一个大学中的161个知识工作者(不包括教授与学生)进行了问卷调查。研究的主题是什么原因导致一个员工作为询问者爱询问另外一个员工,即哪些因素影响一个员工对一个知识源(knowledge source)的偏爱程度。问卷中的问题涉及这一个员工眼中的知识源的知识质量、知识的可理解性、物理距离、问问题时的人际风险(比如尴尬)、对知识源的偏爱程度。其简化的理论模型如下(图3.1,其中假设5与6被省略)。读者可以从原文得到每一个假设的具体表述。这个模型并不复杂:知识源的知识质量、知识的可理解程度、物理上的接近都会与偏爱程度有正相关,而人际风险则有负相关。

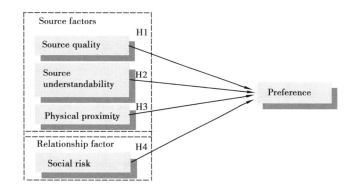

图 3-1　知识源的偏爱模型

对于这样一个研究模型,作者为什么要用社会调查方法呢? 要回答这个问题,我们就要知道有什么其他研究方法也是可以备选的。因为另一种主要的定量研究方法是实验,我们就比较调查与实验。读者可能不清楚实验,尤其是心理学或社会学中的实验方法,这不要紧,我们只需要对实验有一些直观的认识即可。回到我们的理论模型,对于这样一个模型,如果我们要用社会调查,我们会怎么做呢? 我们会先设计一个问卷。在这个问卷中,对于每一个调查参加者,我们先会了解他在工作中所认识的同事,然后,我们会在他的同事中随机抽取一人,并要求他评估这个同事作为一个知识源他的知识质量、知识的可理解性、距离、向他问取知识的人际风险,以及对这个知识源的偏爱程度。如果所有的这些评价或认知都可以以打分的方式量化(比如0到100分),那么我们就可以以对知识源的偏爱程度作因变量,以其他变量为自变量,对这些数据进行回归分析(我们会在以后章节详细介绍回归分析。直观而言,对于每个观察点即员工,只要我们有所有自变量与因变量的测度,我们就可以使用统计工具方便地计算出自变量对因变量的影响程度与显著性),从而验证假设。这个调查的过程并不复杂,也相当直观。

如果我们做实验,我们会怎么做呢? 实验有实地实验(field experiment)与实验室实验(laboratory experiment)之分。前者在参加者的实际工作环境中进行,并往往使用实际环境、实际工作任务等;后者往往把参加者请到实验室,利用假定的任务与环境来观察参加者的反应。假定我们使用实验室实验,对于以上的研究模型,我们可以对自变量设定不同的"取值"。比如,我们请两个人来表演知识源。首先,其中一个知识源对他的询问者充分地表现其知识(假定有一个表演的脚本),另一个则只表现一半知识。假定其他因素不变,我们可以比较两组询问者对两个知识源的偏爱,从而检验知识源的知识质量对偏爱程度的影响。可是这样的两个知识源"演员"只能让我们衡量一个变量的作用。如果要衡量以上四个变量的作用,我们至少要请八个"演员"来表演四个变量的高低取值,这还不考虑一个知识源可以有知识但其知识却又不易理解这种交叉混合的情况。如果我们包括所有自变量之间的两两组合,我们需要十六个"演员"与十六组对应的询问者。

　　这个实验看上去在操作上有相当的难度。上哪里去找十六个"演员"而且要求他们除了这些变量之外在其他方面都一样?一种"偷懒"的办法是给各组的询问者不同的知识源描述,用描述来代替真人。这些描述常常被叫做情境(scenario)。研究者用不同的情境描述来测试样本的反应。一个自然而然的问题是:一组询问者在情境中的反应与现实生活中的反应一样么?显然不见得一样。这就是实验结果的**普适性问题**(generalizability):这个实验的结论能否扩展应用到实际情况?这个实验是否具有代表性?在这个例子中,以上的实验设计看上去很难在这些问题上自圆其说。

　　以这个例子为引子,我们总结以下几点来说明调查方法在什么时候比较适用。

- 调查方法往往适用于对一些特定的、不可以轻易召集的目标群体的研究。比如,我们可能对一个商店的消费者感兴趣,我们也可能对网络用户感兴趣,对雇员感兴趣,对管理者感兴趣,对服务人员感兴趣,等等。客观的目标群体决定我们无法把他们邀请到一个实验室里进行实验研究。这时调查方法就比较方便。

- 调查方法往往适用于对感知、意愿等比较高层的心理变量的测量。这些变量往往无法直接用仪器测量,也不可能用考试类的方法来测量。更基本的心理变量,比如像亮度、温度等感觉类的变量,可能可以直接测量(比如瞳孔或皮肤的反应)。技能、知识类的变量我们可以通过考试(或试题)来测量。而看法、感知、态度、意愿却无法直观测量。这时,我们只能用问卷来"探测"其强度。在行为研究中,这样的变量可以说数不胜数。比如经理对员工工作业绩的评价、顾客对产品的评价、用户对计算机系统的评价、员工对裁员的态度、员工对一个政策的公平性看法,等等。

- 调查方法适用于有很多自变量但因变量不多(一般不多于三个)的理论模型。如果自变量多于三个,用实验方法就会很难(比如上例)。相对地,实验方法适合于自变量不多(一般少于等于三个)的情况。实验方法可以有相对较多的因变量。调查方法的研究重点往往在因变量上(比如要检验哪些因素影响因变量),而实验研究的重点往往在自变量上(一个自变量可以产生哪些效果)。

- 如果一个模型的自变量主要是关于人的心理变量,调查方法是合适的。相反,如果自变量是一个东西的几个重要属性(比如价格、产品设计变量、系统设计变量),则实验方法可能比较合适。

> 想一想:一个研究人员想要研究一个网页设计因素对网站用户对网页主要内容的记忆程度的影响。设计因素包括:广告数量、链接数量、与内容无关的图形数量。这个研究人员应当采用社会调查方法还是实验设计方法? 为什么?

3.3 如何设计问卷

一个研究者决定使用调查方法后,他的下一个问题就是如何设计调查问卷。设计调查问卷至少要做两方面的决定:一是问卷中要包括什么问题;二是如何设计这些问题的措词。我们依次讨论。

3.3.1 问卷中要包括什么问题

问题多种多样。按答案看,问题的答案可以是**开放式**的(比如:你为什么喜欢这家商店?)或**封闭式**的(比如:你在多大程度上喜欢这家商店? 请选择非常喜欢、有点喜欢、既不喜欢也不讨厌、有点讨厌、非常讨厌);可以是**主观**的(比如:你们在广告上的投资大吗? 请选择很大,比较大,中等,比较小,很小)或**客观**的(比如,你们去年在广告上投资了多少钱?);也可以是**分类性**的 (nominal,比如:公司的行业类型)或**序列性**(ordinal,比如:很大,比较大,中等,比较小,很小)或**连续性**(continuous,比如:你们去年在广告上投资了多少钱?)。在心理计量中,比较常用的是主观的封闭式的问题。虽然这类问题往往是序列性的,在统计中往往被视作连续性。我们的讨论将以主观的封闭式的问题为主。我们假定社会调查是通过调查对象**自助填表的方式**(self-administered survey)进行的。在自助填表的社会调查中,调查对象主要在没有帮助的情况下独立回答调查问卷中的所有问题。

一个问卷中要包括什么? 一般地,一个问卷要包括三类的问题:理论模型中的变量、辅助变量、人口统计学特征。以下我们逐一解释。

显然,一个问卷必须首先包括理论模型中的所有变量。在行为研究中,这些变量往往是心理变量。在范文中,一个心理变量是用三个或三个以上的**测度问题**(或**测度项**)(measurement item)来测量的。比如,五个主观的自我评价问题被用来测量一个人对一个文档的有用性评价:

例 3-1　范文的问卷的一部分

	Totally disagree	Strongly disagree					Strongly agree	
20. This document can be used to solve problems in my current topic of interest.	0	1	2	3	4	5	6	7
21. My opinion/view towards the current topic has been significantly changed or strengthened by this document.	Totally disagree	Strongly disagree					Strongly agree	
	0	1	2	3	4	5	6	7
22. If asked on the current topic, I would tell people things based on this document.	Not at all	Very unlikely					Very likely	
	0	1	2	3	4	5	6	7

23. When facing a problem in my current topic of interest, I will really apply the knowledge learned from this document to solve it.	Totally disagree	Strongly disagree					Strongly agree	
	0	1	2	3	4	5	6	7
24. When facing a problem in my current topic of interest, I will take action in accordance to what is suggested in this document.	Totally disagree	Strongly disagree					Strongly agree	
	0	1	2	3	4	5	6	7

　　为什么一个心理变量需要用多个问题? 我们会在以后的章节详细讨论其理论根据与各个问题的质量检查标准。简单来讲,因为心理变量无法直接测量,我们只可以通过调查对象对一系列问题的反应来间接地测量。比如,一个调查对象可能在回答以上第一个问题(问题 20)时给很高的分。但当他回答第 5 个问题时(问题 25),可能会给相对较低的分。这样,如果我们综合(比如平均)对这五个问题的回答,就可以更好地把握这个文档对于这个调查对象的实际有用性,因为五个问题可以比一个问题更好地覆盖和表达文档的实际有用性。

　　这个例子说明了一种十分普遍的情况:如果一个心理变量的含义比较丰富,同时含有几方面的意思或者表现在不同的方面,这时,多个问题可以测量调查对象多方面的反应。比如"忠诚度"可能是态度方面的总体评价(这个公司值得我对它忠诚),也可能有感情方面的意思(这个公司对我真的够意思,我在感情上喜欢这家公司),还可能是一种行为上的习惯性表现,与这个顾客是否心里真的对这个公司有感情无关(反正我也懒得去其他公司)。我们用多个问题来测量,就可以从多方面来把握这个顾客的忠诚度,并保持模型的简洁性。

　　总之,一个心理变量往往对应于一组而不是单一的语义。我们把这样的心理变量叫做一个**理论构件或构件**(construct),也常常叫做构念。这些相关的细化的语义往往被叫做这个心理变量的**概念空间**(concept space)。用多个问题来测量这个变量,就是要从这个概念空间中选择合适的表达方式,使这些表达方式作为一个整体可以更好地反映一个不可以直接测量的心理变量。这些被使用的问题又叫做**测度项**(measurement item)。相应地,它们的记分标准叫做**刻度**(scale,也译作量表)。心理计量学中有两种常见的刻度:**李克特刻度**(Likert scale)与**语义对比刻度**(semantic differential scale)。前者往往用"同意/不同意"来表示对一个测度项的认可程度(如例 3-2),而后者则让调查对象在一组反义词中选择合适的位置。比如,在范文中:

例 3-2　范文中的一个语义对比刻度

1. The main content of this document ___ my current topic of interest.	Marginally describes　　　Substantially describes 1　2　3　4　5　6　7

　　不管是李克特刻度还是语义对比刻度,刻度的细度都要超过 4,即我们要用至少四个刻度值。常用的刻度细度为 5,7,11,100。偶数刻度不常用(因为调查对象无法选择一个"中立"的刻度)。

　　每一个刻度都可以标有相应的语义解释信息(anchor text),研究者也可以选择标记第一与最后一个,或者第一、中间与最后一个刻度值。这些不同的选择都会或多或少影响调查数据的质量。原则上,**刻度的语义标记**(anchor text)越多越好。

如果一个心理变量需要多个测度项,那么客观的属性又如何测量呢?客观属性的变量如果基本上不会有报告误差,就只需一个测度,比如性别。想一想年纪该如何测量?大部分人会如实报告年纪。但也有些人,尤其是女士会比较敏感。所以在年龄不是一个主要变量的时候,有的研究者只测量年龄段。再想一想过去的行为要如何测量,比如,在一个商场的购物频率(一个月几次)?调查对象往往愿意如实回答,却未必能准确回忆。这种偏差叫做回忆偏差(recall error)。使用多个测度项是一种提高准确度的办法。比如,研究者可以问:你平时一个月去几次?你一般最少会去几次?你一般最多会去几次?得到这些数据后,就可以用一定的方法(比如:(最少次数 + 4 × 平时次数 + 最多次数)/6来估算其中位数)。

第二类变量是人口统计特征(年龄、性别、种族、教育程度、省份、职业等)。这些变量在心理学研究中往往并不占据主要位置。它们可以用一个测度项来测定。而且,这些变量大多比较客观,报告误差不大。在一个问卷中包括这些变量的目的往往是为了检验一个样本是不是与群体有相似的组成,从而具有代表性。

第三类变量是辅助变量。一类重要的辅助变量是**控制变量**(control variables)。控制变量并不是理论模型中的主角。但是因为一个理论模型往往只从一个角度出发,所选变量有时不能有很好的充分性。这时,包括一些控制变量就可以用来表明即使另外一些重要的变量在场,所选的理论变量仍具有重要性,并表明理论变量具有有别于控制变量的额外作用。举例来讲,在组织中,如果我们的模型是信任度影响一个人向另一个人问取知识的频率,信任度是我们的理论变量。我们的控制变量可以包括私人友谊与业务上的相关性。这样,如果我们用统计方法先去除私人友谊与业务上的相关性对知识问取行为的影响后,我们还能够表明信任度可以解释这两个变量没法解释的知识问取行为,我们就可以更有力地表明信任度的作用(我们会在以后的章节解释如何用具体的统计方法来证明这一点)。这样的控制变量虽然不是一个模型的主角,却是包括在统计分析中的。

还有一些辅助变量可能是为了以后的研究。研究者可能会为下一步的研究做一个铺垫,先"塞入"一些变量。这种做法在问卷不长的时候是可以的。大部分情况下,尤其是在组织中进行调查时,问卷长度会严重影响回答质量。研究者不希望为了一个还不明确的课题影响当前课题的数据质量。方法学家一般都倾向于不包括或少包括这些变量。

除了这三类变量外,一个问卷中还会包括其他说明性信息,比如研究者是谁、隐私与保密条款、必要的场景描述等。这些要视具体的研究需要而定。

3.3.2　**如何设计测度项的措词**?

测度项设计的基本目的是为了测量调查对象在一个理论变量上的真实值。所以,测度项的质量可以用几个标准来衡量:

- 一个测度项反映了理论变量吗?这是一个效度标准。
- 一个调查对象能否对一个测度项做出可靠的回答?
- 多个调查对象对一个测度项的理解是否一致?后两个问题是信度标准。

测度项的措词会同时影响效度与信度。简单而言,**效度**(validity)指一个或一组测度项可以真实地反映一个理论构件。在方法学中,效度往往被称作是**构件效度**(construct validity)。效度的第一个要求是测度项在语义上要针对于一个理论构件。效度是"问了该问的问题",是"问对了问题"。它首先要保证的是测度项语义内容上的正确性,或称为**内容效度**(content validity)。比如,研究者要测度消费者对一个产品的质量评价,有两个测度项:"这个产品的使用寿命如何?（很长—很短）","您觉得这个产品是否值得买?（很不值得—很值得）"。第一个测度项反映了质量的一个方面:使用寿命(durability)。第二个反映的是产品的价值(product value)。产品价值在营销学中是一个与质量不一样的概念,它指的是质量与价格的综合考虑。所以第二个测度项虽然与产品质量有关系,却已经因为它的语义包括其他概念而不合适。

信度(reliability)是"把该问的问题问好",是一个测度项可以得到所有调查对象的真实可靠回答的程度。调查对象在读了这个问题后,不会一会儿这样理解,一会儿又那样理解,也不会茫然不知如何回答。信度的反面是测度值中偏差的程度。在这一节,我们先关注信度。信度是效度的必要但不充分条件。信度与效度不是平等概念。信度是效度的一部分。有时,效度也狭义地指不包括信度的那一部分。

在调查对象回答一个测度项时,不准确的测度项措词会引入以下错误:

- 调查对象缺少相关知识
- 措词过于学术化、晦涩难懂
- 测度项不完整
- 语义不明确
- 一个测度项内含有多重语义或多个变量
- 一个测度项内含有多个变量之间的关系

第一,调查对象缺少相关知识。如果调查对象缺少一个测度项中所要求的知识,结果就会不可靠。这个"对牛弹琴"的错误罪在研究者。比如你如果问一个普通市民:您觉得本市进行转基因作物研究成功的可能性有多大?（非常小—非常大）。一个市民通常不会有这方面的知识。更多时候,一个调查对象没法回答一个问题是因为他没有相关的经历,比如在商场中进行抽样调查时,你可能会问一个根本不会用电脑的老人家:您觉得通过网站购买日用品方便么?（非常方便—非常不方便）。

第二,措词过于学术化、晦涩难懂。这是另一类"对牛弹琴"的错误。"您所在的项目小组的聚合性有多高?（非常低—非常高）"。什么是"聚合性(cohesion)"?除非有一个明确的定义写在问卷中,否则调查对象不会知道你在问什么。

第三,测度项不完整。假定测度项是:你的年龄?如果年龄对这个研究很重要,这个问题就是不完整的。在国内,有人可能报虚岁,也有人可能报周岁。比较好的措词是:你的出生年份?

第四,语义不明确。假定测度项是:过去一个月你向上司咨询过几次?这里有几个方面是不明确的。第一,哪些上司?是任何比你更高层的人还是你的直属上司?第二,怎样算是咨询?是询问工作中的问题还是生活中的问题?是面对面还是包括电话与电邮?一个更明确的测度项可能是:不管是以面对面还是电话或电邮的方式,过去一个月你向你的直属上司咨询过几次关于你工作中的问题?这个例子也说明测度项的准确性与简洁性往往是矛盾的。

第五,测度项内含多个问题。假定测度项是:工作带给我很高的自信心与安全感（非常同意—非常不同意）。到底是自信心还是安全感?这种问题的一个特点是其中有"与"或"或"。如果研究者对这两个方面都感兴趣,就应该把这个问题分成两个来问。再假定测度项是:你每个月在这家商店购物超过 50 元的次数是多少? 调查对象要进行两次计算:一次是一共去了几次,另一次是超过 50 元的次数。分开来问会更明确。再假定测度项是:公司领导对你们的项目支持的程度是(很高—很低,不知道)。如果研究者预计有很多人会回答"不知道",这个问题就应该拆分成两个:您对公司领导对这个项目的态度有没有了解? 如果有,领导对你们的项目支持的程度是(很高—很低)。

第六,测度项内含有多个变量之间的关系。这是初学者很容易犯的一个错误。比如为了测试报酬与工作态度之间的因果关系,有人会为报酬设计这样的测度项——"丰厚的报酬对于增加我的工作积极性十分重要,(非常不同意—非常同意)"。这样的问题在日常生活中十分普遍。但在研究中,为了验证报酬与工作态度之间的关系,我们必须把它们分开来测量。为什么呢? 因为我们要验证的是报酬水平与工作态度水平之间的关系,所以我们应该测量这两个水平的本身。在数据收集过程的本身,我们不能预先设定立场而应保持中立(但在提出假设时我们的确有一个立场)。而这种关于"重要性"的直接提问已经预先有了一个立场。这样一个预设的立场会产生几个问题。一,调查对象会沿着调查者的立场去回答,因而不反映他们的实际行为。二,这样的直接测试虽然可以测量到两个变量之间的关系水平,但反而无法在统计上支持这个关系水平的显著程度。假定刻度细度是 7,即非常不同意 = 1,非常同意 = 7。如果得到的均值是 5,这个值说明了什么呢? 难道因为它大于中间点 4 就表明这两个变量之间有关系了吗? 因为我们不知道在这两个变量真的没有因果关系时调查对象的均值是多少(也许是 5.5,但也可能是4.5 或 3.6),我们无法在统计上有信心说 5 就表明有关系。相反,如果这两个变量分别测量,我们可以计算它们之间的统计上的相关系数,并进行显著度的检验(比如 $t - \text{test}$)。要注意的是,这种"重要性"并不是在所有情况下都不可取。有时,研究者的变量就是关于重要性的感知水平,这时,这样的测度项是可以,比如:工作的稳定性会影响报酬对于工作态度的重要性。

测度项的设计还有其他多种多样的问题。以上所提到的只是一些最典型的错误。关键是研究者要有对测度项质量的敏感性。

3.3.3   测度项从哪里来?

在讨论测度项的信度时,我们似乎是在自己设计测度项。在很多论文中,作者会提到:我们尽可能从已有的文献中采用别人已经测试过的测度项。我的学生会说:"我在文献中找不到这个理论构件的测度项,你能不能告诉我哪里有?"没有文献支持,他们会非常不安。测度项一定要从文献中来吗? 显然不是。如果测度项都是从文献中来的,那么大家会不断重复前人的课题,研究就不会有进步。正常情况下,你的研究会引入新的理论构件,并为它们设计测度项。如果你没有新的理论构件,你就要问问自己的研究新意在哪里。同时,大部分的研究又都是站在巨人的肩膀上,你会采用一些前人的理论构件。对于这些理论构件,在采用过程中,你必须先看看别人以前是怎样设计测度项的。首先,你要检查前人的理论构件的定义与你的定义是否一致。如果是,你要判断他的测度项的信度与效度如何。如果效度与信度都好,你要判断他的测度项的措词是可以直接套用、还是需要进行修改以适应你的特定研究环境与研究对象。你要问:以前的研究与你的是不是针对同一个目标群体? 是不是在相似环境下测试个体的心理现象? 你也要决定是要采用一个构件的全部测度项还是一部分。你也要分析这些测度项会不会与其他理论构件的测度项因语义过近而产生混淆。所以采用已有的测度项是一个选择与修改的过程。

那么新设计的测度项又从哪里来？有几种不同的方法。第一,对于一个理论构件,研究者可以邀请一些调查对象进行**焦点小组讨论**（focus group discussion）。这些调查对象必须是目标群体中的成员。研究者介绍理论构件的基本定义,让调查对象针对这些现象进行讨论。讨论中间所得的记录往往可以用来产生测度项。这样的测度项是用生活言语对一个概念的阐述。比如,我们请人讨论对"信任"的看法,有些人会说他信任一个人因为那个人"本事大",另外有人会说"可靠",也有人会说"我们关系好","他一定会尽他最大的努力来帮我",等等。这些言语可以成为测度项的第一手素材。研究者会检查这些说法与理论构件的概念一致性,去芜存菁,得到一组测度项。有时,可能其他的研究者通过案例研究或采访得到了一些调查对象的评论与反馈,这些评论与反馈中的语言也可以成为素材。第二,研究者也可以根据理论构件的定义直接产生一个测度项。如果我们已经知道信任涵盖一个"能力"因素,一个"可预测性"因素,与一个"好意"因素,我们就可以针对这些因素提出一些测度项。这两种方法可以相辅相成。还有一种需要特别小心的做法是使用词典。有的学生会说:既然多个测度项反映同一个理论构件,我只要在词典中找一些同意词就好了。词典本身并不失为一种寻找素材的资源,它反映了我们日常生活中对一个概念的不同理解。但是,第一,它只是一个"素材"。研究者要基于定义仔细筛选。你对一个理论构件的定义往往不同于词典中对这个单词的定义。第二,多个测度项是要从不同方面反映一个构件,如果是同义词,它们很有可能因为语义重复过多,反映了一个构件的同一个方面,从而不能很好覆盖一个理论构件的内涵。第三,如果语义重复过多,调查对象会说:这些问题翻来覆去在问同一个问题,这个调查表真啰唆!没有好的态度,调查对象就不会在填表时思考,数据质量就会出问题。

3.3.4　如何保证测度项的效度？

我们已经提到测度项要有信度。但效度不止于信度,还有更多的要求。效度的基本要求是"问该问的问题"。要达到这一要求,首先,研究者对一个理论构件的定义要十分明确。一个常犯的错误是研究者对一个理论构件还不熟悉就急于设计问卷。只有明确一个理论构件的定义（它的内涵）,它的适用范围（外延）,研究者才能判断测度项的好坏。第二,测度项的产生过程要符合理论构件的定义。我们在讨论测度项的产生方法时已经提到了一些好的与不好的做法。这些做法归根到底是在保证测度项的效度。第三,测度项设计好之后要进行**字面效度检查**（face validity check）、**预测试**（pre-test）、**测度项分类法**（item sorting）、**预调查**（pilot test）。为什么测度项按着明确的定义与合适的产生方法设计以后还要再做预测试等多种检查呢？这是因为产生步骤中考虑的主要是测度项与理论构件之间的关系,但没有考虑不同理论构件的测度项之间可能的混淆。

如何检验内容效度呢？第一种方法是研究者自检。如前所述,研究者要明确一个理论构件的定义（它的内涵）,它的适用范围（外延）。在明确表述定义并设计测度项之后,把它们放在一边,搁置一段时间,比如两个星期,等到对测度项设计的细节（比如某个测度项是从哪儿来的）已经开始忘记时,再按照定义判断测度项的好坏。这种方法是给自己一双陌生的眼睛来审视原来的设计。在自检的过程中,以下一些经验可以帮助研究者检查认知、态度、行为意向等心理变量。①除非是出于理论上的设计,否则尽量保证有因果关系的变量是针对同一对象。如果一个"态度"的测度项是"我觉得网店是购物的好地方",相应的行为意向的测度项应该是"在不远的将来,我会在网店购物"。在这个例子中,"网店"是通指一般性的网店。如果行为意向的测度项是"在不远的将来,我会在淘宝上购物。"那么测度项所针对的对象就不同了,这是一般对象与特殊对象的不一致。当然,如果研究者认为一般性的态度影响对特殊对象的行为意向,而且这是研究模型所希望证实的,那么这样的测度项是合理的。②态度与意向在对象上必须一致。如果行为意向的测度项是"我会常常向同事请教",那么其自变量"态度"的测度项是"向同事请教是个好主意",而不是"我的同事都很好",因为行为意向是针对行为而态度是针对人,两者不一致。同样,如果研究者的理论基础不是态度与行为的一致性关系,而是一般印象会导致特殊行为,那么以上的测度项是合理的。③明确地要求调查对象报告自我态度。测度项"我觉得网上实名制是好的"比"网上实名制是好的"更准确。对于后者,调查对象可能会报告他所知道的一般人的看法。④把一个测度项放到与它的构件定义最接近的其他构件的测度项中,看看这个测度项是不是可以"混过去",让人觉得它与前后的测度项表述了同一个意思。如果是,那么这个测度项是有问题的。

第二种办法是与调查对象进行焦点小组讨论,讨论设计好的问卷。焦点小组中的成员必须是目标群体中的成员。比如,在对一个公司的成员进行大规模的调查之前,研究者可以邀请一个小组(3 ~ 12 人)进行讨论。这些人员最好有别于用来产生测度项的人员。研究者先让大家读一部分(一个或几个)测度项,给一些时间(几分钟)让每个人思考对这些测度项的理解。然后,每个人分享他对这些测度项的理解。研究者记录(或录音)这些讨论,并追问他们理解错误或理解困难的原因(比如:"你为什么觉得报酬指的只是工资?")。然后研究者告诉他们这些测度项所反映的理论构件,要求他们评论这些测度项是否能准确反映这个理论构件。收集了这些反馈后,研究者就可以对测度项的措词与个数进行调查。这种方法往往被叫做预测试。有的学者也会请有经验的其他学者对一个问卷进行批评。这种方法叫做专家评审法(expert review)。这两个方法的目的都是为了保证内容效度。因为这些做法是基于字面的语义理解,这种效度称为**字面效度**(face validity)。用焦点小组(focus group)进行预测试是一种相对简单的方法,特别适用于组织中的研究。在实际操作中,除了测度项以外,研究者也要收集对问卷其他部分的反馈,比如格式、各种声明、时间限制、情境的描述,等等。

第三种方法是**测度项分类法**(item sorting)。这个方法分两步,并可不断重复。第一步,研究者把测度项一个一张打印在小卡片上。研究者邀请 4 位调查对象,不告诉他们理论构件的个数、定义和调查目的,让他们独立对这些测度项进行分类。这个分类的结果可能出现分类数与构件个数不一致、测度项被分错类,或两种错误兼而有之。然后,研究者与每个人讨论为什么他们会如此分类,并记录出错的原因(要注意这不是调查对象的错,而是研究者的错)。分类的信息要记录下来,并计算同意程度(level of agreement)。同意程度有不同的计算方法。其中比较常用的是简单同意系数(raw agreement)与 kappa 系数。这些系数反映了调查对象之间理解的一致性。如果这个系数大于0.7,则说明测试项的质量是可以接受的。在第二步,研究者根据反馈修改测度项,并另邀 4 人。这次,这 4 人被告知理论构件的个数与定义,他们的任务是把各测度项分到各理论构件中去。其中的错误与困难也被记录下来。分类信息也要记录下来,并计算 kappa 系数。kappa 系数是一种同意系数。研究者对问卷进行修改。这两个步骤可以重复,直至研究者满意,并且所有的 kappa 系数大于 0.7。细心的读者也许会注意到,第一步的困难在于把测度项进行分类,其中最大的威胁是不同构件的测度项之间的混淆。以"您觉得这个产品是否值得买?(很不值得—很值得)"为例,如果"质量"与"价值"这两个理论构件同时在一个理论模型中,调查对象就很有可能分错。这种"张冠李戴"的错误表明两个理论构件的概念差异不够大,或者两个构件的测度项之间没有足够的区分。测试项各为其主、构件之间有明确的语义区分的要求叫做构件的**区别效度**(discriminant validity)。第二步中,如果一个构件的定义已经知道,它的测度项是否会被分在一起取决于这些测度项是否一致地反映了这个构件。这叫做**聚合效度**(convergent validity)。测度项分类法是一种保证一个调查工具的区别效度与聚合效度的简单方法。

第四,预调查也是一种测试区别效度与聚合效度的办法。这种方法是先做一个小规模的调查,一般在 70 ~ 100 人。数据收集之后,一些统计的方法比如因子分析法可以用来计算区别效度与聚合效度,我们会在后面详述。根据统计结果,研究者修改调查工具,准备大规模的调查。显然,这种方法成本更高,但却无法得到各种出错的原因。

在实际研究中,什么时候要用哪种方法?这取决于研究者对调查工具的信心与调查失败的成本。一般来讲,如果一个理论模型中有很多新的构件与新的测度项,研究者最好仔细进行效度验证,比如同时使用测度项分类法与预调查法。如果调查对象不易请到,焦点小组预测试法会比较合适。如果调查对象的总体人数不多或极不易得到,即使预调查也会显得浪费,因为它会减少主调查的样本量,这时可以使用专家评审法。在实际应用中,这些方法往往结合使用。

3.4 测度项分类法

测度项分类法十分有用,也十分常用。我们对它做一个更为细致的介绍。这个方法虽然基于 Moore 和 Benbasat(1991)所提的方法,但是我对它略作修改。测度项分类法包括以下步骤。

第一阶段:创建测度项。用以前讨论过的方法创建测度项,并对其检查字面有效。

第二阶段分两步。

第一步,初步分类。

(1)邀请 4 个(或更多)裁判来参加测度项分类。对于目标群体,裁判应当有代表性。比如,他们每个人可能代表了目标群体的一个板块或子类(参见第 4 章)。不同的子类可能对测度项会有不同的看法,这有助于问题的发现。

(2)先用一个与本研究无关的课题作训练。训练课题最好略简单,比如有 4 ~ 5 个构件。准备 4 组测度项,把训练课题的每一个测度项打印在一张卡片上(或打印在一张纸上再剪成卡片)。把卡片的次序打乱。准备一些另外一个颜色的空白卡片,这些空白卡会用来做标题卡。另外增加一张标题卡,其标题是"无法确定之类"。用同样的方法准备主课题的卡片。

(3)给每一位裁判一组训练课题的测度项卡片、一些空白标题卡和"无法确定之类"标题卡。

(4)宣读分类方法。"在这个分类练习中,你们会拿到一组卡片。每一张卡片上有一个调查问卷中的问题。你的任务是把这些卡片按意思的相似性分类。也就是说,如果你觉得通过几个问题,调查者想问的是调查对象的某一个特定的特征、看法、意愿、行为,这样的卡片就可以分成一类。类别的多少没有限制。对于得到的每一类,在空白卡片上给这一类一个有意义的、概括性的名称。然后用一句话解释这个名称。这张卡片就是这一类的标题卡。如果你觉得一张卡片实在无法分到任何一类,就把它分到'无法确定之类'。请大家各自分类,不要与别人讨论。如果有任何疑问,请直接向我提。现在请大家开始。谢谢。"

（5）请裁判们分类并回答他们关于分类步骤的疑问。但是，不要回答与测度项语义相关的问题（比如，"这个测度项是什么意思呀？"这样的问题要留意，它表示测度项可能有质量问题）。

（6）裁判们分类完后，告诉大家研究者所计划的分类："研究者当初设想的分类是这样的。这一类是要测量人们对某某的看法。你们中有人把它分到了另一类。这并不是你错了。相反，这说明研究者所设计的问题并不能完全反映他所要测量的意思。这个训练的目的是为了让你熟悉怎样分类。这些问题是按照它们意思的相似性分类的。"然后向裁判解释为什么研究者设想的分类是这样的。要注意，训练过程十分重要，不可省略。

（7）把主课题的卡片给裁判，要他们分类。

（8）分类结束后，请裁判们把各类及其标题卡订起来。然后请他们对这些问题进行评价，要他们：①解释他们的分类的理由；②指出其中不明确的、困难的、不好理解的地方。对这样的问题进行记录。

（9）至此，分类结束。按照裁判对标题的定义，研究者把语义相同的标题看做是等同的，计算各裁判之间的同意程度。这是一个相对主观的过程。判断标题是否一致要基于裁判的理解，而不是研究者的理解。我们稍后会解释。

（10）对测试项的措词进行调整，或者淘汰一些测度项。如果各裁判之间的同意程度低于70%，在对测度项进行修改之后，重复第一步。

　　第二步，验证分类。

（1）邀请4个新的裁判。

（2）准备卡片。但是，这一次标题卡是给定的。每个标题卡上要打印标题与定义。另外增加一张标题卡，其标题是"无法确定之类"。标题卡可以用不同颜色的纸。

（3）给每个裁判一组卡片，然后宣读分类方法："在这个分类练习中，你会拿到一组卡片。每一张卡片有一个调查问卷的问题。你们也会拿到一组蓝色的卡片，这些是标题卡。标题卡上有标题、有定义。你的任务是把每一张卡片按照它的意思把它分到相应的标题卡所属的类中。如果你觉得一张卡片实在无法分到任何一类，就把它分到'无法确定之类'。请大家各自分类，不要与别人讨论。如果有任何疑问，请直接向我提。现在请大家开始。谢谢。"

（4）分类结束后，请裁判们把各类及其标题卡订起来。然后请他们对这些问题进行评价，指出其中不明确的、困难的、不好理解的地方。对这样的问题进行记录。

（5）至此，分类结束。研究者会后把语义相同的标题看做是等同的，计算各裁判之间的同意程度。然后对测试项的措词进行调整，或者淘汰一些测度项。如果各裁判之间的同意程度低于70%，在对测度项进行修改之后，重复第一步。

　　如何计算简单同意程度？这个指标是在裁判两两之间进行计算。比如我们有三个裁判，有三个构件 X, Y, Z，每个有4个测度项。在一个比较理想的结果中，裁判们的分类是一致，假定也是 X, Y, Z 三类，但他们对测度项的分类与研究设想不同。对于裁判 A 与 B，简单同意程度就是他们分到同一类的测度项的总数（不管测度项是否被分到正确的一类）除以所有测度项的总数。在这个例子中，测度项的总数是12。如果有他俩有10个测度项分类一致，简单同意程度就是10/12。因为有三个裁判，我们可以得到三个两两比较所得的简单同意程度。对它们进行平均，就得到了总体简单同意程度。

麻烦是在第一步中裁判所得的分类并不一致。常见的情况是：他们会把不同的类合在一起，他们会把同一类再细分成多类，他们也会把一类中的一些测度项分到其他类，他们还会给一类测度项一个莫名其妙的标题，或者他们的分类是基于一些莫名其妙的原则。一般来讲，我们可以邀请多一些的裁判，比如 5 个。对于那些在训练之后仍然使用莫名其妙不着边际的分类原则的裁判，我们可以淘汰不计入计算。这也说明了训练的重要性。没有训练的裁判往往会是如此。如果标题不清，这就需要通过讨论了解裁判的真正意图。很多时候，裁判只是苦于找不到合适的词，其理解也许是正确的。如果一个裁判的类大概对应于另一个裁判的两个类，这表明这两个小类之间缺少区别效度或者这个大类缺少聚合效度。我们可以把大类对应于两个小类中按裁判的理解语义较为一致的一个。从这些共同的类中，我们再得到分类一致的测度项，并计算简单同意程度。注意，这种复杂的情况在以前的方法论书籍中几乎没有介绍，只是作者的经验。

kappa 系数是一种更复杂的统计方法来计算两个裁判之间的同意程度。我们对其公式不作介绍。在网上有好几个 kappa 计算器。SPSS 也带有 kappa 计算功能。但计算 kappa 系数是假定各裁判所用的类是已知并统一的。所以如果各裁判在第一步中所用的类不统一，同样的问题会浮现出来，所计算的 kappa 系数也会因为研究者对裁判分类的不同处理而具有主观性。

在第二步，因为所有构件与定义是给定的，这种类别不统一的问题就会消失。不管在第一步还是在第二步，如果两个裁判把同一测度项归入"无法确定之类"，作者的看法是不应算作两个裁判有同样的分类意见，虽然 Moore 和 Benbasat(1991)计它们为同意。

需要强调的是，测度项分类的目的是为了改进测度项质量，而不是统计分析或达到一个指标。最重要的是找出有问题的测度项并改进，而不是想方设法得到一个高的同意程度。

经过漫长的设计过程，调查问卷终于设计完了（其实还没完）！就如我们在以前提到的：一个研究过程中设计是主要的。真正的调查本身反而不会占用最多的时间。我们所作的这一切，其基本目的也是为了"做该做的事情"，而不是等到调查结束后才发现做了不该做的事。

3.5 确定目标群体与抽样方法

如果选定了调查方法，下一步是确定目标群体与抽样方法。**目标群体**（target population）指的是这个研究模型想要应用的范围。确定目标群体是对模型适用性的计划。比如我们想要研究哪些因素影响用户对一个网站的忠诚度，我们可能希望研究结果可以扩展到所有的电子商务网站和所用的网上用户。这时，我们就需要调查一组具有代表性的网站，并在每个网站中调查一组具有代表性的用户（请读者思考什么是一个样本的"代表性"）。我们的目标群体是"任何一个用户对任何一个电子商务网站的评价"。

一旦目标群体确定，我们就要选择合适的**抽样方法**（sampling method）。抽样方法有很多种，如下一章所述。在以上顾客网上忠诚度的例子中，如何进行抽样呢？假定我们已经选定了一组具有代表性的网站，我们可能会采用以下方法：

- 在这些网站上链接一个调查问卷。给参加者一定的报酬（比如现金或折扣），然后"愿者上钩"。

- 找一些学生,给参加者一定的报酬(比如现金或折扣)。然后随机给他们指定一个具有代表性的网站,让他们回答问卷。
- 找一些网上社区的用户(比如论坛、BLOG 的用户),邀请他们,给参加者一定的报酬(比如现金或折扣),然后"愿者上钩"。

以上这些抽样方法是否真的能够给我们带来具有代表性的样本? 这样得到的样本是不是一个所谓的随机样本? 给参加者一定的报酬会不会影响样本的代表性? 如果不给报酬,所得的样本会不会遗漏很多具有代表性的个体? 学生具有代表性吗? 网上社区用户具有代表性吗? 我们会在下一章详细介绍目标群体的确定与抽样方法的统计特征。在此,假定我们已经明确了目标群体与抽样方法,也即,我们已经有一个调查对象的名单,我们在这一节先来讨论数据收集的具体方法。

3.5.1　数据收集的方法

一个调查可以通过不同的方式收集数据。最常用的方式有**自助填表的方式**（self-administered survey）,**电话调查**（phone survey）,与**面对面调查**（interview）。在自助填表调查中,研究者往往邮寄调查表给调查对象,附上回程信封与邮票,等待调查对象合作并返回调查表。因为调查对象在没有研究者帮助的情况下独立回答,故称自助式。这个办法也会有一些变化。有时,一些调查对象被请到一个地方来填表,但研究者并不逐个帮助。常见的是一个老师在课堂上调查学生的学习行为。在营销中常用的一种方式是商场邀请式(mall intercept),研究者在商场设立桌子,随机邀请路过的人坐下来填表。还有一种自助填表方式是网上调查。

电话调查则是通过在黄页(或者其他名录中)随机挑选一些对象,在对方愿意合作的情况下,通过电话让他们对测度项逐个进行回答。显然,此时问卷不可过长。打电话的人也要专门训练。

面对面的调查则要求研究者与每个对象通过面对面的方式收集数据。好处是可以当然澄清疑点,数据质量高,缺点是费时费力。各种方法都有各自的优缺点。我们在此将以自助式调查为主,因为这在管理中运用最多。读者可以参看其他论著来学习其他方法。

自助式调查碰到的第一个问题是**不回复偏差**或**问卷回收率偏差**(non-response bias)。

3.5.2　不回复偏差

如果你按着随机抽样的方法向一组调查对象邮寄了调查问卷,可是有相当一部分如泥牛入海,有去无回,怎么办? 首先,调查对象**不回复**(non-response)会影响最后得到的样本量。但这不是一个主要问题,因为我们可以多发一些问卷,以增加最后的样本量。邮寄成本相对不算太高,所以也不是一个太大的问题。更重要的问题是:回复与不回复的调查对象可能有显著不同的特征,他们代表群体中不同的类型。如果我们只看到他们中的一组,我们得到的样本并不能代表整个群体。要记住,样本的代表性是抽样与数据收集的最核心要求。如果样本没有代表性,所得的结论就会以偏概全。举例来讲,研究者去商场抽样,随机邀请过客参加。研究者以 15 元的折扣券来吸引他们。其结果可能是只有那些比较被折扣券吸引,并且有时间停下来填表的人会参加。而这些人的收入可能会相对较低,工作生活也不繁忙。也有的顾客可能是因为太忙或"看不上"这 15 元钱,或是因为不太认字,不太会填表而不敢参加。不管是何种原因,最后得到的样本只代表了一个商场中的某一部分顾客,而不是全体顾客。

返回率的计算相对比较直接。它是回复的对象在被邀请的对象中的比例。

那么返回率要有多高才算合格呢?虽然有的方法学家认为要70%以上,在实际调查中,这个比率往往会更低。在对以个人为单位的调查中,70%是有可能的。在以公司为单位的调查中,低于30%的返回率也很常见。

返回率受哪些因素影响呢?第一,这个比率受数据收集方法的影响。面对面的调查往往有很高的返回率,电话其次,邮寄更低。第二,这个比率受目标群体的特征影响。对公司管理层的调查返回率会较低,而对一般民众的调查会较高。其他的目标群体特征比如教育水平、职业等也会影响返回率。第三,返回率受调查问卷设计的影响。长的问卷、调查对象不熟悉的课题、缺少合适的激励机制会降低返回率。

如何提高返回率呢?第一个办法是多次邀请。如果调查对象没有在指定时间(比如一个月内)返回,第二个月初再寄一封。同时,从第二个星期开始,每隔一个星期打电话提醒。第二,明确解释调查的目的(但不要解释理论模型)与保密条款,消除调查对象的疑虑。或者,研究者可以按多个阶段进行调查。在第一阶段先明确解释调查的目的,要求合作,在第二阶段再邮寄实际问卷。第三,运用适当的激励机制。比如金钱上的报酬、以调查对象的名义捐款给慈善机构,或运用权威的方式要求合作(比如通过政府组织进行调查,通过公司管理层进行调查)。提高返回率是一个理解调查对象合作心理的过程,研究者可以自己创新方法来提高。

不管如何,完全的返回率是很难达到的。那么,研究者怎样知道返回率是否对结论的信度产生影响呢?常见的方法有几种。第一,研究者可以比较前期与后期的对象。比如,比较第一个月与第二个月调查对象的特征(性别比例、年龄、教育水平等人口统计特征与其他变量的不同)。这里的假设是:如果不是多次的邀请,后期的对象被认为是本来不会回复的,他们代表不会回复的人。所以如果前期与后期的调查对象没有显著不同,我们就可以假定最后还是没有回复的人与已有的样本不会有显著不同。第二个方法是比较样本与目标群体的人口统计特征。比如,如果我们要调查一些网民,我们可以比较样本与全国性网民统计的不同。如果我们要调查一个公司,我们可以比较样本与这个公司中人事部门统计资料的不同。如果我们要调查一个行业,我们可以比较样本与行业统计的不同。第三,我们可以通过其他手段得到一小部分(20个左右)本来不会回复的调查对象的资料。比如,我们可以通过社会关系最后说服他们回答问卷。这个小样本就可能用来代表目标群体中不回复的部分,并可以与得到的样本进行比较。

如何对两组调查对象(比如前期与后期,或者回复的与未回复的,或者样本与其他普查数据)进行比较,来检查他们是否可以看做是从同一个目标群体中取出来的呢?如果一个测度项是一个连续变量或用量表测量的变量,我们可以用 t-test。但 t-test 一般要求数据服从正态分布。如果数据不服从正态分布或者分布是未知的,我们可以用非参数化的测试方法。一种常见的测试方法是 Mann-Whitney test(Mann & Whitney,1947)。对于类别型的变量,比如性别,我们关心的往往是两个样本的比例有无不同。这时,我们可以用 chi-square test。这些测试的具体操作我们会在以后用例子说明。

如果返回的样本与不回复的样本,或者前期的样本与后期的样本有显著的不同该怎么办?最辛苦的办法是找出原因,改变数据收集方法,重新收集。第二辛苦的方法是找出样本与目标群体的不同,并针对性地补充不足的部分。比如样本中低收入的部分较少,在第二轮的调查中就多收集这部分人,一直达到目标群体中的比例。第三个办法最偷懒,就是在论文中承认这个样本不具有代表性,代价当然是论文的水平与价值降低。

3.5.3　Mann-Whitney Test

Mann-Whitney 检验适用于对两个独立的,但其群体又不服从正态分布的样本进行比较。Mann-Whitney 检验是一种非参数化的检验方法,它的基本备择假设是两个样本来自于同一个群体。什么时候要用 Mann-Whitney 检验呢? 在社会调查中,Mann-Whitney 检验往往用来检验抽样的不回复偏差。如果我们把最终回复的样本分成两组:一组是早早就主动回复的调查对象,一组是在被催促后回复的调查对象。我们可以假定这两组样本是独立的,毕竟,谁选择在什么时候回复完全是个人的决定。但是,我们可以怀疑这两组子样本不是由同一个群体而来,所以它们的分布也会不同。如果我们想比较这两个组在一个可比较的变量上分布的不同,比如收入的不同,我们就可以用 Mann-Whitney 检验。Mann-Whitney 检验适用于次序型的变量。那么对于连续型的变量,为什么不用 t 检验呢? 这是因为 Mann-Whitney 检验不需要假定群体服从一个已知的分布,**而 t 检验则要求变量服从正态分布,而且是同一个分布**。如果我们认为收入不服从正态分布,或者服从不同的正态分布,或者一个服从正态分布一个服从其他分布,t 检验就显得不方便或不合适了,而 Mann-Whitney 检验就可以应用了。因为这个检验对分布的要求很低(只要变量是可比的),所以经常被用来比较次序型的变量。

有时在收集了数据之后,研究者可能想对数据进行一些探索性分析,比如,一个老师可能想知道男生与女生的成绩是否有显著不同,一个社会工作者可能想知道城乡居民对教育重要性的看法有什么不同等。这时,研究者可能会按属性(比如男女、城乡)把样本分成两组,用 Mann-Whitney 检验测试。跟前面讲的一样,这个测试的好处是不用假定已知变量的分布,但是,如果我们知道变量的分布,那么使用其他测试(比如 t 检验)就会给我们更大一点的统计效能。请参看本章随附的内容学习具体的软件操作过程。

3.5.4　缺值处理

社会调查所收集的数据往往会有缺值。这里我们假定调查对象回复了调查问卷,但没有回答部分的问题。这部分没有回答的问题或测度项就是缺值(missing data)。从统计的角度来看,缺值可以分成三种:第一种是**完全随机缺值**(missing completely at random,MCAR),在这种情况下,缺值的概率与这个变量或其他变量的实际取值是独立的、不相关的。比如,如果低收入家庭在调查中倾向于不回答收入问题,那么这种缺值就不是随机的。相反,如果一个人是否完成电话调查受到被调查方其他事情的干扰,而其他事情是随机的,那么他的缺值就是完全随机的。第二种情况是**随机缺值**(missing at random,MAR),在这种情况下,缺值在某一类人中是随机的,但是比较不同的类,却不是随机的。比如,城市居民比农村居民可能更倾向于报告餐饮消费,但是,在城市居民之中,是否报告餐饮消费可能是随机的,不受诸如个人收入之类变量的影响。第三种情况自然就是**非随机缺值**(missing not at random,MNAR),这时,一个变量是否缺值受到这个变量本身的取值水平或其他变量的影响。不幸的是,这是最常见的情形。

那么有了缺值该怎么办呢? 事后的弥补办法有很多,但也都有缺点。在应用任何办法之前,首先要做的是分析找出缺值的可能原因,并在将来避免这种情况的发生,比如让调查对象知道研究数据的隐私保护措施。预防总是胜于事后的弥补。

事后的弥补办法之一是直接去掉有缺值的记录,这就是**整条删除**(listwise deletion)。这是一个足够简单的办法,条件是缺值是完全随机的。另外,研究者将损失一部分的样本。

办法之二是**两两删除**(pairwise deletion)。这种办法的做法是在计算两个变量的相关系数时,只考虑有值的记录,没有值的记录就跳过去。"两两"指的是两个变量。这种方法导致得到的相关系数可能有各自不同的样本量。这种方法只适用于完全随机缺值、缺值不多且随机分布在不同变量时。

办法之三是**均值替换**(mean substitution),就是用某个变量已知记录的均值来替代缺值。在假定完全随机缺值的情况下,这种办法不影响一个变量与另外一个变量的相关性,但会使记录之间更相似,从而降低变量的方差,最后影响变量的显著性检验。这种方法只适用于完全随机缺值的情形。

办法之四是**回归替换**(regression substitution)。这种办法与均值替换相似,只不过把所有的其他变量作为自变量,来建立一个回归模型,再预测一个缺值的取值。这种方法比均值替换略好,但是缺点与均值替换也类似,它会在一定程度上降低变量的方差。SPSS 提供的 Missing Value Analysis 包括了这种方法,并对预测的值进行一定程度的随机干扰,以补偿回归替代所失去的方差。这种方法可以在非随机缺值的情况下使用。

方法之五是用基于期望最大化(expectation maximization,EM)算法的**极大似然估计**(maximum likehood estimation,Shafer & Olson,1998)。简单讲,这种方法使用极大似然估计(与回归分析类似,极大似然估计不过是一种计算"回归系数"的方法)得到一些群体分布与变量关系的参数。这些参数可以帮我们估计缺值。然后我们把估计的缺值填进去,再重新估计参数,再用新的参数估计缺值。如此反复,一直到收敛。理论上讲,这个办法更合理,对缺值随机性的假定也更弱,但是代价是计算的复杂性。回归替换与 EM 替换只适用于连续变量。

这样的方法还有一些,但是与社会调查往往不是很相关,这里不再多做介绍。可是在实际调查中要用哪个办法呢? 作者的建议是:如果一个理论构件所有测度项都缺失,那么整条删除;如果一个理论构件的个别测度项缺失,则用其他同构件的测度项的均值替换,这可以看做是一种粗略的回归替代;如果单测度项的自变量或控制变量缺失,则用回归或 EM 替换;如果类别型变量缺值(比如性别),则填入最可能的类别,并同时建立一个新的哑元变量,可以命名为诸如"MisGndr"(missing gender)。在这个哑元中,对于缺值的记录填入 1,其他为 0。哑元可以对实际变量的缺值替换所带来的偏差做一定程度上的调整。

3.6 数据预处理

我们到此终于拿到了数据。这个数据的格式往往是以调查对象为单位的一组记录,这些记录的每一列对应于一个变量的测度项。

下一步是进行数据录入与预处理。这是一个看似直接,但却容易问题丛生的过程。我们来看其中的一些主要问题。我们假定研究者是把数据录到电算表(Microsoft Excel)中。

第一,先对每一份纸面上的问卷进行编号。这可以是一个流水号。这个编号可以用作数据录入后的记录号。

第二,创建一个或两个字段,记录回复的收到时间与催促的次数。

第三,因为大部分统计软件无法处理长的字段名或中文名,给每一列数据一个清晰简短的英文名,最好少于八个字母,不要留空格。比如:employee_name,EmployeeName,或emplName。用一个单独的页面(worksheet)记录字段名与问卷中问题的对应关系,并记录其他相关的数据预处理信息比如时期、更新记录、处理方法、处理人等。

第四,一列数据要有单一的数据类型,不可以文本型与数值型混合。要去除一个文本前后的所有空格。统计软件会将“经理”与“经理 ”视为不同的值。但如果恰好是“经理 ”中的空格导致了一些统计软件的计算问题,要发现这个错误会花你至少半天时间。

第五,因为调查对象没有提供一些信息,缺值的字段要留空。这里最常见的问题是有人会不自觉地在缺少的值中填一个空格。结果是一个统计软件把整列数据当作文本,研究者花了半天才发生这个隐身的空格。要特别注意:缺值不要填空格,也不要填零。把缺值填零是一个常犯的低级错误。试想,如果你不知道一个调查对象的年龄,他是零岁吗?

第六,不完整记录的处理。不完整的记录也要录入。但是在做统计分析时,如果这条记录的重要变量的信息(因变量或自变量)缺失,研究者往往会把它们排除在外。研究者要记录不完整记录的的个数,并把他们与完整的记录分别开来。一般来讲,如果缺失的记录数少于5%,就不会对统计分析产生太大的影响。如果多于5%,研究者就要选择一个统计方法来测试这些缺失是不是会带来偏差。其基本原因与返回率相似。因为有缺值的记录代表的群体可能与其他记录代表的群体有显著的不同。如果缺值是随机的,则不会对最后结果有太大的影响。读者可以阅读与缺值(missing value)相关的统计方法。

第七,建议两个人一起进行数据录入。建立表格后,一个念,一个输入。

第八,对录入的数据进行校验,以保证正确性。

第九,创建一个新的备份,对缺值进行处理,记录处理过程。

第十,研究者可能会抽取这个样本中不同的行或列的组合进行统计分析。记录所有这些操作所得到的数据子集与其目的。有时,研究者会对数据进行不同的格式变化,以适应不同统计软件的要求。对这些格式变化进行记录。在所有操作中,一定要对原始数据进行备份。图3-2与图3-3给出了一个数据预处理的例子。

	A	B
1	**Title**	**Pilot Study for "Relevance Judgment"**
2	**Sample**	Students were recruited from National University of Singapore through email invitation.
3	**Sample Size**	72. There were 36 students, each evaluated 2 documents
4	**Collected by**	Zhiwei CHEN and Yunjie XU
5	**Date collected**	November 2004
6		
7	**Data Processing**	
8	Person in charge	Yunjie XU
9	Date	This data file was created on November 5, 2008.
10	Raw data	Data in the worksheet "SurveyData" is based on the raw data in the origninal file "RelevancePilotRaw.xls".
11	Purpose	This version of the pilot study is to be used as a sample data for the survey methodology book.
12	Missing data	There is one missing cell, the Gender of subject 7 is missing. It is colored yellow. It could be replaced with the majority gender (0).
13	Data filtering	document" were collected in the survey but were not included in this data set for consiceness.
14		
15	**Data Dictionary**	
16	Gender	The gender of subject, 0=female, 1=male
17	Education	The education level of subject, 1=undergraduate, 2=graduate
18	Faculty	The faculty/school the student is from
19	BirthYear	Year of birth
20	Age	Age calcuated: age = 2004-birth year
21	know1	1. I know this topic area very well. (KNOW1)*
22	know2	2. I am able to tell others much about this topic. (KNOW2)

Documentation / SurveyData

图3-2 对数据处理进行记录

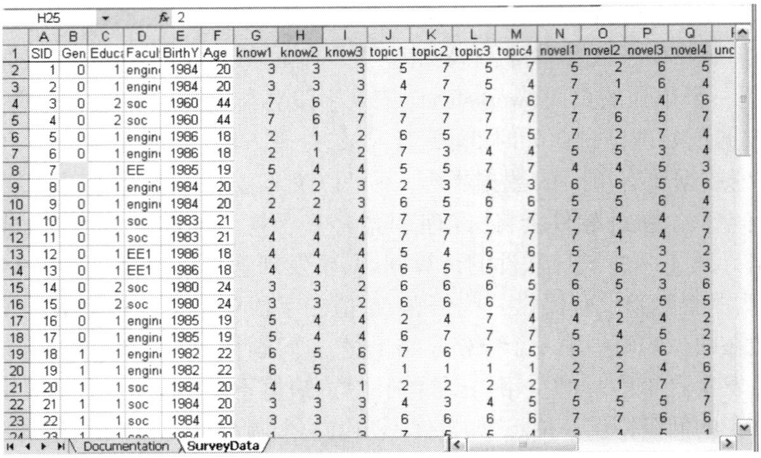

图 3-3　数据表

3.7 数据分析

　　数据收集的过程终于结束了。接下来,研究者会用统计软件对数据进行分析,并根据数据分析结果对理论模型与实证研究进行再思考。本书以后的章节会对数据分析的各方面进行阐述。

　　在数据分析之前,我们最关心的是数据质量。那么数据质量怎么衡量呢? 还是区别效度与聚合效度。我们会在以后介绍变量之间的相关系数。简而言之,我们希望同一构件的测度项之间的相关系数较高,而不同构件的测度项之间的相关系数较低。我们可以在数据录入后很快地对测度项之间的相关性做一个检查。这些美好的愿望往往被数据粉碎:不同构件的测度项之间的相关系数往往很高。什么原因呢? 数据质量有三大敌人。

　　第一,研究者没有认真设计问卷,或做必要的质量检查(比如测度项分类)。

　　第二,调查对象没有认真思考,缺乏个人主见或不愿表达个人主见。他们对每个测度项都回答“非常同意”“非常不同意”或“中立”。这种随意的态度是调查中最大的困难。研究者要以合理的激励方式来调动他们的积极性。有时候,当问卷涉及对别人或自己的评价时,调查对象总是说好话,一切都好,这也会使不同构件之间缺乏区别性。

　　第三,调查对象想猜研究者要研究什么。当他们知道一些问题在问员工绩效,另一些问题在问员工的社会网络强度时,他们就会想到:一个人的绩效好,他的社会网络一定也很强。这时,调查对象对社会网络强度的回答不是基于他所了解的实际数据,而是“推理”而得。这就提醒研究者不要泄露研究模型,也不要在问卷中让人轻易猜到。调查对象的这类“帮助”,是数据质量的一个大敌。

　　这些数据质量问题提醒我们,除了测度项本身的设计之外,调查过程的细节也十分重要。研究者需要尽一切的努力得到最客观的数据。

课后练习

1. 一个研究者想要研究人们如何选择沟通媒介，比如面对面、电话、电邮。根据理论，他觉得当一个人想得到对方在一件事上的承诺时，会选择那些肢体语言(non-verbal cues)比较丰富的媒介。他的假设是这样的：An individual is more likely to use nonverbal-cue-rich medium to gain commitment from her partner。请讨论这个假设的不足之处。

2. 在例一的基础上，研究者也假设如果一个人比较有权力(power)，他在选择媒介时会较少考虑是否会得到对方的承诺。研究者的假设是：An individual with higher power places less weight on gaining commitment than one with lower power does。请讨论这个假设的不足之处。

3. 一个研究者想验证一个用户对一个网站所感知的网站总体有用性(value)对购买意愿的影响。要测量这个网站的总体有用性，他的测度项是这样的：
   3.1. 这个网站上的产品价格信息对我非常有用。
   3.2. 这个网站上的产品描述信息对我非常有用。
   3.3. 这个网站上的产品的多样性对我非常有用。
   3.4. 产品的多样性对于我是否在这个网站购买非常重要。
   　　请讨论这些测度项中的不足之处。

4. 请找出范文中的问卷设计与数据过程的不足之处。

5. 自学电话调查与商场邀请式调查的过程与可利用的资源(比如在本城市中有哪些公司提供这种服务)。

6. 自学网上调查的优缺点。

阅读

1. 必读论文：无。
2. 选读论文。

Groves, R. M., Cialdini, R. B., & Couper, M. P. (1992) Understanding the decision to participate in a survey. *Public Opinion Quarterly*, 56, 475-495.

词汇表

普适性（generalizability）	内容效度（content validity）
自助填表的方式（self-administered survey）	可靠性（reliability）
理论构件或构件（construct）	焦点小组讨论（focus group discussion）
概念空间（concept space）	预测试（pre-test）
测度项（measurement item）	预调查（pilot test）
刻度（scale）	字面效度（face validity）
李克特刻度（Likert scale）	测度项分类法（item sorting）
语义对比刻度（semantic differential scale）	区别效度（discriminant validity）
刻度的语义标记（anchor text）	聚合效度（convergent validity）

控制变量（control variables）　　　　目标群体（target population）
效度（validity）　　　　　　　　　　抽样方法（sampling method）
构件效度（construct validity）　　　　不回复偏差（non-response bias）
信度（reliability）

参考文献

Mann, H. B., & Whitney, D. R. (1947). On a test of whether one of two random variables is stochastically larger than the other. *Annals of Mathematical Statistics*, 18, 50-60.

Shafer, J. L. & Olson, M. K. (1998). Multiple imputation for multivariate missing-data problems: A data analysts perspective. *Multivariate Behavioral Research*, 33, 545-571.

附：基本的统计知识

在以后的章节，我们会详细讨论如何分析调查得到的数据。在这一部分我们先对一些概率与统计的基本概念进行回顾。

一、运算符

求和运算符 $\sum$ 的定义如下：

$$\sum_{i=1}^{n} Y_i = Y_1 + Y_2 + \cdots + Y_n$$

求积运算符 $\prod$ 的定义如下：

$$\prod_{i=1}^{n} Y_i = Y_1 \cdot Y_2 \cdot \cdots \cdot Y_n$$

二、随机变量

(一)随机变量

一个**随机变量**（random variable）首先是一个变量。如同数学中的其他变量，它表示一个群体的某个属性。比如地球上所有的人组成一个群体，一个随机变量可以是身高。

一个随机变量又是随机的,因为在确定要观察某个个体之前,我们无法预先知道它的准确取值。

　　我们用随机变量想做点什么? 我们的目的有二:一是用一些参数来表示这个随机变量以及它所代表的群体的属性。比如,一个随机变量期望值(或简单地理解为平均数)是一个参数,它描述的是一个群体的属性的"中心"位置。假如我们用 Y 表示人类的身高,而且其期望值是 1.75 m,那么 Y 的期望值使我们能用数学语言简洁地描述人类的平均身高。二是我们可以用随机变量来描述事物之间的关系。在数学分析中,我们通常感兴趣的是变量与变量之间的关系,比如圆的面积是半径的函数,Y 是 X 的函数,这样我们就可以从 X 推出 Y 的值。在概率与统计中,我们同样对变量之间的关系感兴趣。如前几章所述,我们对"X 是不是影响了 Y"感兴趣。所不同的是,在传统的数学分析中,X 与 Y 的关系是确定的,而且往往是一一对应的。就算不是一一对应,也往往有一个明确的集合(比如 $1^{1/2} = \pm 1$)。而在概率与统计中,它们的关系是不确定的。也就是说,如果我们知道了 X,X 可能可以帮我们更好地"猜"Y 的值,但还不能给出明确的值。比如,如果我们知道了一个人的身高,我们可以更好地猜他的体重,但这还不能给我们一个准确的答案。总之,随机变量可以被用来代表一个群体的某个属性,随机变量的参数可以描述这个属性的一些特点,我们也对随机变量之间的关系感兴趣。

　　假定我们还没有任何其他信息(比如 X)可以帮助我们了解 Y,但我们不能因为这个变量是随机的而坐以待毙,我们还是想努力知道关于 Y 的一些情况。我们先假定一个随机变量 Y 取有限的一组值(如果 Y 是一个连续随机变量,我们可以用积分运算取代求和运算),Y 取某一个值 Y_s 的概率可以用一个概率函数来表示:

$$f(Y_s) = P(Y = Y_s), s = 1, \cdots, k$$

　　这个函数表示一个随机变量取一个特定值的可能性,它表示,如果我们随机地从群体中取一个个体,这个个体取某个值的可能性。所以,虽然随机变量是"随机"的,它其实也有一定的规律。至少,它取一个特定值的可能性是确定的。

　　Y 的**期望值**(expected value) 的定义是:

$$E(Y) = \sum_{s=1}^{n} Y_s f(Y_s)$$

　　期望值表示这个随机变量的"中心"位置在哪里。在此,我们对这个随机变量有了更进一步的知识。

　　对于给定的常数 a 与 c,期望值有以下数学属性:

$$E(a + cY) = a + cE(Y)$$

　　Y 的**方差**(variance) 的定义可以用两种等同的方式表示:

$$\sigma^2(Y) = \sum \{[Y - E(Y)]^2\}$$

$$\sigma^2(Y) = E(Y^2) - [E(Y)]^2$$

　　方差的平方根是**标准差** $\sigma(Y)$(standard deviation)。方差表示了一个随机变量的大概"运动范围",这是我们对这个随机变量的进一步了解。随着对一个随机变量越来越多的了解,它是不是显得越来越不"随机"了? 就比如你让我猜某一个我不认识的人的身高,至少我能猜他的身高在 1.75 m,上下不超过 30 cm 的范围内。所以随机变量的这些参数(期望值,方差)是大有用处的。

　　对于给定的常数 a 与 c,方差有以下数学属性:

$$\sigma^2(a + cY) = c^2(Y)$$

　　我们对两个随机变量的关系感兴趣,因为我们希望一个变量能给我们一些关于另一变量的启示。一个基本的问题是:如果随机变量 Z 的值增加或减少时,变量 Y 的值是否也有一定的机会增加或减少,比如身高与体重的关系? 我们并不奢望可以准确知道 Y 的变化量是多少。协方差是一种表示两个变量关系的度量。

　　两个随机变量 Y 与 Z 的**协方差**(covariance)的定义可以用两种等同的方式表示:

$$\sigma(Y,Z) = \sum \{[Y - E(Y)][Z - E(Z)]\}$$

$$\sigma(Y,Z) = E(YZ) - E(Y)E(Z)$$

　　协方差表示两个随机变量的运动方式是否相似。具体来讲,假定两个随机变量是正相关的,协方差表示当一个变量增加(或减少)时,另一个是否也在增加(或减少)。它们同增或同减的关系越明确,它们的协方差就越大。

　　对于给定的常数 a 与 c,协方差有以下属性:

$$\sigma(a_1 + c_1 Y, a_2 + c_2 Z) = c_1 c_2 \sigma(Y,Z)$$

(二)独立随机变量

　　随机变量 Y 与 Z 是独立的,当且仅当:

$$g(Y,Z) = f(Y)h(Z)$$

其中 g, f, h 是它们的概率函数。

对于两个随机变量 Y_1 与 Y_2:

$$E(a_1 Y_1 + a_2 Y_2) = a_1 E(Y_1) + a_2 E(Y_2)$$

$$\sigma^2(a_1 Y_1 + a_2 Y_2) = a_1^2 \sigma^2(Y_1) + a_2^2 \sigma^2(Y_2) + 2a_1 a_2 \sigma(Y_1, Y_2)$$

三、概率分布

　　知道一个随机变量的概率分布是一件美好的事,意味着我们对这个随机变量不再一无所知。而且,根据概率分布函数,我们可以得到期望值与方差,而这两个参数可以相当简洁地告诉我们这个变量的分布情况。可是一个随机变量的分布情况可以千奇百怪,就好像我告诉你 Y 取 Y_s 的值的概率是 $f(Y_s)$,但我不告诉你什么是 f,这样的信息显然没用。如果一个随机变量有明确的概率分布函数,则我们会对它了解更多。

(一)正态分布

　　一个正态(normal)随机变量 Y 服从**正态分布**(normal distribution)的密度函数:

$$f(Y) = \frac{1}{\sqrt{2\pi}\sigma} \exp\left[\frac{1}{2}\left(\frac{Y - \mu}{\sigma}\right)^2\right]$$

$$-\infty < Y < +\infty$$

其中,μ 和 σ 是群体参数。一个正态随机变量的期望值是 μ,标准差是 σ。如果 $\mu = 0$,$\sigma = 1$,这样的分布叫**标准正态分布**(standard normal distribution),常记为 N(0, 1)。

　　通过**标准化**(standardization),一个正态随机变量 Y 可以转化为一个标准正态随机变量 z,即

$$z = (Y - \mu)/\sigma$$

z 服从 N(0, 1)。

多个正态随机变量的线性组合所得的统计量还是服从正态分布。

(二)χ^2分布

z_1, z_2, $\cdots$, z_v 为独立的标准正态随机变量,定义:

$$\chi^2(v) = z_1^2 + z_2^2 + \cdots + z_v^2$$

则 $\chi^2(v)$ 服从自由度为 v 的,期望值为 v 的 χ^2 分布。在这个分布中,$\chi^2(v)$ 是一个统计量,它是一组独立的标准正态随机变量的一个函数。χ^2 分布是一种已知函数形式的分布。我们对其密度函数的具体形式并不感兴趣。

$$E[\chi^2(v)] = v$$

(三)t分布

z_1 为标准正态随机变量,$\chi^2(v)$ 服从 χ^2 **分布**,它们相互独立,则

$$t(v) = \frac{z}{\left[\dfrac{\chi^2(v)}{v}\right]^{1/2}}$$

服从期望值为 0,自由度为 v 的 t **分布**。$t(v)$ 是一个统计量,它是一个标准正态随机变量和一个服从 χ^2 分布的独立随机变量的一个函数。t 分布是一种已知函数形式的分布。我们对其密度函数的具体形式并不感兴趣。

(四)F分布

$\chi^2(v_1)$ 与 $\chi^2(v_2)$ 为相互独立的 χ^2 分布,则

$$F(v_1, v_2) = \frac{\chi^2(v_1)}{v_1} \div \frac{\chi^2(v_2)}{v_2}$$

服从自由度为 (v_1, v_2) 的 F **分布**。我们对其密度函数的具体形式并不感兴趣。

t 分布与 F 分布有如下关系:

$$[t(v)]^2 = F(1, v)$$

四、抽样

(一)随机抽样

一个随机变量的概率分布表示,如果我们随机地从群体中抽取一个个体,它取某一个值的可能性。如果我们从群体中随机地抽取一个样本量为 n 的样本,我们可以给这个样本中的每一个个体一个序列号,就叫它们第 1 号到第 n 号。如果我们重复抽样,抽许许多多样本量为 n 的样本,那么我们得到许多个第 1 号,而且这些第 1 号之间也是相互独立的。这些第 1 号服从什么分布呢? 它服从群体的分布,就是我们用群体的概率分布所描述的分布。第 2 号会服从什么分布呢? 显然是一样的分布。

以上的解释可以用来说明一些概念。第一,如果我们用 Y 表示一个随机变量(比如身高),用 Y_i 来表示一个样本中的第 i 号个体,那么 Y_i 也是一个随机变量,它的分布与 Y 是一样的。一个样本中有 n 个相对独立的随机变量。

一个样本的平均数是什么? 对于第 j 个样本,

$$\overline{Y}_j = \frac{\sum_{i=1}^{n} Y_i}{n}, \quad j = 1, \cdots, S$$

$\overline{Y}_j$ 是不是一个随机变量？它的群体是什么？就身高的例子而言,你也许会说:它的群体是人类。错! $\overline{Y}_j$ 是一个随机变量,因为每一次抽样,我们都会得到不同的值。但是它的群体不是全人类,它的群体是对人类所有可能的样本量为 n 的样本的集合。这就是样本空间的概念。像 $\overline{Y}_j$ 这样从样本中计算出来的变量叫做统计量。一个统计量是其他一组随机变量的函数。$\overline{Y}_j$ 是否服从人类身高的概率分布？不是! 因为它的群体不是人类,它服从样本量为 n 的样本平均数的分布。它不是以个人为单位,而是以样本为单位。那么它的分布是什么呢？

(二)中央极限定理

中央极限定理（central limit theorem）说:如果我们重复地从平均数为 μ、标准差为 σ 的群体中抽取样本大小为 n 的许许多多样本,得到许许多多样本平均数,则不管原来群体的分布形状如何,这些样本平均数 $\overline{Y}_j$ 将呈正态分布,且这些样本平均数的期望值将等于 μ。

我们不对这个定理进行证明,姑且认为这是一个神秘而正确的定理。这个定理的启示是什么？这个定理告诉我们即使我们无法知道一个随机变量的分布,我们至少可以通过多次抽样来得到一组样本平均数,而样本的平均数服从正态分布,正态分布又是我们相对了解比较多的,从而,我们可以得到这些平均数的期望值,而它又是群体期望值。

让我们回到前面所讨论过的种种分布。我们在前面的讨论中似乎说,这些分布可以用来描述一些现实中某些具体的群体。但在实际情况中,群体属性极少会符合这些分布。那这些分布有什么用呢？它们的作用并不是说在现实生活中有很多随机变量直接服从这些分布,而是它们的理论意义。这些分布可以帮助我们即使在不知道一个随机变量分布的情况下,也能对它的平均数、方差,以及与其他随机变量的关系做一定的判断。以上所讲到的中央极限定理即是一例,使我们可以对样本平均数做出判断。如果这个样本具有代表性,我们就在一定程度上知道了群体的特征。我们终于对这个群体有了一点认知。

我们会在下面讨论更多关于这些分布的作用。

五、基本的统计应用

知道这些随机变量或统计量的概率分布有什么作用呢？根据中央极限定理,我们至少可以用来"猜"一个未知分布的群体的期望值。来看看以下应用。

第一,对于一个样本,我们可以得到一个样本平均数。

$$\overline{Y} = \frac{\sum_{i=1}^{n} Y_i}{n}$$

这个平均数服从什么分布？根据中央极限定理,是正态分布。它的值是不是就是群体期望值？不是,但它的期望值是。那如果就勉强用这个样本平均数来表示群体期望值行不行？行,也只能这样了,这时,样本平均数就成了群体参数 μ 的一个**估计**（estimate）。

这样单个值的估计叫做**点估计**（point estimate）。但我们得知道它的"准确度"是多少。我们知道这个群体参数 μ 就在样本平均数的周围。如果我们取很多样本,这些平均数的平均数就极可能是 μ。但是再去取很多样本太费时费力,实际情况往往不允许。我们就只好退一步而求其次了。我们想知道这个样本平均数大概离群体参数 μ 有多远,这就需要先知道样本平均数的"活动范围"了。怎样得到样本平均数的活动范围呢? 我们需要知道 $\sigma^2(\overline{Y})$。我们可以有以下推理:

$$
\begin{aligned}
\sigma^2(\overline{Y}) &= \frac{1}{n^2}\sigma^2\left(\sum_{i=1}^{n} Y_i\right) \\
&= \frac{1}{n^2}\sum_{i=1}^{n}\sigma^2(Y_i) \\
&= \frac{1}{n^2}\sum_{i=1}^{n}\sigma^2(Y) \\
&= \frac{1}{n^2}n\sigma^2 \\
&= \sigma^2/n
\end{aligned}
$$

在以上的推理中,从第一步到第二步,我们假定所有的 Y_i 是相互独立的;从第二步到第三步,我们假定所有的 Y_i 服从一样的分布,即它们共同的群体的分布;这个群体的方差被记为 σ^2,我们得到了最后的结果。可是这个故事还没有完:虽然我们知道样本平均数的方差是群体方差的一个函数,我们还是不知道群体方差。

没办法,我们再退一步,来估计群体方差,用样本方差来估计群体方差。样本方差的公式如下:

$$
s^2 = \frac{\sum(Y_i - \overline{Y})^2}{n-1}
$$

我们往往用希腊字母表示群体参数,用英文字母表示样本参数。样本标准差公式就是一个随机变量的标准差的公式。你也许会问为什么样本标准差是这样的? 样本量不是 n 吗,怎么变成了 $n-1$? 这是为了得到群体标准差的无偏估计。这里我们对无偏估计不作展开。

这样,我们就可以得到样本平均数的方差了。

$$
s^2(\overline{Y}) = s^2/n
$$

要注意,虽然我们的最终目的是想知道人类身高的期望值与方差,我们的重心已经转移到了一个样本的平均数的期望值与方差。人类身高的概率分布是我们无法知道的,但一个样本的平均数的分布却是知道的,它服从正态分布,我们也有了它的方差的一个估计值。这样,我们就大概知道真正的群体期望值在哪里,样本平均数的变动范围所对应的方差是多少了。

换句话讲,我们想知道一个**区间估计**（interval estimate）:群体期望值在百分之多少的概率会在哪个范围内。这个百分之多少的概率叫做**置信度**（confidence level or confidence coefficient）,而这个范围称为**置信区间**（confidence interval）。所以,我们可以说:根据正态分布,在 95% 置信度下,群体期望值是 $(\overline{Y} - 1.96s(\overline{Y}), \overline{Y} + 1.96s(\overline{Y}))$ 范围中的某个值（一个正态分布期望值左右 $\pm1.96\sigma$ 所对应的概率是 95%）。区间估计的价值十分明显。点估计把对一个随机变量的估计"押宝"在一点上,这显然过于"自信"。我们常常直觉地认为群体期望值应该在某个范围内最有可能。这种直觉的准确描述就是置信区间。

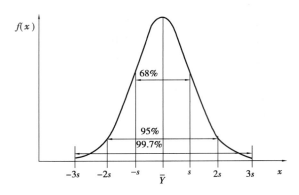

图3-4   置信区间

现在我们知道了样本平均数的分布（正态分布），也估计了它的方差，似乎，我们可以根据正态分布来给群体期望值做区间估计了！这个结论十分美好。但是，美中不足：样本平均数的方差是个估计值，样本平均数的真正标准差是 $\sigma(\overline{Y})$ 而非 $s(\overline{Y})$。我们是否还能使用我们熟悉的正态分布做区间估计？我们能否更精确一点呢？

我们先对随机变量 $\overline{Y}$ 进行"标准化"。定义一个统计量 t 为

$$t = \frac{\overline{Y} - \mu}{s(\overline{Y})}$$

显然，因为 $s(\overline{Y})$ 的美中不足，t 并非服从正态分布。幸运的是，t 服从 t 分布。$\sigma(\overline{Y})$ 与 $s(\overline{Y})$ 大概只会差这么一点点，相应地，我们也知道正态分布与 t 分布与只差一点点。但重要的是，我们有了一个统计量的精确分布，由此得到的置信区间就是正确的了。所以，在95%置信度下，群体期望值是 $(\overline{Y} - 2s(\overline{Y}), \overline{Y} + 2s(\overline{Y}))$ 范围中的某个值（一个 t 分布期望值左右 $\pm 2\sigma$ 所对应的概率是95%）。

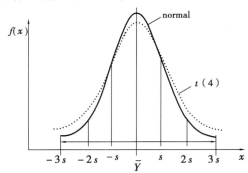

图3-5   正态分布与自由度为4的 t 分布

对于追根究底想知道为什么这个 t 服从 t 分布的读者，我们只提供一个直观的解释：分子 $\overline{Y} - \mu$ 服从正态分布，分母的平方 $s^2(\overline{Y}) = \sum (\overline{Y} - \mu)^2$ 是一组正态分布的随机变量之和，加以适当的变化，就会服从 χ^2 分布（参看前面关于 χ^2 分布的定义）。一个正态随机变量除以一个 χ^2 分布的随机变量之根得到一个服从 t 分布的随机变量（参看前面关于 t 分布的定义）。如果读者还想知道更多，那就只好自己去啃数理统计了。

知道了样本平均数的置信区间有什么用？

很有用！置信区间可以用来做**假设检验**（hypothesis testing）。对于以上的例子，假

定我们起初的假设是:人的平均身高是 μ。然后我们抽取一个样本。我们知道这个样本的平均数服从以 μ 为中心的一个分布(如图 3-5 所示)。如果我们观察到 μ 落在 $\bar{Y} \pm 2s(\bar{Y})$ 之外,**如果样本具有代表性**,那么 μ 落在 $\bar{Y} \pm 2s(\bar{Y})$ 之外的可能性很小,只有 $\sigma = 5\%$ 的错误率。因为这种可能性不大,所以我们拒绝原假设。这就是假设检验。但是,我们也可能冤枉了原假设,因为若我们不幸抽到一个不具代表性的样本,它就会引我们误入歧途。这种抽到一个"坏"样本导致我们犯错误的概率就是 $\sigma = 5\%$。

总结而言,这些基本的统计分布有两个重要的作用:通过抽样对群体参数做估计,进行假设检验。我们会在以后章节看到它们更多的应用。

六、基本词汇表

随机变量(random variable)	F 分布
期望值(expected value)	中央极限定理(central limit theorem)
标准差(standard deviation)	估计(estimate)
协方差(covariance)	点估计(point estimate)
正态分布(normal distribution)	区间估计(interval estimate)
标准化(standardization)	置信度(confidence level)
标准正态分布(standard normal distribution)	置信区间(confidence interval)
χ^2 分布	假设检验(hypothesis testing)
t 分布	

4 数据收集

4.1 什么是抽样?

在管理学与其他社会科学中,研究者往往对一个群体(population)感兴趣。比如,营销学者可能对一个新产品的潜在顾客群感兴趣。假设有一种新的智能冰箱可以自动向家庭服务器报告食品的存量与新鲜度(这种冰箱最简单的设计方法是对每种食品贴上频率感应(radio frequency)条码,或装入有频率感应条码的食品袋,并在冰箱中置入扫描仪,扫描仪即会自动定期扫描每一样食品并报告给服务器)。这种新产品的生产商与经销商就会对潜在顾客群的特征感兴趣。比如,这种新产品的顾客的平均家庭收入是多少? 教育水平是多少? 他们愿意为这种新功能多付多少钱? 这些变量的标准差又是多少? 是对健康的敏感度、对创新的接受能力,还是时间的压力是最主要的购买动机? 显然,这些群体特征对生产商和经销商都至关重要。

但是,收集每一个个体的这些方面显然是很困难的,或者根本就不可能。这种困难反映在时间与财力上的开支方面。更有甚者,在新产品开发之前,目标群体还无法准确定义,因为没有人买过这个产品。就算整个群体都被调查了,因为预算上的限制,如果花在每个单位上的成本过低,得到的数据质量也不见得可靠。所以,抽样调查是一种必要的数据收集手段。抽样的结果是**样本**(sample),样本是群体的一个具有代表性的子集。**抽样**(sampling)就是从群体中得到一个样本的数据集过程。一个科学的样本不但省钱省时,而且具有更高的数据质量。在样本的定义中,关键字是"代表性"。可是什么是代表性呢? 多高的代表性才算足够呢? 显然这些问题直接影响到决策的质量。这些问题可以归纳为样本的效度问题。我们将在后面再作细述。

但是抽样也不总是最佳选择。比如,当群体很小的时候(<50),直接研究整个群体会更有效。如果对其进行抽样,得到的小样本可能对一些特例与极端个例非常敏感,其样本也没有效度。

抽样可以用在很多种不同的定量研究方法中。在社会调查方法(survey)中,抽样往往意味着对一部分人进行询问与采访(interview)。在实验方法中,抽样是让一部分人参加到实验中来。抽样的对象可能是人、部门、公司、产品,或人的行为与看法。

4.2 抽样中的基本问题

假设我们对电子商务网站的关键成功因素（critical success factor）感兴趣，我们的科研课题是哪些因素导致了消费者对一家零售网店的采购意向（purchase intention）。我们感兴趣的群体是什么？我们的群体是所有的网店还是所有的消费者？我们应该对网店进行抽样还是对顾客进行抽样？类似的课题有很多。比如，员工对公司的忠诚度，顾客对产品的满意度，以及用户对信息系统的采用意向。这一类课题的特点是我们对一群人对一类东西的看法感兴趣。还有一些课题，比如员工的知识共享的自愿性，看似一群人对一个行为的看法（知识共享），仔细想想，可能知识共享不只包括技术性知识，还有社会性知识（比如老板与某个员工的关系）。而这两种知识的共享行为可能相当不同。这时我们应该对员工进行抽样还是对不同知识进行抽样？

这里所涉及的基本问题是目标群体的确定。到底什么是我们的目标群体？**目标群体**（target population）是研究者希望研究结果可以应用到的所有个例的集合。回到电子商务网站的关键成功因素问题，我们希望我们的研究结果应用到哪里呢？对于一个网店的营销部而言，他们感兴趣的是所有的顾客对他们的网店的看法，所以目标群体是所有的顾客，现在的或潜在的，抽样就应针对顾客。对于研究者而言，如果他们感兴趣的是所有顾客对任一网店的看法。这时，目标群体就显得不确定了。一种解决方法是先看所有顾客（或其中一个样本）对一家网店的看法。另一种解决方法是看一个顾客对所有网店的看法。比较这两种方法，第一种显得更可取一点，因为顾客对网店的看法可能各不相同，而网店之间的相似性会更大一点。也许通过对一个网店的研究，我们可以见一斑而知一豹。如果我们是研究一个顾客对所有网店的看法，除非我们假定这个顾客很具有代表性，否则我们很不容易说明我们的结果是可靠的。第三种方法是我们对顾客进行抽样，然后要求每个顾客对一个网店样本中的每一家进行评价。这种方法的缺点是对顾客的要求太多，其结果很可能是顾客会草草评价每一个网店，数据质量不可靠。一种折中的办法（第四种选择）是选择几家典型的网店，并把它们随机地分派给一组随机的顾客去评价，每个顾客只评价一家。这样的结果更具有广泛性，却不至于增加顾客的负担。可是什么是"典型"的网店呢？是最成功的吗？是卖标准产品的吗？是最大的吗？是每一个行业来一家吗？是主要行业各来一家吗？是先对行业进行分类，再每一类选一家吗（比如服务业一家，零售业一家）？显然，网店选择最终取决于研究者当前的兴趣，即他希望把研究结论应用到哪个范围。每一个研究项目都是在广泛性与研究资源（预算，时间）之间的一个折中，研究者必须很清楚自己的折中点在哪里，并在报告中阐述这一点（往往在局限性讨论部分）。

我们要在这里特别指出的是两个初学者常犯的错误：一是选择的公司越大越有名越好，二是只用一家公司。这两种选择会导致同样的结果，就是最后得到的数据缺少变化（variance）。试想如果我们要观察网站设计与顾客对网店的信任，如果用一家大家都信任的网店，每个顾客对其网站设计的评价都是最好（比如 7 分），对它的信任也是最好（7分），这两个变量就变成了两个常量。当然常量之间的统计关系是不存在的。所以在取样的时候，保证样本在各个变量上都有充分的变化是得到统计关系的必要前提。一个名声有争议的公司，或者用几个名声有不同层次差别的公司是产生一个好样本的关键。要知道，太有名或者名声太差的公司在其群体中都不具有代表性。所以顾客对其看法也不具备代表性。如果只对这样的公司进行研究,我们自己就先局限了抽样的范围(sampling frame)。而这样的抽样范围必定不会产生可靠的结果。从另外一个角度来看,如果调查需要公司的合作,这样的大公司往往不容易接近。用其做调查可以说吃力不讨好。

在目标群体确定后,研究者必须确定**研究群体**(study population)。研究群体是对目标群体的一个可操作的具体化。如果你要研究所有的三十岁的顾客,你的调查对象是那些生日正好在调查日的人吗?或是生日在今年的人?或是 29.5~30.5 岁的人?研究者必须先定义自己的研究群体。经常,研究群体会被动地受到研究方法的影响。比如,你用调查方法研究 30 岁的顾客,可是只有 80% 的人邮回你的调查表。你的实际研究群体是那部分回复的,而不是所有你想包括的。

在确定目标群体之后,另一件要做的事是确定**抽样范围**(sampling frame,也译为抽样框)。抽样范围是**抽样单位**(sampling unit)的一个罗列。比如,你要研究一个地方的网上顾客,你可以对地方政府人口普查中的结果或者地方居民电话黄页中的数据进行抽样。这两种列示都可以做为抽样范围,并各有其优缺点。比如,黄页中没有包括那些没有电话的上网用户(不完整性),却包括那些有电话但不上网的用户(不正确性)。研究者需要采取必要的措施来弥补这些不足。

一个群体往往可以分成不同的子群体。按照一定的属性把一个群体分成相互排斥的几部分,每一个部分叫做一个**板块**(stratum)。比如性别把人类分成两个板块。板块在抽样中的作用至少有两方面。其一,研究者可能对一些板块有特别的兴趣。比如,我们对用户对信息技术的采用感兴趣,但我们更对发展中国家的农民对信息技术的采用感兴趣。我们可能在做调查的时候会保证一定数量的农民,使这个子样本够大,以便我们可以对农民进行深入分析。其二,我们可能依据板块对目标群体分类,并了解各板块在群体中的比例。这个比例可以与我们最后得到的样本进行比较,看看样本某个子类的比例是否与目标群体中的一样。如果不一样,当我们从样本的统计量计算群体的统计量时就要对不合理的比例进行调整。

什么是好的抽样呢?抽样的好坏可以由三个方面来看。

显然,一个好的样本取决于一个好的抽样过程。**样本的效度**(sampling validity)指的是从样本中得到的结论在应用到目标群体时所具有的普适性(generalizability)。这种普适性决定了一个样本是否有用。样本的效度可以从两方面来看:外部效度与统计效度。

外部效度(external validity)是指由样本所得到的结论在多大程度上可以应用在样本以外的其他目标群体的个体上。这是样本效度的最终衡量标准。抽样设计与执行都会影响到结论的广泛性。这里的抽样设计指的是抽样的方法。执行中的因素包括抽样范围的完整性,数据的可靠性等。

表 4-1　抽样的基本方面

方面	标准	后果
群体定义	目标群体与研究群体的一致性	如果研究群体包括了不属于目标群体的单位或者遗漏了目标群体的单位,偏差就会产生。
抽样方法	确保群体中的每一个单位都有均等的机会入选	如果有一些单位比另外一些单位更有可能被选上,偏差就会产生。
估计的准确性	对群体的参数估计要足够准确以资决策	所有的样本都只能产生估计值。估计值不准确将影响决策准确性。

统计效度（statistical validity）是一个小一点的概念。它指的是样本中所观察到的变量之间关系的可信度。外部效度与统计效度之间的区别在于前者问的是"样本是不是具有代表性？"，而后者问的是"假定样本具有代表性，由样本得到的结论是否可靠？"。往往，要提高统计效度，样本要足够大，这样随机误差就会比较小。第二，测试方法要准确。比方说，要测量人的身高，首先尺子要准。再好的样本，要是尺子不准，也是没的。

这样，从目标群体到最后对群体的参数估计，这个过程中有三个误差来源。首先，目标群体与研究群体之间的差别会导致**非抽样偏差**（non-sampling bias），这可能是因为不回复偏差（non-response bias）或不准确的抽样范围。第二个来源是**抽样偏差**（sampling bias）。这主要是由抽样方法决定的。比如抽样方法不具有随机性，就会使一些个体无法被包括到样本中。最后，当有一个样本后，所得到的结论具有统计量本身所具有的不确定性。这种不确定性既受群体本身的不一致性影响，也受**样本量**（sample size）的影响。

4.3 抽样方法

抽样方法可以分成两类：**概率抽样**（probability sampling）与**非概率抽样**（non-probability sampling）。每类抽样方法又各自包含一些具体的抽样方法。

非概率抽样是指由研究者的主观判断决定哪些个体进入样本，而且，个体之间在被选择时不是彼此**独立**的（independent）。个体被选择时的独立性指的是一个个体被选不会影响另一个个体被选的概率。比如，一个教授拿他班上的学生作样本代表所有消费者，这样其他个体被选中的概率就为零。而且，一个班是一起被选，个体被选中不是独立事件。相反，在概率抽样中，研究者的主观判断并不能决定一个特定个体是否被选中，个体被选中的事件也是相互独立的。我们会在讨论具体抽样方法时再来理解这种差别。表4-2列示了一组常用的非概率抽样方法。

从表4-3所列的抽样方法可以看到，非概率抽样方法有相当的不同，有的更接近概率抽样（比如配额抽样），有的完全不一样。非概率抽样的优点在于其经济性与方便性。所以比较适合用在探索性研究或预研（pilot study）中。有时候，非概率抽样可能是唯一可行的方法。在实际研究中，很多所谓的概率抽样也含有非概率抽样的成分。比如，如果要对消费者心理进行测试，研究者可能会选择一个大商场，并从周一到周日对所有的顾客进行随机抽样。在这个过程中，商场的选择本身就可能基于便利考虑。所以严格意义上的概率抽样在实际中是非常少见的。但是概率抽样可以让我们从数学的角度来探讨样本的效度。而且，由于它所具有的理想的统计特性，概率抽样仍是研究者的目标。

表4-2　非概率抽样

抽样方法	个体选择策略
便利抽样 Convenience /Accidental	个体是根据其易得性被选入样本。这种策略在实际科研中很常用。样本的代表性只能通过样本的实际构成来判断。 例：用 MBA 学生代表经理群体
（不）相似性抽样 Most Similar/ Dissimilar Cases	把最相似（或最不相似）的一些个体选入样本。这种方法常用在案例研究中（case studies）。在案例研究中，研究者往往通过深入探索一些彼此相似的案例来得到其中的共性。或者，通过对比很不相同的案例来找出其中的不同。这往往在研究个体很难得到，或者研究资源缺乏时采用。这种研究中所涉及的样本量往往很小。所以其结论的普适性需要进一步的验证才能确定。

续表

抽样方法	个体选择策略
	例:很多人用 Fortune 500 中的公司来研究一种管理方法的效度。这里,成功的企业被认为在所研究的方面具有共性。
典型案例 Typical Cases	选择一个已经被认为典型的而且不极端的案例进行研究。与相似性抽样一样,这种方法多用于案例研究,或在资源有限时采用。其关键是所选案例的典型性。研究者之间争论的焦点也往往集中于此。如果一个研究者认为典型的案例不被其他人认可,其结论往往也无法具有说服力。另外,一个案例的典型性会随时间的变化而变化,其结论的效度也会相应变化。
关键案例 Critical Cases	选择对一个结果具有重要影响的案例进行研究。同样,这种方法多用于案例分析。比如,在美国 2002 年大选之前,佛罗里达州被认为是关键。如果 G. W. Bush 在佛罗里达州获胜,他即会赢得大选。同典型案例一样,个体的关键性是一个争论的焦点。
雪球抽样 Snowball	这种方法用已经得到的个体来找到新的个体。雪球抽样常常用在个体很难得到的情况中。比如,社会科学家用一个吸毒者的关系来接近另外一个吸毒者。在这种情况下,概率抽样几乎是不可能的。显然,个体的选择不是相互独立的事件。
配额抽样 Quota	在这种方法中,群体被分成几个板块。样本中各板块的比率将比照群体中各个板块的比率。但是在每个板块中,个体的选择将由研究者来决定。比如,一个教授从他的班级中按 0.5∶0.5 选择一些男、女学生作为样本。

4.4 概率抽样

概率抽样使用随机选择机制,而且,每一个个体的选择是独立事件。但是在保证每一个个体都有机会被选择的前提下,个体被选中的概率并不要求都一样。如果个体被选中的概率一样,这种抽样叫做**等概率抽样**(equal probability sampling),否则是**不等概率抽样**(unequal probability sampling)。概率抽样按照执行方法可以分为以下几种。

简单随机抽样(simple random sampling)。简单随机抽样假定群体是可罗列的。比如一个学校可以对其学生进行随机抽样。如果学生总数是 N,一组(样本 $= n$ 个)小于 N 的随机数可以用于确定哪些学生被抽到。或者让学生从一个有 N 个纸团的袋子里抓一个,来决定其是否参与。其中 n 个纸团是选中,其余为未中。在这个过程中,被抽中的个体并不能再次放回到群体中(sample without replacement)。有时候,群体可能是时间段。比如,我们可以选择 n 个随机的时间点对一个路口的车辆数目进行观察。这时,时间(比如,一年内的所有时间点)构成群体。有时,我们对一个河流中的各段水流进行抽样,这样的群体很难罗列。

系统抽样(systematic sampling)。系统抽样是指根据所需的样本量,每隔一定数目对群体中的个体进行抽样。首先,抽样间隔可以计算得到,$i = N/n$。然后,选择一个小于 n 的随机起点。从这个随机起点开始,每第 n 个个体会被选入样本。比如,审计员可以对一年内的发票进行系统抽样。系统抽样也要假定群体是可罗列的,而且,个体定义是清晰的。在河流中取水样就不属于这一类。群体的罗列不可以有周期性。否则,系统抽样可能抽到固定的某个周期点的数据而不准确。比如,一年中的产值在十二个月中具有周期性。股市在一个星期中具有周期性。一般情况下,系统抽样具有和简单随机抽样一样的统计特征,所以又被叫做伪简单随机抽样(pseudo-simple random sampling)。

分板块抽样(stratified sampling)。分板块抽样需要先把群体分成几个板块,其后在各个板块进行简单随机抽样。分板块抽样也可以改变每个板块的抽样概率。比如,各板块可以有不同的抽样概率。这种抽样就是不等概率抽样。如前所述,这种不等概率抽样的一个用途即是为一个板块保证足够的样本量。一个群体有很多不同的属性,分板块抽样应就哪个属性进行划分呢?一般来讲,所得的板块应该在感兴趣的群体参数上具有同质性。否则分板块抽样就没有意义。分板块抽样也常常用在比较性的研究中。比如,新老顾客的行为不一样。一个商店可能会抽取一定数量的新顾客与老顾客,而不是严格按照其自然比例。

集团抽样(cluster sampling)。集团抽样看上去有点像分板块抽样。群体往往按照其自然空间分布分成不重复的部分,这些部分即是集团。以集团为单位,研究者按简单随机抽样抽取集团。这些被抽取的集团中的所有个体的总和构成样本。集团的特点是它是自然存在的集合。比如,一个零售商在一家店面的所有顾客构成一个集团。抽样的时候可以先随机抽取它在全国的店面,然后再收集这些店面内所有的顾客信息。其特点是可以节省研究者的旅行开支。在集团抽样中,群体不需要罗列,但集团需要被罗列。

多层抽样(multistage sampling)。多层抽样先确定**初级抽样单元**(primary sampling unit)。比如,一个零售商的所有店面构成初级抽样单元。然后在每个初级抽样单元中进行简单随机抽样。比如对每个店面的顾客再进行随机抽样。显然,这里的初级抽样单元可以是以上提到的集团。多层抽样可以有更多层,但其思路是一样的。

这些抽样方法各有其特点,并且在实际科研中都有应用。但是从对群体的参数估计来看,以简单随机抽样为标准,对于一定的样本量,系统抽样具有和简单随机抽样一样的效度;分板块抽样具有更高的效度;集团抽样会降低效度;多层抽样则取决于其组合。在实际应用中,简单随机抽样用得最广泛。效度反映了要达到一定的参数估计准确性所需要的样本量的大小。也就是说,以简单随机抽样为标准,分板块抽样需要更小的样本量,而集团抽样则需要更大的样本量。这种现象可以直观地解释。在板块抽样中,一个板块具有同质性。假如,我们对品牌与顾客对商店的信任之间的关系感兴趣,而实际情况是新顾客在形成对商店的信任过程中对品牌比较看重,而老顾客则不关心。如果我们的抽样只包括新顾客,则我们的关系可能很容易得到。如果我们混合新老顾客,则相当于在数据中加了很多接近随机关系的观察点,使得品牌与信任的关系更为模糊。这样,给定样本量,只抽取新顾客更有效。当然,如果只用新顾客,其得到的结果将只能适用于新顾客,其广泛性受到了限制。如果我们同时抽取新老顾客,我们可以对其进行分组分析,这样,虽然各组的样本量小于总样本量,至少我们会在新顾客中发现比较清晰的关系。总体而言,跟不分类的分析比,利用板块信息可以帮助我们更清晰地勾勒出各板块不同的特征,从而得到更有效的结果。其效度的提高取决于两方面:各板块在所关心的群体参数或关系上具有同质性;板块之间在关心的群体参数或关系上具有异质性。相反,集团抽样则用一个集团的参数作为群体参数的估计。如果所用的集团不具有代表性,无论集团内的抽样过程如何有效,所得的结果都不能很好代表群体。这种效度的差别叫做抽样的**设计效应**(design effect)。

4.5 抽样计划

总结而言,研究者在抽样过程中需要作以下的决策:

表 4-3　抽样决策的问题与选择

问题	选择
目标群体是什么?	目标群体由研究结论所希望应用到的群体范围决定。
是需要抽样,还是直接研究整个群体?	如果群体不大,直接研究整个群体,否则抽样。
抽样方法是什么?	在行为研究中,一般使用概率抽样。如果研究者的分析单位有多层,则可考虑集团抽样或多层抽样。
抽样范围如何确定?	寻找现有的抽样范围(比如黄页),若无,则可考虑群体经常出现的地点,在这样的地点抽样。
有没有子群体或特殊板块需要特别的关注?其抽样比例是否要一致?如何分配?样本量是多少?	取决于研究者是否要对子群体进行研究。如果是,则要保证子群体有足够样本。 在行为研究中,一般发表的文章都有大于 200 的样本量。400 左右的样本量往往有相当的统计稳定性。但样本量太大也不好。

课后练习

讨论

E-learning systems are widely used in modern education. Assume you are interested in conducting a survey to investigate the impact of the use of e-learning systems on student performance. With the objective to obtain a representative sample, design and describe the survey procedure for the study and address the following issues:

1. What is your target population?
2. How do your decide on the sampling frame? What is the strength and weakness of your sampling frame?
3. What is your data collection procedure? What are the methods and practices you would follow in the survey design and sampling procedure to ensure data quality?
4. When needed, explicate your assumptions when answering above questions.

阅读

阅读本章后所附的基本统计知识。

词汇表

样本（sample）
抽样（sampling）
目标群体（target population）
研究群体（study population）
抽样范围（sampling frame）
抽样单位（sampling unit）
板块（stratum）
样本的效度（sampling validity）
外部效度（external validity）
统计效度（statistical validity）
非抽样偏差（non-sampling bias）
抽样偏差（sampling bias）

样本量（sample size）
概率抽样（probability sampling）
非概率抽样（non-probability sampling）
独立性（independence）
等概率抽样（equal probability sampling）
不等概率抽样（unequal probability sampling）
简单随机抽样（simple random sampling）
系统抽样（systematic sampling）
分板块抽样（stratified sampling）
集团抽样（cluster sampling）
多层抽样（multistage sampling）
初级抽样单元（primary sampling unit）

附：前期数据分析

在数据收集之后，研究者就要对数据进行预处理。本附录介绍社会调查数据预处理的一些常见方法，主要包括在测度项开发过程中裁判打分一致性的计算，检验不回复偏差所用的 Mann-Whitney 检验与 χ^2 检验。本附录在内容上与第 3 章也有衔接。

一、裁判打分的一致性

Kappa 系数一般适用于测度项分类法的第二阶段，那时裁判知道构念的个数与定义。如果只有两个裁判，Kappa 系数的计算可以用 SPSS。如果裁判个数超过两个，读者可以使用网上的 Kappa 计算器。这个网站（http：//justusrandolph. net/kappa/）就有一个相当易用的计算器。

二、Mann-Whitney 检验的操作过程

用 SPSS 来做 Mann-Whitney 检验是相当方便的。我们以范文中主体研究的数据为例

来说明。作为演示,我们假定前 121 条记录是早期回复者,后 121 条记录是晚期回复者(注意实际的数据采集过程中并无先后之分)。

第一,建立一个数值型的变量,把它叫做"ResponseType",它取两个值:"1"或者"2",代表早或者迟。对每一条记录填入一个值。

	ResponseType	gender	education	faculty
1	1	0	1	science
2	1	0	1	science
3	1	0	1	engineering
4	1	0	1	engineering
5	1	0	1	engineering
6	1	0	1	engineering

第二,从菜单上选择 Analyze/Nonparametric Tests/2 Independent Samples。

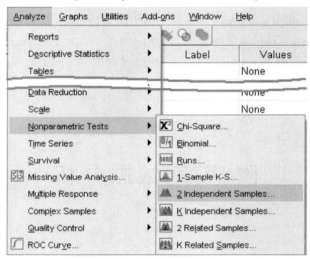

第三,设定参数。比如我们想比较两组的年龄,把 age 加到 Test Variable List 中,把 ResponseType 加到 Grouping Variable,点击 Define Groups,设定两个组的取值。确定选择了 Mann-Whitney Test,再选择 age 作为我们要比较的变量,再在 Options 的选项中选择 Descriptives。

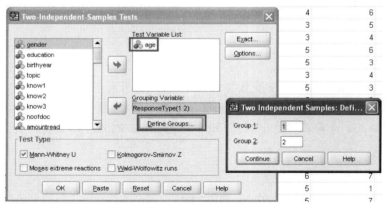

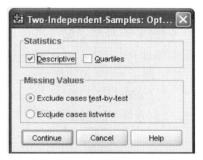

第四,运行之后的结果如下:

Descriptive Statistics

	N	Mean	Std. Deviation	Minimum	Maximum
age	242	20.68	1.501	17	25
Response Type	241	1.50	.501	1	2

➡ Mann-Whitney

Ranks

	Re	N	Mean Rank	Sum of Ranks
age	1	121	123.20	14 907.50
	2	120	118.78	14 253.50
	Total	241		

Test Statistics[a]

	age
Mann-Whitney U	6.994E3
Wilcoxon W	1.425E4
Z	$-.504$
Asymp. Sig. (2-tailed)	.614

a. Grouping Variable:Response Type

　　结果中,我们关心的是最后一个表。Mann-Whitney 检验使用的统计量叫做 U 统计量。我们并不需要关心这个 U 是怎么计算的。这个 U 在每个组的样本量都比较大的时候近似服从正态分布,所以我们可以用 z 检验。本例中 $z = -0.504$,相应的 p 值(Asymp. Sig. (2-tailed))是 0.614,所以是不显著的。我们得到结论,这两个组在年纪上没有显著不同。旧版本的 SPSS 可能还会输出另外一个显著性值,叫 Exact. Sig。这个值只有在小样本时用。一般来讲,当样本量大于 20 时就该使用 Asymp. Sig.。

三、χ^2 检验

　　如果 Mann-Whitney 检验帮我们解决了连续型变量的问题,那么类别型变量怎么办呢? 我们如何测试两个子样本在类别型变量上是否服从一样的分布呢? χ^2 检验就是这样一种方法。

(一)按单个标准分类,多组样本的比较

　　第一种情况是在实验或社会调查之后,想看看两个组或多个组的比例有没有与期望

的比例有显著不同。典型的情况包括：

- 在社会调查的随机抽样后，如果研究者知道群体的人口统计特征，研究者想知道所得的样本是否具有代表性，它的人口统计特征是否与群体一致。比如，男女比例是否与群体中的比例一致，教育程度的构成是否与群体中的比例一致。
- 在单变量实验设计中，实验对象被随机分派到一组。研究者想知道各组样本的人口统计特征是否一致，从而检验随机分派是否成功。

假定我们想知道样本中各地区中个体的数量是否与群体该有的比例一致（这种测试常用于检验样本的代表性或抽样误差），我们的数据是：

	A	B	C	D
1	CHI-SQUARE TEST OF SAMPLE VS. POPULATION DISTRIBUTION*			
2				
3	Variable: Region	Population	Population Sca	Sample = O
4	Region 1	18	13.66	12
5	Region 2	21	15.94	15
6	Region 3	30	22.77	22
7	Region 4	25	18.98	21
8	Region 5	40	30.36	34
9	Region 6	15	11.39	7
10	Region 7	25	18.98	18
11	Region 8	25	18.98	14
12	Region 9	25	18.98	21
13	Region 10	50	37.96	44
14				
15	Sum	274	208	208
16				
17	df = # rows minus 1 =		9	
18	Critical value w/ 9 df =		0.82	= Not significant
19				
20	* This example is set up for a variable with 10 categories; if different, then			
21	the formulas in column C and row 15 must be altered accordingly.			
22	** Scaled population is the region count for population scaled to total the			
23	sample size, and thus is the expected distribution.			
24				

（基于：http://faculty.chass.ncsu.edu/garson/PA765/chisq.htm#calculate，使用已获允许）

其中的公式是：

	A	B	C	D
1	CHI-SQUARE TEST OF SAMPLE VS. POPULATION DISTRIBUTION*			
2				
3	Variable: Region	Population	Population Scaled** = E	Sample = O
4	Region 1	18	=($D$15/$B$15)*B4	12
5	Region 2	21	=($D$15/$B$15)*B5	15
6	Region 3	30	=($D$15/$B$15)*B6	22
7	Region 4	25	=($D$15/$B$15)*B7	21
8	Region 5	40	=($D$15/$B$15)*B8	34
9	Region 6	15	=($D$15/$B$15)*B9	7
10	Region 7	25	=($D$15/$B$15)*B10	18
11	Region 8	25	=($D$15/$B$15)*B11	14
12	Region 9	25	=($D$15/$B$15)*B12	21
13	Region 10	50	=($D$15/$B$15)*B13	44
14				
15	Sum	=SUM(B4:B13)	=SUM(C4:C13)	=SUM(D4:D13)
16				
17	df = # rows minus 1 =		9	
18	Critical value w/ 9 df =		=CHITEST(D4:D13,C4:C13)	=IF(C18<=0.05," = Significant"," = Not significant")
19				
20	* This example is set up for a variable with 10 categories; if different, then			
21	the formulas in column C and row 15 must be altered accordingly.			
22	** Scaled population is the region count for population scaled to total the			
23	sample size, and thus is the expected distribution.			
24				

如上图所示，我们可以用简单的 Excel 公式 CHITEST 来测试。

如果用 SPSS，过程如下：

第一步，输入数据。注意，Region 是字符型的，我们必须建立一个新的数值型变量 RegionCode。用一个数值型变量来代替字符型变量是必要的步骤。这可能是因为数据预处理的需要，而不是说卡方检验只适用于数值型的分组。Size 是各组的样本量。

第二步，选择 data/weight cases，对 RegionCode 按 Size 设定权重。这是因为我们直接给出了样本量。

	Region	RegionCode	Size
1	Region 1	1.00	12.00
2	Region 2	2.00	15.00
3	Region 3	3.00	22.00
4	Region 4	4.00	21.00
5	Region 5	5.00	34.00
6	Region 6	6.00	7.00
7	Region 7	7.00	18.00
8	Region 8	8.00	14.00
9	Region 9	9.00	21.00
10	Region 10	10.00	44.00

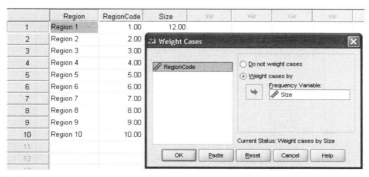

第三步,选择 analyze/nonparametric tests/chi-square。

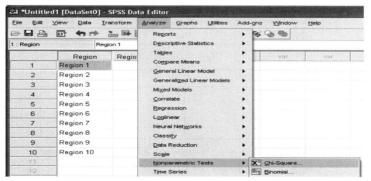

第四步,选择所要的分类变量(RegionCode)加到 Test Variable List。如果我们要测试这些区域的样本量是否一样,我们可以设定默认值 All categories equal。在这个例子中,因为我们已经有了这个地区的期望值,我们加入所有的期望值到 Values 中。所加的期望值只要比例对就好了,而且,其次序按分类变量(RegionCode)的增序排列。

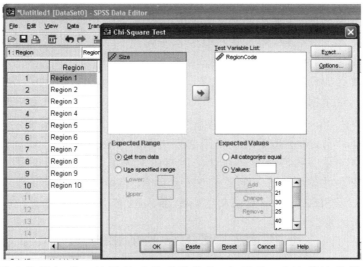

第五步,测试结果如下。结果显示是不显著的,与用 Excel 计算的结果相同。

Chi-Square

Frequencies

RegionCode

	Observed N	Expected N	Residual
1	12	13.7	−1.7
2	15	15.9	−.9
3	22	22.8	−.8
4	21	19.0	−2.0
5	34	30.4	3.6
6	7	11.4	−4.4
7	18	19.0	−1.0
8	14	19.0	−5.0
9	21	19.0	2.0
10	44	38.0	6.0
Total	208		

Test Statistics

	RegionCode
Chi-Square	5.159[a]
df	9
Asymp. Sig.	.820

a. 0 cells(0%) have expected frequencies less than 5. The minimum
expected cell trequency is 11.4

(二)按多个标准分类,多组样本的比较

如果研究者所得的样本是按多个标准分类的,这时的情形包括:

- 在多个因子的实验设计中,实验对象被随机分派到一组。研究者想知道各组样本的人口统计特征是否一致,从而检验随机分派是否成功。
- 在社会调查中,样本可以按多个标准分类。研究者想知道这两个分类变量之间有没有关系。比如,研究者对一个大学的研究生进行随机抽样后,想知道男女生的比例是否会因为硕士或博士学位的不同而不同。

以第一种情况为例,比如我们想知道三个实验组 Group1,Group2,Group3 中男女的比例是否一致。这个问题也可以表述为:组别与性别是否在这个实验中是独立的(independent),或者说性别是否受随机分派的影响。如果随机分派是成功的,那么组别应该无法帮助我们预测性别,或者说组别与性别无关。我们可以认为性别是因变量,随机分派所得的组别是自变量。我们想知道两者之间有没有关系。本质上,对于卡方检验,把谁当因变量或自变量并没有关系。但是区分变量的角色会使问题更容易理解。

我们建立如下 SPSS 数据格式。第一列是因变量,第二列是自变量(组别),第三列是观察到的样本的个数。

像以前一样,因为我们使用的是对观察点综合的数据,不是观察点本身的罗列,我们需要对每行制定权重。使用 data/weight cases:

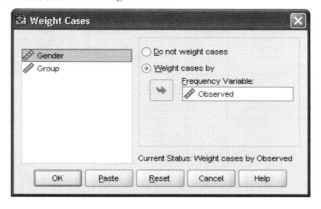

然后,我们用 crosstab 来处理这种有两个变量的情况。

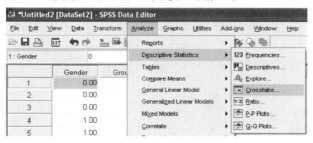

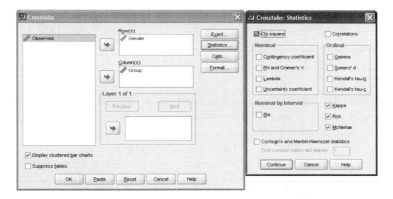

点击 OK 运行后得到输出如下:

WEIGHT BY Obeserved.

CROSSTABS

    /TABLES = Gender BY Group

    /FORMAT = AVALUE TABLES

    /STATISTICS = CHISQ KAPPA RISK MCNEMAR

    /CELLS = COUNT

    /COUNT ROUND CELL

    /BARCHART.

➡ **Crosstabs**

［DataSet2］

Case Processing Summary

	Cases					
	Valid		Missing		Total	
	N	Percent	N	Percent	N	Percent
Gender * Group	83	100.0%	0	.0%	83	100.0%

Gender * Group Crosstabulation

Count

		Group			Total
		1	2	3	
Gender	0	17	15	18	50
	1	11	9	13	33
Total		28	24	31	83

Chi-Square Tests

	Value	df	Asymp. Sig. (2-sided)
Pearson Chi-Square	.115[a]	2	.944
Likelihood Ratio	.115	2	.944
Linear-by-Linear Association	.046	1	.831
McNemar-Bowker Test	.	.	.[b]
N of Valid Cases	83		

a. 0 cells(.0%) have expected count less than 5. The minimum expected count is 9.54.

b. Computed only for a PxP table, where P must be greater than 1.

Symmetric Measures

	Value
Measure of Agreement Kappa	.[a]
N of Valid Cases	83

a. Kappa statistics cannot be computed. They require a symmetric 2-way table in which the values of the first variable match the values of the second variable.

Risk Estimate

	Value
odds Ratio for Gender(00/1.00)	[a]

a. Risk Estimate statistics cannot be computed. They are only computed for a 2 * 2 table without empty cells.

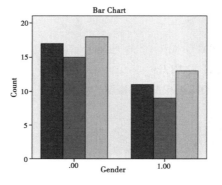

根据 Pearson Chi-square 的结果,p 值为 0.944,表明性别没有因为组别而显著不同。所以,性别与组别是不相关的。在这个例子中,虽然性别的比例并不相同,女(code = 0)多于男(code = 1),但这并不影响性别与组别的关系。

如果我改变数据,使得各组的性别比例十分不同,如下图所示:

	Gender	Group	Observed
1	0.00	1.00	12.00
2	0.00	2.00	17.00
3	0.00	3.00	20.00
4	1.00	1.00	23.00
5	1.00	2.00	18.00
6	1.00	3.00	11.00

则结果如下:

➡**Crosstabs**

[DataSet2]

Case Processing Summary

	Cases					
	Valid		Missing		Total	
	N	Percent	N	Percent	N	Percent
Gender * Group	101	100.0%	0	.0%	101	100.0%

Gender * Group Crosstabulation

Count

		Group			Total
		1	2	3	
Gender	0	12	17	20	49
	1	23	18	11	52
Total		35	35	31	101

Ghi-Square Tests

	Value	df	Asymp. Sig. (2-sided)
Pearson Chi-Square	6.015[a]	2	.049
Likelihood Ratio	6.107	2	.047
Linear-by-Linear Associqtion	5.949	1	.015
McNemar-Bowker Test	.	.	.[b]
N of Valid Cases	101		

a. 0 cells(.0%)have expected count less than 5. The minimum expected count is

这时,性别比例就显著不同了。

四、缺值的处理

以范文中主体研究的数据为例,我们人工地删掉了一些值,如下。其中 gender 与 faculty 是类别型的。fac 是对 faculty 的简化,保留前 8 位,因为在 SPSS,类别变量的值不能超过 8 位。我们删掉了第一条记录的 gender,第二条记录的 faculty,第三条记录的 age,第四条记录的 know1。它们的取值分别为:0,science,19,3。

	gender	education	fac	faculty	birthyear	age	topic	know1
1		1	science	science	1986	18	5	1
2	0	1			1986	18	5	1
3	0	1	engineer	engineering	1985	.	5	3
4	0	1	engineer	engineering	1985	19	5	.
5	0	1	engineer	engineering	1986	18	5	3
6	0	1	engineer	engineering	1983	21	2	5

点击 Analysis/Missing Value Analysis，得到下图。把所有的变量按连续型或类别型分类，其中性别被算为类别型。选择 EM 与 Regression 作为两种缺值估计方法。

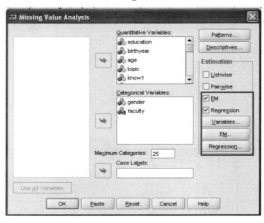

现在点击 EM...，设置输出数据文件 Save completed data，名为 em。同样地，设置 Regression 的输出数据文件。

运行之后，regress 与 em 给出了一样的输出数据文件。两个类别型变量的缺值都没有被替换，但是两个连续型变量的缺值都得到了正确的替换。这两个方法也会对缺值是否是随机的做测试，并在输出文件中报告。

	gender	education	faculty	birthyear	age	topic	know1	know2	know3
1		1	science	1986	18	5	1	1	1
2	0	1		1986	18	5	1	1	1
3	0	1	engineering	1985	19	5	3	2	3
4	0	1	engineering	1985	19	5	3	2	3
5	0	1	engineering	1986	18	5	3	2	3
6	0	1	engineering	1983	21	2	5	4	4

变量之间的关系 5

5.1 引　言

在前面几章,我们的重点在于如何规划一个社会调查过程、设计问卷,并通过抽样来得到数据。我们也提到为了反映一个理论构件,使用多个测度项可以更好地测量。让我们先假定所有的理论构件都是用一个测度项得到的,或者说,都已经被整合到一个变量中。在这种情况下,如果要进行假设检验,一种最传统,但又至今长盛不衰的办法是回归分析。从这一章到第 8 章,我们对回归分析在社会调查中的应用做一个介绍。我们的重点在回归分析本身。回归分析也是理解更复杂的分析方法的一个起点。我们会先在本章介绍两个简单的随机变量之间的关系。在以后几章中,我们会介绍单变量回归、多变量回归与回归分析中的模型选择。

5.2 对群体的描述

在对一个目标群体进行抽样后,为了进行假设检验,我们需要先了解两个随机变量之间的关系。一个模型中的因变量或自变量都是随机变量。我们先就单个随机课题来看它的统计属性。

假如我们以热带国家新加坡一年的气温作为一个群体,我们怎么描述它呢? 一个旅游网站是这样描述的:"新加坡地处热带,相对来说,常年气温变化不大,雨量充足,空气湿度高,气候温暖而潮湿,日常温度为 23 ~ 31 ℃,温差很小。"我们可以从以上描述中摘取一些关键字:"常年气温变化不大""气候温暖""年平均温度为 23 ~ 31 ℃""温差很小"。这些描述可以简练地总结世界气象组织更细致的统计数据。显然,"气候温暖""日常温度为 23 ~ 31 ℃"描述了平均气温,而"常年气温变化不大""日常温度为 23 ~ 31 ℃""温差很小"则描述了气温的变化程度。在统计上,平均值、方差是对群体最常用的描述,平均值表述了一个群体在数值空间中的位置,而方差则表示集中程度,或者说变化程度。"分布"则在语意上同时包含均值与方差。均值与方差都是对信息的定量描述。

5.3 群体中的信息量

那么什么是统计意义上信息的量呢？举例来讲，如果我告诉你新加坡明天的平均气温是 28 ℃，这样的信息有多大的用处？基本没用。因为你已经知道新加坡的天气总是这样。可是如果这是北京明天的气温，那么这样的信息可能就会更有用一点。至少你可以知道我讲的是夏天的气温，而不是冬天的气温（表 5.1），因为北京的冬天是寒冷的。这个例子说明观察点中的信息量取决于它所在的群体中的变化范围。变化范围越大，这个群体中的信息也就越多，一个观察值也越有用，我们也很难猜得到这个观察值。所以描述一个群体的信息量可以使用这个群体的变化范围。在统计方法中，假定我们有一个群体所对应的随机变量 x，其信息量可以用以下方法来描述：

表 5-1　新加坡与北京的气温

	新加坡		北京	
	日最低	日最高	日最低	日最高
Jan	23.1	29.9	− 9.4	1.6
Feb	23.5	31.0	− 6.9	4.0
Mar	23.9	31.4	− 0.6	11.3
Apr	24.3	31.7	7.2	19.9
May	24.6	31.6	13.2	26.4
Jun	24.5	31.2	18.2	30.3
Jul	24.2	30.8	21.6	30.8
Aug	24.2	30.8	20.4	29.5
Sep	23.9	30.7	14.2	25.8
Oct	23.9	31.1	7.3	19.0
Nov	23.6	30.5	− 0.4	10.1
Dec	23.3	29.6	− 6.9	3.3

1. 范围，$\mathrm{Max}(x_i) - \mathrm{Min}(x_i)$

2. 平方和（sum of squares），$\sum x_1^2$

3. 调整的平方和——方差和，$\sum (x_i - \mu)^2$

4. 平均后的方差和——均方差或方差，$\sigma^2(x) = \dfrac{\sum (x_i - \mu)^2}{n}$

这些数学公式显然从不同的角度，用不同的方法描述了一个样本的变化程度或信息量。我们并不关心统计界是如何想到这些公式的，而是想知道哪个描述是最好的。其实它们各有用处。比如在一般描述中，**范围**（range）是最直观易懂的（例如：“日常温度为 23～31 ℃”），而其他几个则不这么直观。但范围也有它的缺点。如果一个分布相当集中，比如一个班级的学生考试成绩都在 75 分到 85 分之间，只有两个学生特别例外，一个考了 95 分，一个 35 分，如果用范围描述，则是 35 到 95。范围受到极端值的影响，并不能告诉我们这个班级的成绩分布的主要部分。这时，我们说范围作为一种信息量的描述对极端值很敏感。相反，其他几种信息量的描述则没有这个问题。

第二个与第三个描述值的主要不同是均值调整。以第三个为例，它描述的是观察点离群体中点的距离平方和。如果我们姑且不管“平方”，与群体中点的距离和显然是一种对变化程度的直观描述。那么为什么要平方呢？第一种解释是这样我们可以去掉方向，没有负数。可是我们为什么不用绝对值来去掉方向呢？显然"去掉方向"不是一个完整的解释。第二种解释是平方在数学上比绝对值更容易处理，特别在积分或求导的时候。这种说法有道理，但平方的好处不止于此。理解平方的意义其实很重要。

　　假定有一个群体，它的中心为 μ，它的个体随机分布在 μ 的周围，沿着 x 轴的方向。现在我们对这个群体进行抽样，每次抽两个。每次抽样的时候，我们先随机地抽一个，测量它的值，把它放回去，再随机抽第二个值，把它放回去，即有放回的抽样。这样，在一次抽样中，我们可以得到两个个体：x_1，x_2。

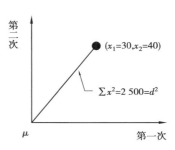

　　我们然后建立一个坐标系，其中横坐标表示第一次抽取，纵坐标表示第二次抽取。这两次抽取是独立的。我们把第一次抽取的值 x_1 与第二次抽取的值 x_2 映射到这个坐标系上，得到一个点 (x_1, x_2)。这个点表示一个样本。当然我们可以再进行两个值的抽样，得到第二个样本与第二点，等等。现在我们就一个样本来看：对于一个样本，$\sum (x_i - \mu)^2$ 表示的是这个样本到群体中点的欧氏距离平方（图5-1）。这个欧氏距离平方有一个相当直观的解释。所以，方差和是一个样本中每个个体

图 5-1　一个样本的平方和

到群体中心的"距离（差）"的"平方"的"和"。它表示的正好是一个样本作为**一个整体**与群体中心的距离平方。

　　每一次抽样都会得到两个靠近群体中心的个体，群体内部的个体可能取值范围越小，这两个个体所对应的点会接近群体中心。群体内部的个体的可能取值范围越大，样本中个体之间的差异也会越大，每一次抽样得到的两个个体组成的点可能会离群体中心比较远。所以样本的方差和表示了群体的变化性，即群体的分布范围的大小，或者说群体中的信息量。

　　如果我们增加样本量，如果我们的样本有一百个个体，我们就需要一个一百维的空间来表示所有可能的样本。一个样本（即一次抽样）得到的是这个空间中的一个点。这个点到群体中心的欧氏距离平方的意义不变，即反映了群体的信息量。但是，因为样本量的增加，$\sum (x_i - \mu)^2$ 就会变得很大。这好像说这个群体的信息量增加了，但是我们还在讲同一个群体。这个数量与我们对群体分布程度的直观理解就不一致了。所以我们有必要对这个值进行调整，把它除以样本大小 n，以得到平均的距离平方。从几何上讲，在以上两个个体的例子中，我们是把斜边的平方除以2，均摊给两个个体。平均以后，我们得到了第四个信息量描述：均方差，简称为方差。

　　如果我们用一个样本中个体与群体中点之间的平均绝对距离来表示信息量，即 $(\sum |x_i - \mu|)/n$，这个新的信息与均方差 $(\sum (x_i - \mu)^2)/n$ 在意义上有什么不同呢？最大的不同在于后者把样本作为一个整体看，把它看做一个 n 维空间中的一个点。而前者是一个个体一个个体地看，每个个体是一个一维空间中的一个点。那么把一个样本看做多维空间中的一个点有什么好处呢？我们会在讨论两个变量关系的时候再来讨论这个问题。

5.4　样本中的信息

以上我们假定知道群体的均值。如果群体的均值不知道,我们就必须用样本均值 $\bar{x}$ 来代替。这种情况下,我们就会得到样本**方差和**:

$$SS_{xx} = \sum_{i=1}^{n} (x_i - \bar{x})^2$$

除了这个万不得已的替换,样本方差和的意义和群体方差和是一样的。在以下的讨论中,方差和默指样本方差和,均方差默指样本均方差。

我们知道样本均方差的计算公式往往是 $s_x^2 = \dfrac{\sum (x_i - \bar{x})^2}{n-1}$。那么在算样本均方差时我们为什么除以 $(n-1)$,而不是 n 呢? 这是因为如果群体均值是已知的,我们就不用估算它,每个观察点都是随机且“自由”的。而当群体均值未知而必须用样本均值来估计时,就不是所有的观察点都是自由的了。如果 $n-1$ 个观察点想得到自由,那么第 n 个则必须牺牲自由,以保证样本的平均值为 $\bar{x}$。所以当我们假定群体的均值是样本均值时,我们要牺牲一个观察点所带给我们的信息。它的值必须是确定的,所以它没有信息(此处信息的含义是不确定性)。一个确定的值是不应该被计算到变化程度中来的,所以只有 $(n-1)$ 个观察点是真正自由的,我们就牺牲一个“自由度”,并定义样本方差和为 $SS_{xx}/(n-1)$,又作 $s_x^2 = \dfrac{\sum (x_i - \bar{x})^2}{n-1}$,其平方根就是样本**标准差**,即一个样本中观察点与样本中心的平均距离。

在统计意义上,“信息量”被定义成方差,信息量也就意味着不确定性。一个随机变量(代表我们所要知道的一个对象群体)越不确定,它所包含的信息量就越大。相应地,任何关于这个变量的信息(比如一个观察点)就对观察者越有用。一个常见的混淆是当我们觉得确定的时候,我们会说“我有信息”“我知道其中的秘密”,这时,我们讲的是**我们所拥有的信息**。而统计意义上的信息是指一个**对象所拥有的信息**。信息是对象的属性。因为对象的不确定性,我们所拥有的信息才有意义,而且当对象越不确定时就显得越有用。而统计分析的目的是要描述一个群体的信息。所以知道均值、标准差就可能让我们更能描述一个不确定现象的大概位置与范围。我们找出变量之间的相关性,用一个变量来预测另外一个变量也是为了降低我们认知上的不确定性,并不是去降低对象所拥有的信息。比如,不管我们有多少关于新加坡气温的信息,我们并不能改变气候或气温,因为气温中的信息是气温的客观属性,我们能改变的只是我们心理上的不确定性。

5.5　两个随机变量之间的关系

由一个变量来预测(或了解)另一个变量是一种重要的信息使用方式。可以如何描述两个随机变量之间的关系呢?“关系”意味着①这两个变量如何升降,即我们在多大程度上确信一个变量会对应着(而不一定是“因着”)另外一个变量的变化而变化;②一个变量对应着另外一个变量变化的幅度。我们先来看一个广告投入(百万元)与销售(百万元)的例子。

在这个例子中,自变量 x 与因变量 y 之间的关系可以由以下元素来描述:①趋势线的

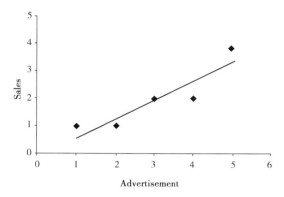

No.	Advertisement (x)	Sales (y)
1	1	1
2	2	1
3	3	2
4	4	2
5	5	4

图 5-2　两个随机变量之间的关系

斜度（y 对 x 有多"敏感"），②销售额在跟着广告变化时跟得多"紧"，这反映为观察点在趋势线两边的分布有多宽。显然如果所有的点都在线上，我们会说这两者的变化跟得很紧，形影相随。除了这两个元素外，当然我们还可以用其他元素来描述两者的关系，比如与坐标轴的交点。但这两者是最主要的。

我们先来看斜度。如何估计这个斜度？统计界有一个相当聪明的统计量：x 与 y 均值调整后的**积和**（Sum of products）$SS_{xy} = \sum (x_i - \bar{x})(y_i - \bar{y})$。积和在本质上与"斜度"（确切地讲是"斜度和"）是一致的，我们会在稍后看到其原因，以及积和的优美之处。我们先直观地看它的特点。假定 x 与 y 同向变化，对于一个点 (x_i, y_i)：

1. 当 $x_i > \bar{x}$，因为 x 和 y 会同向变化，（在这个例子中）在大部分情况下我们指望 y_i 比 y 的均值大。结果是 $(x_i - \bar{x})(y_i - \bar{y}) > 0$，这个点使 SS_{xy} 增加。

2. 当 $x_i < \bar{x}$，因为 x 和 y 会同向变化，在大部分情况下我们指望 y_i 比 $\bar{y}$ 小。结果是 $(x_i - \bar{x})(y_i - \bar{y}) > 0$，这个点使 SS_{xy} 增加。

3. 当 $x_i > \bar{x}$，如果我们观察到 y_i 比 $\bar{y}$ 小，结果是 $(x_i - \bar{x})(y_i - \bar{y}) < 0$，这个点使 SS_{xy} 变小。

4. 当 $x_i < \bar{x}$，如果我们观察到 y_i 比 $\bar{y}$ 大，结果是 $(x_i - \bar{x})(y_i - \bar{y}) < 0$，这个点使 SS_{xy} 变小。

前两种情况表明，当 x 和 y 真的同向变化时，SS_{xy} 变大。而后两种情况表明当 x 和 y 不同向变化时，SS_{xy} 变小。所以 SS_{xy} 的大小反映了 x 和 y 行为方向上的一致性。假定 x_i 的值是一定的，如果 y_i 更大，则 $(x_i - \bar{x})(y_i - \bar{y})$ 更大，即 y 对 x 的反应更强烈、更敏感，这时 SS_{xy} 的变化也更大。总之，SS_{xy} 同时反映了斜度与变化方向的一致性，这符合我们对"关系"的理解。

我们再来对它进行变化。

$$SS_{xy} = \sum (x_i - \bar{x})^2 \frac{(y_i - \bar{y})}{(x_i - \bar{x})}$$

从以上的等式可以看出积和是每一个观察点与样本中点的斜度的加权和，而每一个观察点的权重则正是它在这个样本中的信息量（与 x 的中点之间的距离平方）。这就说明积和其实是一种**加权斜度和**。显然，一个离 x 的中点较远的观察点对斜度和的影响会更大一点。当只有两个观察点时，以上的公式退化成一般的斜度公式。所以 SS_{xy} 可以被看做是一种统计意义上的斜度和。有了斜度和，我们自然会联想到一个平均斜度。我们会在稍后再讨论。

有另外一角度可以更好地反映 SS_{xy} 的实质。我们可以把它看做是一个加权的 x 的信息和。x 的信息用 $(x_i - \bar{x})^2$ 表示,权重是每个点相对于中点的斜度 $\dfrac{(y_i - \bar{y})}{(x_i - \bar{x})}$。所以,它表示的是如果我们把每个点在 x 上的信息按斜度转换(就好像货币的兑换率),一共"值"多少或者可以"买"多少在 y 方向上的信息。所以 SS_{xy} 反映了两个随机变量之间的信息"兑换"关系。这种"兑换"关系,反映了它们之间的信息重合。可以证明,如果图 5-2 中的拟合线是水平的,则 SS_{xy} 为零,x 的信息不可以解释(或"兑换")y 中的任何信息,它们的信息重合为零。

在以上的例子中,我们假定 x 与 y 是正相关的。读者应该可以看到同样的推理适用于负相关的情况。

我们再来看观察点在线两旁的分散程度。如何定量描述这种分散程度?类似单变量中相对于群体均值的方差和,我们可以有一个相对于趋势线的距离和。确切地说,对应着一组 x 的取值(当然这是通过抽样得到的),我们想知道所对应的样本中的 y 取值到趋势线的距离。对于几组抽样,如果 x 上的取值是一样的,那么如果 y 上的取值和趋势线的距离越大,x 与 y 之间的关系就越不确定。如果我们把一个 x_i 值在线上所对应的 y 值记为 $\hat{y}_i$,那么对于这组 x 值,y 在趋势线两侧的分散程度可以记为**残差平方和**(sum of squares for error):

$$SSE = \sum (y_i - \hat{y}_i)^2$$

到现在我们有了两个指标,SS_{xy} 和 SSE,来描述 x 与 y 之间的关系。前者是一个关于斜度和的量,也表示两个变量之间的信息重合。后者是关于 y 是否紧跟 x 的"不确定性"的量,而且是对于估计出来的 y(即 $\hat{y}$)而言真正的样本中 y 的取值的不确定性。我们会接着不断改进这两个统计量。

5.6 对 SS_{xy} 和 SSE 的调整

SS_{xy} 有一些缺点。首先,SS_{xy} 受样本大小的影响。如果关于两个变量的两个样本有一样的整体相关斜度,但其中一个的样本量较大,其 SS_{xy} 值就会较大。这个问题容易解决,我们可以把积和进行平均。这样,调整后的 $SS'_{xy} = SS_{xy}/n$。对于一个样本,按照我们在以前的分析,因为积和是经过均值调整的,更合理的平均方法是用 $(n-1)$,所以:

$$SS'_{xy} = SS_{xy} / (n-1)$$

其次,SS_{xy} 是受测量单位影响的。在以上的例子中,如果我们用千元作单位或用元作单位,SS_{xy} 的值会大不一样,虽然其实际关系并无丝毫改变。解决这个问题的办法是用统计单位,也即,我们把 x 与 y 各自标准化。这样最后所得的测度是没有单位的(即与单位无关的)。变化后,

$$SS''_{xy} = \sum_{i=1}^{n} \frac{(x_i - \bar{x})}{s_x} \frac{(y_i - \bar{y})}{s_y} = \frac{\sum_{i=1}^{n} (x_i - \bar{x})(y_i - \bar{y})}{\sqrt{s_x^2 s_y^2}} = \frac{SS_{xy}}{s_x s_y}$$

综合以上变化(按样本量调整、标准化),我们可以得到两个变量之间的**相关系数**(correlation):

$$r_{xy} = \frac{SS_{xy}/(n-1)}{s_x s_y} = \frac{SS_{xy}}{\sqrt{SS_{xx}SS_{yy}}}$$

所以两个随机变量之间的相关系数是一种"平均化""标准化"后的积和,它反映了两个变量之间的统计斜度。

统计斜度也有一个直观的几何解释。假定我们的样本有三个独立的观察点:

表 5-2　统计斜度的几何意义

	观察点 1	观察点 2	观察点 3
x	1	5	7
y	2	8	10

如前所述,我们可以把这个样本看做是以抽样次序为轴的三维空间中的两个点。在一次抽样中,因为同时测量了 x 与 y 的值,我们得到三维空间中的两个点。我们把 x 与 y 分开来看,x 的三个取值也构成一个向量 **x**,y 的三个取值也构成一个向量 **y**,如图 5-3 所示。这两个向量的长度就是我们前面所讲过的方差和。

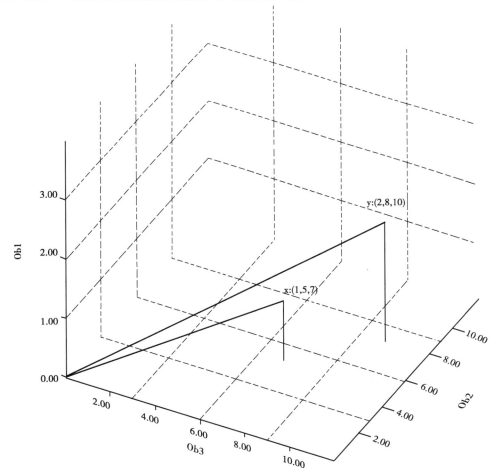

图 5-3　一个样本中两个随机变量之间的角度关系

对 x 与 y 进行中心化(即各自减去均值)后,这两个向量之间的角度可以计算得到:

$$\cos(\alpha) = \frac{\vec{x}\vec{y}}{|\vec{x}||\vec{y}|} = \frac{\sum x_i y_i}{\sqrt{\sum x_i^2 \sum y_i^2}} = \frac{SS_{xy}}{\sqrt{SS_{xx}SS_{yy}}} = r_{xy}$$

所以,在一个样本中两个变量的相关系数是这两个变量在样本空间中的一个余弦。如果 **x** 和 **y** 是高度相关的,$\cos(\alpha)$ 会接近 1。如果它们是正交的,$\cos(\alpha)$ 会接近 0,表示没有关系。这个角度正是这两个变量的信息重合除以它们信息量的积的平方根。在这里,我们看到了用差方和表示变量信息量(相比于绝对值和)的妙处。使用它,两个变量之间的相关系数可以表示为重合的信息与这两个信息量的几何平均数的比率。

SSE 也需要一些改进。在我们改进 SSE 之前,我们先来看"自由度"这个概念。如上所述,比较分散程度(或信息量)的毛量是没有意义的。举例来讲,有两个班级,一班 10 人,一班 20 人,他们的成绩分页如图 5-4 所示:

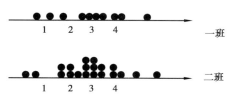

图 5-4　两个样本中的信息

显然,如果我们计算 SS_{xx},二班会大一点,因为二班人多。但是如果你看这分布图,则二班的成绩更集中。所以,我们要用"平均分散程度"来衡量。可是如何平均呢?直觉反应是 SS_{xx}/n。可是在早前我们已经说过在群体均值未知的情况下最好用 $SS_{xx}/(n-1)$,因为我们在用样本均值代替群体均值的时候已经牺牲了一个观察点的自由。一个统计量的自由度指的就是在计算这个统计量时一个样本中可以自由变化的参数(在这里是可以自由变化的观察点的取值)。而失去的自由度则等同于我们所加的约束的数目。在我们计算 SS_{xx} 的过程中,我们用的等式实际上是:

$$SS_{xx} = \sum_{i=1}^{n}(x_i - \bar{x})^2$$

$$\text{s.t. } \bar{x} = \frac{\sum_{i=1}^{n} x_i}{n}$$

这里我们有 n 个变量($x_i, i=1,\cdots,n,$),1 个约束。所以对 SS_{xx} 而言,其自由度是 $(n-1)$。

> 想一想:均值的自由度是多少?再想一想如果群体均值是已知的,那么 SS_{xx} 的自由度是多少?

可是我们非得加上这个约束吗?可以没有。比如,我们可以说,我们只想知道一个样本相对于数学原点的分散程度,也即我们认为这个分布的空间位置是给定的,相对于一个固定点的,我们不关心这个分布的中心在哪里。这时,我们可以用 0 来置换 $\bar{x}$,而这就是**未经均值调整的平方和**(uncorrected sum of squares for x)。显然,同样一个样本,它相对于原点的分散程度往往会较相对于样本中心的分散程度来得大。这也可以从公式上反映出来。在这种情况下,SS_{xx} 的自由度更高(增加一个自由度),但其含义却不同。

现在我们来看 SSE 的情况。如果我们想要描述 y 围绕趋势线的分布,我们最好知道这个群体真正的趋势线在哪里。但是若我们只有一个样本,我们就只好用样本来估计这条线在群体的实际位置(就好像我们要先估计群体的中点)。当我们用一个样本中得到的趋势线来代替群体中的实际位置,这根线会牺牲我们多少个自由度呢?两点确定一条直线,所以是两个自由度。而剩下的 $n-2$ 个点还可以自由变化。SSE 描述的正是 y 相对于这条线的自由的分散程度,所以 SSE 的自由度是 $n-2$。有了自由度,我们就可以定义一个平均的分散程度——**残差均方差**(the error mean of squares),或 $MSE = SSE/(n-2))$。这个值描述了两个变量之间的关系的不确定性。

我们是不是也要让残差 $(y_i - \hat{y}_i)$ 与测量单位无关呢? 是的。残差是有单位的,但是我们常常不会去比较两个残差值。如果我们真的要比较(在以后我们会碰到),我们可以把残差除以 MSE,这样我们就可以得到"标准化了的"残差。这样"标准化"(实际上是按照 t 分布标准化,叫做 studentization)后的残差是: $e_i^* = \dfrac{e^i}{\sqrt{MSE}}$。标准化后的残差可以反映一个点偏离"正道"(趋势线)有多远,并说明它是否是一个**偏离点**(outlier)。

概括地说,我们现在已经可以用斜度与不确定性描述两个随机变量之间的关系。积和 SS_{xy} 反映了加权斜度和,并可进一步改进成相关系数 r。SSE 反映了不确定性,并可进一步改进成 MSE。

我们可不可以用自由度来改进 SS_{xy}? 可以。在 SS_{xy} 中,为个维护一个中心 $(\bar{x}, \bar{y})$,我们必须牺牲一个点(即一个 x 值与一个 y 值),所以我们失去一个自由度。其比例未经(按标准差)改变,却按自由度调整后的值就是这两个变量之间的**协方差** $\text{cov}(x, y) = SS_{xy}/(n-1)$,它反映了一种平均斜度。这是对 SS_{xy} 进行按样本大小调整后所得到的一个统计量。

在以上的变换中,x 与 y 的关系是对称的。对换其角色将会产生不一样的一组公式(对换 x 与 y 的角色),但对公式的理解思路是一样的。

5.7 回归系数作为一种关系指标

我们已经有了:

$$SS_{xx} = \sum_{i=1}^{n} (x_i - \bar{x})^2$$

$$SS_{yy} = \sum_{i=1}^{n} (y_i - \bar{y})^2$$

$$SS_{xy} = \sum (x_i - \bar{x})(y_i - \bar{y})$$

$$SSE = \sum (y_i - \hat{y}_i)^2$$

到现在为止虽然我们假定有一条趋势线,但我们并没有对 y_i 在线上的估计值 $\hat{y}_i$ 进行定义,所以我们还没有准确定义这条线。至此这个问题并不难回答,因为我们已经有了斜度 r。直观地讲,如果有 x_i:

$$\hat{y}_i - \bar{y} = (x_i - \bar{x}) \times slope$$

当 y_i 与 x_i 被标准化以后,

$$\frac{\hat{y}_i - \bar{y}}{s_y} = \frac{x_i - \bar{x}}{s_x} \times r$$

$$\hat{y}_i - \bar{y} = \frac{x_i - \bar{x}}{s_x} \times s_y \times \frac{SS_{xy}}{\sqrt{SS_{xx} SS_{yy}}} = (x_i - \bar{x}) \times \frac{SS_{xy}}{SS_{xx}}$$

显然,$\dfrac{SS_{xy}}{SS_{xx}}$ 也是个斜度。与 r 不同,这是一个对 x 进行伸缩,却未按 y 的标准差伸缩

过的斜度,是一个未经完全标准化的斜度。我们可以定义:

$$b_1 = \frac{SS_{xy}}{SS_{xx}} = r \frac{s_y}{s_x}$$

这就是我们在样本分布图上拟合的一条最"准确"的直线所应得到的斜度。相对应地,群体本身也有这样一个斜度参数 β_1,而 b_1 则是对它的估计。我们把它叫做回归系数。我们有:

$$\hat{y}_i = \bar{y} + b_1(x_i - \bar{x}) = (\bar{y} - b_1\bar{x}) + b_1 x_i = b_0 + b_1 x_i, \text{ where } b_1 = \frac{SS_{xy}}{SS_{xx}}, b_0 = \bar{y} - b_1\bar{x}$$

其中 b_0 是这条所谓的回归线与纵轴的交点。你也许会注意到我们所得到的回归系数与很多书上所用的最小二乘法的解是一样的。我们会在稍后解释与最小二乘法之间的关系。我们所要强调的是,回归系数本质上也是一个斜度,与我们在初等代数中学到的斜度并无不同。

> 想一想:回归系数与协方差、相关系数同为"平均斜度",它们之间在实际意义上有什么差别呢? 这个问题留给读者去思考。

5.8 最小二乘法

我们引入 SS_{xy} 作为两个变量的关系指标看上去是在碰运气。我们的运气不错,这个指标不但有直观的意义,又有不错的数学属性和空间意义。而且,由这个指标我们可以得到回归系数。可是这样得到的回归系数,或 SS_{xy} 本身,是否是一个表示两个变量之间关系的最好指标呢? 要回答这个问题,我们先要有一个标准。没有标准就无所谓什么是最好的。我们的标准是相当直观的——我们希望把残差最小化。也就是说,我们要把 SSE 最小化,这表示回归线可能负载最多的 x 与 y 之间的关系。我们用 b_0 与 b_1 来描述这条回归线。在这里,b_0 与 b_1 是未知的。我们想要求解 b_0 与 b_1,使 SSE 最小化。

要求这样的解并不难。首先,SSE 是 b_0 与 b_1 的函数:

$$SSE = \sum_{i=1}^{n} [y_i - (b_0 + b_1 x_i)]^2$$

这是 SSE 关于 b_0 与 b_1 的一个二次方程,它显然有最小值。

我们对它求偏导可以得到两个正则方程。当 SSE 最小时正则方程为零:

$$\frac{\partial SSE}{\partial b_0} = -\sum 2[y_i - (b_0 + b_1 x_i)] = 0$$

$$\frac{\partial SSE}{\partial b_1} = \sum 2[y_i - (b_0 + b_1 x_i)](-x_i) = 0$$

对这两个式子求解,你就会发现:

$$b_1 = \frac{SS_{xy}}{SS_{xx}}, b_0 = \bar{y} - b_1\bar{x}$$

这与我们"碰运气"所得到的解是一样的。这说明用 SS_{xy} 来刻画两个变量的关系其实有相当深刻的理论根据——它使残差中的信息最小化。我们可以进一步得到:

$$b_1 = \frac{SS_{xy}}{SS_{xx}} = \sum \frac{(x_i - \bar{x})}{SS_{xx}}(y_i - \bar{y}) = \sum \frac{(x_i - \bar{x})^2}{SS_{xx}} \frac{(y_i - \bar{y})}{(x_i - \bar{x})}$$

这表明回归系数也为一个加权的斜度。

5.9 不同的信息量之间的关系

在计算了 y_i 的估计值 $\hat{y}_i$ 之后，我们可以把 $\hat{y}_i$ 与 y_i 画在一张图上。如果我们知道 x_i 却不知道 y_i，我们用 $\hat{y}_i$ 作为对 y_i 的猜测。首先，单单就 y 而言，它的信息量是 SS_{yy}。那么如果我们用 $\hat{y}_i$ 来替代 y_i，$\hat{y}_i$ 中的信息量有多少呢？用一样的计算方法，我们可以得到：$SS_{\hat{y}\hat{y}} = \sum (\hat{y}_i - \bar{y})^2 = SSR$。这个信息量与原信息量（$SS_{yy}$）有多接近呢？从图上看只差残差这部分。而这部分的信息量是 SSE，它表明我们用回归线来估计 y 以后还不能捕获的信息。所以直观地，我们可以认为：

$SS_{yy} = SS_{\hat{y}\hat{y}} + SSE$，也即回归线上的信息与分散在两旁的信息之和正好是 y 的总信息量。而数学上这也的确成立。首先，可以证明：

$$2 \sum (\hat{y}_i - \bar{y})(y_i - \hat{y}_i) = 2 \sum \hat{y}_i(y_i - \hat{y}_i) - 2\bar{y} \sum (y_i - \hat{y}_i) = 0$$

其中，$\sum \hat{y}_i(y_i - \hat{y}_i) = 0$ 可以由两个正则方程得到。$\bar{y} \sum (y_i - \hat{y}_i) = 0$ 可以由第一个正则方程得到（我们对此不作展开）。然后：

$$
\begin{aligned}
SSE + SS_{\hat{y}\hat{y}} &= \sum (y_i - \hat{y}_i)^2 + \sum (\hat{y}_i - \bar{y})^2 + 2 \sum (y_i - \hat{y}_i)(\hat{y}_i - \bar{y}) \\
&= \sum [(y_i - \hat{y}_i) + (\hat{y}_i - \bar{y})]^2 \\
&= \sum (y_i - \bar{y})^2 \\
&= SS_{yy}
\end{aligned}
$$

而且，我们可以证明 $SS_{\hat{y}\hat{y}} = \dfrac{SS_{xy}^2}{SS_{xx}}$。这是因为：$\hat{y}_i - \bar{y} = (x_i - \bar{x}) \times b_1$，对两边求平方和即可得以上关系。

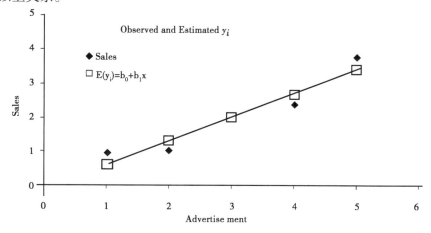

图 5-5　两个变量之间的相关关系

以上的特征在数学上是很优美的。$SS_{\hat{y}\hat{y}}$ 代表回归线所包含的信息，SSE 是回归线所不能捕获的信息，而两者之和正好是 y 中所有的信息。对于每一个观察点，我们也可以同时看到：

$$(y_i - \bar{y}) = (y_i - \hat{y}_i) + (\hat{y}_i - \bar{y})$$

所以类似的分解关系在观察点的层面上也存在，只是我们用距离而非距离平方来表示信息量。

5.10 范文示例

社会调查一般通过问卷来测量调查对象对一个问题或现象的观点与看法。这种观点往往用 Likert scale 来测量,测量值往往被限定在 1~7 的范围内。那么这种调查得到的数据的一般分布与相关性如何呢?我们来看范文中一些测度项的分布,以及它们与因变量测度项之间的关系。图 5-6 表示了一部分测度项的分布。这些分布在观点调查的数据分布中比较常见:

- 分布往往不是正态的,其中值与平均数向右偏。这样的分布叫做向左倾斜(left-skewed)。

以上的自变量与因变量的测度项的散点图有这样一些特点:

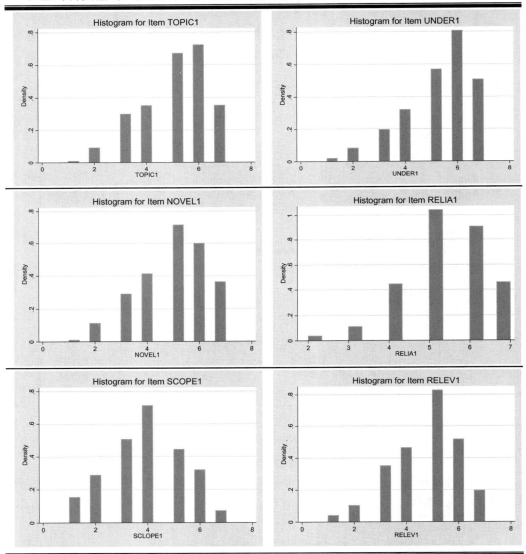

图 5-6 范文中一部分测度项的分布

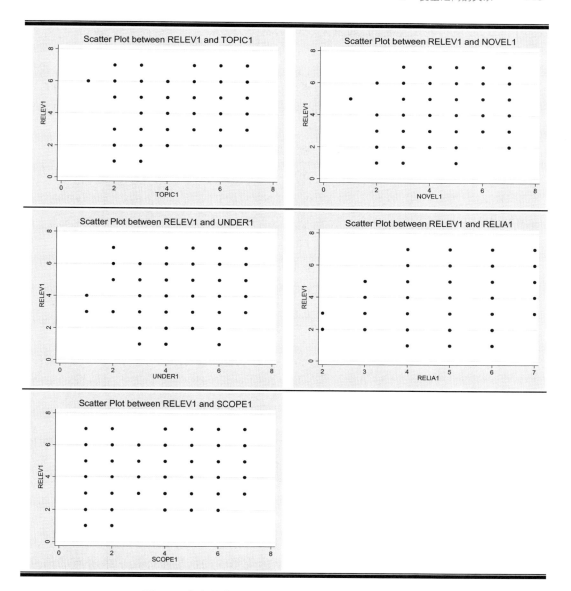

图5-7 自变量的测度项与因变量的一个测度项的关系

- 因为测度项按1~7的刻度测量,在散点图中观察点只能取一些整数值,分布是不连续的。
- 大部分分布右上角的分布比较饱满,左上角与右下角比较稀疏,表明有一定的相关性。而左下角往往也比较稀疏。相比于右上角的饱满,这些分布表明观察点在右上角上"扎堆",好像,大家对文档的评价总体比较高,甚至连这7点的刻度都不够用了,只好给一个最高分7。这种现象叫做**触顶**(ceiling effect),表明调查问卷已经不能准确表现调查对象的观点。

我们也可以看一下这些测度项之间的相关系数。对于一个样本量为242的样本,我们可以看到如果两个变量的相关性系数大于0.12,它就可能是显著的。如果相关系数大于0.2,则非常显著。这些显著性的关键值虽然会因不同的样本量与分布的不同而改变,但也可以用来作为一个大概的估计。一般来讲,在行为研究中,如果两个变量的相关系数大于 0.1,它就可能是显著的;如果大于 0.2,就十分显著。

　　我们会关心两种相关性:一是自变量与因变量之间的相关性。在这个例子中,对于 RELEV1,所有的测度项都与其显著相关,这与我们的理论和假设是一致的。第二,我们也关心自变量之间的相关性。虽然我们希望自变量与因变量显著相关,但我们希望自变量之间不要太相关,以表明它们从不同的角度来解释因变量。在本例中,它们的相关系数还是很显著的。

表 5-3　范文中一些测度项之间的相关系数

	RELEV1	TOPIC1	NOVEL1	UNDER1	RELIAB1	SCOPE1
RELEV1	1.00					
TOPIC1	0.47***	1.00				
NOVEL1	0.32***	0.27***	1.00			
UNDER1	0.20***	0.26***	0.12	1.00		
RELIAB1	0.43***	0.40***	0.20**	0.28***	1.00	
SCOPE1	0.14*	0.13*	0.02	0.18**	0.10	1.00

*$p < 0.05$,　**$p < 0.01$,　***$p < 0.001$

5.11 总　结

　　在这一部分,我们讨论了两个随机变量 x 和 y,它们的信息可以用 SS_{xx} 和 SS_{yy} 来表示,它们的关系可以用 SS_{xy} 来表示。它们的关系表示在多大幅度上 y 会随着 x 的变化而变化,而且这个变化有多确定。我们用 SS_{xy} 来表示这种相关的幅度,用 SSE 来表示不确定性,也即残差中所剩余的信息。SS_{xy} 是一个加权斜度和,对它按自由度(样本大小)进行"平均",我们可以得到协方差。对它再按各变量的标准差调整,我们得到相关系数。把它除以 x 中的总信息(即按 x 平均)我们得到回归系数(为什么?)。有了回归系数,我们可以用 x_i 估计 y_i,y_i 中所包含的信息加上 y 的残差中的信息正好是 y 中所有的信息,即 $SS_{yy} = SS_{\hat{y}\hat{y}} + SSE$。由 SS_{xy} 得到的回归系数和由最小二乘法得到的回归系数是一样的,都符合残差最小化的原则。要注意 x 与 y 的关系是对称的。所以我们也可以得到:$SS_{xx} = SS_{\hat{x}\hat{x}} + SSE$,这里的 SSE 对应于 x 的残差中的信息,$SS_{\hat{x}\hat{x}}$ 是 x 被 y 解释的信息量。作为总结,我们请读者仔细思考 $SS_{xy}, r, b_1, SS_{\hat{y}\hat{y}}, \mathrm{Cov}(x, y)$ 之间语义上的与数量上的关系。

　　在我们以后的论述中,我们一直会用一个样本中的个体的方差和来表示信息量,并在这个基础上来理解协方差与相关系数。一个更加追根究底的问题是有没有其他表示信息的量化方法? 如果有,那么是不是后面要讲的很多统计方法要被改写了? 答案是肯定的。一个样本的信息可以用其他方法量化,基于不同的信息量化方法有许多其他统计方法,统计之树也因此衍生出另外几大支派。但本书不作讨论。

课后练习

阅读

请熟悉一个统计软件中的常用功能,比如熟悉 SPSS 中 Compare Means/t-test, Non-parametri Tests/chi-square test,Nonparametri Tests/Mann-Whitney test。

词汇表

范围（range）　　　　　　　平方和（sum of squares）
积和（Sum of products）　　残差平方和（sum of squares for error）
相关系数（correlation）　　未经均值调整的平方和（uncorrected sum of squares）
残差均方差（the error mean of squares）
偏离点（outlier）

6 单变量线性回归

6.1 一元线性回归分析的目的

在前一部分，我们讨论两个随机变量之间的关系。一般课本中的一元线性（简单）回归往往会提到我们前面所讲的内容，得到的关于回归系数的解也是一样的。虽然回归分析的解与前一部分的解在数学上是一致的，它们在概念上却有一些不同。所以在这一章，我们要强调的是概念上的理解，而不是数学上的形式。在一定程度上，这种不同就像加减乘除与算平均数。虽然在计算平均数时无非用加减乘除，但对于一组数据，我们为什么要计算它的平均数，是要用算术平均数还是用中位数，却是一个概念问题。一样地，虽然我们知道如何计算两个随机变量之间的关系，也知道回归分析用的是一样的计算方法，但该不该用回归方法确实是一个新的概念问题。当然，在多变量回归分析中，我们讨论的不只是两个变量之间的关系。当我们讨论更多的变量之间的关系的时候，我们需要新的统计量，这些是计算层面上的扩展，对应于这些扩展，我们会引入新的概念。但在本章中，我们只讨论单变量的情形。

简单线性模型假定一个自变量 x 与一个因变量 y 有线性关系。比如，成人的身高每增高 1 cm，体重就增加 1 kg。当我们这样说的时候，我们假定这个关系可以应用到所有的成人中去。

至此我们并没有定义"关系"。什么是关系呢？这里的"关系"意味着身高导致（cause）体重增加吗？还是这两者凑巧具有相关性（correlated）？在理论分析中，我们要区分因果关系与相关性。因果关系指的是一个变量（自变量）直接导致因变量变化，而相关性则可能是两个变量凑巧有类似的变化。比如，统计学家发现伦敦的人口与泰晤士河中的野鸭数目是正相关的，这并不表明人口增加导致鸭子的增加，或者鸭子的增加导致人口的增加。它们只是凑巧有类似性而已。当然，也有可能是第三个因素导致这两个因素朝同个方向变化。但不管如何，这两者之间没有直接的联系。要建立因果关系有三个条件：一是时间上因在果前，二是因与果之间有相关性，三是我们要能够排除其他变量对果的影响。我们以前所讲的相关分析（包括我们以后要讲的回归分析）可以检验这三个条件吗？不可以。我们只能测试相关性。所以回归分析与其他一些统计方法不能"证明"因果关系，它只能说明数据是否支持一种因果假设。这也就是为什么一个好的理论推导或论述是运用数据进行实证的基础。因为好的理论论述可帮我们理解因与果的时间差别并排除其他变量的影响。这种理论论述是建立假设的基础,在我们以后的分析中,我们默认科研人员的目的是用相关性来支持对因果关系的假设。对社会研究学者而言,拟合一个数量模型的目的之一是用来检验(而不是证明)一个理论假设,而这会是我们在这一章讨论的重点。如果假设被支持,那么这个模型可能还可以用来作预测。不过社会科学研究关心的主要是假设检验。

假如我们对两个变量建立一个回归模型,那么模型的拟合是一个技术性的问题。我们已经讨论过可以用最小二乘法来拟合。

可是用最小二乘法得到的模型是否合理呢?是不是这个关系本来是不存在的,只是在我们的样本中它凑巧存在?会不会当我们再抽一个样的时候这个关系就不存在了?所以对模型的评估最主要的是要确定我们所发现的关系在多大程度上可信,并可以推广到整个群体中去。数学上的最优解并不能保证实际中它是有意义的。

6.2 回归分析的假定

什么时候可以用回归分析呢?我们先来复习前面提到的一个例子。仍然考虑广告投入与销售的关系,假定我们随机抽样 n 个公司的广告与销售,并假定群体中的实际关系是这样的:

$$y_i = \beta_0 + \beta_1 x_i + \varepsilon_i$$

这个关系表明什么呢?

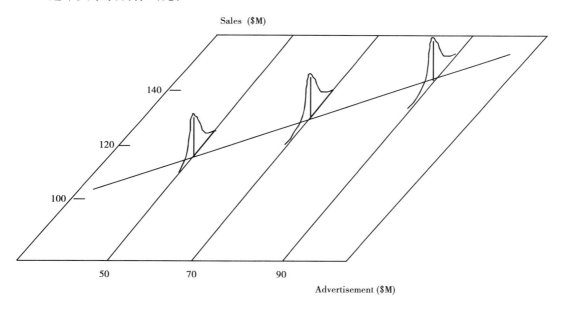

图 6-1   回归关系线性关系假设

这表明对于群体中的任何一个个体(一个公司)i,销售的期望值是一个基本销售额 β_0 加上与广告成线性比例的销售额 $\beta_1 x$。当然,总销售额还包括未知的随机因素 ε_i。这个模型假定广告与销售的线性关系在所有的不同的广告支出水平上都是成立的。也就是说,一百元的回报率与一万元的回报率是一样的。因为 y 对 x 在不同水平上的取值有一个衡定的关系,一个样本所观察到的 y_i 值中的不确定部分 ε_i 被认为是由与 y_i 相关的其他因素决定的,而与 x_i 无关。

> 想一想:在现实商业中,这种线性关系成立吗? 如果不成立,怎样的关系更合理?

这个模型也假定一样的线性关系适用于所有的公司。这个普适性的关系可以用 β_0 和 β_1 来刻画。这也意味着所有的公司是基本同质的(至少在广告—销售的关系上),而且这些公司的异质性(这个关系无法解释的部分)可以由 ε_i 来表示。为此,我们往往在表达时省略表示某个公司的下标 i:

$$y = \beta_0 + \beta_1 x + \varepsilon$$

> 想一想:在现实商业中,这种普遍性成立吗? 如果不成立,那么能不能缩小应用范围使之成立?

到此,我们可以看到完全符合简单线性关系的现象在现实世界里并不常见。但是,正如我们以后会讲到,对这些假设轻微的不满足也不至于妨碍回归分析的效用。但是我们要避免严重违反这些假定。我们会在后面讲到对这些假定的检验。所以,就算是简单回归分析,我们所关心的远不止求出一个回归系数。

以上描述的是群体中的关系。在实际研究中,我们往往先抽样,并研究样本中两个变量之间的线性关系。我们所讲的假设检验,也是在样本的基础上说的。我们想看看在一个样本中我们是否能观察到我们对群体所假设的关系。所以,假设总是针对群体提出来的,而对假设的检验总是落实到一个样本上。在一个样本中,我们把这个经过拟合得到的线性关系记为:

$$y_i = b_0 + b_1 x_i + e_i$$

如何理解这个方程的实际意义呢? 这里,b_0 可以理解为当广告支出是零时的销售额,b_1 是广告的回报率,也即,每单位的广告支出可以增加多少单位的销售额。

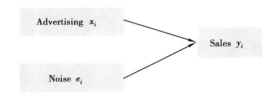

图6-2 变量关系路径图

需要指出的是,虽然回归分析不能证明因果关系,但如果我们从理论的角度假定有因果关系,这个关系可以用一个因果路径图来表示。根据这个路径图,我们其实假定我们可观察到广告支出。但是我们发现它不可以完全解释销售额。这是因为销售额受到其他不确定因素的影响。虽然 x, y, e 都是随机变量,但是,在这三者的关系中,如果我们的出发点是 x 与 y 有一个固定的关系,x 又是可以观察到的,那么唯一的不确定性来自于随机因素 e,e 的不确定性导致了 y 的不确定性。如果没有 e,那么如果我们多次取样,虽然每次都会有不同的一些 x 与 y,x 与 y 表现出是随机变量,但它们的关系 b_1 是确定的。因为有 e,当我们每次取一个样本,x 与 y 还是表现出是随机变量,但它们的关系 b_1 也会有所不同,从而 b_1 也成了一个随机变量。这个观念很重要,是我们在讨论相关系数或两个变量的积和中所没有的。我们会在稍后讨论 e 与 b_1 的关系。

为了完成假设检验的目的,我们提出了两个问题:(1)对样本进行回归分析所发现的关系(b_1)可靠吗? (2)什么时候可以用回归分析? 本章的讨论将围绕着这两个问题。我们将忽略模型的拟合过程,因为我们已在前一章讨论过。

6.3 回归中的假设检验

我们做回归分析的目的是做假设检验,那么什么是假设检验呢? 在社会科学中进行回归分析时,最常见的理论假设是一个(或多个)自变量影响一个因变量,比如工资影响工作业绩。如果我们有一个这样的关系:

工作业绩 $= \beta_0 + \beta_1$ 工资 $+ \varepsilon$

我们的假设往往表示为:

$H_0 : \beta_1 = 0$

$H_1 : \beta_1 \neq 0$

其中 H_0 叫做**原假设**(null hypothesis,也译为虚无假设、零假设)。$H_0 : \beta_1 = 0$ 表示原假设是工资与工作业绩的"斜率"为零,即它们之间没有关系。在英文中 null 有无效的意思。所以原假设是一个你想要证明无效的假设。相对应地,备择假设 H_1 表示的是原假设的反面,即工资与工作业绩的"斜率"不为零。往往,**备择假设**(alternative hypothesis)是你想要支持的假设(在一些特殊的情况下,研究者也可能想支持原假设而不是备择假设,我们对这种情况不作讨论)。

为什么我们只假设 β_1 而不假设 β_0 呢? 虽然有时我们也会对 β_0 感兴趣(比如,工资为 0 时的工作业绩),但这种情况在用回归进行假设检验时并不常见,因为它不针对于一个自变量。所以我们只专注于 β_1,也即工资是否对工作业绩产生显著影响。

假如我们想要支持备择假设,那么什么时候备择假设算是被支持了呢? 从统计上讲,我们假定 b_1 的期望值是 β_1(即如果多次抽样,最终,b_1 的均值就是群体的参数 β_1。这一点可以证明)。如果 b_1 的均值为零,因为有随机因素,对这个群体抽样多次得到的多个 b_1 值可以构成一个以零为均值的分布。在一个给定概率内(比如 95%),我们观察到的 b_1 值都会在零的两边的一定范围内。除非你"运气好",你会有 5% 的机会观察到 b_1 落到这个范围之外。所以,我们可以规定一个零点左右的范围,叫置信区间,来表明 b_1 有多大的概率会落在这个范围内。一般地,这个概率叫做置信度,并设在 95%。如果我们观察到的 b_1 落在了这个范围之外,我们就说:β_1 不太可能是零,因为一个"不该发生的"小概率的事件(b_1 落在 95% 置信区间之外)发生了。我们说:H_0 没有被支持。因此我们必须把 β_1 的分布水平移动一下,使我们所观察到的 b_1 值重新回到新的分布的置信区间之内。此时,β_1 离开了零点,$\beta_1 \neq 0$。所以,我们对备择假设的支持是通过对原假设的否定来实现的。我们所测试的是:β_1 是否显著地不等于零。要检验 β_1 是否显著不为零,我们必须知道 b_1 的分布,比如它是一个正态分布或 t 分布,而且我们知道它的平均数和标准差,我们会在稍后再讲这个问题。

以上的解释表明只有当一个观察到的 b_1 值远离零点时(5% 的机会),我们才愿相信它不是零,我们才愿意相信它不是由一个均值为零的分布所产生的。如果我们观察到一个 b_1 值落在 95% 置信区间外,那么 b_1 的真值是零、但"不巧"落到了 5% 所在的区域的可能性只有 5%。所以当我们得出结论说"$\beta_1 \neq 0$,备择假设被支持",我们犯错的可能性只有 5%。这种可能的错误(虽然只有 5%),叫做**第一类错误**(type one error),又叫"弃真"错误,因为我们有可能错误地拒绝了 $H_0 : \beta_1 = 0$。当然,我们选定 95% 作为一个临界值是非常主观的。但这是一个约定俗成的选择。对 b_1 进行如上所述的假设检验,我们犯第一类错误的可能性很小,也就是说,如果数据告诉我们原假设不被支持,那么原假设很可能

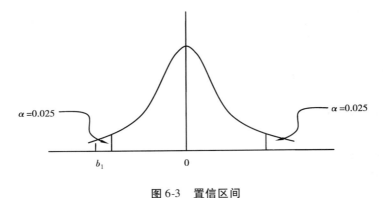

图 6-3　置信区间

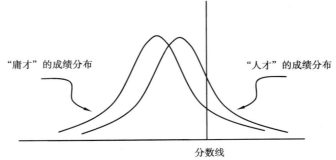

图 6-4　分布与统计错误

（95％机会）真的是错的,备择假设是对的。这个 5％**错误率**（error rate）常被记为 $\alpha =$ 0.05。

　　但不犯第一类错误我们就万事大吉了吗? 让我们拿中国高考做例子。中国高考很严,其结果是不够格的学生真的大部分都被筛掉了（第一类错误很小）。但是,有些有才华的学生却因为一次考试失利而求学无门。拒绝本来有才华的学生（或者拒绝一个本来存在的关系,$\beta_1 \neq 0$）让学校犯**第二类错误**（type two error）:接收了一个本该拒绝的原假设（原假设是学生无才）。这个错误叫做"取伪",取了一个错误的原假设。犯这种错误的可能性记为 β（注意这个 β 与回归系数 β_1 没有关系）。不犯这种错误的概率 $(1 - \beta)$ 叫做**统计效能**（statistical power）,它表示我们把存在的关系或特征发掘出来的可能性（注意,当我们增加统计效能的同时,我们可能会接收更多的"庸才",犯更多的第一类错误）。

　　那么在假设检验时,我们应该避免第一类错误还是第二类错误呢? 简单的回答当然是:两种错误都要避免。但是熊掌与鱼不可兼得:如果高考分数线设得太高（对应地,如果 α 设得太低）,我们犯更多第二类错误,如果高考分数线设得太低,我们犯更多第一类错误。这就说明,如果 α 设得太低,β 就会增加。当然,还有其他因素影响我们招生的准确性。比如考题出得太容易,这时好学生与差学生的成绩就会很接近,在同一个 α 水平上,β 会更高,更多的好学生"怀才不遇"。从统计上讲,图 6-4 的两个分布之间的重合程度会影响分类的准确性。而两个分布的重合程度又受到它们的方差大小的影响。方差越大,重合的程度也就越大。另外,学校是否对好学生与差学生的成绩分布有准确的认识呢? 如果学校研究了很多以前学生（比如 1 000 个）的情况（假定各批学生的素质是不变的）,得出结论是 500 分以上 95％是好学生,那么犯两类错误的可能性会小一点。如果学校大概看了以前 100 个学生的成绩,得出结论是 500 分以上 97.5％是好学生,那么这个 500 分的准确性会差一点, 在招生中犯两类错误的可能性会大一点。概括地讲, 我们犯两类错误的可能性与两个群体的实际分布的重合程度有关, 与我们通过抽样所得分布的可靠程度(通过大的样本量来得到更可靠的分布)有关, 也与我们选择的 α(从而牺牲了 β)有关。

那么如何才能少犯这两类错误呢? 当我们设 $\alpha = 0.05$, 如果一个 b_1 的值是显著的, 我们已经可以在字面上保证它基本不是零了。但是, 我们可能同时在犯第二类错误。而且, 如果我们对一个变量的分布(比如学生成绩分布)研究得不够多, 我们对它的分布理解有错误(比如错误的方差估计), 我们所设计的 $\alpha = 0.05$ 标准就是没有实际效用的, 因为我们所设的置信区间是不准的。此时, 拿学生做例子, 一个学生被录取的可能性取决于:(1)他发挥得如何(也即一次观察的随机性),(2)学校所定标准的可靠性(学校对学生成绩分布的理解及由此而定的录取标准即置信区间)。从学校的角度来看, 要保证一个假设检验的准确性, 它所要做的是确定标准的可靠性, 即使用很大的样本量来得到一个可靠的分布。

归根结底, 假设检验的可靠性受到我们对一个变量分布的把握的影响, 我们必须先有一个可靠的分布。回到我们对工资与工作业绩之间的关系 b_1 上, 我们先要知道 b_1 的分布。

b_1 是一个描述 x 与 y 关系的统计量。这个统计量是由一个样本计算出来的。从 b_1 的公式我们知道:

$$b_1 = \frac{SS_{xy}}{SS_{xx}} = \sum \frac{x_i - \bar{x}}{SS_{xx}}(y_i - \bar{y}) = \sum \frac{x_i - \bar{x}}{SS_{xx}}y_i = \sum k_i y_i$$

$$k_i = \frac{x_i - \bar{x}}{SS_{xx}}$$

在这里, 我们假定 x_i 是已知或可知的信息(当我们问:如果 x 变化一个单位, y 是否会变化呢? 我们其实假定我们是知道 x 的。y 相对于给定的一组 x 随机变化。如前所述, b_1 的随机性来自于 e 的随机性, e 的随机性又表现为 y 的随机性), 并且 x 与所观察到的 y_i 中的随机因素无关, 所以对于每一个 x_i, k_i 可以看做一个常量(我们把所有的随机性都归到了 y 身上了, 其实其根源是 e)。因为 b_1 是 y_i 的一个线性组合, 又因为:

$$\sum k_i x_i = 1, \sum k_i = 0$$

$$E(b_1) = E(\sum k_i y_i) = \sum k_i E(y_i) = \sum k_i (\beta_0 + \beta_1 x_i) = \beta_0 \sum k_i + \beta_1 \sum k_i x_i = \beta_1$$

也即, 作为一个随机量, b_1 的期望值是这个群体的真正的线性关系, β_1。

又因为:

$$\sigma^2(b_1) = \sigma^2(\sum k_i y_i)$$
$$= \sum k_i^2 \sigma^2(y_i)$$
$$= \sum k_i^2 \sigma^2(\beta_0 + \beta_1 x_i + \varepsilon_i)$$
$$= \sum k_i^2 \sigma_\varepsilon^2 = \frac{\sigma_\varepsilon^2}{SS_{xx}}$$

当我们没有群体参数 σ_ε^2 时, 我们代入样本估计量 MSE:

$$s^2(b_1) = \frac{MSE}{SS_{xx}}$$

要注意在以上的推导中,我们假定一样的群体参数 β_0 与 β_1 适用于所有的 y_i,而且 y_i 的随机部分的方差是一致的,都是 σ_ε^2,并且是独立的(所以我们可以把它们的随机部分的方差直接加起来)。但我们在这里并没有假设 ε_i 服从正态分布。但是如果我们不知道 y_i 的分布,我们也无法知道 b_1 的分布种类。这样我们就无法检验 b_1 的显著性。在回归分析中,我们往往假定 ε_i 是正态分布的,而正态变量的线性组合也是正态分布,我们就可以得到 b_1 的分布种类,从而检验 b_1 的显著性。

有了 b_1 的分布种类,我们就可以知道 $(b_1-\beta_1)$ 也是一个正态分布(正态变量减去一个常量)。而 $s(b_1)$,是一个自由度为 $(n-2)$ 的 χ^2 分布(正态变量的平方的和是 χ^2 分布)。这样 $(b_1-\beta_1)/s(b_1)$ 是一个自由度为 $(n-2)$ 的 t 分布(正态分布除以 χ^2 分布得 t 分布)。至此,我们可以检验一个 b_1 是否等于一个给定的值 β_1。在假设检验中,我们往往检验 b_1 是否等于一给定的值 0。

Two-tailed test

$H_0 : \beta_1 = 0$

$H_1 : \beta_1 \neq 0$

test statistic: $t = \dfrac{b_1}{s(b_1)} = \dfrac{b_1}{\sqrt{MSE/SS_{xx}}}$

Reject Region: $|t| > t_{\alpha/2}$

where t is based on $(n-2)$ degree of freedom.

至此,我们终于可以对 b_1 进行假设检验了。这一切都是因为我们有了 b_1 的分布,包括它的分布的类型与方差。

在以上为 b_1 的方差的估计中,我们所得的公式是:

$$s^2(b_1) = \frac{MSE}{SS_{xx}}$$

对于一个群体,如果我们增加样本量,MSE 并不会有大的变化(为什么?),但 SS_{xx} 却会快速增长。其结果是我们得到的 b_1 的方差大大减小,也即,我们对 b_1 的均值的估计变得更准了。这就好像我们要估计一个随机分布的均值,如果我们的样本量越大,我们对其均值的估计也会越准。所以,我们所定的显著程度 $\alpha = 0.05$ 的"水分"就会更少。

到此为止,我们回答了第一个问题:如何检验一个线性关系的可靠性。除了用一个比较高的置信度、比较低的(第一类)错误率 α,我们还要通过使用比较大的样本量避免第二类错误。

对于一元线性回归而言,b_1 也对应于一个样本相关系数 r,r 是群体相关系数的 ρ 的一个估计。同样地,对 r 稍作变化也可得到一个 t 分布。我们可以因此对 r 进行假设检验。

Test of Hypthesis for Linear Correlation

Two-tailed test

$H_0 : \rho = 0$

$H_1 : \rho \neq 0$

test statistic: $t = \dfrac{r\sqrt{n-2}}{\sqrt{1-r^2}}$

Reject Region: $|t| > t_{\alpha/2}$

where t has $(n-2)$ degree of freedom.

但是,为了能够做假设检验,我们作了如下的假定:因变量的残差服从单一的、独立的、均值为零的正态分布。如果这些条件不满足,即便我们仍然可以用最小二乘法拟合出一个回归系数,也不可能做假设检验。这就引发我们进入第二个问题:什么时候可以用回归分析? 我们会在稍后来讨论如何检验这个假定是否满足。

6.4 拟合度的检验

至此,我们回答了一个问题:x 是否显著地影响 y? 这时的"显著"指的是回归线斜度是不是水平的(也即 $\beta_1=0$)。我们没有回答这个关系的另外一个方面:x 与 y 是不是"跟得很紧",即观察点在回归线两侧的分布是宽是紧? 换句话讲,SSE 的大小。这是一个拟合度的问题。如果 x 与 y"跟得很紧",那么不论它们之间的斜度是多少,一个单位的 x 的变化会相当确定地带来 b_1 个单位的 y 的变化,而不是时大时小。这种拟合度可以反映在 SSE 中。但是我们已经讨论过,SSE 的原始值之间没有可比性。一种办法就是对其进行"平均化",得到 MSE(error mean square)。相应地,我们可以把 y 的总信息量进行"平均",得到 $MST=SS_{yy}/(n-1)$。我们也可以计算由 x 解释的 y 的信息 $SSR=SS_{yy}-SSE$。SSR 是由另外两个统计量(SS_{yy} 与 SSE)决定的,所以它的自由度取决于另外两个量的自由度,即 $(n-1)-(n-2)=1$。当我们对 y 中的信息进行这样的分解,我们可以得到一张如下的**方差分析**(analysis of variance, ANOVA)表:

表 6-1　ANOVA

Source of Variation	SS	df	Mean Squares
Regression	$SSR=\sum(\hat{y}_i-\bar{y})^2$	1	$MSR=SSR/1$
Error	$SSE=\sum(y_i-\hat{y}_i)^2$	$n-2$	$MSE=SSE/(n-2)$
Total	$SST=\sum(y_i-\bar{y})^2$	$n-1$	$MST=SST/(n-1)$
Correction for mean	$SS(\text{for mean})=\sum\bar{y}^2$	1	
Total, uncorrected	$SSTU=\sum y_i^2$	n	

显然,要计算拟合度,我们可以计算一个残差信息在 y 的**总信息**(total sum of squares)中的比例 SSE/SST。或者因为 SSR(regression mean square)$=SS_{yy}-SSE$,我们可以相应地得到已经由 x 解释的信息在 y 的总信息量中的比例,SSR/SST。而后者是一个常用的指标,叫做**决定系数**(coefficient of determination),它表示自变量(们)能多大程度上解释因变量中的信息,并通常记为 R^2:

$R^2=SSR/SST=1-SSE/SST$

显然,$0\leqslant R^2\leqslant 1$。

R^2 作为一种拟合度指标是十分有用的。它告诉我们一个或者多个自变量能在多大程度上用来解释因变量中的信息,这就表明了这个(组)自变量的解释作用。这不但适用于一元线性回归,也适用于多元的情况。如果一个研究模型的 R^2 很低,虽然 b_1 是显著的,读者也可能会问:这个模型是否遗漏了重要的理论变量? 如果把遗漏的理论变量包括到模型中,这个 b_1 还会显著吗? 这就要求科研人员在设计模型时要包括重要的理论变量,即使有的理论变量并不是他主要想研究的。有时,这种包括在内但又不作为假设的理论变量被叫做控制变量,我们会在以后再讨论。那么多大的 R^2 算是合理的呢? 这取决于课题所处的学科与课题的自身特点。在自然学科中,有时我们可能达到近乎完美的拟合度,R^2 接近 1。在对个人行为(比如购买意愿)的解释中,R^2 在 0.2 ~ 0.5 是常见的。在对组织绩效(比如年销售额)的解释中,0.1 ~ 0.2 也是可能的。所以,R^2 的高低取决于一个系统行为的复杂性与不确定性。越复杂的、我们现有的知识越少的系统,我们模型的 R^2 往往也越低,因为我们不知道哪些变量应该包括,它们之间有什么样的关系。一个合适的 R^2,应该在前人的类似研究基础上有所进步。但是,如果 R^2 小于 0.1 就可能暗示模型不够完善,或者,虽然一个自变量在统计意义上是显著的,但是它在实际中并不重要,因为它只能解释因变量一点点的信息。

但是,如果我们增加自变量的个数,哪怕新增加的自变量是一个随机数,R^2 只会增加而不会减少。这是因为即使自变量是一个随机数,它也可能碰巧与因变量有相关性,从而增加 R^2。而且,如果我们有和样本大小一样多的自变量数,我们理论上可以得到完美的拟合度。从建模的角度来讲,一个模型的目的是为了简洁地描述我们对一个现象的认识,所以一个复杂的模型不如一个简洁的模型更为有用。所以 R^2 不是越大越好,它的大小要就相应的自变量个数而言。研究人员也要在**简洁性**(parsimony)与拟合度之间做一个折中。如果我们把这种简洁性考虑进去,我们可以定义一个**调整后的** R^2(adjusted R^2)。

$$R_{adj}^2 = 1 - \frac{SSE/(n-p)}{SST/(n-1)} = 1 - \frac{MSE}{MST} = 1 - \frac{(1-R^2)(n-1)}{(n-p)}$$

其中 p 是模型中参数的个数(在一元线性回归中是 2,即 b_0 和 b_1)。

很多统计软件会报告调整后的 R^2。管理学的论文中,这个统计量也经常报告。对于一个不会太复杂($p < 10$)的理论模型,如果样本量不是太小($n > 150$),R^2 与调整后的 R^2 差别不大。

在一元线性回归中,R^2 与相关系数有什么关系呢? 不难证明:

$$R^2 = \frac{\sum \left(b_0 + \frac{SS_{xy}}{SS_{xx}} x_i - \bar{y} \right)^2}{SS_{yy}} = \frac{\sum \left[\frac{SS_{xy}}{SS_{xx}} (x_i - \bar{x}) \right]^2}{SS_{yy}} = \left(\frac{SS_{xy}}{\sqrt{SS_{xx} SS_{yy}}} \right)^2 = r^2$$

这就说明在一元线性回归中,自变量与因变量之间的相关系数决定了这个自变量能解释多少因变量中的信息。要注意这个关系不适用于多变量线性回归。

R^2 作为一个统计量,它的基本成分是 SSR 和 SSE。SSE 和 SSR 因为是一个正态分布的平方,所以是 χ^2 分布。其比例(解释的信息除以未解释的信息),经过自由度调整后(即 MSR/MSE)是 F 分布(两个独立的 χ^2 分布的商是 F 分布)。这就给我们一个方法来测试 MSR/MSE 是否显著。显然,大部分时候,我们希望这个比例是显著的。而显著的 MSR/MSE 意味着 x 能解释 y 中的信息,即 b_1 是非零的。也即,通过 MSR/MSE 我们可以假设:

H_0:所有的自变量不能显著解释因变量

H_1:至少有一个自变量能够显著解释因变量

我们可以构造一个以 SSR 与 SSE 的自由度为自由度的 F 统计量:

$$F(1, n-2) = \frac{SSR/1}{SSE/(n-2)} = \frac{MSR}{MSE}$$

我们可以对这个统计量进行置信度为 α 的单尾测试。

如果 $F \leqslant F(1-\alpha; 1, n-2)$，则我们支持 H_0。

如果 $F > F(1-\alpha; 1, n-2)$，则我们支持 H_1。

对于一个大小在 150 左右的样本，当 $\alpha = 0.05$，F 约为 4，当样本量在 20 时，F 约为 4.3。所以 $F = 4$ 是一个大概的显著性关键值，就像我们用 $t = 2$ 一样。一个显著的 F 值在这种情况下说明自变量确实能够解释因变量。在一元线性回归的情况下，可以证明：

$$F = \frac{SSR/1}{MSE} = \frac{b_1^2 \sum (x_i - \bar{x})^2}{MSE} = \frac{b_1^2}{s_{b_1}^2} = (t)^2$$

所以，此时针对拟合度的 F 测试与针对单个自变量的 t 测试是等价的。在多变量的情况下，我们就没有这样的对应关系。

至此，我们可以用一元线性回归来做：①假设检验和②拟合度检验。前者往往用于对一个理论假设的测试，而后者则是对一组自变量总体的效度的测试，它反映了所解释的与未解释的信息的比例。后者在一些情况下（比如一元线性回归时或者在以后要介绍的子模型测试时）也可以用来作假设检验。所有的这些检验都需要我们对因变量的分布作出假定。我们作了如下的假定：因变量服从单一的、独立的、均值为零的正态分布。我们会在以后再讨论如何检验这些假定的条件以及它们对假设检验的影响。

课后练习

1. 一个科研人员对学生的课外阅读时间与期末考试成绩的关系感兴趣。他从五年级学生中随机抽样了一百个学生。回归分析结果显示：

Grade = 2.3 + 0.5 ReadingHours + e

这里 e 代表什么？这样的抽样有什么问题？

2. With the dataset from the sample article, analyze the relationship between topicality(x) and relevance(y), calculate means, standard deviations, variances, covariance, correlation, regression coefficient, R^2, t-test and F-test of regression coefficient, variance of residuals, and plot x and y, residual and y, and residuals and x.

词汇表

原假设（null hypothesis）　　　　　备择假设（alternative hypothesis）

第一类错误（type one error）　　　　第二类错误（type two error）

统计效能（statistical power）　　　　方差分析（analysis of variance，ANOVA）

总信息（total sum of squares）　　　决定系数（coefficient of determination）

简洁性（parsimony）　　　　　　　调整后的 R^2（adjusted R^2）

7 多变量回归

7.1 引　言

在单变量回归分析中,我们已经提到应该如何看待残差。残差并不是没有信息或没有有用的信息。残差只是因为研究者对其中的信息不加细究,而简单地把这些信息归类到残差而已。如果研究者现在对残差中的信息感兴趣了,他就会增加自变量的个数。相应地,残差中的信息会减少。因为有了新的自变量来解释因变量,我们对因变量的理解也就加深了。多变量线性回归在单变量线性回归的基础上引入更多的自变量。因为多变量线性回归秉承了单变量线性回归的拟合方法与假设检验的思想,我们在本章将只作简单介绍。我们的重点不在于数学推导,实际上,数学推导会越来越少。但是我们将解释简单回归与多变量回归概念上的相似性。对于没有推导的地方,读者要凭"信心"接受其结果(当然有兴趣的读者不妨追本穷源)。我们也介绍多变量线性回归所特有的一些方面,包括自变量之间的关系、自变量的选择等。

7.2 多变量回归的拟合

假如一个研究者对人们对信息源的偏好感兴趣,他意识到人们对信息源的使用偏好不只决定于信息源的质量,还取决于信息的获取成本,在实证研究的数据收集过程中,基于一个原始的成本—收益模型,他就会收集这些信息。我们在这里把信息的获取成本简单地定义为用户与信息源之间的物理距离。我们可以定义以下变量:

y = 信息源使用偏好

x_1 = 信息源质量

x_2 = 信息获取成本

所收集的数据就会有以下的格式:

y	x_1	x_2
3	4	5
7	5	1
4	4	3
2	4	6
5	7	4
⋮	⋮	⋮

其模型就会是:

$$y_i = \beta_0 + \beta_1 x_{i1} + \beta_2 x_{i2} + \varepsilon_i$$

这个关系如果用路径图来表示,是:

图 7-1　多变量回归的关系路径图

这种关系反映在空间分布上,表现为 y 分布在由 x_1,x_2 组成的平面的两侧。

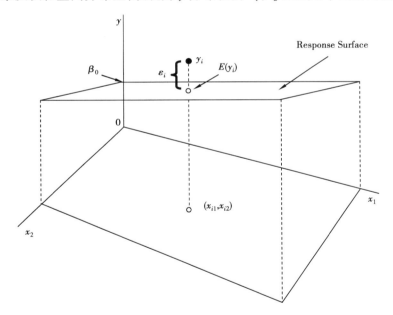

图 7-2　多变量回归所表示的空间分布

在 β_0 的地方使用常量向量 1,把以上 5 个样本点写成矩阵模型是:

$$
\mathbf{y} = \begin{bmatrix} 3 \\ 7 \\ 4 \\ 2 \\ 5 \end{bmatrix} = \begin{matrix} \mathbf{X} \\ \begin{bmatrix} 1 & 4 & 5 \\ 1 & 5 & 1 \\ 1 & 4 & 3 \\ 1 & 4 & 6 \\ 1 & 7 & 4 \end{bmatrix} \end{matrix} \begin{matrix} \boldsymbol{\beta} \\ \begin{bmatrix} \beta_0 \\ \beta_1 \\ \beta_2 \end{bmatrix} \end{matrix} + \begin{matrix} \boldsymbol{\varepsilon} \\ \begin{bmatrix} \varepsilon_0 \\ \varepsilon_1 \\ \varepsilon_2 \\ \varepsilon_3 \\ \varepsilon_4 \end{bmatrix} \end{matrix}
$$

以上模型可以缩略成矩阵形式：

$$\mathbf{y} = \mathbf{X}\boldsymbol{\beta} + \boldsymbol{\varepsilon}$$

对于一个样本，忽略 $\boldsymbol{\varepsilon}$ 项，记 $\boldsymbol{\beta}$ 为 b，通过简单的矩阵运算可以得到：

$$\mathbf{b} = (\mathbf{X}'\mathbf{X})^{-1}\mathbf{X}'\mathbf{y}$$

其中：

$$\mathbf{X}'\mathbf{y} = \begin{pmatrix} 1'\,\mathbf{y} \\ \mathbf{X}_1'\,\mathbf{y} \\ \mathbf{X}_2'\,\mathbf{y} \\ \mathbf{X}_p'\,\mathbf{y} \end{pmatrix}, \mathbf{X}'\mathbf{X} = \mathrm{SSCP} = \begin{pmatrix} 1'1 & 1'\mathbf{X}_1 & \cdots & 1'\mathbf{X}_p \\ \mathbf{X}_1'1 & \mathbf{X}_1'\mathbf{X}_1 & \cdots & \mathbf{X}_1'\mathbf{X}_p \\ \mathbf{X}_2'1 & \mathbf{X}_2'\mathbf{X}_1 & \cdots & \mathbf{X}_2'\mathbf{X}_p \\ \vdots & \vdots & & \vdots \\ \mathbf{X}_p'1 & \mathbf{X}_p'\mathbf{X}_1 & \cdots & \mathbf{X}_p'\mathbf{X}_p \end{pmatrix}$$

这样自变量的回归系数 $\mathbf{b}$ 就可以得到了。问题是，这样得到的自变量回归系数可靠吗？它有没有把残差极小化，就像在最小二乘法中那样？答案是肯定的。我们将不对此进行证明。感兴趣的读者可参看本章的附录。在这里，我们要强调的是对这个结论的理解。

在这个解中，矩阵 $\mathbf{X}'\mathbf{X}$ 对角线上的元素表示的是各 x 变量未经均值修正（uncorrected）的方差和，非对角线上的元素则是 x 变量之间的**积和**（cross-product）。所以，这个矩阵又叫**方差和与积和矩阵**（SSCP-sum of squares and cross-products matrix）。这个矩阵在简单回归中没有，但可以看做是 SS_{xx} 的一个延伸。相应地，$\mathbf{X}'\mathbf{y}$ 可以看做是 SS_{xy} 的一个延伸。直观地，如果我们把矩阵（$\mathbf{X}'\mathbf{X}$）的逆看做倒数，把 $\mathbf{X}'\mathbf{y}$ 看做积和，$\mathbf{b}$ 是 $\mathbf{X}$ 与 $\mathbf{y}$ 的积和除以 $\mathbf{X}$ 的方差和与积和，这和我们在单变量回归中所得到的结果（$b_1 = SS_{xy}/SS_{xx}$）在思想上是一致的。

我们可以把 $\mathbf{X}'\mathbf{X}$ 的逆记为：

$$(\mathbf{X}'\mathbf{X})^{-1} = \begin{pmatrix} c_{00} & c_{01} & \cdots & c_{0p} \\ c_{10} & c_{11} & \cdots & c_{1p} \\ \vdots & \vdots & & \vdots \\ c_{p0} & c_{p1} & \cdots & c_{pp} \end{pmatrix}$$

与单变量的情形类似，可以证明（略）每个自变量的回归系数：

$$E(b_i) = \beta_i, \quad \sigma^2(b_i) = c_{ii}\sigma_\varepsilon^2$$

当我们不知道 σ_ε^2 时，我们代入它的样本估计量 MSE：

$$E(b_i) = \beta_i, \quad s^2(b_i) = MSEc_{ii}$$

要注意的是，虽然 c_{ii} 在概念上类似于一个对应的 $1/SS_{xx}$，但因为 c_{ii} 取自于一个矩阵的逆，其值并非 $1/SS_{xx}$。

如果我们假定因变量的残差服从单一的、独立的、均值为零的正态分布，我们就可以推得 $b_i/s(b_i)$ 服从 t 分布，从而检验关于 b_i 的假设。

Two-tailed test

$\mathrm{H}_0 : \beta_i = 0$

$\mathrm{H}_1 : \beta_i \neq 0$

test statistic：$t = \dfrac{b_i}{s(b_i)} = \dfrac{b_i}{MSEc_{ii}}$

Reject Region：$|t| > t_{\alpha/2}$

where t and $t_{\alpha/2}$ are based on $(n-p)$ dof,

p is the number of independent variables in the model.

与单变量的线性回归一样,我们可以对因变量进行方差分析。y 中的总方差是:

$$SS_{yy} = \mathbf{y'y} - n\bar{y}^2$$

其中被自变量解释的部分是:

$$SSR = \mathbf{b'X'y} - n\bar{y}^2$$

剩余部分是:

$$SSE = \mathbf{e'e} = \mathbf{y'y} - \mathbf{b'X'y}$$

$SS_{yy} = SSR + SSE$。这和单变量的情形没有什么不同。其 ANOVA 是:

表 7-1　多变量回归的 ANOVA

Source of Variation	SS	df	Mean Squares
Regression	$SSR = \sum(\hat{y}_i - \bar{y})^2$	p	$MSR = SSR/p$
Error	$SSE = \sum(y_i - \hat{y}_i)^2$	$n-p-1$	$MSE = SSE/(n-p-1)$
Total	$SST = \sum(y_i - \bar{y})^2$	$n-1$	$MST = SST/(n-1)$
Correction for mean	$SS(\text{for mean}) = \sum \bar{y}^2$	1	
Total, uncorrected	$SSTU = \sum y_i^2$	n	

其中 p 是参数(所要求的回归系数,包括常数项)个数。

相应地,我们可以计算多变量情况下的决定系数 R^2:

$$R^2 = 1 - \frac{SSE}{SST} = \frac{SSR}{SST}$$

我们也可以构造一个关于 SSR/SSE 的 F 统计量。这样我们就可以测试拟合度的总体显著性。

$H_0: \beta_1 = \cdots = \beta_p = 0$

$H_1:$ at least one parameter is nonzero

$$F = \frac{MSR}{MSE} = \frac{SSR/p}{SSE/(n-p-1)}$$

Rejection region: $F > F(1-\alpha, p, n-p-1)$.

可以证明:

$$F = \frac{R^2/p}{(1-R^2)/(n-p-1)}$$

所以对 F 测试也是对 R^2 的测试。

至此,我们可以用多变量线性回归来做①假设检验和②拟合度检验。前者往往用于对一个理论假设的测试,而后者则是对一组自变量总体的有效性的测试,它反映了所解释的与未解释的信息的比例。我们同样作了如下假定:因变量服从单一的、独立的、均值为零的正态分布。

那么如何来理解一个拟合的多变量线性回归的回归系数呢? 对于一个拟合的模型:

$$y_i = b_0 + b_1 x_{i1} + b_2 x_{i2} + e_i$$

b_0 是当 x_1 与 x_2 皆为零时的因变量取值。而 b_i 则应当理解为当 x_i 变化一个单位,假定其他的自变量不变,因变量会变化 b_i 个单位。这里的重点是要假定其他的自变量不变。在现实情况中,因为自变量之间几乎总是相关的,所以这种理解几乎总是不成立的。这提醒我们一个系统在变化的时候几乎很少是只在一个方向上变化,而是同时在多个方向上变化。这同时也告诉我们,模型中意义相近的自变量越多,它们的回归系数就越无法解释、越没有解释作用。一个好的模型应该包括相对独立的自变量,每个对因变量都有各自独特的贡献。在极少的情况下,如果建模的目的不是为了解释,而是为了预测,就不需受此约束。

7.3 每一个自变量的作用

如果简单地从对每一个自变量的 t-test 来看,我们似乎可以由此断定一个自变量是否对因变量有贡献,即是否显著地影响着因变量。但事实并非如此简单。我们先来看一个例子。

在这个例子中,研究者假设消费者对网店的信任受到网店的设计的影响。设计因素包括两方面:一是这个网店的易用性(ease of use);二是网店的使用是否很容易学得会,即易学性(ease of learning)。106 个消费者对几个不同的网店进行了易用性(x_1)、易学性(x_2)与信任度(y)的打分(Likert Scale, 1~7 分)。我们对这些变量建立三个模型:①$y = f(x_1)$,②$y = f(x_2)$,③$y = f(x_1, x_2)$。我们在下面报告它们的拟合的回归模型和方差分析。在这个报告中,我们也包括了两个自变量之间的模型。

例 7-1　三个相关的模型

模型 1 的 ANOVA

$$y = 3.50 + 0.39x_1 + e, R^2 = 0.17$$

Model		Sum of Squares	df	Mean Square	F	Sig.
1	Regression	15.23	1	15.23	21.01	0.00
	Residual	75.35	104	0.72		
	Total	90.58	105			

模型 2 的 ANOVA

$$y = 4.18 + 0.26x_1 + e, R^2 = 0.10$$

Model		Sum of Squares	df	Mean Square	F	Sig.
2	Regression	9.08	1	9.08	11.58	0.00
	Residual	81.50	104	0.78		
	Total	90.58	105			

模型 3 的 ANOVA

$$y = 3.49 + 0.69x_1 - 0.29x_2 + e, R^2 = 0.19, x_2 \text{ is insignificant with } t = 0.12.$$

Model		Sum of Squares	df	Mean Square	F	Sig.
3	Regression	17.00	2	8.50	11.90	0.00
	Residual	73.58	103	0.71		
	Total	90.58	105			

模型 4，x_2 对 x_1 的回归

$$x_2 = 1.00 + 0.80x_1 + 3, \ R^2 = 0.83$$

Model		Sum of Squares	df	Mean Square	F	Sig.
4	Regression	83.19	1	83.19	514.65	0.00
	Residual	16.81	104	0.16		
	Total	100.00	105			
a	Predictors：（Constant），peol					
b	Dependent Variable：peou					

以上的数据显示 x_1 和 x_2 在模型 1 和模型 2 中对 y 的贡献是显著的。而当我们把它们放在一起的时候，x_2 变得不显著，而且，其回归系数是负的。如果我们只看模型 3 并得出 x_2 对 y 不重要的结论，这个结论显然是不符合常理的。可是为什么会这样呢？难道相关的自变量不是越多越好吗？让我们对这些变量进行抽丝剥茧的检查。

首先，我们看这三个变量之间的相关性，显然其相关性都是极显著的。这说明不管是 PEOU 还是 PEOL 都对 TRUST 产生显著影响。这和模型 1、2 的结论是一致的。如果我们把这个相关系数进行平方，我们可以得到相应的 R^2，且与回归分析模型 1、2 所得的 R^2 是吻合的。

表 7-2 变量之间的相关系数矩阵

	PEOU	PEOL	TRUST
PEOU	1		
PEOL	0.912**	1	
TRUST	0.410**	0.317**	1

$**p < 0.001$

现在我们比较模型 1 和模型 3。当引入 x_2 后，回归模型所能解释的信息显然是增加了，$SSR(x_2|x_1) = SSR(x_1, x_2) - SSR(x_1) = 17.00 - 15.23 = 1.77$，我们把这种增加的 $SSR(x_2|x_1)$ 叫做额外平方和。可是增加的幅度却很小。比较模型 2 中的数据，x_2 独自时能解释 9.08，却在一个组合的模型中只能增加 1.77。一样地，我们可以计算 x_1 的 $SSR(x_1|x_2) = SSR(x_1, x_2) - SSR(x_2) = 17.00 - 9.08 = 7.92$，这只有它在模型 1 中的一半。要注意，额外平方和与残差的变化是对应的，比如 $SSR(x_2|x_1) = SSE(x_1) - SSR(x_1, x_2) = 1.77$。

可是为什么一个变量在一个组合的模型中的贡献会变小呢？这种现象是多变量回归与单变量回归一个很大的不同，也是理解多变量回归的关键。原因其实很简单：这两个自变量之间有太多的信息重复。这反映在它们之间的相关系数上（0.91）。这种现象其实可以从回归模型中直接推得，因为：

$$\hat{y}_i = b_0 + b_1 x_{i1} + b_2 x_{i2}$$
$$R^2 = \sigma_{\hat{y}}^2 = b_1^2 \sigma_{x_1}^2 + b_2^2 \sigma_{x_2}^2 + 2b_1 b_2 \sigma_{x_1 x_2}^2$$

也即，所解释的因变量中的信息是由一部分的 x_1 信息，一部分的 x_2 信息，与 x_1, x_2 的共同信息（协方差）决定的。当共同信息很大时（比如接近 1），那么其中一个变量比如

x_1 就能解释 R^2。如果 R^2 是一定的,再假定 x_1 的贡献被完全肯定($b_1 = 1$),那么 b_2 只能是零或负值。

相应地,如果我们把这种分解反映在方差分析上(以 x_1 为第一个自变量),我们有:

例 7-2 y 对 x_1 与 $x_2 | x_1$ 作回归

Model		Sum of Squares	df	Mean Square	F	Sig.
5	Regression	17. 00	2	8. 50	11. 90	0. 00
	x_1	15. 23	1	15. 23	21. 32	0. 00
	$x_2	x_1$	1. 77	1	1. 77	2. 48	0. 12
	Residual	73. 58	103	0. 71		
	Total	90. 58	105			

对方差分析进行这样的进一步分解的一个好处是我们可以检验每个自变量的贡献。如同单变量线性回归,我们可以建立一个关于每个自变量的 F 统计量:

$$F = \frac{MSR(x_2 | x_1)}{MSE(x_1, x_2)} \frac{SSR(x_2 | x_1)/1}{SSE(x_1, x_2)/103} = \frac{1.77}{73.58/103} = 2.48$$

这个统计量是不显著的,表示 x_2 没有额外的贡献。这与组合模型 3 的 t 检验结果是一致的。与单变量的情形一样,我们可以证明这个 F 检验与 t 检验是等价的,所以 F-test 给了我们另外一种假设检验的方法。

在实际科研中,若要检验单个变量,用 F 检验并不常见,因为 t 检验已经可以满足需要。但是 F 检验有其特有的应用,尤其是在追求模型的简洁性时。它允许我们同时对多个自变量的联合显著性进行测试。比如,我们可测试 x_3, x_4, x_5 是否在 x_1, x_2 的基础之上有额外的贡献。比如对于两个模型:

$E(y) = \beta_0 + \beta_1 x_1 + \beta_2 x_2$

$E(y) = \beta_0 + \beta_1 x_1 + \beta_2 x_2 + \beta_3 x_3 + \beta_4 x_4 + \beta_5 x_5$

我们可能想知道增加 x_3, x_4, x_5 是否"值得"。这时我们把第一个模型叫做**简化模型**(reduced model),第二个叫**完整模型**(complete model or full model)。简化模型被完整模型**包含**(nested)。我们的假设是:

$H_0 : \beta_3 = \beta_4 = \beta_5 = 0$

H_1:至少有一个 β 不是 0。

$$F = \frac{(SSE_R - SSE_C)/(k - g)}{SSE_C/[n - (k + 1)]}$$

Rejection region: $F > F_\alpha$

where F is based on $v_1 = k - g$ d. o. f. , and $v_2 = n - (k + 1)$ d. o. f. ,

k is the number of parameters in the full model and

g is the number of parameters in the reduced model.

类似单变量时的做法,对于以上的额外平方和,我们可以定义一个**偏决定系数**(partial determinant)来表示一个自变量的额外平方和对因变量中的剩余信息(被 x_1 解释后的残差中的信息)的贡献。比如,如果 x_1 已经在模型中,那么 x_2 的贡献是:

$$r_{y2.1}^2 = \frac{SSR(x_2 | x_1)}{SSE(x_1)}$$

要注意,如果 x_1 已经在模型中,因变量中的剩余信息是 $SSE(x_1)$,而不是 SS_{yy}。对偏决定系数求平方根,我们可以得到**偏相关系数**。

至此,我们从额外平方和的角度解释了一个自变量在模型中的作用。下面我们来看回归系数是否也反映了这种自变量的独特信息。

我们以一个双自变量的模型为例:

$$y_i = \beta_0 + \beta_1 x_{i1} + \beta_2 x_{i2} + \varepsilon_i$$

我们对所有的自变量和因变量进行标准化,使其方差为 1、均值为零,以简化计算。我们先来看 x_1 中相对于 x_2 的独特信息。显然,这部分信息是 x_1 被 x_2 解释后的剩余信息,即如果我们以 x_1 为因变量,以 x_2 为自变量所得的残差中的信息。这部分信息为 $(1 - r_{12}^2)$。那么这些残差的数值又是多少呢?是 $\mathbf{x}_1 - r_{12}\mathbf{x}_2$,因为对于标准化的变量,回归系数就是相关系数。我们再来看组合模型的解。因为:

$$(\mathbf{X}'\mathbf{X})^{-1} = r_{XX}^{-1} = \begin{bmatrix} 1 & r_{12} \\ r_{12} & 1 \end{bmatrix}^{-1} = \frac{1}{1 - r_{12}^2}\begin{bmatrix} 1 & -r_{12} \\ -r_{12} & 1 \end{bmatrix}$$

根据 $\mathbf{b} = (\mathbf{X}'\mathbf{X})^{-1}\mathbf{X}'\mathbf{y}$,可得:

$$b_1 = \frac{\mathbf{x}_1'\mathbf{y} - r_{12}\mathbf{x}_2'\mathbf{y}}{1 - r_{12}^2} = \frac{r_{y1} - r_{12}r_{y2}}{1 - r_{12}^2} = (x_1\text{ 的相对于 }x_2\text{ 的残差与 }y\text{ 的积和}/x_1\text{ 中的独特信息})$$

在数值上:

$$b_1 = \frac{0.410 - 0.912 \times 0.317}{1 - 0.912^2} = 0.72$$

$$b_2 = \frac{\mathbf{x}_2'\mathbf{y} - r_{12}\mathbf{x}_1'\mathbf{y}}{1 - r_{12}^2} = \frac{r_{y2} - r_{12}r_{y1}}{1 - r_{12}^2} = (x_2\text{ 的相对于 }x_1\text{ 的残差与 }y\text{ 的积和}/x_2\text{ 中的独特信息})$$

数值上:

$$b_2 = \frac{0.317 - 0.91 \times 0.410}{1 - 0.912^2} = -0.34$$

至此,我们可以看到 b_1 的分子反映的是 x_1 相对于 x_2 的独特信息与 y 的积和,而不是 x_1 中所有的信息与 y 的积和(分母是 x_1 相对于 x_2 的独特信息)。当然,当自变量不止两个时,我们同样可以证明回归系数反映的是每一个自变量的独特贡献。对于这个结论,标准化虽然有助于简化推理,却并不是必要条件。但是以上关于回归系数的计算公式却假定自变量已标准化了,所以与原始数据所得的回归系数是不同的,这里我们得到的是**标准化了的回归系数**。

当两个自变量没有相关性、相关系数为零时,情况如何呢?读者不难看到,此时 $r_{12} = 0$,每个变量的单独贡献与组合在一起时的贡献是一样的。回归系数也会等于相关系数(如果变量是标准化的)。

至此,我们从回归系数的角度解释了一个自变量在模型中的作用。可以看出,回归系数反映的也是独特贡献。

当两个自变量是相关的,如果回归系数只反映了各自独特的贡献,那么公共的那部分信息跑哪里去了?在以上的例子中,我们可以看到总的 $SSR(x_1, x_2)$ 包含了公共的信息。但是这部分信息没有被"记功"到 x_1 或 x_2 的回归系数上去。这会导致什么样的结果呢?我们可以预见,对于一个有两个自变量的模型,有的时候,R^2 可能很高,但是两个自变量都不显著;有的时候,R^2 可能很低,但是两个自变量都显著。这取决于这两个自变量之间的信息重叠。所以 R^2 高并不一定意味着所有的自变量都会显著,R^2 低也不见得意味着所有的自变量都不显著。一个自变量与因变量有很高的相关性并不意味着它在一个更复杂的回归模型中会显著。相反,如果我们希望我们的自变量是显著的,我们就必须保持自变量之间的相对独立性。换句话讲,在一个回归模型中重复引入信息相似的自变量是不会增加这个模型的解释功能的,反而会使其中有一些变量显得不重要,因为"该说的都已经说了"。就像这个例子一样:易用性与易学性是同一个现象的两个侧面。一个网店如果易用,那意味着它的使用对这个消费者来讲是易学的。增加这个变量并不能显著增加模型的的解释能力。更多的时候,自变量之间有一些信息重复,但各个自变量可能还是显著的。这种"啰唆"的模型,不但牺牲了简洁性,还会有其他副作用。我们在后面会解释。

7.4 偏决定系数与回归系数的关系（选读内容）

在讨论两个随机变量的关系的时候,我们已经提到过回归系数是两个变量的积和与自变量中的总信息的比例。至此,更准确的表述是:回归系数是一个自变量中的独特信息和因变量的积和与自变量中的独特信息的比例。我们也提过回归系数是一个未经"按标准差标准化"的相关系数,而相关系数则是当我们对自变量和因变量都进行标准化后得到的。我们有:

$$b_1 = \frac{SS_{xy}}{SS_{xx}} = r\frac{s_y}{s_x}$$

仍旧假定变量是标准化了的,在只有两个自变量的回归时,如果我们去除 x_2 与 y 中 x_1 的信息,并对标准化了的回归系数 b_2 更进一步"按 x_2 与 y 中的剩余信息标准化",我们有:

$$r'_{y2} = b_2\frac{s_x}{s_y} = \frac{r_{y2} - r_{12}r_{y1}}{1 - r_{12}^2}\frac{\sqrt{1 - r_{12}^2}}{\sqrt{1 - r_{y1}^2}} = \frac{r_{y2} - r_{12}r_{y1}}{\sqrt{1 - r_{12}^2}\sqrt{1 - r_{y1}^2}}$$

可以证明（略）,这个相关系数的平方就是**偏决定系数**。所以这个相关系数就是**偏相关系数** $r_{y2.1}$（partial correlation）。如果代入我们例子中的数值,可得

$$r'_{y2} = \frac{0.32 - 0.91 \times 0.41}{\sqrt{1 - 0.91^2}\sqrt{1 - 0.41^2}} = -0.14$$

其平方为 0.02。而:

$$r_{y2.1}^2 = \frac{SSR(x_2 \mid x_1)}{SSE(x_1)} = \frac{1.77}{90.58} = 0.02$$

这样,我们对单变量与多变量回归中的回归系数与相关系数的关系有了一致的理解,即偏相关系数是按信息量标准化了的回归系数。在单变量分析中唯一的不同是在那里我们"以全概偏"。

7.5 部分相关系数与方差分析（选读内容）

$r_{y2.1}$ 也可以表述为:

$$r_{y2.1} = \left(\frac{r_{y2} - r_{12}r_{y1}}{\sqrt{1 - r_{12}^2}} \right) \left(\frac{1}{\sqrt{1 - r_{y1}^2}} \right)$$

第一项又被叫做**部分相关系数**(part correlation)

$$r_{y(2.1)} = \frac{r_{y2} - r_{12}r_{y1}}{\sqrt{1 - r_{12}^2}}$$

它表示的是 x_2 中的独特信息(按标准差标准化了)与因变量的积和与因变量总信息(而非剩余信息)之间的偏相关性。从 $r_{y2.1}$ 去掉第二项意味着因变量中信息不是 $1 - r_{y1}^2$ 而被看做是 1。也就是,我们所讲的是 x_2 中的独特信息与 y 总信息的相关系数。不难想象(读者可以根据 $SSR = SSR(x_1) + SSR(x_2|x_1)$ 这个关系自行证明),此时,因变量的总的 R^2 是:

$$R^2 = r_{y1}^2 + r_{y(2.1)}^2$$

这表明,一个因变量中的被解释的总信息可以分解成两个部分:由一个自变量所解释的部分与由另一个自变量中的独特信息所解释的部分。只有当 x_1 与 x_2 是不相关的时候,才有:

$$R^2 = r_{y1}^2 + r_{y2}^2$$

如果我们以 x_2 为因变量、x_1 为自变量回归,并把 x_2 的残差对 y 作回归,我们可以得到下表。

比较前面的模型,读者不难验证 R^2 之间的关系。当然,如果我们假定 x_2 先进入模型,那么 x_1 的额外贡献会很小。所以方差分解可以有不同的分解步骤与变量的组合方式。

例 7-3 y 对 $x_2|x_1$ 作回归

$$y = 5.79 - 0.29\,(x_2|x_1) + e,\ R^2 = 0.02$$

Model		Sum of Squares	df	Mean Square	F	Sig.
1	Regression	1.77	1	1.77	2.08	0.15
	Residual	88.81	104	0.85		
	Total	90.58	105			
a	Predictors:(Constant),Unstandardized Residual					
b	Dependent Variable:trust					

如果用一个圆来表示一个变量中的信息,我们可以用文氏图来表示变量之间的信息关系。请读者思考 $SSR(x_1, x_2)$,$SSR(x_1)$,$SSR(x_2)$,$SSR(x_2|x_1)$,R^2,$r_{y2.1}^2$,$r_{y(2.1)}^2$ 如何对应于图 7-3 中的各部分之间的关系。

把一个因变量中的被解释的总信息分解成由一个自变量所解释的部分与由另一个自变量中的独特信息所解释的部分是一种分法。从以上的文氏图中可以看出,我们其实也可能把因变量中被解释的总信息分解成三个部分:x_1 所解释的独特部分,x_2 所解释的独特部分,二者共同解释的部分。这是因为:

$$\hat{y}_i = \beta_0 + \beta_1 x_{i1} + \beta_2 x_{i2}$$

所以:

$$R^2 = \beta_1^2 \sigma_{x_1}^2 + \beta_2^2 \sigma_{x_x}^2 + 2\beta_1\beta_2 \sigma_{x_1 x_2}^2$$

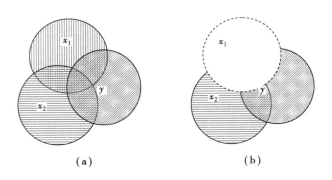

图7-3　自变量与因变量之间的信息关系

其中第三项为两个自变量的协方差。在一个样本中,如果我们代入标准化了的 b_1, b_2,且 x_1, x_2 的方差为 1,协方差为 r_{12},我们会得到（读者不难自行推导）:

$$R^2 = \frac{r_{y1}^2 + r_{y2}^2 - 2r_{y1}r_{y2}r_{12}}{1 - r_{12}^2} = \frac{r_{y1} - r_{12}r_{y2}}{1 - r_{12}^2}r_{y1} + \frac{r_{y2} - r_{12}r_{y1}}{1 - r_{12}^2}r_{y2} = b_1 r_{y1} + b_2 r_{y2}$$

这里的 b_1, b_2 是标准化了的回归系数。以上的公式表明一个因变量中被解释的信息是自变量与因变量相关系数的一个线性组合,而这个组合的系数是标准（化了的）回归系数(standardized regression coefficient)。

7.6 路径图

假如研究者认为 x_1 与 x_2 同时影响 y,而且这种影响是因果性的,我们可以把这种关系画成一个因果路径图。

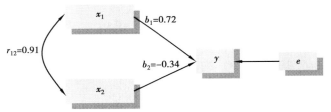

图7-4　多变量回归的路径图与路径的权重

这表示 x_1, x_2 和其他随机因素 e 一起影响 y。这种路径图是理论模型的一种约定的表述方式。在图7-4 中,箭头表示因果关系,箭头上的数值是标准回归系数。双箭头表示相关性。有时候,我们会省略残差项 e。我们也往往在表示因变量的方框中加注 R^2。我们会在以后广泛使用这种图示方法。

根据以上的关系,举例来讲,我们可以把 x_2 与 y 的相关性分解成几部分。一部分是 x_2 与 y 的直接关系,如标准回归系数 b_2 所标,这是直接的、独特的影响(direct effect)。第二部分是间接地通过 x_1、因果关系不明确的影响,这种影响叫做未明确影响(unspecified effect)。在这样一个因果路径图中,因为未明确影响经过层层过滤,当它抵达 y,其作用已经降低。通过 r_{12},91% 的 x_2 到达 x_1;通过 b_1,72% 的信息到达 y。x_2 与 y 的相关性,即它们之间的相关系数可以分解成:

direct effect + unspecified effect = $-0.34 + 0.91^2 \times 0.72 = 0.317$

所以路径图清楚地表述了变量之间的影响。

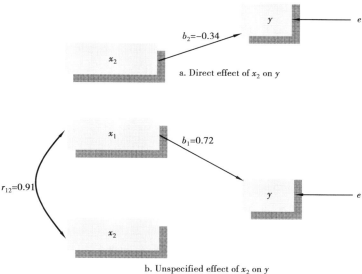

图 7-5　直接影响与未明确影响

7.7 类别型自变量

　　有时候,自变量是**类别型**(categorical)或**记名型的**(nominal),比如性别、职业、宗教等。如何对这一类变量进行编码呢? 常用的方法有**哑元变量**(dummy variables)、**未加权编码**(unweighted effects coding)、**加权编码**(weighted effect coding)、**对比计划**(planned contrasts)等方法。在这里,我们将只介绍哑元法。其他方法是实验设计的一种变化形式,我们会在实验设计中讨论它们的等价设计。

　　在大部分社会学研究中,自变量是连续变量。类别型的自变量往往不是研究者感兴趣的理论变量,而是一个所谓的控制变量(control variable),比如性别、公司所在的行业。在这种情况下,我们感兴趣的只是这个变量有没有对因变量产生显著影响。我们往往不对这个类别变量内部的不同(比如不同性别对网店的看法上的不同)感兴趣。如果我们对类别变量的内部不同感兴趣,实验分析往往是一种更为直接的分析方法,我们会在实验设计中讨论这种情况。所以,在这里,我们只讨论类别变量在回归中最基本的特征。更多的细节可以参看 Cohen 等人的著作(2003 , chapter 8)。

表 7-3　哑元的表示方法

	c_1	c_2	c_3
天主教	0	0	0
新教	1	0	0
犹太教	0	1	0
其他	0	0	1

　　因为类别变量没有数值上的意义,最常见的处理是用一组哑元编码。对于性别,我们可以用一个哑元,比如以 1 代表男、0 代表女。如果我们有四个宗教,我们可以用三个

哑元编码（表7-3）。

　　一般地，如果一个类别变量有 g 个值，我们用 $g-1$ 个哑元就可以完全表示不同的类别取值。第 g 个哑元是没有意义的，因为第 g 个哑元是其他哑元的线性组合，从而没有任何额外信息。哑元编码要求类别之间是互斥互补的。在以上的编码中，哑元全为零的类型被叫做**参照组**（reference group）。那么我们应该以哪个组为参照组呢？Hardy（1993）提出了三个方面：第一，参照组应该是这些类别中的一个（就所期望的因变量而言）最大或者最小的参照类别（control group）；第二，参照组不应该是一个没有明确意义的"垃圾筒"，比如以上的"其他"组；第三，参照组相对于其他的各组不应该有太小的样本量。（这些规则不适用于其他方式的编码。）编码以后，我们可以把这些哑元直接作为自变量加入到回归中去。对于这个例子，我们需要在回归中增加三个自变量（哑元）。

　　在回归分析中，虽然增加的哑元的取值是二元的，所有关于相关系数、回归系数、回归系数的显著性（t 值）、偏相关系数、部分相关系数、额外平方和等的计算并不需要改变，虽然简化的计算方法是存在的，但是，对回归系数的理解却与连续变量有所不同。这是我们在这里要强调的重点。我们先从只有哑元的最简单的形式开始。

　　以上述的宗教为例，假定一个类别变量有四个值、三个哑元，因变量是对堕胎的态度，我们有：

$$y_i = \beta_0 + \beta_1 c_1 + \beta_2 c_2 + \beta_3 c_3 + \varepsilon_i$$

对于一个观察点，如果是：

天主教，那么：$\hat{y}_i = b_0 + b_1(0) + b_2(0) + b_3(0) = b_0$

新教，那么：$\quad\hat{y}_i = b_0 + b_1(1) + b_2(0) + b_3(0) = b_0 + b_1$

犹太教，那么：$\hat{y}_i = b_0 + b_1(0) + b_2(1) + b_3(0) = b_0 + b_2$

其他，那么：$\quad\hat{y}_i = b_0 + b_1(0) + b_2(0) + b_3(1) = b_0 + b_3$

这表明这个回归方程与 y 轴的交点表示的是参照组的因变量均值，即天主教徒对堕胎的看法，而其他回归系数则是相应的类别与这个参照组的不同。这就是这个"参照组"名称的由来。这也在某种程度上解释了 Hardy 所提出的一些规则。所以，一个回归系数所表示的并不是一个类别对因变量的"单位变化"，因为对于类别变量，单位是没有意义的。回归系数是相对于参照组的变化，它表示的是组间的对比。相应地，其显著性表示的是以参照组为基础的组间对比的显著性。至此，读者可能会联想到传统的用于测试组间不同的 t 检验。不难证明，b_i 的 t 值和第 i 组与天主教组的组间均值的 t 检验是等价的。而这种方式的回归只是把一组具有相同参照组的组间对比集中到一起检验。我们也可以把三个哑元作为一个集来看待。就好像我们前面所讲的用 F 检验来检验一组自变量的显著性，我们可以检验宗教作为一个自变量集合的总体显著性。至于我们选择解释单个的回归系数还是总体的显著性是由研究者的兴趣决定的。一个哑元的标准化的回归系数是没有意义的。所以对于哑元，如果有需要，我们往往解释其原始回归系数而不是标准化的回归系数。

　　如果一个回归方程中有其他的连续性的自变量，因为这些自变量可能和哑元有相关性，对哑元的回归系数的理解就没有那么简单了。我们只能把它们理解成其他自变量的影响被排除以后两个组之间的不同。而 b_0 也不是参照组的均值，而是对照组在其他连续的自变量为零时的均值。

　　在未加权编码中，我们把参照组编码成全 -1，而非全 0。还是以宗教为例，我们有：

表 7-4　未加权编码

	c_1	c_2	c_3
天主教	-1	-1	-1
新教	1	0	0
犹太教	0	1	0
其他	0	0	1

使用了这种编码后,回归系数表示什么意思呢? 一样地,对于一个观察点,如果是:

天主教,那么: $\hat{y}_i = b_0 + b_1(-1) + b_2(-1) + b_3(-1) = b_0 - b_1 - b_2 - b_3$

新教,那么:　$\hat{y}_i = b_0 + b_1(1) + b_2(0) + b_3(0) = b_0 + b_1$

犹太教,那么: $\hat{y}_i = b_0 + b_1(0) + b_2(1) + b_3(0) = b_0 + b_2$

其他,那么:　$\hat{y}_i = b_0 + b_1(0) + b_2(0) + b_3(1) = b_0 + b_3$

以上四式的左边代表的是每一个类别的均值。我们用 $\overline{G}_i$ 来表示。如果我们把以上四式的左边、右边各求和,我们有:

$$\overline{G}_1 + \overline{G}_2 + \overline{G}_3 + \overline{G}_4 = 4b_0$$

所以,b_0 是对各组的均值未加权的平均,而 b_1,b_2,b_3 则表示各组别相对于这个所有组别放在一起的未加权平均的差距(参照组的差距可以由其他差距计算出来)。这就是未加权编码的意义。

什么时候要用到这种编码呢? 当我们希望比较一个级别与样本总体平均且不希望某一组对总体平均有过多影响时我们可能用这个方法。比如,如果我们要看一组裁判对一组运动员的打分,看他们是否总是偏低或偏高,我们又不希望给某一个裁判额外的权重,而是希望用一人一票的"民主方法"时,我们可以用这种方法。当然,系数的显著性检测方法与用哑元编码时是一样的,只是含义不同了。在未加权编码中,由哪一组来当参照组呢? 要注意的是,我们应当用"垃圾组"。请读者思考为什么。

理解了未加权编码,加权编码就可以类比了。用 n_i 表示每一组的样本量,我们有:

表 7-5　加权编码

	c_1	c_2	c_3
天主教	$-n_2/n_1$	$-n_3/n_1$	$-n_4/n_1$
新教	1	0	0
犹太教	0	1	0
其他	0	0	1

使用了这种编码后,回归系数表示什么意思呢? 一样地,我们可以得到,b_0 表示样本的总的加权平均,其他的回归系数则是与这个加权平均的差距。什么时候要使用这种方法呢? 请读者去思考。

7.8 高次项

在回归模型中,我们把自变量的原始形式叫做一次项。我们可以构建一个自变量的高次项,比如,我们可以加入 x_i^2,或者一些自变量的积 x_ix_j。是否要引入这样的高次项是一个由理论决定的选择。但是在行为研究中,平方项或立方项并不多见。所以我们不对它们进行讨论。两个变量的积表示了一种特殊的意义,它表示一个变量对因变量的作用受到另外一个变量的影响。我们会在下一章讨论这种相互影响。

7.9 范文示例

我们对范文中主调查的数据做回归分析。我们的做法如下:我们先对每个构件计算其测度项的平均值。这个值被用来作为构件的值。这种用测度项均值作为构件值的做法虽然粗糙,却是研究者所常用的一种方法。在实际研究中,如果测度项的可靠性比较高,比如 Cronbach's alpha > 0.7,或者测度模型合理,我们就可以取在测度模型中没有被淘汰的测度项的均值作为构件的值。我们会在以后的章节讨论 Cronbach's alpha 与测度模型,读者不必在此细究。我们先报告各构件之间的相关系数。

例 7-4　各构件之间的相关系数

	relevance	top	nov	reliab	under	scope
relevance	1.0000					
top	0.5391	1.0000				
nov	0.4298	0.2176	1.0000			
reliab	0.4563	0.5691	0.2055	1.0000		
under	0.3056	0.2031	0.0645	0.2974	1.0000	
scope	0.3056	0.2467	0.1007	0.2039	0.1773	1.0000

我们的演示分几步。第一,我们先看看那些"不重要"的控制变量能在多大程度上解释因变量"文档有用性",比如调查对象的性别年龄。第二,增加理论变量,即主题相关性、新意、可理解性、范围与可靠性。这是我们完整的模型。第三,我们怀疑一个文档的新意与文档有用性有二次项的关系:当一个文档的新意太低时,它是无用的;当一个文档的新意太高时,它也是不适用的,可能因为读者无法一下子吸收这么多的新内容;只有当新意正好时,它才是最有用的。我们对新意进行标准化,并把标准化之后的值的平方作为一个新的变量。这是我们的探索性模型。这样,我们就做三次回归。一次比一次复杂。这种分析方法叫做**分层回归**(hierarchical regression)。

不同的统计软件输出格式会有所不同,统计软件 STATA 的输出是这样的:

例 7-5　范文的回归分析原始结果

```
. regress relevance gender age know noofdoc, b

      Source |       SS       df       MS              Number of obs =     242
-------------+------------------------------           F (  4,   237) =    2.76
       Model |  14.0069855      4  3.50174637           Prob > F      =  0.0283
    Residual | 300.279172     237  1.26700072           R-squared     =  0.0446
-------------+------------------------------           Adj R-squared =  0.0284
       Total | 314.286157     241  1.30409194           Root MSE      =  1.1256


   relevance |      Coef.   Std. Err.      t    P>|t|                     Beta
-------------+----------------------------------------------------------------
      gender | -.2111061   .1627241    -1.30   0.196                -.0825009
         age | -.1020986   .0486324    -2.10   0.037                -.1341841
        know |  .0022537   .0535243     0.04   0.966                 .0026877
     noofdoc | -.3291053   .1382645    -2.38   0.018                -.1513428
       _cons |  7.334757   1.072246     6.84   0.000                        .
```

```
. regress relevance gender age know noofdoc top nov reliab under scope, b

      Source |       SS          df       MS              Number of obs =      242
-------------+------------------------------              F ( 9,   232) =    23.22
       Model | 148.929371        9   16.5477079           Prob > F      =   0.0000
    Residual | 165.356786      232    .712744765          R-squared     =   0.4739
-------------+------------------------------              Adj R-squared =   0.4535
       Total | 314.286157      241   1.30409194           Root MSE      =   .84424


-----------------------------------------------------------------------------------
   relevance |    Coef.    Std. Err.       t      P>|t|                        Beta
-------------+---------------------------------------------------------------------
      gender | -.1310696   .1232899     -1.06     0.289                   -.0512224
         age | -.0424838   .036749      -1.16     0.249                   -.0558347
        know |  .0702773   .0408132      1.72     0.086                    .0838125
     noofdoc | -.0353608   .106982      -0.33     0.741                   -.016261
         top |  .2748241   .0535055      5.14     0.000                    .3053361
         nov |  .2551399   .0474971      5.37     0.000                    .268221
      reliab |  .256177    .0719153      3.56     0.000                    .2145251
       under |  .1364383   .0466666      2.92     0.004                    .1473713
       scope |  .1014385   .046967       2.16     0.032                    .1092613
       _cons |  .3382056   .9682685      0.35     0.727                    .
-----------------------------------------------------------------------------------

. egen znov = std (nov)
. gen zonvsquare = znov*znov
. regress relevance gender age know noofdoc top nov reliab under scope znovsquare,
b

      Source |       SS          df       MS              Number of obs =      242
-------------+------------------------------              F ( 10,   231) =    24.57
       Model | 161.982997       10   16.1982997           Prob > F      =   0.0000
    Residual | 152.30316       231    .659321037          R-squared     =   0.5154
-------------+------------------------------              Adj R-squared =   0.4944
       Total | 314.286157      241   1.30409194           Root MSE      =   .81199


-----------------------------------------------------------------------------------
   relevance |    Coef.    Std. Err.       t      P>|t|                        Beta
-------------+---------------------------------------------------------------------
      gender | -.1243651   .1185889     -1.05     0.295                   -.0486023
         age | -.0326267   .0354143     -0.92     0.358                   -.0428799
        know |  .0354737   .0400256      0.89     0.376                    .0423057
     noofdoc | -.0554086   .1029931     -0.54     0.591                   -.0254803
         top |  .2716803   .0514661      5.28     0.000                    .3018433
         nov |  .2323439   .0459687      5.05     0.000                    .2442562
      reliab |  .272708    .0692673      3.94     0.000                    .2283683
       under |  .1321592   .0448939      2.94     0.004                    .1427493
       scope |  .1114272   .0452282      2.46     0.014                    .1200203
  znovsquare | -.1974687   .0443794     -4.45     0.000                   -.2104331
       _cons |  .4880116   .9318819      0.52     0.601                    .
-----------------------------------------------------------------------------------
```

我们对结果进行总结,表7-6报告各模型的标准回归系数:

表7-6 对范文进行的分层回归分析

	Control Only	Full Model	Explorotary Model
gender	−0.08	−0.05	−0.05
age	−0.13*	−0.06	−0.04
know（knowledge）	0.00	0.08	0.04
noofdoc（order of document）	−0.15*	−0.02	−0.03
top（topicality）		0.31***	0.30***
nov（novelty）		0.27***	0.24***

续表

	Control Only	Full Model	Explorotary Model
reliab（reliability）		0.21***	0.23***
under（understandability）		0.15**	0.14**
scope		0.11*	0.12*
znovsquare（square of standardized novelty）			−0.21***
Adjusted R^2	0.028	0.47	0.49
ΔR^2	—	0.44	0.02

*$p < 0.05$，**$p < 0.01$，***$p < 0.001$

可见,控制变量只能解释因变量很小的一部分,连5%都不到。这五个理论变量则可以解释因变量相当一部分的信息（44%）。当我们尝试着把新意的二次项加入到模型中时,这个二次项也是显著的,表明我们的怀疑得到了数据支持。这个二次项的系数是负的,表明新意与因变量的关系是反U形的。这正是我们所假设的。但是,这个变量的额外方差贡献却比较有限,只有2%。

那么这些理论变量中哪个最能解释因变量? 我们可以用额外平方和来测度。但是对五个自变量做两两比较太复杂。作为示例,我们先选与因变量相关系数最大的 topicality,然后再看其他变量在 topicality 基础上的额外平方和。表7-7 报告了分析结果。

表 7-7　自变量相对于 Topicality 的额外平方和

	Model1	Model2	Model3	Model4	Model5	Model6	Model7
gender	−0.82	−0.09	−0.07	−0.08	−0.08	−0.07	−0.08
age	−0.12	−0.07	−0.06	−0.07	−0.06	−0.07	−0.06
knowledge	0.00	0.01	0.05	0.04	0.03	0.02	−0.03
Order of doc	−0.13*	−0.07	−0.02	−0.06	−0.06	−0.05	−0.08
topicality		0.53***	0.46***	0.40***	0.49***	0.49***	0.53***
novelty			0.32***				
reliability				0.22***			
understandability					0.20***		
scope						0.17**	
std novelty square							−0.21***
Adjusted R^2	0.02	0.29	0.39	0.32	0.33	0.33	0.33

*$p < 0.05$，**$p < 0.01$，***$p < 0.001$

可见,在 topicality 的基础上,novelty 的额外平方和最大,其他几个变量都差不多。所以,这个数据似乎支持 topicality 与 novelty 是因变量两个最主要的变量。

细心的读者也许会注意到用回归分析做假设检验与用结构方程（12 章）的结果不一样。这种情况并不少见。不同的统计方法所得的结果往往会略有不同。所以对于一个课题,一个单独的研究并不总能得到可靠的结果。通过多个类似的研究,我们对一个领域会有更可靠的结论。

课后练习

阅读

1. 必读

   Frazier, P. A., Tix, A. P. & Barron K. E. (2004). Testing Moderator and Mediator Effects in Counseling Psychology, *Journal of Counseling Psychology*, (51) 1, 115-134.

2. 选读

   Baron, R. M., & Kenny, D. A. (1986). The moderator-mediator variable distinction in social psychological research: Conceptual, strategic, and statistical considerations. *Journal of Personality and Social Psychology*, 51 (6), 1173-1182.

词汇表

积和(cross-product)

方差和与积和矩阵(SSCP-sum of squares and cross-products matrix)

简化模型 (reduced model)

完整模型 (complete model or full model)

偏决定系数 (partial determinant)

偏相关系数 (partial correlation)

部分相关系数 (part correlation)

哑元变量 (dummy variables)

未加权编码 (unweighted effects coding)

加权编码 (weighted effect coding)

参照组 (reference group)

参考文献

Hardy, M A. (1993). *Regression with dummy variables*. Newbury Park, CA: Sage.

Cohen J., Cohen, P., West, S. G., & Aiken, L. S., (2003). *Applied Multiple Regression/Correlation Analysis for the Behavioral Sciences* (3ʳᵈ Ed.). Laurence Erlbaum Associates, Publishers: Mahwah, New Jersey.

补充:矩阵解与最小二乘法的一致性证明

对于本章的回归模型,其残差平方和是:

$$Q = (\mathbf{y} - \mathbf{X\beta})'(\mathbf{y} - \mathbf{X})\mathbf{\beta}$$
$$= \mathbf{y'y} - \mathbf{\beta'X'y} - \mathbf{y'X\beta} + \mathbf{\beta'X'X\beta}$$
$$= \mathbf{y'y} - 2\mathbf{\beta'X'y} + \mathbf{\beta'X'X\beta}$$

要求得最小的 Q 值,可以对 β 求偏导,使之为零。

$$\frac{\partial Q}{\partial \boldsymbol{\beta}} = -2\mathbf{X}'\mathbf{y} + 2\mathbf{X}'\mathbf{X}\boldsymbol{\beta}$$

当以上等式为零时,即可得:$\mathbf{b} = (\mathbf{X}'\mathbf{X})^{-1}\mathbf{X}'\mathbf{y}$。所以最小二乘法和矩阵运算所得到的结果是一致的。

附:用 SPSS 检验线性回归的基本前提

如前所述,我们之所以可以通过回归系数来做假设检验是因为回归系数服从 t 分布。但回归系数服从 t 分布的基本前提是因变量的残差服从 iid $N(0, \sigma^2)$。以范文中主调查的数据为例,我们可以做如下的分析。其中,残差为零并不需检验。

我们先检验因变量的残差是否服从正态分布。我们只用图示的方法,并不用严格的统计检验。我们先选择 Analysis/Regression/Linear。选择 Save,然后选择 Predicted Values/Unstandardized 与 Residuals/Unstandardized。其他选项可以不选。

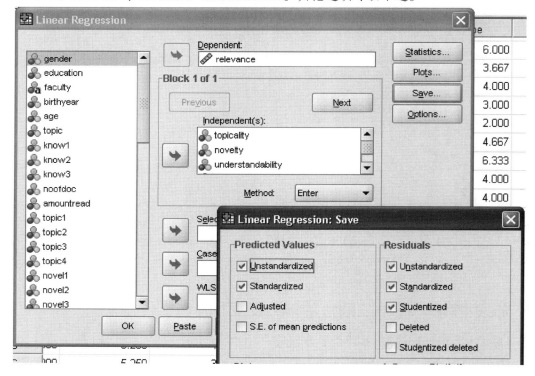

如果我们同时对 Plots 进行设置,以标准残差(ZRESID)为 X,以标准的因变量拟合值(ZPRED)为 Y:

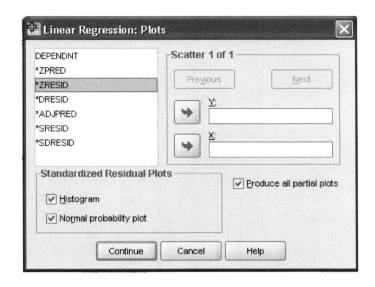

选择 OK 进行回归后,我们得到回归的结果。在输出中,标准残差与所期望的正态分布之间的偏差在 Normal P-P Plot 中显得并不明显。结果支持残差的正态分布。

Normal P-P Plot Of Regressiong Standardized Residual

Dependent Variable:relevance

数据表中也生成因变量的拟合值与残差。选择 Graphs/Histogram,对残差建图,这个图也表明残差还比较正态。

那么残差是否具有方差的稳定性呢?我们对因变量拟合值与残差进行制图,得到散点图。这个图总体上显示残差的分布比较水平。所以残差的方差具有一定的稳定性。同样,我们可以对残差与各自变量作图。其结论是一致的。

各观察点之间是否是独立的呢?从数据的采集过程来看,这个数据明显违反了独立性原则,因为每个调查对象评估了两个文档。显然,这两个文档之间因为有共同的调查对象而是不独立的。但是,我们无法用作图的方法来证明这一点。

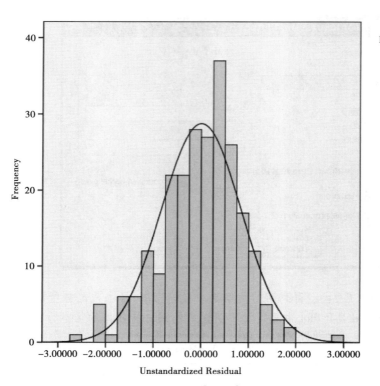

Mean=−6.83E−16
Std.Dev.=0.839
N=242

Scatterplot
Dependent Variable:relevance

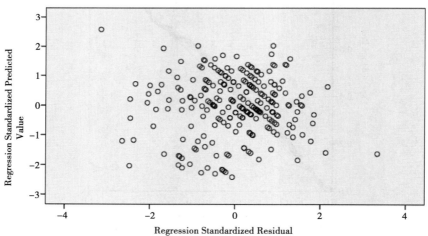

线性回归的建模 **8**

8.1 引　言

我们以前对于单变量与多变量回归模型的介绍侧重于理解因变量和自变量之间最基本的数量关系。也即回归模型是怎样表达因变量是如何被自变量解释的,因变量中的信息可以如何被分解成不同的部分,这些不同的信息如何反映在回归系数、(偏)决定系数、部分相关系数、残差、方差上。我们在这一章所侧重的是如何理解与测试自变量之间的关系。在社会科学的研究中,一个线性回归模型并不只是简单地把所有的预期有用的自变量放入一个模型中,而是需要我们同时也考虑自变量之间的关系。比如,两个自变量之间也可能是因果相关的,或者它们是从类似的角度来表达同一个现象,或者一个自变量对因变量的作用受到另外一个自变量水平的影响。对这些不同的自变量之间的关系的分析是一个科研模型在数据收集与检验之前不可或缺的步骤。在这一章,我们将先介绍**多重共线性**(multicollinearity),它描述了两个变量之间的因为有过多的信息重复而导致的问题。然后我们介绍自变量之间的中介关系,即一个自变量通过另一个自变量对因变量起作用。最后我们介绍两个自变量之间的调节作用,即一个自变量对因变量作用的大小取决于另外一个自变量的水平。

8.2 多重共线性

我们先来回顾一下前一章的例子。我们假设消费者对网店的信任受到两个变量的影响:网店的易用性与易学性。我们的方差分析结果表明虽然这两个变量在独自作用时对因变量都有显著影响,当组合在一起时影响却不显著了。

例 8-1　y 对 x_1 与 $x_2|x_1$ 作回归

Model		Sum of Squares	df	Mean Square	F	Sig.
3	Regression	17.00	2	8.50	11.90	0.00
	x_1	15.23	1	15.23	21.32	0.00
	$x_2|x_1$	1.77	1	1.77	2.48	0.12
	Residual	73.58	103	0.71		
	Total	90.58	105			

所以,根据额外平方和,易学性在易用性的基础上没有显著地增加对信任的解释。我们把这种结果归因于易学性和易用性之间的信息重复。这种模型的"危害"有哪些呢?我们在以前已经提到过,这种模型:

1. 没有简洁性。

2. 具有误导性。

如果我们只看回归分析的结果,我们很可能得到一个错误的结论:易学性是不重要的。

如果我们查看组合模型的回归系数,我们还会发现易学性的系数是负的(-0.29),这几乎是这个变量单独作用时的相反数(0.26)。这"说明"易学性对信任有负的作用。这是误导性的另外一个表现:回归系数的方向不正确。同时,我们还会发现易用性系数也受到了影响。这个系数在单独作用时是 0.39,在组合模型中是 0.69,几乎翻倍。这是误导性的另外一个表现:回归系数不稳定。这种不稳定性还表现在如果我们用不同的样本,我们可能得到相当不同的回归系数。在这个例子中,组合模型可以理解为先是过高地表达了易用性对信任的作用(0.69),然后再用易学性进行反向调整(-0.29)。显然,这不是我们建立回归模型的初衷(我们以前往往对回归分析有一种误解,认为每一个回归系数表达了一个自变量对因变量的直接作用)。

我们还会发现回归系数的标准差变大了。对于这两个自变量,它们的标准差至少翻倍。这与回归系数的不稳定性是一致的,标准差变大意味着回归系数的变化范围变大。同时,它也意味着这两个变量都变得更不容易具有显著性,因为显著性与系数的标准差成反比。

例 8-2　比较不同的模型

独立作用时					组合模型				
	Unstandardized Coefficients		t	Sig.		Unstandardized Coefficients		t	Sig.
	B	Std. Error				B	Std. Error		
peou	0.39	0.09	4.58	0.00	peou	0.69	0.21	3.33	0.00
peol	0.26	0.08	3.40	0.00	peol	-0.29	0.18	-1.58	0.12

这些问题,在线性回归中叫做多重共线性问题,因为线性关系不只出现在自、因变量之间,而且出现在自变量之间。这种出现在自变量之间的线性关系使得自变量对因变量

的作用难以直观解释,并使得线性回归的结果不具有可靠性。

那么形成多重共线性最基本的原因是什么呢?从理论的角度看,这是因为自变量之间的信息重叠。这种信息重叠会导致一系列的数学后果,最终使得回归系数变得无法解释或者不可靠。

如何鉴定多重共线性呢?对于一个经过标准化的两个自变量的回归模型,我们在前一章提到过:

$$b_1 = \frac{\mathbf{x}_1'\mathbf{y} - r_{12}\mathbf{x}_2'\mathbf{y}}{1 - r_{12}^2} = \frac{(\mathbf{x}_1' - r_{12}\mathbf{x}_2')\mathbf{y}}{1 - r_{12}^2} = (x_1 \text{ 的相对于 } x_2 \text{ 的残差与 } y \text{ 的积和}/x_1 \text{ 中的独特信息})$$

所以 b_1 是一个 y 的线性组合。这意味着当 x_1 中的独特信息很少,即($1 - r_{12}^2$)很小时,b_1 的方差就会很大。x_k 中在被其他所有的自变量联合解释后的独特信息($1 - R_k^2$)又被叫做它(相对于其他自变量)的**容限**(tolerance,也译为容忍值)。一个自变量中的独特信息越多,它的容限越小,即它越不容纳其他自变量中的信息。当一个变量中的信息全部是独特的时候,它的容限是 0。($1 - R_k^2$)的倒数叫做**方差膨胀系数**(VIF,variance inflation factor)。可以证明(见本章末),在标准化后的回归模型中,b_1 的方差是残差的方差乘以这个方差膨胀系数。当一个自变量中全部是独特信息时,方差膨胀系数 = 1。方差膨胀系数是一个多重共线性的重要指标。在社会科学中,经验法则是每一个自变量的方差膨胀系数应该小于 10。显然,这个经验法则要求每一个变量的独特信息至少是 10%。但是,方差膨胀系数小于 10 并不意味着没有多重共线性。在这个例子中,VIF(x_1)= $1/(1 - 0.91^2)$ = 5.82。但显然,多重共线性已经产生严重的副作用。Diamntopoulos 与 Siguaw 建议阈值可以用 3.33,也就是说,容限值是 0.30。作者支持这个建议,不支持阈值为 10。

另外一个鉴定多重共线性的常用指标是**状况系数**(condition index,也译为条件系数)。它的计算方法是(Velleman & Welsch,1981):

1. 先把每一列的 x 值标准化为长度为 1 的向量,
2. 对于标准化的自变量,计算其 $\mathbf{X}'\mathbf{X}$,
3. 求出 $\mathbf{X}'\mathbf{X}$ 的特征根(λ_i),
4. 计算每个自变量 x_i 的状况系数 = $\sqrt{\dfrac{\lambda_{\max}}{\lambda_i}}$。

状况系数的基本思想是先求出自变量中的主成分。我们会在以后更详细地介绍主成分分析。主成分表明一组自变量中的信息可以重新表述为一组相互独立的主成分。其中每个主成分是所有自变量的一个线性组合。这样得到的主成分对应于一组特征根,特征根的大小表示一个主成分的信息量。如果两个变量具有很高的相关性,就会产生很小的特征根。因为状况系数与一个主成分的信息量成反比,所以状况系数越大,一个主成分越不重要。这里的经验法则是如果状况系数大于 30,多重共线性的问题就可能很严重。这时我们会查看哪些自变量与很小的主成分相关。如果两个自变量可以同时由这个很小的主成分解释,并表现为自变量的方差中大于 90% 的部分是由这个很小的主成分贡献的,我们就知道这两个自变量之间有多重共线性(常数项除外)。

在以上的例子中,从 SPSS 的输出可以得到:

例 8-3　用 SPSS 检查状况系数

Collinearity Diagnostics（a）

Model	Dimension	Eigenvalue	Condition Index	Variance Proportions		
				（Constant）	peou	peol
1	1	2.98	1.00	0.00	0.00	0.00
	2	0.02	12.52	0.93	0.03	0.06
	3	0.00	34.18	0.07	0.97	0.94
a	Dependent Variable：trust					

可以看出,peou 和 peol 同时负载一个很小的主成分信息,所以具有多重共线性。除了这两种方法以外,我们可以用其他相对比较不正式的方法,比如观察两个自变量相关系数的大小,不同模型复杂程度时回归系数的大小、方向、方差等。对于 VIF 与状况指数,一般来讲,只要任何一个表明有多重共线性,我们就应该认为这个模型中有多重共线性问题。

那么如果我们的模型中有多重共线性问题我们该怎么办呢？首先,我们要把变量中心化。中心化有助于降低计算过程的舍入误差,舍入误差是另外一个多重共线性的原因。一种办法是把有问题的自变量中的一个拿掉。这意味着修改原来的理论模型。而基于数据进行模型修改永远是危险的。我们所发现的多重共线性可能只是由于这个样本的特殊性。“后见之明”会增加我们拒绝一个不该拒绝的假设的风险,从而降低这个模型的统计效能（statistical power）。所以,正确的方法是在设计理论模型的过程中就充分考虑到多重共线性出现的可能性,避免相关性高的自变量,从根本上解决这个问题。

另一种方法是组合相关性很高的自变量（Stevens, 2002）。在这种情况下,多个相关性很高的自变量其实被看做一个潜变量（latent variable）的显性测度。常用的办法是把这些相关自变量进行加总或平均,然后再放入回归模型。这种方法必须首先保证相关自变量具有理论上的相关性。否则,这种组合是没有意义的。在实际研究中,研究者往往事先计划（而不是事后投机）使用多个高度相关的显性测度来表示一个潜变量,并用其均值进行回归。当然,理论模型要针对潜变量而不是显性测度。我们会在以后再详细介绍这种使用多个测度项的方法。

第三种方法是用 ridge regression。使用这种方法不需去除自变量。但这种方法也被批评,因为它需要研究者主观地决定一些参数,所以在行为研究中极少被应用。

8.3 中介作用

多重共线性也可能表明一个自变量对因变量的作用是由另外一个自变量所中介。如果 x 和 z 对 y 的单独作用是显著的,但是,当我们把它们放在一起的时候,我们可能发现 x 对 y 的影响（c'）为零（回归系数为 0 或不显著）或者回归系数相对于 x 单独作用于 y 时的（c）显著地降低,但仍大于零。如果 x 的回归系数变为零,这种情况叫做**完全中介**（complete mediation）,如果只是显著降低,则为**部分中介**（partial mediation）。显然,部分中介的情况更为普遍（Baron & Kenny, 1986; Frazier et al. , 2004）。此时,z 是**中介变量**（mediator）。

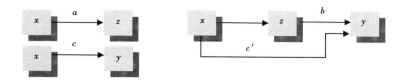

图 8-1　中介作用中的各种关系

　　中介作用（mediator effect）表达了一组变量之间的间接因果关系。这样的关系往往就是一个理论假设的重点。很多论文的主题就是为了测试几个变量之间的间接关系。如果一个中介作用成立，它至少有两个作用：一是给出一组因果关系的过程描述，从而给模型一些在时间维度上的意义，虽然严格的过程测试需要使用追踪调查（longitudinal study）；第二，以 y 为核心变量，这种方法给出一种区分外围与直接原因的工具。这样，我们可以厘清哪些变量是 y 的最直接原因，从而简化且深化对 y 的理解。所以，这种测试计划首先必须是基于理论论证的。

　　举例来讲，在员工业绩评估研究中，业绩评估被认为受过程与结构性变量影响。其他环境因素则通过过程与结构变量起作用（Levy & Williams，2004）。所以在这个理论框架中，较远的环境变量的作用被中介了。

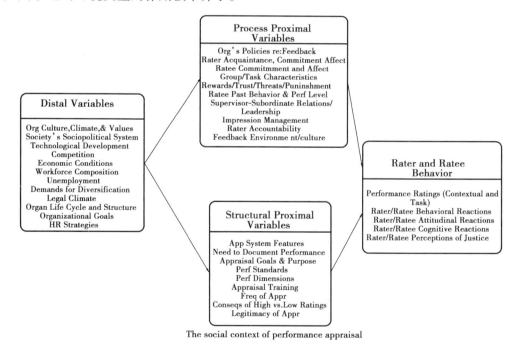

图 8-2　业绩评估理论框架（Levy & Williams，2004）

　　Baron 与 Kenny（1986）早期提出了测试中介作用的三个步骤：第一，用 x 对 y 作回归，并显示 x 对 y 是显著的。第二，用 x 对 z 作回归，并显示 x 对 z 是显著的。第三，用 z 对 y 作回归，并显示 z 对 y 是显著的。第四，用 x 与 z 对 y 作回归，并显示 x 的作用显著降低（$c-c'$）。其中，（$c-c'$）与 ab 是等价的（请读者思考为什么。答案：x 对 y 的作用中被降低的信息量就是被中介变量"分流"的信息量，被中介的部分取决于两个步骤上的"渗透率"。所以我们可以用对 ab 的测试来测试中介作用），未经标准化的 ab 是正态分布且

方差为 $b^2 s_a^2 + a^2 s_b^2 + s_a^2 s_b^2$（Kenny，1998）。Frazier 等（2004）总结前人认为第一步骤是不必要的，因为一个变量 x 可能被两个其他变量所中介，而且这两个中介变量具有相反的作用，从而使 x 的直接作用不显著。

哪些变量我们应该假设为中介变量呢？这首先是由理论决定的。但是除了理论之外，选择测试哪个中介变量还有一些实际考虑。第一个实际中的问题是统计效能的问题（Frazier et al.，2004）。有的中介变量虽然存在，却很难测试到。这个问题是这样产生的：x 与 z 可能是高度相关的，因为多重共线性的问题，这就可能导致在 $y = f(x, z)$ 中 z 不具有显著性，从而不满足 Baron 与 Kenny（1986）的测试条件。一种增加统计效能的办法是增加样本量。对于一个样本量 N，Kenny 等（1998）提供了一个计算有效样本量的公式：$N(1 - r_{xz}^2)$，其中 r_{xz} 是 x 与 z 的相关系数。这个公式意味着一个大小为 N 的样本只能具有大小为 $N(1 - r_{xz}^2)$ 的实际效能。研究者应该先估算 r_{xz} 并适当调整样本大小。一般来讲，样本量在 200 以上是最低要求（Hoyle & Kenny，1999）。第二个实际问题是 r_{xy} 与 r_{zy} 的大小。Kenny 等（1998）建议 r_{xy} 要小于等于 r_{zy}，以确保有足够的统计效能。这种要求不难理解：如果 r_{xy} 大于 r_{zy}，很可能在 $y = f(x, z)$ 中 z 不具有显著性，从而让人质疑是 x 中介了 z 还是 z 中介了 x。另外一个导致统计效能降低的原因是测量误差。用多个测度项是一种解决办法。研究者可以使用结构方程模型，其测试过程与回归模型是一样的。

一个理论模型往往也包含其他自变量，那么在测试中介关系时是否要包含它们呢？Kenny 等（1998）建议在 $y = f(x, z)$ 中包含其他变量。这样，如果有一个变量是 x 与 z 的共因就会被发现，从而避免似是而非的中介关系。此时，以上的方差计算公式就不适用了（为什么？）。

我们现在来看一个例子。在心理学中，一个建立已久的观点是行为意愿由我们对事物的态度决定，而态度则是由一些对事物的认知决定。相应地，我们的理论模型认为网店的易用性是通过网店的有用性对购买意愿产生影响，也即：

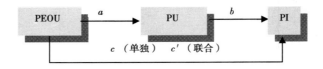

图 8-3　中介作用路径图

我们可以得到以下的回归结果：

表 8-1　中介作用的回归分析

测试步骤	Path	Unstandardized B	SE B	Sig.	95%	CI	标准 B
PI $= f($ PEOU $)$	(c)	.288	.132	.031	.027,	.549	.210 *
PU $= f($ PEOU $)$	(a)	.677	.090	.000	.499,	.856	.593 **
PI $= f($ PEOU,	(c')	−.234	.139	.096	−.511, .043		−.171
PU $)$	(b)	.771	.122	.000	.529, 1.013		.642 **

* $p < 0.05$，** $p < 0.01$

显然，做中介分析的条件是成熟的。我们然后计算：

$$s(ab) = \sqrt{b^2 s_a^2 + a^2 s_b^2 + s_a^2 s_b^2}$$
$$= \sqrt{0.771^2 \times 0.090^2 + 0.677^2 \times 0.122^2 + 0.090^2 \times 0.122^2} = 0.108$$

$$ab/s\,(ab) = 4.814$$

这个 z-score 远大于所要求的 1.96,所以,这个降低是显著的,中介关系成立。要注意一般的统计软件并不提供这种测试过程,研究者要自行计算。

8.4 调节作用（moderator effect）

在社会学与行为学的研究中,一个经常会碰到的现象是一个变量对另外一个变量的影响受到第三个变量的影响。在管理学中,20 世纪七八十年代发展起来的所谓权变管理（contingency management）理论的主要论点就是管理方法要应情境的不同而变化,因为事物之间的关系会因为情境的变化而变化。当工人的工资水平低时,增加工资可以提高工作业绩;当工资水平高时,再提高工资水平就不见得有效了。权变管理理论不是一个统一的理论,而是一类覆盖各种课题、庞杂多样的研究,其共同点是探索两个变量在不同情况下的关系。而代表这个"不同情况"的第三个变量,就是我们在这里所要讲的**调节变量**（moderator）,有时也叫**条件变量**（condition）。一个调节变量是一个类别型的或连续型的变量,它影响一个自变量对一个因变量的作用的大小或方向（Baron & Kenny, 1986）。在这个关于工资的例子中,一个工人的工资水平影响工资水平对工作业绩的作用。在此,工资水平是其自身的调节变量。这是一种并不少见的现象。在线性回归或者实验分析的范畴中,调节作用也常被叫做**相互影响作用**（interaction effect）。Cohen 等人（2003）把相互影响定义为两个自变量通过相互作用对因变量产生影响,这种影响超乎它们各自对因变量影响之和。虽然调节作用与相互影响在数学分析上是一模一样的,这两种名称的不同在于调节作用强调了一个调节变量所起的特殊角色。这种角色的区分是理论上的而不是数学上的,在数学分析中,一个变量是调节变量还是一般的自变量并没有不同。这种相互影响往往通过引入一个自变量与调节变量的积来表示。这样的回归分析叫做**有调节多变量回归**（MMR, moderated multiple regression）。权变管理的思想本身并没有什么新意,但是定量方法论的发展与应用却使对这种思想的科学检验变得可能。

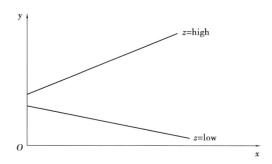

图 8-4 调节作用的图示

Baron 和 Kenny（1986）从概念上区分了两种不同的调节作用。第一种是一个自变量与因变量之间的相关系数因调节变量的不同而变化,这种不同被叫做**合理性差异**（differential validity）。第二种是一个自变量与因变量的关系的性质——表现为相关性的正负方向随着调节变量的变化而变化,这种变化被叫做**预测性差异**（differential prediction）。有的学者（Carte & Russel, 2003）认为 MMR 只适用于预测性差异,但是没有提出具体的原因。主流的做法似乎并不区分这两种不同（如 Cohen et al., 2003）。另外,在实验设计中,尤其是因子设计中（factorial design）,一个因子往往是调节变量。实验设计与回归分析在理论上是一致的,所以我们对于 MMR 的讨论也将适用于实验设计。Baron 和 Kenny(1986)指出不同的调节作用,不管是在相关分析的框架内还是在实验设计的框架内,可以有共同的分析框架,并用一样的 MMR 来测试调节作用。Baron 和 Kenny(1986)的调节作用测试框架可以表示为下图:

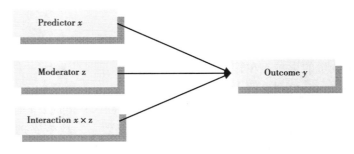

图 8-5　调节作用所对应的路径图

在这个框架中,预测变量 x(如此命名以区分调节变量)与调节变量 z 对 y 的直接作用叫做这两个变量的**主作用**(main effect),它们的积对 y 的影响叫做调节作用。如果调节作用是显著的,那么一个调节作用假设就被支持。对于一个调节作用假设,主作用的显著与否并不是条件。当调节变量没有主作用且与预测变量不相关时,Sharma 等人(1981)把它叫做**单纯调节变量**(pure moderator),否则就是**半调节变量**(quasi moderator)。单纯调节变量的回归系数有比较清晰的解释,但对半调节变量的回归系数的理解就必须谨慎,我们会在下面讨论。

8.5 理解回归系数

调节作用的实质是什么呢? 尽管图 8-5 给我们一些直观的认识,我们现在对它进行数理方面的分析。我们先来看最普通的情形:预测变量与调节变量都是连续变量。我们假定:

$$\hat{y} = b_1 x + b_2 z + b_3 xz + b_0$$

其中 x 与 z 是中心化了的,xz 是中心化的 x 与中心化的 z 的积,xz 本身没有中心化。这个方程表示在不同的 z 取值上,有不同的 y 与 x 的回归线。所以 y 与 x 的关系是以 z 为条件的。从数学的角度,我们容易看出:

$$\hat{y} = (b_1 + b_3 z)x + (b_2 z + b_0)$$

$(b_1 + b_3 z)$ 是 y 与 x 之间的简单回归斜度,这个斜度是以 z 为条件的。如果我们想画这个方程的不同回归线,我们应该如何画呢? Cohen 等人(2003)建议使用 z_M, z_H 和 z_L,对应于 z 的均值、均值加一个标准差、均值减一个标准差。对于大部分行为研究而言,我们往往对 b_3 的显著性感兴趣,所以 z 值的选取只是为了以图例增加说明,对于其斜度的理解(即 z 对 y 作用的强度)需十分谨慎。如果这些回归线在有意义的取值范围内互不相交,这时调节作用是**次序性的**(ordinal),否则是**非次序性的**(disordinal)(Aiken & West, 1991)。行为研究中很少对这个交点感兴趣。

我们前面提到对 x 与 z 的中心化,为什么呢? MMR 一个重要的数学特征是它不具有**尺度稳定性**(scale invariant),也就是说,回归系数及其显著性会随测量尺度的变化而变化。我们来看:如果 $x' = x + c$, $z' = z + f$

$$\hat{y} = (b_1 - b_3 f)x' + (b_2 - b_3 c)z' + b_3 x'z' + (b_0 - b_1 c - b_2 f + b_3 cf)$$

如果 $b_3 = 0$，当对 x 或 z 的尺度加一个常数项时，b_1 与 b_2 并不会变化。

如果 $b_3 \neq 0$，当对 x 或 z 的尺度加一个常数项时，b_1 与 b_2 会变化，但 b_3 不会。

由于与坐标轴的交点也发生了变化，调节作用的次序性也会发生变化。所以对次序性的理解也要考虑尺度的影响。

总结来讲，MMR 中回归系数不具有尺度稳定性，这与没有调节作用项时的回归是不同的。另外，以上的推导也说明一个 MMR 的回归系数可能会因为尺度的不同而改变正负，并误导我们对模型的理解。中心化的另外一个好处是降低多重共线性而不至于影响真正的关系。

b_3 可以理解为 x 对于 z 或 z 对于 x（取决于理论假设，我们以 x 为调节变量）的增强或减弱作用。而 b_1 与 b_2 是一种 x 或 z 对 y 在一定条件下的作用（conditional effect），这个条件是另外一个变量的取值。当 z 是中心化的时候，不难看出，b_1 是 z 为 0 时 x 对 y 的作用，也就是 x 对 y 的平均调节作用。当 x 与 z 未经中心化的时候，我们就很难有这样直观的解释。考虑一下如果我们使用 Likert 量表，且不对 z 作中心化，我们可以直观理解 b_1 吗？

当调节变量是类别变量时，通常，我们使用哑元，当然我们也可以在必要的时候使用未加权编码或加权编码。这些编码的建立过程与适用情况我们已经在前一章讨论过了。当使用类别变量时，我们仍然可以对 x 作中心化或标准化，但不需对哑元或其他编码作标准化。我们来看一个例子。如果我们对学生成绩 GPA 与毕业后工资 y 的关系感兴趣，但我们又认为这种关系因专业不同而不同，我们可以建立一组哑元：

表 8-2　哑元作为调节变量

	E_1	E_2
人文专业，LA	0	0
工程专业，E	1	0
管理专业，BUS	0	1

我们的回归方程是：

$$\hat{y} = b_1 E_1 + b_2 E_2 + b_3 GPA + b_4 E_1 \times GPA + b_5 E_2 \times GPA + b_0$$

那么 b_0 至 b_5 各代表什么意思呢？我们把这个问题留给读者作为练习。

8.6 调节作用的测试过程

在测试之前，我们可以对 x 与 z 做不同的数据处理：①用 x 与 z 的原始数据和原始数据的积；②中心化 x 与 z，并由此得到积；③标准化 x 与 z 并由此得到积。对于以上每一种数据处理，我们又会得到未标准化与标准化的回归系数。那么到底哪一个结果是我们应该使用的结果呢？Aiken 和 West（1991），Friedrich（1982）建议首先标准化 x 与 z，得到 z_x 与 z_z，然后用它们来计算 $z_x z_z$，这些值再被用到对 y 的回归中。Cohen 等人（2003）建议勿需对 y 进行标准化，以对它进行直接预测，而不需单位转化。得到的未标准化的回归系数是最后的解，而不是标准化的解。但是如果一个变量具有有意义的零点，是所谓的比例变量（ratio variable），比如网上购买次数、兄弟姐妹个数，则不须中心化或标准化（Cohen et al.，2003）。对其系数相应的解释也应不同，这时一个变量的回归系数不是平均作用,而是零点时的作用。要注意,就各回归系数的显著性而言,是否中心化或标准化 $x,z,$ y 并没有影响。

数据准备好了以后,我们可以用**分步多变量回归方法**(hierarchical multiple regression)来分析数据。我们可以有三个回归模型:第一个只包含预测变量的一次项(有的学者认为(Frazier et al.,2004)这一步可省),第二个只包含预测变量与调节变量的一次项,第三个在一次项的基础上包含调节作用。我们应该用逐步向下还是逐步向上的步骤呢?在逐步向下过程中,我们以一个包括调节作用的完整模型开始,然后去掉调节作用,最后去掉调节变量的一次项。逐步向上的过程正好相反。就调节作用的显著性而言,显然我们只关注完整模型,所以采用哪个过程并无不同。所不同的是,当我们使用逐步向上的过程时,我们可能会在做一阶项回归时被诱惑去解释一次项的回归系数。这时的解释是不应该的,因为我们还不知道调节作用是否显著。逐步向下的过程可以在一定程度上避免这种诱惑,所以可能更好(Aiken & West,1991)。我们不应该使用有调节作用、却没有调节变量的主作用的模型(Cohen et al.,2003),因为如果一次项是显著的却未被包括在模型里,那么对调节项的理解就可能是错的,它可能会在包括一次项后改变。对于调节变量的显著性,有的学者(Carte & Russel,2003)认为应该就这一项所增加的 R^2 作 F-test,而不是直接解释系数的 t-test。当一个调节变量调节多个预测变量时,或者调节变量是哑元时(这时我们有多个调节变量),显然,F-test 是必须的。本书推荐使用 F-test。

测试后,对于 $\hat{y} = b_1 x + b_2 z + b_3 xz + b_0$,我们面临如下问题:如果 b_3 不显著,是否要去除 xz 并重新估计其他系数?Aiken 和 West(1991)认为这是理论决定的。如果在理论中我们有很强的理由来认为有这样的调节作用,即使结果不显著,我们也不要重新估计。这有助于积累这个领域的发现,并为以后的元分析(meta-analysis,也译为数据再分析)作铺垫。当然我们也可以尝试着去掉 xz 来观看对 b_1,b_2 的影响,这时,这种观察是探索性的而不是实证性的。

8.7 调节作用中的统计效能

学术界曾一度对权变管理思想的有效性产生怀疑,因为大量的测试发现所假设的调节作用往往不被支持。虽然在管理中,很多地方我们现在仍然不知道何时应该"随机应变",何时应该"以不变应万变",从方法论的角度来看,许多实际存在的调节作用在实证研究中却很难测到。很多时候,这可能不是因为调节作用不存在,而是我们的数学工具,即 MMR,或是我们的研究设计与分析过程中的疏忽,使得我们很难测到这种调节作用,从而让我们觉得调节作用是不存在的。无法测到存在的关系是一个统计效能的问题。我们在此总结一些影响统计效能的因素(Frazier et al.,2004)。

第一,研究者应事先估计调节作用的效能大小(effect size,也译为效应尺度)。一个变量的效能大小指的是它在其他变量的基础上带来的额外的 R^2。对于调节作用,这是在一次项基础上的额外的 R^2。这种估计是基于对前人研究的总结。调节作用的效能往往是很小的。而检测到效能所需的样本量与效用大小成反比,所以对于调节作用的检验需要大的样本量。另外,其他预测变量的效用也对检验调节作用的效能产生影响。其他预测变量的效能越高越好。这同样需要从前人的研究中去总结。

第二,变量的选择。对于类别型的调节变量,各组别的样本量应尽量相等。当各组别的样本量不同时,统计效能开始下降。一般地,各组别的样本大小差异应控制在 15%

以内。另外,各组的残差方差应当尽量一致。当调节变量是连续变量时,测量误差会降低统计效能。这不是 MMR 所特有的问题。但是,因为 MMR 中有一个二次项（积）,测量误差使得调节项的可靠性（reliability）大大降低。过粗的量表（比如 5 点量表）是其中一个原因。把本来连续预测变量或调节变量二元化是另外一个被强力反对的做法（Cohen et al.，2003）。因变量的测量量表也是一个因素。理论上讲,如果自变量用 7 点量表,调节项就有 49 种组合。如果因变量不想失去自变量中的信息,也应该用至少49 点的量表。实际中,研究者往往用调查对象熟悉的 100 点量表。但作者的经验是如果用 100 点量表,调查对象往往以 5 分、10 分作单位,使其实际作用相当于 11 点或 21 点量表。

课后练习

Background

Ecommerce is expected to be a powerful mechanism to reform the world economy. An important research question in the ecommerce domain is to study consumers' trust in online retailers. Based on prior researches, a researcher made the following hypotheses for click-and-mortar companies (companies having both online and offline stores)：

1. The trustworthiness perception of the online operation of a company would be positively affected by customers' satisfaction (SAT) with the offline operation of the company.

2. The trustworthiness perception of the online operation of a company would be positively affected by the perception of the Internet environment safety (SA).

3. The trustworthiness perception of the online operation of a company would be positively affected by the company's reputation (REP).

4. The trustworthiness perception of the online operation of a company would be positively affected by the perceived ease of use (PEoU) of the website.

5. The trustworthiness perception of the online operation of a company would be positively affected by the perceived ease of learning (PEoL) of the website.

6. The perceived trustworthiness of the website will in turn affect customers' purchase intention (PI).

Figure 1 summarizes the hypothesized model of the researcher.

Survey data was collected to measure subjects' evaluation of these variables regarding two popular online bookstores：the Borders bookstore and the Barnes and Noble. Data were available in the data file RegressionData1. XLS. A regression analysis was planned to verify the researcher's hypotheses.

Required Tests

1. Is linear regression an appropriate model for Trust and all its antecedents? Plot the Trust against all its antecedents to investigate the linearity of the relationship to answer this question.

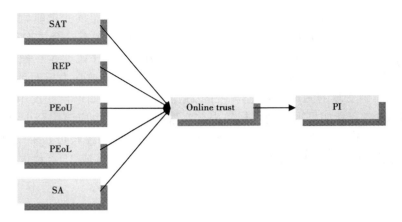

图 8-6　The hypothesized relationship

2. Fit a regression model for Trust.

3. Is there any multicollinearity problem? Detect the multicollinearity problem using both VIF and condition index. If multicollinearity is detected, explain the reason why it happens using your domain knowledge or common sense and suggest a solution. If you are considering removing one variable from the model, give a statistical reason why you choose to remove this variable. Re-test the model when such adjustment is made and retest the multicollinearity.

4. Check for outliers and influential points. Should they be removed or not? Explain why. Re-analyze the data if needed.

5. Check the four standard assumptions of the linear regression model. Are they violated? Can we proceed to test the research hypotheses?

6. Check hypotheses 1-5. Are they supported? If a hypothesis is not supported, explain the reason (no extensive theoretical discussion required).

7. Since SA measures the perceived safety of online environment, it can be regarded as a risk perception. In fact, a number of influential papers suggested that risk perception will have a direct impact on purchase intension and do not have to be mediated by trust. Test the mediating role of Trust for SA following the standard 4-step procedure.

8. Do the effects of all the antecedents differ across the two bookstores? Use the store name as a moderating variable to answer this question.

9. Assume in a following survey, the same variables were evaluated. The research did not release the whole dataset, but only the R^2 (R^2 = 0.215) and the descriptive and the correlation matrix. Please base on the information in the spreadsheet ("correlation and descriptive") to test hypotheses 1-5. (Optional)

　　When conducting the above analysis, build your answers for the later tests on the actions taken for previous steps. Regard yourself as the researcher who is going to write a paper based on the above tests.

　　Note：VIF and Condition Index are available in SPSS and SAS. Other test can be done in almost any statistical packages (e. g. Minitab, Splus). Question 9 can be done in Excel with matrix operations.

　　Reference and Copywright Disclaimer：Data set for this assignment is based on published study (Kim, Xu & Koh 2004) and is proprietary. It is prohibited to redistribute the data set beyong the class use.

Kim, H., Xu, Y. and Koh, J. (2004). A comparison of online trust building between potential customers and repeat customers. *Journal of Association for Information Systems (JAIS)*, 5(10), 392-420.

词汇表

容限（tolerance）

方差膨胀系数（VIF, variance inflation factor）

状况系数（condition index）

多重共线性（multicollinearity）

完全中介（complete mediation）

部分中介（partial mediation）

中介变量（mediator）

调节变量（moderator）

相互影响作用（interaction effect）

有调节多变量回归（MMR, moderated multiple regression）

主作用（main effect）

单纯调节变量（pure moderator）

半调节变量（quasi moderator）

分步多变量回归方法（hierarchical multiple regression）

参考文献

Baron, R. M., & Kenny, D. A. (1986). The moderator-mediator variable distinction in social psychological research: Conceptual, strategic, and statistical considerations. *Journal of Personality and Social Psychology*, 51 (6), 1173-1182.

Carte, T. A., & Russel, C. J. (2003). In pursuit of moderation: Nine common errors and their solutions. *MIS Quarterly*, 27 (3), 479-501.

Diamantopoulos, A., & Siguw. J. A. (2006). Formative versus reflective indicators in organizational measure development: A comparison and empirical illustration. *British Journal of Mangement*, 17, 263-282.

Frazier, P. A., Tix, A. P., & Barron, K. E. (2004). Testing moderator and mediator effects in counseling psychology research. *Journal of Counseling Psychology*, 51(1), 115-134.

Hoyle, R. H., & Kenny, D. A. (1999). Sample size, reliability, and test of statistical mediation. In R. Hoyle (Ed.), *Statistical strategies for small sample research* (pp. 195-222). Thousand Oaks, CA: Sage.

Kenny, D. A., Kashy, D A., & Bolger, N. (1998). Data analysis in social psychology. In D. T. Gilbert, S. T. Fiske, & G. Lindzey (Eds.), *The handbook of social psychology* (4th ed., pp.233-256). New York: Oxford University Press.

Levy, P. E., & Williams, J. R. (2004). The social context of performance appraisal: A review and framework of the future. *Journal of Management*, 30(6), 881-905.

Sharma, S., Durand, R. M., & Gur-Arie, O. (1981). Identification and analysis of moderator variables, *Journal of Marketing Research*, XVIII (August), 291-300.

Velleman, P. F., and Welsch, R. E. (1981), Efficient computing of regression diagnostics, *The American Statistician*, 35 (4), 234-242.

补充:方差膨胀系数

我们可以以一个双自变量的模型为例,我们对所有的自变量和因变量进行标准化,

使其方差为 1、均值为零。这时

$$y_i = \beta_1 x_{i1} + \beta_2 x_{i2} + \varepsilon_i$$

此时:

$$(\mathbf{X'X})^{-1} = r_{XX}^{-1} = \begin{bmatrix} 1 & r_{12} \\ r_{12} & 1 \end{bmatrix}^{-1} = \frac{1}{1 - r_{12}^2} \begin{bmatrix} 1 & -r_{12} \\ -r_{12} & 1 \end{bmatrix}$$

$$\sigma^2(b) = \sigma_\varepsilon^2 r_{XX}^{-1} = \sigma_\varepsilon^2 \frac{1}{1 - r_{12}^2} \begin{bmatrix} 1 & -r_{12} \\ -r_{12} & 1 \end{bmatrix}$$

不难看出,对于每一个自变量的回归系数,其方差是标准化后残差方差的 $\dfrac{1}{1 - r_{12}^2}$ 倍。

附:用 SPSS 做回归分析

一、回归与多重共线性

用 SPSS 做回归分析相当容易。以范文的主调查数据为例,我们演示多重共线性的检验、变量的标准化、调节作用。我们使用的是用测度项均值所得到的构件因子值。

我们先对基本模型做回归分析,作为演示,我们只包括理论变量。

第一步,读入数据,并选择线性回归。

第二步,设定回归模型。我们先选定因变量与自变量,然后选择 Statistics。在这个界面选择 Collinearity diagnostics 与 Case-wise diagnostics,后者用来作偏离点测试。

一些主要的输出如下:

（一）拟合度

Model Summaryb

Model	R	R Square	Adjusted R Square	Std. Error of the Estimate
1	.679ᵃ	.460	.449	.847622

a. Predictors：（Constant），scope，novelty，understandability，topicality，reliability

b. Dependent Variable：relevance

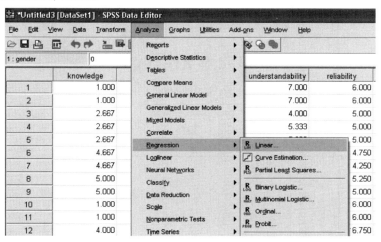

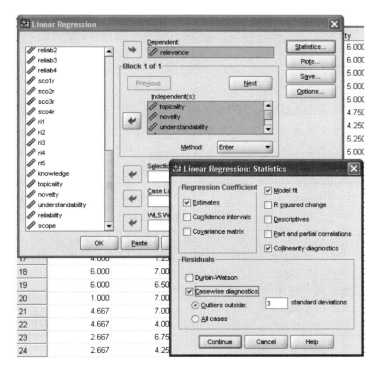

（二）ANOVA

ANOVAb

	Model	Sum of Squares	df	Mean Square	F	Sig.
1	Regression	144.729	5	28.946	40.288	.000a
	Residual	169.557	236	.718		
	Total	314.286	241			

a. Predictors：（Constant），scope，novelty，understandability，topicality，reliability

b. Dependent Variable：relevance

（三）回归系数、标准化的回归系数、显著性与 VIF

Coefficientsa

Model	Unstandardized Coefficients		Standardized Coefficients	t	Sig.	Collinearity Statistics	
	B	Std. Error	Beta			Tolerance	VIF
1 （Constant）	−.389	.387		−1.005	.316		
topicality	.284	.053	.315	5.310	.000	.649	1.541
novelty	.255	.047	.268	5.438	.000	.941	1.063
understandability	.135	.047	.146	2.892	.004	.897	1.115
reliability	.245	.072	.205	3.412	.001	.634	1.577
scope	.105	.046	.113	2.263	.025	.918	1.089

a. Dependent Variable：relevance

（四）Condition index

从 VIF 与 condition index 来看,在本例中,最大的 VIF 为 1.59,所以在可以接受的范围内。状况指数也没有大于 30 的,所以结果并不支持数据中有多重共线性。因此,我们可以认为多重共线性不会对我们的结论可靠性构成威胁。

Collinearity Diagnosticsa

Dimension	Eigenvalue	Condition Index	Variance Proportions					
			（Constant）	topicality	novelty	understandability	reliability	scope
1	5.796	1.000	.00	.00	.00	.00	.00	.00
2	.072	8.981	.00	.01	.16	.00	.01	.87
3	.054	10.383	.00	.02	.60	.27	.01	.10
4	.045	11.409	.01	.46	.06	.36	.02	.00
5	.021	16.547	.37	.31	.15	.36	.19	.01
6	.013	21.169	.62	.19	.03	.01	.77	.01

a. Dependent Variable：relevance

（五）偏离点检测

观察点 20 与 140 被发现是偏离点。由于我们并没有其他理由来表明这两个点一定是偏离点,我们选择不删除它们。如果我们有其他理由来表明调查对象没有认真填写,我们或者可以删除这两个点。

Casewise Diagnosticsa

Case Number	Std. Residual	relevance	Predicted Value	Residual
20	-3.149	4.000	6.66890	-2.668899E0
140	3.337	6.250	3.42162	2.828380E0

a. Dependent Variable：relevance

二、调节作用

假定我们认为一个文档的 topicality 与 novelty 有相互作用来影响文档的有用性。也就是说,如果一个文档具有新意,当其主题相关性高时,这时新意会更有用。如果一个文档的主题相关性低,那么不管其新意如何,其有用性不会很高。这个推理显得比较合理。所以我们在以前模型的基础上增加相互作用测试。我们先对 topicality 与 novelty 进行标准化,然后得到它们的积,并把积作为一个变量加入到模型中来。

第一,选择 Analysis/Discriptive Statistics/Discriptive。选择 novelty 与 relevance,并选择 Save standardized values as variables。OK 后,数据表中即生成了标准化了的变量。

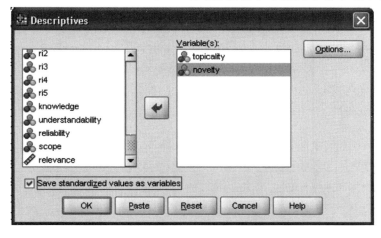

第二,选择 Transform/Compute Variables。定义积为一个新的变量 ztopxznov,设定其计算公式,我们就得到了这个变量。

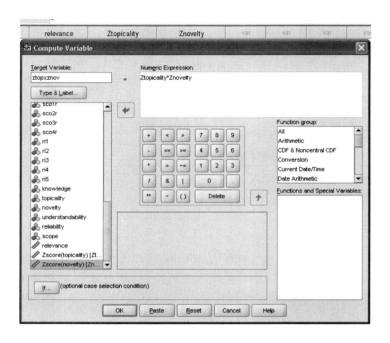

第三,重新做回归,我们即可得到新的模型的结果。

Coefficientsa

Model		Unstandardized Coefficients		Standardized Coefficients	t	Sig.
		B	Std. Error	Beta		
1	(Constant)	− .257	.386		− .666	.506
	topicality	.274	.053	.305	5.187	.000
	novelty	.259	.046	.273	5.596	.000
	understandability	.127	.046	.137	2.739	.007
	reliability	.243	.071	.203	3.428	.001
	scope	.099	.046	.107	2.162	.032
	ztopxznov	− .129	.050	− .125	− 2.615	.009

a. Dependent Variable：relevance

其中,ztopxznov 是标准化后 topicality 与 novelty 的积。结果显示这个积是显著的。但是,这个积的回归系数的方向不对。我们指望 topicality 与 novelty 的作用互相加强,结果显示却是相反。结果是:如果 topicality 越高,novelty 对文档有用性的作用就越小。或者,反过来讲如果 novelty 越高,topicality 对文档有用性的作用就越小。这与我们的初始假设不符。这表明我们的假设不被数据支持。会不会我们的理论错了? 我们也许能够找出一个解释来说明这种负的相互作用是可能的。但是,仅仅为迎合一个显著的关系而用事后诸葛亮的方式来发明一种解释是一种不可取的做法。即使我们能想出一种解释,我们也不该改变我们原有的假设。

因子分析的一般思路　9

9.1 引　言

在我们讨论回归分析时,我们假定一个理论构件对应于一个变量,或者说一列数值。但我们在第 3 章里提到,对于不可直接测量的心理变量,在设计问卷时我们往往用多个问题,以求可以更好、更全面地反映一个调查对象的实际感知。但是回归分析并不能处理多个测度项的情况。这就需要有一些新的统计方法。

在这一章,针对这样的需要,我们先介绍社会调查数据分析的总体步骤。然后,我们集中到因子分析上。因子分析的目的就是要把多个测度项综合成一个变量,叫做因子。有了因子,回归分析或者类似回归分析的方法就可以被用来做假设检验了。在这一章,我们介绍因子分析的一般思路。具体的因子分析方法会在下几章讨论。

9.2 社会调查数据分析的总体步骤

在第 2 章,我们提到一个心理变量往往对应于一组而不是单一的概念。我们把这样的心理变量叫做一个**理论构件**或**构件**(construct)。这些相关的细化的概念往往被叫做这个心理变量的**概念空间**(concept space)。用多个问题来测量这个概念,就是要从这个概念空间中选择合适的表达方式,使这些表达方式作为一个整体可以更好地反映一个不可以直接测量的心理变量。这些被使用的问题又叫做**测度项**(item)。我们也提到,测度项的质量可以从**效度**(construct validity)与**信度**(reliability,也称可靠性)两方面来检验。简单而言,效度指的是"问了该问的问题",信度是"把该问的问题问好"。信度影响效度。当有多个构件在一个问卷中时,测度项的效度与信度会相互影响。如果构件的测度项各为其主,这个测度工具就有**区别效度**(discriminant validity)。对于一个构件,如果它的测度项都一致地反映了这个构件,这个构件就具有**聚合效度**(convergent validity)。对于一个测度工具质量的检验是社会调查数据分析的一个重要步骤。如果测度工具的质量是合格的,我们就可以进行假设检验。否则,我们可能需要对测度项进行取舍,保留其中合格的部分进行分析。或者,我们需要重新设计测度工具,重新调查。

概括来讲,这个数据分析的过程可以分为四个阶段,如图 9-1 所示。这四个阶段包括对预调查数据进行探索性因子分析来检验测度工具的质量,对主体研究的数据进行验证

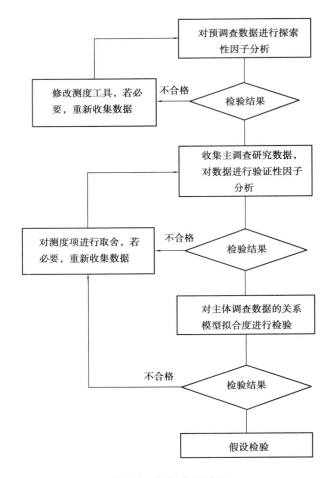

图 9-1　数据分析过程

性因子分析来检验测度模型的质量,对关系模型的拟合度进行检验,最后进行假设检验。其中前三步是回归分析中所没有的,这是因为我们在这里使用了多测度项的构件。探索性因子分析与验证性因子分析的目的都是为了对测度工具的质量进行检验。由此可见,因子分析在数据分析中起到很关键的作用。在问卷设计时,我们用人工的方法对测度工具质量进行检验,因子分析则用统计的方法来检验。

9.3 构件与测度项

在统计中,一个理论构件往往叫做因子。因子分析是由 Karl Pearson, Charles Spearman 和其他科学家在 20 世纪初提出来的。因子分析最早的时候在心理计量学中用来测量智力。

因子分析的主要目的是用来描述隐藏在一组测量到的变量中的一些更基本的,但又无法直接测量到的**潜变量**(latent variable, latent factor,也称隐性变量)。比如,如果要测量学生的学习积极性(motivation),课堂中的积极参与、作业完成情况,以及课外阅读时间可以用来反映积极性。而学习成绩可以用期中、期末成绩来反映。在这里,学习积极性与学习成绩无法直接用一个测度(比如一个问题)测准,它们必须用一组测度方法来测量,然后把测量结果结合起来,才能更准确地来把握。换句话说,这些变量无法直接测量。可以直接测量的可能只是它所反映的一个**表征**（manifest），或者是它的一部分。在这里，表征与部分是两个不同的概念。表征是由这个潜变量直接决定的。潜变量是因，而表征是果，比如学习积极性是课堂参与程度（表征测度）的一个主要决定因素。而部分则指潜变量的一个组成部分。比如，一个企业资源计划系统（enterprise resource planning system）的利益可能可以分为提高运营效率，降低运营成本，赢得市场份额等。一组表征测度是一起变化的。比如课堂参与度下降了，往往课外阅读也同时下降，因为它们都由同一个潜变量决定。而关于各个部分的测度则往往没有这种相关性。一个企业资源计划系统可能提高运营效率，却可能不降低运营成本或赢得市场份额；它也可能大大提高运营效率，却同时增加了运营成本。所以，表征测度被叫做**反映性测度**（reflective measures or reflective items），而部分性测度又被叫做**构成性测度**（formative measures or formative items）。在因子分析中，我们假定的是反映性测度，因为这种测度更为常见。我们会在本书的最后几章再讨论构成性测度。在因子分析中，潜变量、因子、构件是同一个概念的不同名称，我们会混用。

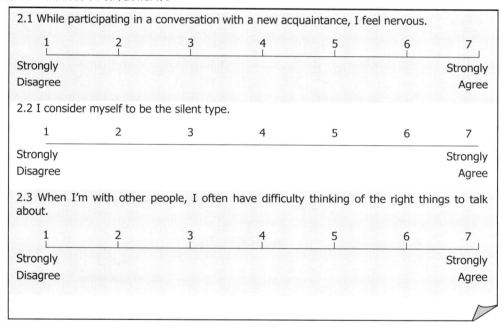

图 9-2　问卷的一部分：构件"内向"的 3 个反映性测度项

心理学中很多变量是无法直接测量的，比如智力、态度（attitude）、个性（personality）、意向（intention）、认识（belief）。当然，随着科技的发展，有些以前无法直接测量的东西可能变得可以测量。比如，心理学家用身体电阻的变化来测量感性（affective）反应的强弱。虽然这种方法并不完善，却比传统的通过问问题的方法要客观得多。研究者往往对这样的隐性构件及其关系感兴趣。

使用测度工具的目的是为了得到构件之间的关系。可是什么样的测度工具是好的？如何从测度工具的测量结果中计算出构件与构件之间的关系？回答这些问题的关键是理解测度项与构件之间的关系。

想一想：在美国，一个研究者想研究种族对工作积极性的影响。他的基本推理是黑人与西班牙裔可能因为教育上的劣势而缺乏工作积极性。他把种族分四类：白人、黑人、西班牙裔与亚裔。他用三个哑元来表示（想一想为什么是三个）种族。然后他用这三个哑元作为表征测度，构造了一个潜变量：种族。

想一想这样做有何不妥之处？

9.4 测度项的方差

用一个测度项对一个构件进行测量时，测量值一般不可能准确反映构件的实际值。如果构件是测度项变化的一个主要原因，那么测量值中的信息将包含构件中的信息。如果用方差来表示信息，测量值的方差将反映构件的方差。比如，对一个产品的满意度可以由用户是否觉得开心（happiness）来测量，这个开心程度所反映的信息就会包含对产品的满意。当然，除了对产品的满意外，用户也会受产品的使用场合的影响（比如对生日蛋糕的开心程度受生日聚会气氛的影响）。这样，"开心"这个测度就带有它自己所特有的信息，即场合的影响。用测度项的信息来表示满意度的信息是有偏差的。这种偏差是一种系统性误差，它反映了这两个概念之间（开心与满意）的不同。我们把它叫做**测度项特有误差**（item-specific error），并假定测度项特有误差与因子之间是相互独立的。在具体的测度值中，还会存在**随机误差**（random error），显然随机误差与前两者是独立的。所以，测度值的方差是构件信息、测度项特有信息与随机误差三方面信息的总和。

Var（测度项）= Var（构件）+ Var（测度项特有信息）+ Var（随机误差）

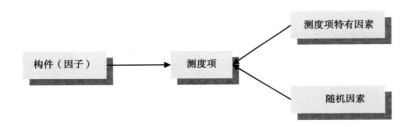

图 9-3　构件与测度项的因果路径图

如果我们想要知道构件中的信息，这个求解的过程也就是从测度值的方差中分离出构件方差的过程。在这个分析方差的过程中，我们把构件叫做**因子**（factor）。

因子与测度项之间的这种关系也决定了使用一个测度项是不足以准确衡量因子信息的。如果只有一个测度项，我们无法决定其中有多少信息是来自于因子、多少是测度项特有信息、多少是随机误差。使用多个测度项将解决这个问题。

假定有两个测度项（Item1，Item2）。我们可以得到如下关系：

- Item1 = Factor + e_1
- Item2 = Factor + e_2

在这里，我们用 e_1 和 e_2 表示测度项特有信息与随机误差的总和，因为我们对这两项之间的差别不感兴趣。假定 Item1，Item2 和因子之间的相关性如下：

r（Item1，factor）= 0.9

r（Item2，factor）= 0.8

那么 Item1 与 Item2 之间的相关系数有多大呢？答案并不复杂，它必须是 0.9 ×
0.8 = 0.72，因为除了通过因子而具有相关性以外，这两个测度项不具有任何其他关系。
那么 0.72 表示了什么呢？0.72 表示了这两个测度项的相关性，即其共有的信息（或者说
标准化了的共有信息的平方根）。而这共有的信息是因为一个共同因子的影响。所以
0.72 反映了通过这两个测试项的"窗口"所看到的因子信息。但如果我们有三个测度项，
因子信息与测度项之间的相关程度就不会是同一个数值（为什么？）。那么测度项与因
子的相关系数（0.8,0.9）又说明了什么呢？它们表明了一个测度项的窗口作用，即这个
测度项在多大程度上与因子的信息重合。同时，这个相关系数反映了一个测度项的特有
信息与随机误差的大小。所以，我们可以说，Item1 比 Item2 好。在以上的例子中，我们用
相关系数来表示信息量。更准确地讲，我们应该用协方差。当然，相关系数可以被看做
标准化以后的协方差。在目前的讨论中，我们暂不区分这两者之间的差别。

一个测度项可能反映了因子中没有的信息，也可能同时漏掉一部分因子的信息。同
样地，几个测度项在一起也可能会反映因子中没有的信息，或者漏掉因子中的信息。所
以，一个好的测度项最好能充分反映因子的变化。举例来讲，我们希望"满意"的时候一
定"开心"，这样所有"满意"的信息都被捕获到"开心"中。从以上的例子中我们看到一
个因子的测量质量归根结底是由其测度项们决定的。所以我们说：测度工具能走多远，
因子就能走多远。在论文的评审中，一个重要的方面就是要看测度工具是否和因子的定
义吻合，测度项是否随因子的变化而变化。

9.5　因子的求解原理

在实际数据中，我们所拥有的只是测度项的值。因为因子是未知的，我们没有测度
项与因子的相关系数，但是，我们可以得到两个测度项之间的相关系数。我们需要求解
的是测度项与因子的相关系数，这个相关系数可以告诉我们因子中的信息量。显然，如
果我们要从 0.72 求解测度项与因子的相关系数，我们能得到很多组不同的解，比如
（0.9, 0.8），（0.8, 0.9），我们也无从确定哪一个是对的。让我们暂时把这种多解性放在
一边来看求解过程的一般原理。

假如有这样一个相关矩阵。我们能观察到的是测度项之间的相关系数，我们要求的
是因子与测度项之间的相关系数，即表格中的第一行数据。你也许会注意到，在这个矩
阵中，两个测度项之间的相关系数正好是它们与因子之间的相关系数的积。这意味着这
个矩阵中只有一个潜变量，而且它完全决定了各个测度项之间的关系。当然，这里有的
测度项比较好（比如 Item1），因为它的测度项特有误差与随机误差和比较小，有的则比
较差（比如 Item5）。但这种完美的拟合度显然是理想化的。在实际数据中，就算所有的
测度项全部反映一个因子，我们也未必能得到这么好的拟合度。相反，由于随机因素与
其他系统性的偏差，不管我们代入什么样的因子，有一些对角线外的元素就是无法降低
到零。但是，一个求解的过程也就是尝试不同的第一行数值 r（factor，Item）的过程。这
个过程的目标函数是降低所有对角线外的相关系数的剩余信息（想一想，我们需要降低
对角线上的剩余信息吗？为什么？答案：因子的信息是以测度项的相关系数或共有信息
来定义的）。也就是说，如果这些测度项反映了一个**公共因子**（common factor），那么我
们所能得到的最多的关于这个因子的信息就是当对角线外的相关系数的剩余信息（或

者说没有被这个因子解释的信息）最小的时候。这个思路与我们在做回归分析时不同。在做回归时，我们有多个自变量，却只有一个因变量。在这里，我们有多个因变量，即测度项，却只有一个自变量，即因子。在回归分析中，我们想尽量多解释单个因变量中的信息（R^2）。在这里，我们想尽量多解释多个因变量之间的相关系数或协方差。在回归分析中我们知道自变量之间的相关系数，因变量与自变量的相关系数，及各观察点的取值，我们要求回归系数。在这里，我们知道因变量之间的相关系数与各观察点的因变量取值，但我们对自变量（因子）一无所知，我们既不知道它在各观察点上的取值，也不知道它与因变量之间的关系（比如相关系数）。

例 9-1   测度项与因子的相关系数矩阵

	Item1	Item2	Item3	Item4	Item5
$r(\textbf{Factor}, \textbf{item})$	.9	.8	.7	.6	.5
Item1	1.0	.72	.63	.54	.45
Item2	.72	1.0	.56	.48	.40
Item3	.63	.56	1.0	.42	.35
Item4	.54	.48	.42	1.0	.30
Item5	.45	.40	.35	.30	1.0

因子求解，最重要的是解出因子与测度项之间的关系，这个关系又叫**因子载荷**（factor loading）。因子载荷表示的是一个测度项与因子中共有的信息与一个因子总的信息之间的比值，即 Cov（因子，测度项）/Var（因子），也即是一种"相关系数"。

对于以上这个理想的相关性矩阵，假如我们猜因子载荷猜得很准，我们会得到以下的估计值（fitted value）矩阵：

例 9-2   测度项与因子的相关系数矩阵的估计值

	Item1	Item2	Item3	Item4	Item5
$r(\textbf{Factor}, \textbf{item})$	.9	.8	.7	.6	.5
Item1	.81	.72	.63	.54	.45
Item2	.72	.64	.56	.48	.40
Item3	.63	.56	.49	.42	.35
Item4	.54	.48	.42	.36	.30
Item5	.45	.40	.35	.30	.25

这个矩阵与前一个矩阵唯一的不同是对角线上的元素。在这个矩阵中，对角线上的元素反映了一个测度项的质量——在多大程度上它与因子有共同的信息，这种共有的信息量又叫**公因子方差**（communality）。这个信息反映了一个测度项被因子（们）解释的程度，这个信息量的反面是这个测度项所特有的信息及随机误差。一个好的因子—测度项估计（也即对 r(factor, item) 的估计）是要最大程度地解释测度项之间的相关性，而不是解释一个测度项中其他信息的多少，因为因子只决定测度项之间的相关性，而不决定一个测度项中与因子无关部分的信息（即测度项特有信息与随机误差）。所以在求解因子的时候，理论上我们并不需要降低对角线上的剩余信息。通过这种思路求解出来的因子叫做公共因子（common factor）。

例 9-3　测度项与因子的相关系数矩阵的残差

	Item1	Item2	Item3	Item4	Item5
r（Factor，item）	.9	.8	.7	.6	.5
Item1	.19	0.1	0	0	0
Item2	.1	.36	0	0	0
Item3	0	0	.51	0	0
Item4	0	0	0	.64	0
Item5	0	0	0	.75	

现在我们再来看拟合后的剩余信息，并假定拟合不是完美的。我们假定 Item1 和 Item2 之间有一些残余信息（0.1）。那么这个残余信息表示了什么呢？为什么会有这样的残余信息呢？

在上例中，这个对角线外的余值说明这两个测度项之间有另外一个潜变量或因子。虽然这个潜变量的作用可能并不显著，但它却使这两个测度项之间的相关性在因子之外增加了 0.1。可是这个多余的因子是由什么产生的呢？原因之一可能是这两个测度项含义太广泛了，超过理论因子的范围。举例来讲，我们想测量企业对电子数据交换系统 EDI 的价值认识，我们所用的测度项包括："我们一直在考虑采用 EDI"；"我们有计划要在不久的将来采用 EDI"；"采用 EDI 会改善我们公司的竞争优势"；"对于我们公司来讲，采用 EDI 是有益的"。前两个测度项有可能太宽泛了。它们反映了采用意向，而采用意向并不仅仅由对 EDI 的价值认识决定。除了价值认识以外，同行的压力、合作伙伴的压力都会影响对 EDI 的采用意向。而这些因素使这两个测度项在理论因子（对 EDI 的价值认识）之外另有相关性。

原因之二是两个测度项过分相似。有的初学者在创建测度工具的时候简单地寻找一个关键字的同义词。比如，在测试满意度的时候两个测度项的唯一不同是一个用了"满意"，另一个用了"满足"。这样，几乎所有的调查对象对这两个测度项都会有一样的反应。这使这两项有共同的特有误差，并反映在这个余值上。而这种重复除了增加误差，并没有增加因子的内涵，它同时还让调查对象觉得纳闷：为什么同样的问题问两次？它也浪费了调查对象的精力，并使其他测度项的质量受到影响。所以，在问卷设计中，这种错误要避免。

原因之三是有些理论因子是多维的。比如，在理论上"信任"有三个维度：能力（ability）、好意（benevolence）、信誉（integrity），也即一个人或组织可信任意味着他有能力、有好意、有信誉。但这些方面有细微的差别。如果在测试的过程中我们把"信任"作为一个单维变量来看，有些测度项可能反映了能力方面，而另外一些反映了其他方面。反映同一方面的测度项自然而然组成一个子因子（sub-factor）并反映在这个余值上。避免这种问题的方法有二：其一是把一个大的因子一分为几，分别测量；其二是用涵盖面更广的测度项。

原因之四是**共同方法偏差**（common method bias）。单一方法方差指的是当数据收集采用同一种方式的时候，调查对象对测度项产生习惯性反应。比如，两个测度项的措词十分相似："对于我们公司来讲，采用 EDI 会改善我们公司的竞争优势"；"对于我们公司来讲，采用 EDI 会改善我们公司的市场份额"，这两个测度项都以"对于我们公司来讲，采用 EDI 会改善我们公司的……"开始,只有最后几个关键字不同。这样的设计就有可能使调查对象不加思考地认为这两个测度项是一样的,并习惯性地给出同样的反应。这就是一种共同方法偏差。当然,如果问卷太长导致调查对象疲劳、调查对象对问卷回答不认真、调查对象对测度项缺少理解或者信息,都会引入这样的共同方法偏差。作者在几次国内的调查中发现这个偏差相当严重。

9.6 多个因子的情况

在实际科研中,我们往往使用多个因子,而且每个因子有多个测度项。例如我们有两个因子,每个因子有三个测度项,我们的相关系数矩阵如下所示。

如果仔细观察,我们会发现灰色元素的值正好等于两个因子的对应测度项载荷的积乘以 0.3,这表明这两个因子的相关系数是 0.3。比如,Item11 与 Item21 的相关系数是 $0.24 = 0.9 \times 0.9 \times 0.3$。在这个例子中,拟合程度是完美的。更重要的是这个例子告诉我们一个得到因子之间关系的方法,当我们拟合测度项的因子载荷的时候,我们就可以同时得到因子之间的关系。有了所有因子之间的关系,它们中的任何线性关系就可能得到了(回忆一下回归分析中的结论:变量之间的关系其实已经在它们的相关系数矩阵或协方差矩阵中了)。我们以后要讲的结构方程正是基于这种思想。正如我们在回归分析中所提到的,在选择自变量的时候,我们希望自变量之间的相关性尽量的小。在这里,我们希望同作为自变量的因子之间的相关性也要小。这就要求来自不同因子的测度项之间的相关性也要小。这个要求叫做**区别效度**(discriminant validity)。当然,我们也会要求同属一个因子的测度项之间具有高度的相关性,这叫**聚合效度**(convergent validity)。

例 9-4　多个因子的测度项

	Item11	Item12	Item13	Item21	Item22	Item23
r (Factor, item)	.9	.8	.7	.9	.8	.7
Item11	1.0	.72	.63	.24	.22	.19
Item12	.72	1.0	.56	.22	.19	.17
Item13	.63	.56	1.0	.19	.17	.15
Item21	.24	.22	.19	1.0	.72	.63
Item22	.22	.19	.17	.72	1.0	.56
Item23	.19	.17	.15	.63	.56	1.0

此时,如果我们要求得到最好的因子—测度项关系,我们要最小化的是哪里的残差呢?我们要最小化的是所有的非对角线元素吗?还是除了灰色的元素以外的对角线元素?答案是我们需要最小化所有的非对角线元素,包括灰色的元素的残差。因为这样做我们最大程度地解释了两组测试项之间的关系,我们就可以得到因子之间的相关系数的最大估计。如果有了因子之间的相关系数,假设检验就近了。

至此,我们可以对因子求解原理做一个总结。因子求解的目的是要得到:

- 因子与测度项之间的相关系数,即因子载荷。
- 因子与因子之间的相关系数。

因子求解的原则是尽可能地解释测度项之间的相关系数(或协方差)。我们在以后

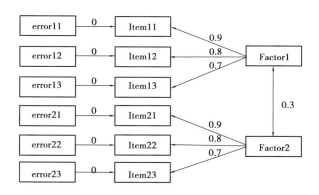

图9-4　测度项与因子关系的图示

几章详细给出求解的方法。

9.7 测度工具的质量检验

如果我们得到因子与测度项的关系及因子之间的关系,我们就可以对测度项进行质量检验。但即使在这个解得到之前,只要我们有测度项之间的相关性矩阵,我们也可以对测度工具进行粗略的质量检验。我们先介绍一种目测法。

例9-5　多个因子的测度项

	Item1	Item2	Item3	Item4	Item5	Item6
Item1	1	.72	.63	.24	.22	.19
Item2	.72	1	.56	.22	.19	.17
Item3	.63	.56	1	.19	.17	.15
Item4	.24	.22	.19	1	.72	.63
Item5	.22	.19	.17	.72	1	.56
Item6	.19	.17	.15	.63	.56	1

检验调查工具效度的一种最简单的办法就是先看相关性矩阵。在以上的例子中,左上角与右下角两组白色背景的元素是两组内部相关性大于0.5的测度项。这些测度项在这个例子中正好对应于两个理论因子。灰色背景的元素表示了一个因子的测度项与另外一个因子的测度项之间的相关性。这些相关性小于0.3。这样的数量特征是我们希望看到的:我们希望一个因子内部的相关性比较大,而来自不同因子的测度项之间的相关性比较小。

一般地讲,如果同属一个因子的测度项之间的相关性(白色区域)小于0.5,那么我们就会开始怀疑一个测度项的质量。这意味着这两个测度项与其对应因子之间的载荷小于0.7($0.7^2 \approx 0.5$)。如果同属一个因子的测度项之间的相关性是0.36,则因子载荷为0.6;我们后面会讨论到,0.6作为载荷几乎是底限了。

灰色区域的相关性则是来自不同因子的两个测度项的相关性。因为这两个测度项只能通过它们各自的因子建立相关性,所以,以测度项1与4为例,$r(\text{Item1},\text{Item4}) = r(\text{Item1},\text{factor1}) \times r(\text{factor1},\text{factor2}) \times r(\text{Item4},\text{factor2})$。在这个例子中,我们期待的$r(\text{Item1},\text{Item4}) = 0.9 \times 0.3 \times 0.9 = 0.243$。如果我们放宽对因子之间相关性的标准,从

0.3到0.6，我们期望的r（Item1，Item4）是0.486。所以，如果实际观察到的r（Item1，Item4）>0.5，我们就会怀疑 ①测度项不具有区别效度，②因子之间的相关性太高，③有共同方法偏差，④前几种问题兼而有之。总之，这时的区别效度是值得怀疑的。以r = 0.5为分界点是一种简单易行的目测方法。

这种目测方法相当直接，也不需复杂的统计软件。但缺点是没有一个明确的指标告诉我们何时效度是满足的。在实际中，我们往往用这种方法做粗查。然后用更精确的方法来细查。

在以上的拟合过程中，我们假定知道每个测度项所对应的因子，也即它们是否是属于一个组的。这个假定并不过分，因为作为测度工具的设计者，我们的确知道哪些测度项属于一组。但是，我们也可能过于乐观与自信：有时，我们觉得几个测度项应该属于一个因子，但调查对象对它们的理解却不是这样。如果一个因子 A 的测度项在调查对象的眼里更像一个因子 B 的测度项，那么这个测度项就没有效度。比如，我们假设有两个因子：两个人之间的物理距离与时间上的协调难易程度影响这两个人之间的沟通频率。

例9-6　测度项

我们用两个测度项来表示物理距离：

（a）我们两个人在 ①同一个办公室，②同一个走廊，③同一个楼层，④同一个建筑，⑤同一个地点的不同建筑，⑥同一个城市，⑦不同的城市；

（b）从我的办公室到他（她）的办公室要走多久（用分钟计量）。

我们用两个测试项来表示时间协调的难易程度：

（c）与他（她）安排一个会面①非常容易，②还算容易，③中等容易，④有点难，⑤很难。

（d）如果没有特别的约定，我会 ①很经常，②常常，③有时候，④不常，⑤很少碰得到他（她）。

从字面上看，这些测度项与它们所对应的因子是一致的，所以这些测度项具有字面上的效度（face validity）。但是，在实际数据收集到之后，测度项（d）被发现与（a）与（b）高度相关，所以没有区别效度。为什么呢？难道调查对象把测度项理解错了？事实是：一、调查对象永远是对的，二、如果调查对象错了，请参看第一条。错的只能是研究者。在这个例子中，如果两个人没有特别约定也会碰面，这意味着他们的距离很近，而且这个碰面的次数与距离成反比。所以调查对象永远是对的。而我们设计的测度项可能没有区别效度或者（就 c 与 d 而言）聚合效度。

测度工具的这种潜在问题就要求我们对测度工具的质量（即效度）进行检验。而且，严格的检验应该是不要假定一组测度项一定会对应于一个因子——我们应该让数据自己说话，让数据自己来根据测度项之间的相关与差异程度分组，然后我们再把这个自发产生的分组与我们所期望的分组进行比较。如果自发的分组正如所愿，我们可以比较有信心地说我们的测度工具是有效的。否则我们就需要重新检视测度工具，进行筛选与改写，并在必要的时候花钱花时间进行新一轮的数据收集。那么对于一个效度未经检验的测量工具，我们可能碰到哪些"质量"问题呢？我们可能会碰到：

- 一个理论因子的测度项没有聚合性,它们分裂成几个因子。
- 两个理论因子的测度项没有区别效度,它们具有过高的相关性。
- 共同方法偏差使两个理论因子的测度项之间有过高的相关性。

这些问题的一个后果是如果我们让数据说话,我们无法预测数据中会产生多少个因子。这时,我们就会用**探索性因子分析**(exploratory factor analysis)这种统计过程来进行不假定测度项分组、不假定因子个数、让数据自己说话的探索性效度检验。相反,如果我们假定知道因子与测度项之间的对应关系,再检验这种对应关系是否显著的统计过程,叫做**验证性因子分析**(confirmatory factor analysis),我们会在稍后讨论这种方法。

概括地说,因子求解的目的是为了求得因子与测度项的关系,而不是因子在每一个观察点中的具体值。这个求解的思路是对非对角线上表示因子与测度项关系的元素进行残差最小化。但是,我们的测度项可能不具有区别或聚合效度,这就要求我们让数据说话,首先用探索性因子分析方法来产生测度项之间的分组。我们在下一章让数据自己来说明其中有多少个因子,并求解因子与测度项关系,并对测度项效度进行检验。这就是探索性因子分析。

9.8 再谈信度

根据测度项与因子的关系:

$x_1 = f + e_1$

对于测度项 x_i 与因子 f,我们不难得到:

$\sigma_{x_i}^2 = \sigma_f^2 + \sigma_e^2$,因为 $\mathrm{cov}(e_i, f) = 0$ 。

从统计的角度,一个测度项的信度是所得测度值中因子的信息量的多少。信度其实就是测度项中的信息被因子解释的 R^2 :

$r_{x_i f}^2 = \dfrac{\sigma_f^2}{\sigma_{x_i}^2} = 1 - \dfrac{\sigma_e^2}{\sigma_{x_i}^2} = r_{x_i x}$

我们把这个信度记为 $r_{x_i x_i}$ 。注意这不是测度项 i 与其本身的相关系数。

可是以上对测度项的量化方法只具有理论意义,实际上,因为因子的值是不知道的,我们也无从计算测度项的信度。

如果我们有两个测度 i 和 j,并假定:

$x_1 = f + e_1$

$x_2 = f + e_2$

对于两个随机变量 x 与 y,读者应该还记得:

$r_{xy} = \dfrac{SS_{xy}/(n-1)}{s_x s_y}$

相应地,在一个群体中,如果因子与随机因素相互独立、随机因素之间相互独立、测度项的方差相同:

$r_{x_1 x_2} = \dfrac{\sigma_{x_1 x_2}}{\sigma_{x_1} \sigma_{x_2}} = \dfrac{\left[\sum (f+e_1)(f+e_2) \right]/n}{\sigma_{x_1} \sigma_{x_2}} = \dfrac{\sigma_f^2}{\sigma_{x_1} \sigma_{x_2}} = \dfrac{\sigma_f^2}{\sigma_x^2}$

这个结果非常惊人。如果我们假定因子与测度项之间是一个系数为 1 的回归关系,并且因子与随机因素相互独立、随机因素之间相互独立、测度项的方差相同,我们可以得到这组测度项的相关系数就是因子的信息！而一个测度项中因子的信息就是测度项的信度！原来虽然不知道因子的实际取值，我们也可以得到测度项的信度，只要我们有几个测度项。

现在我们回到一个已经被我们否定了的问题：如果我们只有一个测度项，到底可不可以测试它的信度？（答案：测试—重测试信度）

在实际运用中，因为成本的缘故，研究者常用多个测度项来计算一组测度项的信度。可是以上对于两个测度项的信度计算并不太具有实用性，因为我们设定了一大堆的条件。符合以上这些条件的测度项叫做**平等测度项**（parallel items）。这些条件显然很难在实际中满足（为什么？），而且，在这些假设下，我们无法区分这两个测试项谁好谁坏（为什么？）。在实际应用中，我们常常使用三个或更多测度项。我们会在以后详述使用多个测度项在统计上的优点。现在的问题是：如果我们使用三个或更多测度项，那么我们如何计算它们总体的信度？有人会说："我们计算测度项两两之间的相关系数再平均！"这种估计叫做测度项间的**平均可靠性**（average inter-item reliability）。但这种方法假定所有的测度项都是平等测度项。

在实际运用中，一种叫做 Cronbach's alpha（Cronbach，1951）的信度测度更为常用。它的思想是这样的：对于每个观察点，如果我们把构件的测度项求和得到总分，这个总分中一部分是因子造成的，另外一部分是随机因素。那么因子的信息量在总分的信息量中的比例即是这组测度项的总体信度。如果我们记总分为 t，其公式是：

$$\alpha = \frac{n}{n-1}\left(1 - \frac{\sum_i \sigma_{x_i}^2}{\sigma_t^2}\right)$$

其中，n 是测度项的个数，σ_t^2 是测度项总分的方差，$\sum_i \sigma_{x_i}^2$ 是所有不同的测度项的方差和。如果我们把 $n/(n-1)$ 看做是一个接近于 1 的调整系数，括号中表示的是总分的信息中非测度项的部分。因为总分的信息包含各测度项的信息与它们的协方差，所以所剩的部分可以看做是协方差之和在总分的信息中的比例。因为测度项之间的协方差代表因子的信息，所以 Cronbach's alpha 表示的是因子的信息在总分的信息量中的比例。

读者也许会问，既然信度与聚合效度都是测度项之间的相关性，为什么要区分这两个概念？这两个概念的目的是相同的，但手段不同。信度的目的是要确保一个或多个测度项中误差的比例尽可能小。为了达到这一点，这些测度项往往是越相似越好，就好像我们量身高用不同尺子同时量，如果读数相同，我们就说这些尺子都挺一致的。相反，聚合效度要求用尽量不同的、相互独立的方法对一个对象进行测量，如果这些方法得到高度相关的值，那么我们就说这些方法有聚合效度（Campbell & Fiske，1959）。聚合效度是比信度更高的要求。信度无法控制或避免共同方法偏差：我们使用了多把尺子量东西，但这些尺子可能是一个品牌的，可能都错了。而聚合效度从一开始就建议使用多个不同的测度项，如果我们把一个测度项看做是一种数据收集的方法，它要求的是使用多种测量方法，而且这些方法的结果还要一致。在概念上，信度往往被看做聚合效度的一种指标。这时，读者会问，难道范文中的测度项是"尽量不同、相互独立"吗？显然不是。在实际应用中，如果测度项之间太不同，有一些测度项就可能会失去内容效度，所以我们必须在信度与测度项的差异性之间得到一个平衡。而且，即使我们使用了不同的测度项，也无法完全避免共同方法偏差，因为这些测度项还是在同一时间、同一地点、用相同的方式收集的。

言归正传,信度与聚合效度都是为了保证所得到的因子与因子、因子与测度项的关系是有意义的。我们在下一章回到探索性因子分析方法,用它来检测测度工具的质量。

词汇表

构件（construct）

概念空间（concept space）

测度项（item）

效度（construct validity）

信度（reliability）

区别效度（discriminant validity）

聚合效度（convergent validity）

潜变量（latent variable，latent factor）

表征（manifest）

反映性测度（reflective measures，reflective items）

构成性测度（formative measures or formative items）

测度项特有误差（item-specific error）

公共因子（common factor）

因子载荷（factor loading）

公因子方差（communality）

共同方法偏差（common method bias）

探索性因子分析（exploratory factor analysis）

验证性因子分析（confirmatory factor analysis）

平等测度项（parallel items）

平均信度（average inter-item reliability）

参考文献

Campbell，D. T.，& Fiske，D. W.（1959）. Convergent and discriminant validation by the multitrait-multimethod matrix. *Psychological Bulletin*，56(2)，81-105.

Cronbach，L. J.（1951）. Coefficient alpha and the internal structure of tests. *Psychometrika*，16（3），297-334.

10 探索性因子分析

10.1 引　言

作为因子分析的一种方法,探索性因子分析也是为了得到测度项与因子、因子与因子之间的关系。但是,对于一个新的测度工具,我们往往不知道其中的构件是否具有足够的区别效度。为此,我们最好先假定因子的数目是不知道的,我们来让数据自己说话,让数据根据一定的统计规则自己产生合适的因子数目。这就是探索性因子分析。这种方法常用在预调查所收集的数据上。

10.2 用启发式的分析法进行探索性因子分析

假设我们新设计了 p 个测度项,而且我们从来没有实际测试过这个测度工具,并不知道它的效度。我们甚至不知道我们能不能从实际数据中得到这 p 个测度项所对应的 n 个因子。所以,在检验测度工具质量的时候,我们往往首先要看看从数据中我们是否真能得到 n 个因子。但是,我们知道一个相关性矩阵中包含的信息不止 n 个我们想看到的因子,它还包含方法偏差、因子多维性、测度项特有信息等其他信息。所以,如果让数据自己说话,我们可能会看到更多个因子。不管怎样,第一步,我们必须把所有的因子找出来。我们的愿望是:那些不重要的因子所表示的信息量会相对比较小,而信息量大的因子个数与我们的理论因子个数符合。我们可以按大小对它们进行排列,希望因子可以按大小比较明确地分成两组。假如这个愿望得以实现,我们第二步查看测度项与因子之间的对应关系,从而检验区别与聚合效度。我们先看解决第一步的方法。

如何得到所有的因子呢? 假定我们一共有 m 个因子(包含"有用的、对应于理论的"与"没用的"),要注意一个测度项虽然主要由一个因子决定,它也可能同时受到其他因子的影响(为什么?)。这样测度项与因子之间的关系可以用以下等式表示:

For p measures and m common factors, the factor model is:

$$X_1 - \mu_1 = l_{11}F_1 + l_{12}F_2 + \cdots + l_{1m}F_m + \varepsilon_1$$
$$X_2 - \mu_2 = l_{21}F_1 + l_{22}F_2 + \cdots + l_{2m}F_m + \varepsilon_2$$
$$\vdots$$

$$X_p - \mu_p = l_{p1}F_1 + l_{p2}F_2 + \cdots + l_{pm}F_m + \varepsilon_p$$

or

$$\underset{p\times 1}{\mathbf{X}} - \underset{}{\boldsymbol{\mu}} = \underset{p\times m}{\mathbf{L}}\ \underset{m\times 1}{\mathbf{F}} + \underset{p\times 1}{\boldsymbol{\varepsilon}}$$

The l_{ij} is called the loading of the *i*th variable on the *j*th factor.

L is the matrix of factor loadings.

我们无法对以上的方程组求得明确的解,因为:

- **L** 与 **F** 都是未知数(在回归分析中,我们至少知道自变量 **F**,我们只需要求解 **L**);
- 我们可以任意对 **F** 乘以一个常量,对 **L** 除以同一个常量,得到无穷多个解,这是因子求解的不确定性(indeterminancy of factors);
- 我们也不知道 *m* 是多少。

到此,我们可以看到探索性因子分析在数学上有多难。看上去"硬来"(用代数方法求得一个明确的解)不行。

以上的求解尝试显然没有用到任何数据所代表的实际问题领域的知识。从实际问题领域,我们知道其实存在一组理论因子,虽然质量未卜。我们的求解思路也从这里寻找突破口。即使我们不知道理论因子与测度项之间在一个样本中的实际对应关系,理论因子应该能够解释这个相关矩阵中的相当一部分的信息。基于这个假设,我们做一个简单的猜测:假定第一个测度项(测度项 1)就是一个因子(因为它反映了某个理论因子),用这个"因子"来解释所有的其他测度项,所得的残差就是未被解释的信息。那么这种情况下,什么是所有测度项对于这个"因子"的载荷呢?容易。这个载荷就是这个测度项与其他(包括它自己)测度项的相关性(更精确地说,因子载荷是这个因子与一个测度项之间的协方差与这个因子中的信息的比例,这个协方差在这里正好是相关系数)。

我们来看以前用过的一个例子。

	Item1	Item2	Item3	Item4	Item5	Item6
Item1	1	.72	.63	.24	.22	.19
Item2	.72	1	.56	.22	.19	.17
Item3	.63	.56	1	.19	.17	.15
Item4	.24	.22	.19	1	.72	.63
Item5	.22	.19	.17	.72	1	.56
Item6	.19	.17	.15	.63	.56	1

我们知道这里有两个因子,我们也知道因子与测度项之间的大概关系。现在假定我们什么都不知道,让数据自己来说话。我们选第一个测度项来作为因子。我们可以得到:

L = (1   0.72   0.63   0.24   0.22   0.19) ′

这个载荷向量有什么用呢?第一,我们可以从所有的测试项中先挪去这个"因子"所能解释的信息。这就好像在回归分析中,我们可以先挪去 y 中 x_1 所能解释的信息,再看 x_2, x_3 能在剩下的"残羹冷炙"中分得多少。我们知道,这样的"因子"能带走大部分所对应的理论因子中的信息。比如,对于测度项 2,因为"因子"与测度项 2 之间的相关性是 0.72,"因子"应该能够解释的 $R^2 = 0.72^2 = 0.5184$。第二,这个"因子"还可以帮我们解释测度项之间的相关性。因为测度项之间是通过因子相关的,如果这个"因子"与测度项 2

的相关性是 0.72、与测度项 3 之间的相关性是 0.63,那么测度项 2 与 3 之间的相关性"理论上"应该是 $0.72 \times 0.63 = 0.4536$。以此类推,这个"因子"所能解释的各测度项中信息与协方差可以表示为载荷向量与其自身转置之积:

$LL' =$

	1	2	3	4	5	6
1	1	0.72	0.63	0.24	0.22	0.19
2	0.72	0.5184	0.4536	0.1728	0.1584	0.1368
3	0.63	0.4536	0.3969	0.1512	0.1386	0.1197
4	0.24	0.1728	0.1512	0.0576	0.0528	0.0456
5	0.22	0.1584	0.1386	0.0528	0.0484	0.0418
6	0.19	0.1368	0.1197	0.0456	0.0418	0.0361

如果我们计算这部分已经解释了的信息的均值,对以上矩阵进行平均,我们可以得到一个简单平均数 0.25(姑且不论这种简单平均数是否合理),代表因子 1 的解释能力。
从原相关性矩阵中挪去这部分信息后,我们有一个残差矩阵 $R - LL'$:

因子	1	2	3	4	5	6
1	0	0	0	0	0	0
2	0	0.4816	0.1064	0.0472	0.0316	0.0332
3	0	0.1064	0.6031	0.0388	0.0314	0.0303
4	0	0.0472	0.0388	0.9424	0.6672	0.5844
5	0	0.0316	0.0314	0.6672	0.9516	0.5182
6	0	0.0332	0.0303	0.5844	0.5182	0.9639

显然,测度项 1 中信息也被解释光了(自己解释自己),测度项 1 与所有其他测度项的相关性也解释光了。测度项 1 解释了测度项 2 与 3 中的相当一部分信息(对角线上为剩余信息)和与它们之间的相关性,这是我们所希望看到的。相反,对于测度项 4,5,6,测度项 1 则没能解释它们的信息量(对角线上元素)和与它们的关系(非对角线上元素)。以测度项 4 为例,测度项 1 能解释它的多少信息呢? 它的贡献取决于测度项 1 与测度项 4 之间的相关性 0.24,$0.24^2 = 0.0576$,余值正好是 0.9424)。

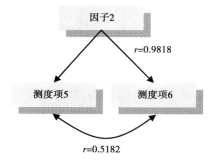

图 10-1　因子与测度项关系路径图

接着,我们可以在残差矩阵中找被解释最少的测度项(为什么?),并把它"升级"为因子。这个测度项非测度项 6 莫属。因为此时测度项 6 中的剩余信息为 0.9639,如果我们假定第二个"因子"就是原始的测度项 6,那么这个原始测度项 6 一定能解释 100% 它自己的信息。给定这个残差矩阵,剩余信息减去 1 会出现负数。信息量为负数是无法解释的现象。所以,我们无法把原始的测度项 6 作为因子;我们只把测度项 6 中的剩余信息"升级"到因子。这个"因子 2"与原始测度项 6 的相关系数必须是 $(0.9639)^{0.5}$ = 0.9818,这样才能正好解释测度项 6 的剩余信息。这个"因子 2"与其他测度项(比如测度项 5)的相关系数可以计算如下。因为"因子 2"使得测度项 5 与 6 之间有 0.5182 的相关性,而"因子 2"与测度项 6 有 0.9818 的相关性,所以因子 2 与测度项 5 之间的相关性为 0.5182/0.9818 = 0.5278(见图 10-1)。以此类推,我们可以得到这个因子与其他测度项之间的相关性,也即因子载荷。

L = (0   0.033816   0.030862   0.595243   0.527815   0.981784)′

LL′ =

因子	1	2	3	4	5	6
1	0	0	0	0	0	0
2	0	0.001144	0.001044	0.020129	0.017849	0.0332
3	0	0.001044	0.000952	0.018370	0.016290	0.0303
4	0	0.020129	0.018370	0.354314	0.314178	0.5844
5	0	0.017849	0.016290	0.314178	0.278588	0.5182
6	0	0.033200	0.030300	0.584400	0.518200	0.9639

这个因子载荷乘以自己的转置,就得到它所能解释的信息。如果我们计算这个矩阵的均值,也就是解释的平均信息,我们可以得到一个简单平均数 0.13,代表它的解释能力。

残差矩阵为 R − LL′:

	1	2	3	4	5	6
1	0.000	0.000	0.000	0.000	0.000	0.000
2	0.000	0.480	0.105	0.027	0.014	0.000
3	0.000	0.105	0.602	0.020	0.015	0.000
4	0.000	0.027	0.020	0.588	0.353	0.000
5	0.000	0.014	0.015	0.353	0.673	0.000
6	0.000	0.000	0.000	0.000	0.000	0.000

我们可以继续这个过程。至此,我们已经"削掉"了相关矩阵中相当一部分的信息。而且每增加一个因子,我们就可以完美地解释一个测度项。所以,我们最多需要 6 步,就可以完全解释其中的信息。如果我们再走一步,"因子 3"能解释的平均信息为 0.045,"因子 4"所能解释的是 0.024。我们大概可以就此止步了,因为从第三个因子起,因子的额外解释能力很小,已经少于 5%。它们解释的信息将基本上不是理论因子本身的信息,而是属于同一个因子的测度项之间的细微差别。要注意,在这个过程中,每一个增加的因子都是基于剩余信息,所以因子之间是相互独立的。

这个例子告诉我们虽然不知道因子个数,但是只要对相关系数矩阵进行层层"剥削",我们其实可以得到相对较大的因子的个数(在这个例子中是两个)。这个例子也告诉我们虽然理论因子 1 与理论因子 2 实际上的地位是对等的,但是第一个数据中自发产生的因子所能解释的信息比较多,因为它"挤占"了第二个理论因子中的信息(就好像在回归分析中,比如我们用 y 对 x_1 的残差对 x_2 进行回归,x_2 的额外贡献就会较少)。所以因子所解释的信息量的绝对值大小并不是最重要的,重要的是我们能得到几个大的因子。

现在我们对以上方法进行改良。因为我们知道相关性较高的一组测度项很有可能是来自于一个理论因子,我们可以假定这个因子是两个(或者多个)测度项的平均数。这个想法的根据是如果我们对两个测度项进行平均,其中与因子相关的部分可能被保留,而与因子无关的测度项特有的信息与随机的信息会相互抵消。我们在对范文进行回归分析时(参看 7.9 范文示例)就是这么做的。这种愿望当然有一个条件,那就是所有测度项与因子的相关性旗鼓相当,所以不会出现一个因子中的特有信息远大于另外一个中的特有信息而无法相互抵消的情况。假定:

因子 1 = 1 × 测度项 1 + 1 × 测度项 2 + 0 × 测度项 3 + 0 × 测度项 4 + 0 ×

测度项 5 + 0 × 测度项 6

我们在构造因子时用的是"和",要注意和与均值只差一个常量倍数,所以不影响解释(要注意,前面提到的单变量因子是现在讲的方法的一个简单形式)。这个因子中的信息是多少呢?

$$
\begin{aligned}
\text{Var (因子 1)} &= \text{Var (测度项 1)} + \text{Var (测度项 2)} + 2\text{Cov (测度项 1, 测度项 2)} \\
&= 1 + 1 + 2 \times 0.72 \\
&= 3.44
\end{aligned}
$$

对于这样一个属于两个测度项的"公共因子",我们可以得到它与所有测度项之间的协方差:

Cov (因子 1, 测度项 i) = Cov (测度项 1, 测度项 i) + Cov (测度项 2, 测度项 i),

所以,Cov (因子 1, 测度项 i) = (1.72　1.72　1.19　0.46　0.41　0.36)

有了这个协方差,我们就可以通过以下的计算得到因子载荷。我们先强调一下,我们是要用因子解释测度项 i,也就是要做如下回归:测度项 $i = b ×$ 因子 1 $+ e$,其中 b 是简单回归的回归系数。这个回归系数就是载荷。根据我们对简单回归的讨论,我们已经知道,这个载荷可以用如下的公式得到:

L = Cov (因子 1, 测度项 i) / Var (因子 1)

在这个例子中,我们可以因此得到:

L = (0.927　0.927　0.642　0.248　0.221　0.194)

有了这个载荷向量,我们可以得到解释的信息 LL′:

0.860	0.860	0.595	0.230	0.205	0.180
0.860	0.860	0.595	0.230	0.205	0.180
0.595	0.595	0.412	0.159	0.142	0.125
0.230	0.230	0.159	0.062	0.055	0.048
0.205	0.205	0.142	0.055	0.049	0.043
0.180	0.180	0.125	0.048	0.043	0.038

如果我们计算这次解释的部分中的平均信息,我们可以得到一个简单平均数 0.277 与剩余的信息 R − LL′:

0.140	− 0.140	0.035	0.010	0.015	0.010
− 0.140	0.140	− 0.035	− 0.010	− 0.015	− 0.010
0.035	− 0.035	0.588	0.031	0.028	0.025

续表

0.010	−0.010	0.031	0.938	0.665	0.582
0.015	−0.015	0.028	0.665	0.951	0.517
0.010	−0.010	0.025	0.582	0.517	0.962

这个因子解释了测度项 1 与 2 中大部分的信息,测度项 3 中相当一部分的信息,却仅解释了测度项 4,5,6 中一小部分信息。重复以上步骤,我们可以定义第二个因子为:

因子 2 = 0 × 测度项 1 + 0 × 测度项 2 + 0 × 测度项 3 + 1 × 测度项 4 + 1 ×
　　测度项 5 + 0 × 测度项 6

这个因子可以(平均)解释的信息是 0.165。所得的残差矩阵是:

0.140	−0.140	0.035	−0.002	0.002	0.001
−0.140	0.140	−0.035	0.002	−0.002	−0.001
0.035	−0.035	0.587	0.001	−0.001	0.005
−0.002	0.002	0.001	0.140	−0.140	0.035
0.002	−0.002	−0.001	−0.140	0.140	−0.035
0.001	−0.001	0.005	0.035	−0.035	0.587

这个残差矩阵已无多少"油水"。我们不再进一步演示。但很明显,这一种方法比前一种方法能得到更有解释力的因子。

这里所演示的两种方法(用单个测度项表示一个因子或多个测度项的和表示一个因子)分别叫做**对角线因子分析**(diagonal factor analysis)与**独立的多组因子分析**(un-correlated multi-group factor analysis)。这些方法在实际中并不常用,而且是相当"古老"的办法 。Gorsuch (1983) 对各种因子分析的基本思路做了相当精彩的解释,虽然那是一本较早的书,仍然值得一读。因为这些方法在用测度项构造因子时采用一种启发式的做法,比如选择信息量最大的测度项或者最相关的一组测度项,我把这些方法叫做启发式的方法。它们所得的因子及其解释力会随着不同的初始选择而变化。但是,这个方法无法让我们得知这样得到的解是否是优化的——我们甚至连优化的标准都没有。最后,这些方法也没有给出一个测度项效度检验的方法。

但是,它们所传递的信息是明确的:

- 假定因子之间是独立的,独立的因子之间可按大小排列,大的因子的个数(从解释的信息量来讲)可以在一定程度上对应理论因子的个数。
- 不同测度项组合可以得到更有解释力的因子,从而加快对相关矩阵的解释速度。

10.3 用主成分分析法得到因子

主成分分析法是一种因子求解方法,它本身并不对测度工具的效度进行检验,但可以与其他方法结合使用来完成探索性因子分析。

从启发性的方法中,我们看到可以把因子根据它所能解释相关矩阵中的关系的大小来排序,从而得到一组主要的因子。因循这个思路,主成分分析法使用的是一个"贪婪"的算法,即不管测度项之间的理论关系,直接用所有因子的线性组合构造一个因子,使它能够最大程度地解释相关矩阵中的信息。这样得到的因子叫做**主成分**（principal compo-nent）。与独立的多组因子分析不同的是，在主成分分析中，我们不但将用到所有的测度项，而且允许测度项的权重不为 1。在独立的多组因子分析中，我们看到强制几个测度项权重为 1 的缺点是，测度项的特有信息的大小可能在不同的取值范围内，从而无法用简单平均来抵消。允许权重变化将解决这个问题。当一个主成分提取出来后，我们可以对残差矩阵进行新一轮主成分提取，一直到这个相关矩阵中所有的信息都被提取完。如前所述，这个过程并不会无休无止，所得的因子个数最多会和测度项数目一样多。这个过程所做的"优化"是每一步都尽可能地解释测度项的相关矩阵，从而使每一步所找到的因子都是最"优"的。我们也可以大概估计到，在理想的情况下，也就是各个理论因子相互比较独立的情况下，削掉与理论因子个数一样的"人造"因子后，剩余的因子将是微不足道的，不过是解释测度项之间的细微差别而已。

那么这样的主成分（最大程度地解释一个相关矩阵）是怎样产生的呢？我们换一个角度用几何来说明。

假定我们有一个因子、三个测度项。这三个测度项有其自己的方差。那么一组样本的分布可以用一个橄榄球来表示（假定多维正态分布）。

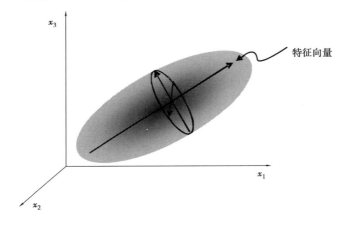

图 10-2　主成分分析的几何意义

如果我们要用这三个测度项的线性组合构造一个"综合指数"因子，那么什么样的"综合指数"最能解释整个分布呢？要注意如果我们要用一个指数来表示这个球中的信息，我们实际上要把一个橄榄球简化为一条线。最能代表这个橄榄球的线当然是它的最长直径所对应的那个向量。要描述这个向量，我们需要这个向量的方向，而这个向量的方向可以用这个轴在一个正交的坐标系中的投影值来表示。我们可把这个轴在三个正交坐标上的投影值标准化，使这三个投影值所组成的向量的长度为 1，这样我们对这个向量就有了一个标准描述，叫做特征向量。相应地这个轴上的半径的大小叫做特征根，它反映了这个分布在这个方向上的方差。我们可以继续寻找第二大的特征根及其特征向量。这就是残差矩阵中的主成分。在图 10-2 中，这就是与第一个特征向量垂直的平面上的椭圆中较长的半径。以此类推，我们最多可以得到三个特征根与特征向量，而且特征向量之间是正交的。以上的两个值（最大半径与向量方向）正好是测度项协方差矩阵的最大特征根与特征向量，其中特征根对应于向量方向上的标准差，特征向量描述了向量方向。我们不对此进行数学证明。特征向量往往被标准化成长度为 1。

作为三维空间中的一个点，一个观察点 X_i 可以用测度项坐标来表示（x_{1i}，x_{2i}，x_{3i}），也即是我们得到的原始数据,也可以用由特征向量所构成的坐标系来表示。这在代数上通常叫做**坐标转换**(coordinate system transformation)。对于一个有 p 个测度项、n 个观察点的样本 **X**,当它转换到由特征向量所构成的坐标系后,新的样本 **Y** 与 **X** 的关系可以描述为:

$$\begin{pmatrix} y_{11} & y_{21} & \cdots & y_{p1} \\ y_{12} & y_{22} & \cdots & y_{p2} \\ \vdots & \vdots & & \vdots \\ y_{1n} & y_{2n} & \cdots & y_{pn} \end{pmatrix} = \begin{pmatrix} x_{11} & x_{21} & \cdots & x_{p1} \\ x_{12} & x_{22} & \cdots & x_{p2} \\ \vdots & \vdots & & \vdots \\ x_{1n} & x_{2n} & \cdots & x_{pn} \end{pmatrix} \begin{pmatrix} e_{11} & \cdots & e_{p1} \\ \vdots & & \vdots \\ e_{1p} & \cdots & e_{pp} \end{pmatrix}$$

$$\underset{n \times p}{\mathbf{Y}} = \underset{n \times p}{\mathbf{X}} \quad \underset{p \times p}{(\mathbf{e}_1, \quad \mathbf{e}_2, \quad \cdots, \quad \mathbf{e}_p)}$$

这里 $\mathbf{e}_i$ 对应的是一个特征向量。以第一个观察点 $\mathbf{X}_1$ 为例,乘以 $\mathbf{e}_i$ 后我们可以得到 y_{11}。这是这个点在第一个特征向量所对应的轴上的投影。当所有的点都投影到第一个特征向量时,我们得到了 **Y** 的第一列。这一列值表示如果我们大胆地丢掉其他维度,把这个样本"瘦身"成一维,**Y** 的第一列就是我们所能保留的信息,这个信息量就是 λ_1。

用这样的方式,我们可保证得到一组因子(它们的值对应于 **Y** 的列,它们在空间中的方向对应于一个特征向量,它们的信息量对应于特征值),而且每一个因子都是最优最"贪婪"的——它从原始数据中抽取最多的信息。这个解是唯一的,最优的,简单的,因为在线性代数中,求解特征向量与特征根是一个成熟的办法。至此,因子求解的任务基本上是完成了。

10.4 一些数学细节(选读内容)

从数学上讲,p 个测度项与 p 个因子(上限)之间的关系可以表示为 $\underset{n \times p}{\mathbf{X}} - \boldsymbol{\mu} = \underset{n \times p}{\mathbf{L}} \underset{p \times p}{\mathbf{F}}$。我们可以做以下的简化:

因为在心理上的计量单位没有什么意义(比如用 1 表示非常不同意,用 2 表示比较不同意),我们可假定因子的方差为 1。

假定因子之间是独立的。因为我们的策略是先得到因子,然后再根据大小进行排列。

有了这样的简化,对以上等式的两边求协方差,得到:

$\boldsymbol{\Sigma}$ = Cov (**X**) = **LFF′L′** = **LL′**,因为 **FF′** = **I**。

所以,我们可以把求因子载荷的问题简化为把协方差矩阵分解成一个矩阵与其转置自乘的问题。这种关系说明我们并不需要对 X 的原始值进行处理,也不需要求出在每一个观察点上各因子的取值。相反,我们可以直接得到一个载荷系数矩阵 **L**。

主成分分析法正是得到这样一个 **L** 矩阵的方法。我们可以从 $\boldsymbol{\Sigma}$ 中得到 $(\lambda_1, \mathbf{e}_1)$,$(\lambda_2, \mathbf{e}_2), \cdots, (\lambda_p, \mathbf{e}_p)$,$\lambda_i > \lambda_{i+1}$,$p$ 个特征根 λ_i 与特征向量 $\mathbf{e}_i$ 组合。这些特征根与特征向量可以完全重新表示一个样本分布中的所有信息。也即,对于一个协方差矩阵 $\boldsymbol{\Sigma}$,则

$$\boldsymbol{\Sigma} = \lambda_1 \mathbf{e}_1 \mathbf{e}_1' + \lambda_2 \mathbf{e}_2 \mathbf{e}_2' + \cdots + \lambda_p \mathbf{e}_p \mathbf{e}_p'$$

$$= (\sqrt{\lambda_1} \mathbf{e}_1, \sqrt{\lambda_2} \mathbf{e}_2, \cdots, \sqrt{\lambda_p} \mathbf{e}_p) \begin{pmatrix} \sqrt{\lambda_1} \mathbf{e}_1' \\ \vdots \\ \sqrt{\lambda_p} \mathbf{e}_p' \end{pmatrix}$$

Let $\mathbf{L} = (\sqrt{\lambda_1}\mathbf{e}_1, \sqrt{\lambda_2}\mathbf{e}_2, \cdots, \sqrt{\lambda_p}\mathbf{e}_p)$

$\mathbf{\Sigma} = \mathbf{LL'}$

一个因子（对应于 Y 的一列）能解释多少 X 中的信息呢？在对角线因子求解方法中，我们已经演示过一个载荷矩阵与其自身转置的积可以表示它所能解释的信息。在这里，一个主成分 Y_1（对应于载荷系数向量 $\sqrt{\lambda_1}\mathbf{e}_1$）所能解释的 X 的协方差矩阵的信息为 $\lambda_1\mathbf{e}_1\mathbf{e}_1'$。

在行为研究中，我们往往不用协方差矩阵，而是对相关系数矩阵进行求解。这是因为协方差矩阵使用的是测度项的原始测量单位。如果一个测度项的测量单位是其他测度项的 10 倍，它显然会更显著地解释协方差矩阵的信息，它就会自成一个因子，不管实际上它是不是与另外的测度项同为一个因子的服务。

10.5 因子的个数

在用主成分因子分析法进行因子求解时，我们得到与测度项个数一样多的因子。虽然我们知道因子的大小排列，我们还没有对它进行取舍。那么多小的因子需要舍弃呢？在一般的行为研究中，我们常常用到的判断方法有两个：特征根大于 1；碎石坡法。

对于一个 p 维的相关系数矩阵，如果我们只看对角线上的信息，因为对角线上的元素都为 1，这个信息的总和是 p（这在代数上叫做一个矩阵的**迹**（trace））。一个主要的因子往往可以解释几个测度项的大部分信息，所以它的信息量应该大于 1。因为即使 p 个因子平均分配对角线上的信息，每个因子也可以得到 1。如果一个因子中的信息少于 1，那么这个因子所解释的信息少于一个测度项中的信息。我们对因子取舍的目的就是要找出主要的因子，把测度项进行归类，所以小于 1 的因子可以舍去。因为因子中的信息可以用特征根 λ_i 来表示，所以我们有特征根大于 1 这个规则。

这个规则，虽然简单易用，却只是一个经验法则（rule of thumb），没有明确的统计检验。不幸的是，统计检验的方法在实际中并不比这个经验法则更有效（Gorsuch，1983）。所以这个经验法则至今仍是最常用的法则。作为一个经验法则，它不总是正确的。它会高估或者低估实际的因子个数。它的适用范围是 20～40 个的测度项，每个理论因子对应 3～5 个测度项，并且样本量要大于 100。

碎石坡法是一种看图方法。如果我们以因子的次序为 X 轴、以特征根大小为 Y 轴，我们可以画出一个坐标图，因子特征根呈下降趋势。这个趋势线的头部快速下降，而尾部则变得平坦。从尾部开始逆向对尾部画一条回归线，远高于回归线的点代表主要的因子，回归线两旁的点代表次要因子。但是碎石坡法往往高估因子的个数。

忽略了次要的因子，我们就可以求出主要因子所能解释的信息。如果主要的因子个数为 m，记主要因子所对应的载荷矩阵为 $\mathbf{L^*}$，它所能解释的信息为 $\mathbf{L^*L^*}'$。记所剩余的残差矩阵（即次要因子所解释的信息）为 $\mathbf{\Psi}$。

$\mathbf{\Sigma} = \mathbf{L^*L^*}' + \mathbf{\Psi}$

或者说：

$\mathbf{\Sigma} \approx \mathbf{L^*L^*}'$

$\mathbf{\Psi}$ 对角线上的元素可以看做是一个测度项所对应的特有信息与随机误差中的信息。$\mathbf{\Psi}$ 对角线上的元素一般接近于零却不一定正好是零。这些值反映了没有被捕获的测度

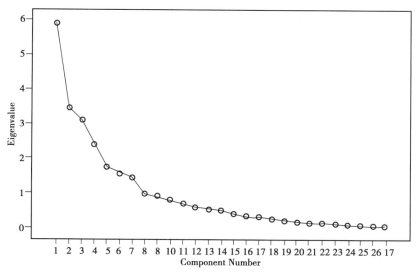

图 10-3 碎石坡法

项之间的相关性。而 $\mathbf{L}^*\mathbf{L}^*{}'$ 中对角线上的元素则反映了一个测度项被一组主成分所解释的信息。这个信息量往往被叫做**公因子方差**（communality）。

　　举例来讲,我们可以从一组学生的考试成绩中得到两个因子,分别反映语言能力与数理能力。在这个例子中,第一个主成分（F_1）与所有的测度项都明显相关,所以可以理解为基本的学习能力。第二个主成分（F_2）则有正有负。以中文为例,因为中文成绩 $= 0.553 \times F_1 + 0.429 \times F_2$,所以主成分 2 反映了如何对基本的学习能力做些调整,以得到语言能力或数理能力。

例 10-1　学生成绩的主成分分析

Variables	Estimated factor loadings		Communalities
	F_1	F_2	Estimated h_i^2
1. 中文	.553	.429	.490
2. 英语	.568	.288	.406
3. 写作	.392	.450	.356
4. 统计	.740	$-.273$	.623
5. 代数	.724	$-.211$	.569
6. 几何	.595	$-.132$	.372
Eigenvalues	2.21	.61	
Cumulative proportion of total sample variance	.37	.47	

　　主成分分析法得到的因子最大的缺点是没有直观的解释。从以上的论述中,我们可以看到一个因子并不对应于一个理论因子:信息量大的主成分可以从其他理论因子中"夺取"信息,成为一个综合指数。信息量小的主成分可能被"盘剥"得所剩无几,只能对综合指数做一些调整,甚至一不小心被打成"垃圾股",沦为次要成分归入残差。这样的因子与测度项之间的载荷并不能帮助我们有效地检验测度项的区别效度与聚合效度。

为了解决这个问题,因子旋转的方法被提出来了。

10.6 因子旋转

因子旋转(factor rotation)的目的是为了让我们更清楚地看到主要因子与测度项之间的对应关系。因为 $\boldsymbol{\Sigma} \approx \mathbf{L}^* \mathbf{L}^{*\prime}$,如果我们对主要因子再进行正交坐标转换,我们并不会减少所解释的信息。具体地讲,如果有一个坐标转换的向量 $\mathbf{K}$,且 $\mathbf{KK}' = \mathbf{I}$,让 $\mathbf{L}^{**} = \mathbf{L}^*\mathbf{K}$,

$$\mathbf{L}^{**}\mathbf{L}^{**\prime} = \mathbf{L}^*\mathbf{KK}'\mathbf{L}^{*\prime} = \mathbf{L}^*\mathbf{L}^{*\prime}$$

也即,对 $\mathbf{L}^*$ 进行正交转换并不影响我们对 $\boldsymbol{\Sigma}$ 的理解。

用图例来表示,如果对一组测度项进行主成分分析后,我们得到两个正交的主成分 F_1 与 F_2。假定这两个主成分基本上在测度项 x_1 与 x_3 所构成的平面上,而且 x_1 与 x_3 对应于两个理论因子。因为 F_1 与 F_2 中的信息是两个理论因子中信息的混合,所以它们并不好解释。为了更好地解释它们,我们可以对它们进行旋转,并保证其正交性不变。假定旋转以后,F_1' 与 x_1 基本平行,我们就知道 F_1' 代表的是 x_1 所对应的理论因子。信息在两个新的因子中的分布也会变化。

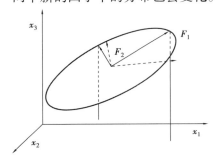

图 10-4　因子旋转

那么如何对主成分进行旋转呢?一种简单的思路是求解一个旋转向量,使得旋转之后,表 10-1 中每一列的因子载荷中的方差尽可能的大。也就是说,我们不希望看到像 F_1 这样的因子负荷——它们太相似了,F_1 反映的是一个基本学习能力。我们希望看到有的测度项与这个因子的载荷很大,而有的很小(所以整体上这组载荷系数的方差比较大),使得这个因子毫不含糊地代表一种能力(语言能力或数理能力),而不骑墙。**方差极大化法旋转**(varimax)就是这样一种方法。它对各列载荷计算方差,并要求这些方差的和最大。用这种方法求解得到的载荷矩阵代表了旋转后的一组因子。拿以上学生成绩为例,旋转以后,我们有:

例 10-2　旋转后主成分

Variables	Estimated factor loadings		Communalities
	F_1'	F_2'	Estimated h_{i2}
1.　中文	.369	.594	.490
2.　英语	.433	.467	.406
3.　写作	.211	.558	.356
4.　统计	.789	.001	.623
5.　代数	.752	.054	.569
6.　几何	.604	.083	.372

这时,F_1' 就有比较明确的含义,它对应于数理能力。而 F_2' 则对应于语言能力。有了这样的载荷矩阵,我们就可以检验一个测度工具的区别效度与聚合效度了。

一般来讲,我们希望一个测度项与所对应因子的载荷大于 0.5,与不对应的因子的载荷小于 0.4。这是一个在行为研究中被广泛应用的经验法则。但这不是一个严格的统计指标。但是,这个要求并不算非常严厉。很多研究通得过这一关,却仍然让其他问题"溜进来",比如共同方法偏差。在学生成绩这个例子中,有的考试成绩作为测度项显然违背了这个 0.5/0.4 法则。

当然,因子旋转还有其他方法。其中比较常用的还有一类**斜旋转**(oblique rotation)方法。斜旋转与正交旋转最根本的不同是,旋转以后因子之间不必维持正交关系。因此,这类方法被认为更符合实际情况,因为实际研究中,尤其是自变量与自变量之间,相关性是一定存在的,而且可能比较高。允许斜旋转会使一个测度项与隐性因子之间的对应关系更明显,载荷更高。但是,因为因子之间允许有相关性,一个测度项可能同时与另外一个因子会有更高的相关性,从而使区别效度难以判断。这种方法常常被用在变量之间相关性比较高的理论模型中。缺点是没有明确的效度判断依据。

10.7 主成分分析法的缺点

主成分分析法的优点是不对理论因子的个数做任何预先的假定,也不对测度项与理论因子关系做任何假定。如果两个理论因子之间缺少区别效度,它们将同时被一个主成分(或者旋转后的主成分)解释得所剩无几。这样,我们就会发现实际所得的主成分个数少于预计个数,从而发现问题所在。

细心的读者会注意到,虽然因子分析的目的是要用因子来解释测度项($\mathbf{X} - \boldsymbol{\mu} = \mathbf{LF} + \boldsymbol{\psi}$),因为因子 L 与 F 同为未知项,我们不得不先用 X 来"凑" F,等到我们凑出了 F,我们就可以得到 L 了。在主成分分析中,我们凑出的因子可以最大程度地解释 X 的相关系数矩阵中的所有信息,包括对角线上的元素。这与我们在一开始讲到的要尽量拟合对角线外的元素是相当不一样的目标。如何对主成分分析法进行改良呢?一种方法是我们可以先估算对角线上每个测度项所包含的因子信息。我们用一个小于 1 的值(测度项的信息量本来是 1)来代替 1。这种估计的因子信息在概念上就是公因子方差。

一种估计办法就是假定一个测度项的公因子方差等于这个测度项与其他测度项之间的最大相关系数。显然,如果以相关性最大的另外一个测度项为因子(就好像我们在对角线方法中那样),这个因子可以解释的信息量是最大相关系数的平方。所以用最大相关系数来估计会高估公因子方差,但这还算是一个可以考虑的估计。

另一个办法是以一个测度项为因变量,用所有其他的测度项来解释它,所得到的 R^2 表示了这个测度项所能被解释的最大信息。以这个 R^2 代替 1,我们得到另外一个调整后的相关系数矩阵。

当我们用以上的方法对相关系数矩阵中的公因子方差进行估计后,我们再应用主成分分析法,这样的结果也许会更准确一点。这种方法叫做主轴分析法(principal axes analysis)。其他对相关系数矩阵进行的不同的调整,然后再进行因子求解的方法包括 Image Analysis,Alpha Factor Analysis。我们对这些方法不作细述。

还有一种办法是我们直接用主成分分析法得到公因子方差。然后把得到的公因子方差代入相关系数矩阵,再进行第二轮的主成分分析。这是一种叠代算法。

所幸的是,在实际应用中,其差别往往不大。这也就是为什么主成分分析法虽然有理论上的不足,却如此流行的原因。

10.8 探索性因子分析应用中的情况

到此,我们已经知道如何求出因子个数,并检验测度项的区别效度与聚合效度。在具体的操作过程中,需要面对以下一些问题:

第一,我们要判断每一个测度项的区别效度与聚合效度。

先看聚合效度。如果聚合效度被违反,这往往说明一个测度项的措词有问题,使得调查对象对它产生误解。这就需要我们在调查之前对调查工具做措词检查,以保证每一个测度项真的被理解成它所对应的因子的一种表现。这种字面上的效度叫做字面效度。如前所述,一种常用的方法是对测度项进行不记名分类。当一个测度项违反聚合效度时,另一种可能是其他测度项的问题,而不是这个测度项本身的问题。其他测度项可能不具备内容效度——它们把整个因子的含义拉到了另外一个概念上。一个正确的测度项反而显得格格不入了。所以,当一个测度项有问题时,我们需要对所有的测度项进行重新审视。

如果区别效度被违反,第一种可能的原因是两个因子的定义太相似了,所以测度项也很相似。第二个原因是两个因子之间在这个测度项所针对的方面有很强的因果关系。以前我们提到的时间协调的难易程度的测度项就是这样一个例子。在行为研究中,调查对象对一个事物的价值评价(Value)与态度(Attitude)往往也具有很强的因果性,或者说概念上的重合。它们的测度项之间也很难建立区别效度。第三,一个测度项所反映的因子是另外一个因子的一个子概念,比如对产品价格的评价与对产品价值的评估。第四,过强的共同方法偏差。第五,调查对象对几个因子没有足够的知识,他们对所有的因子的评价都只会反映一个模糊的总体印象。

第二,我们要决定测度项的取舍。如何决定取舍的次序?当然是从"最差"的测度项开始。如前所述,最差的测度项表现为:①差的统计特征,②根据因子定义与理论推导具有差的语义特征。然后,每一步去掉一个测度项,再重新做探索性因子分析。如果新的分析结果中所有的测度项都满足区别效度与聚合效度,删除的过程就结束了。因为探索性因子分析常常使用在预调查中,所以我们往往会在主体调查之前舍弃有问题的测度项,避免在主体调查中犯一样的错误。因为测度项删除是一个痛苦的过程,可能导致测度工具的作废,所以我们要尽量采用文献中已经经过验证的测度项。但是,一个文献中的测度项与其他新的因子的测度项一起使用的时候,它的效度,尤其是区别效度会经受新的考验。在采用现有的测度项时,我们也需要根据新的环境、新的模型、新的调查对象有选择地选取,并在保留关键字的同时作必要的调整。认为所有的测度项都应该采用文献中现有的测度项是一种错误的看法。如果这样,科研就不会有创新与进步。

如何决定是不是要保留一个测度项到主体调查?这不是一个容易的决定,因为删除意味着在主体调查中我们就少了一个测度项,考虑到对主体调查所要进行的验证性因子分析可能会进一步删除测度项,这可能导致主题调查最终的测度项不够。在实际操作中,作者的建议是这样的:如果从事后诸葛亮的角度看,一个测度项的语义或措词明显地不对,那么就可以删掉了。如果语义上问题不大,虽然统计上不满足区别效度与聚合效度,可以考虑保留到主体调查,因为随着调查对象与样本量的变化,预调查的结果也可能具有偶然性,对于统计特征不是太差的测度项尤其如此。不管一个测度项是因为统计特征还是因为语义特征不满足区别效度与聚合效度,如果最后认定"可靠"并可以进入主体调查中的测度项个数不大于 3 个,我们建议增加一个"后备"测度项来替补,以防止最终的测度项不够。一种批评的看法是这样新增的测度项未经探索性因子检验。但是,我们的理由是预调查的目的本来就是给研究者一次机会改进测度工具,为何不在对测度工具有进一步认识时给研究者一个机会提出更好的测度项? 况且,一味地删除也有缺点:它可能使得最终的测度项个数不足,从而影响因子的内容效度,因为因子效度归根到底是由所用的测度项决定的。当然,在测度项个数大于 3 时,新增后备测度项是不必要的。

第三,我们要对付有问题的因子。在因子层面有两种可能出现的问题:第一是两个因子合在一起,缺少区别效度;第二是有额外的因子出现,使因子个数多于所期待的数目。

比较常见的是两个或多个因子合在一起,使因子个数少于所期待的。如前所述,其原因不外乎概念之间的重叠或高度相关性。根据作者的经验,一般来讲,当两个因子之间的相关性大于 0.6 时,这种情况就很有可能出现。这时,我们面临与多重共线性类似的情况,我们的对应方法也类似。最常见的方法有这些。第一,如果这两个因子在概念上的确可以归为一类,我们可以选择组合这两个因子成为一个因子。相应地,我们需要修改理论模型。这种做法在发表的论文中曾有出现,甚至出现在顶级的期刊上。第二,如果这两个因子在概念上不同,无法合二为一,那么可以考虑舍弃一个因子。研究者要思考是不是有第三变量同时是这两个因子的共因? 研究者也要检讨这两个因子是否受到共同方法偏差的强烈影响。不管是什么原因,这种方法因为修改了原模型,需要理论上的解释,以保证新模型的充要性。第三,如果低于 1 的特征根的值尚且大于 0.9,我们可以"勉强"降低要求,把特征根的缺值设在 0.9,从而"挽救"个把因子(Hair et al.,1995)。这种做法对理论上的修改是最小的,但是在假设检验时,多重共线性的幽灵还是会再次出现。

比较不常见的问题是因子个数多于所期待的数目,或者,本来属于一个因子的测度项被分裂在多个独立的因子中。其原因可能是:①一个因子在概念上本来就有多个子维度,这些子维度所对应的测度项自成一派;②一个因子在概念上是简单的,但是所用的测度项却不甚紧凑,有些测度项过于偏离概念的定义,派生出新的因子;③一些测度项有共同方法偏差,比如它们都用反向的测度,所以与正向测度之间形成区别;④多个测度项不具备聚合效度,形成一个属于"乌合之众"的因子。这些情况较失去因子的情况容易处理。一般地,我们可以逐个删除测度项来删除多余的因子。如果没有新的问题出现,这种删除不影响原模型的论证。如前所述,这个删除过程要同时考虑语义与统计特征,并考虑是否会导致主体调查的测度项太少。

10.9 范文示例

我们先用目测法对范文中的测度项作因子分析。我们用的是预调查的数据。所有相关系数大于等于 0.4 的值已经被加强显示。从这张表中,我们可以看到构件内的测度项基本上是高度相关的,表明它们共属一个因子。但也有例外。比如,novel4 显得与其他测度项不怎么相关。如果我们对其语义进行分析,它的测度项是"The content of this document is _____ the content of other document(s)I have read(very similar to-very different from)"。另外 scope4 与同构件测度项的相关系数也较低,显示出它可能有问题。测度项 novel2 的相关系数也不是很高。以上都是聚合效度的相关症状。相反,在不同构件

	A	B	C	D	E	F	G	H	I	J	K	L	M	N	O	P	Q	R	S	T	U	V	W	X	Y	Z	AA	AB
1		know1	know2	know3	topic1	topic2	topic3	topic4	novel1	novel2	novel3	novel4	under1	under2	under3	reliab1	reliab2	reliab3	reliab4	scope1	scope2	scope3	scope4	relev1	relev2	relev3	relev4	relev5
2	know1	1.00																										
3	know2	0.91	1.00																									
4	know3	0.87	0.88	1.00																								
5	topic1	-0.18	-0.19	-0.10	1.00																							
6	topic2	-0.26	-0.21	-0.17	0.72	1.00																						
7	topic3	-0.10	-0.13	-0.10	0.71	0.82	1.00																					
8	topic4	-0.09	-0.13	-0.12	0.67	0.63	0.73	1.00																				
9	novel1	-0.16	-0.17	-0.28	0.36	0.32	0.36	0.39	1.00																			
10	novel2	-0.20	-0.14	-0.09	0.17	0.17	0.11	0.12	0.21	1.00																		
11	novel3	-0.23	-0.17	-0.28	0.04	0.13	0.16	0.21	0.48	0.24	1.00																	
12	novel4	0.20	0.19	0.14	-0.01	0.02	-0.03	0.05	0.33	0.12	0.12	1.00																
13	under1	-0.11	-0.19	-0.01	0.06	0.26	0.26	0.11	-0.26	0.11	-0.09	-0.13	1.00															
14	under2	-0.08	-0.19	-0.01	-0.03	0.15	0.21	0.06	-0.21	0.12	-0.06	-0.16	0.86	1.00														
15	under3	-0.12	-0.25	-0.07	-0.01	0.13	0.21	0.08	-0.16	0.14	-0.05	-0.16	0.77	0.80	1.00													
16	reliab1	-0.09	-0.06	-0.09	0.38	0.16	0.17	0.20	0.27	0.22	0.09	0.18	-0.14	-0.18	-0.08	1.00												
17	reliab2	0.02	0.05	0.08	0.09	-0.02	-0.04	0.06	0.06	0.16	0.03	0.05	-0.03	-0.05	-0.04	0.55	1.00											
18	reliab3	-0.02	0.02	0.03	0.24	0.18	0.11	0.11	0.05	0.10	0.10	0.14	0.10	0.12	0.03	0.51	0.73	1.00										
19	reliab4	0.03	0.11	0.04	0.01	0.02	0.06	-0.11	-0.25	0.04	0.05	-0.09	0.29	0.30	0.21	0.27	0.46	0.63	1.00									
20	scope1	-0.01	0.09	0.08	-0.23	-0.19	-0.24	-0.39	-0.18	-0.03	-0.07	-0.04	-0.16	-0.16	-0.09	-0.17	-0.16	-0.15	-0.02	1.00								
21	scope2	0.14	0.17	0.14	-0.24	-0.13	-0.18	-0.28	-0.17	-0.14	-0.09	-0.12	-0.12	-0.08	-0.02	-0.27	-0.15	-0.18	0.01	0.77	1.00							
22	scope3	-0.07	0.04	0.00	-0.30	-0.26	-0.30	-0.41	-0.29	-0.12	-0.14	-0.27	0.04	0.13	0.00	-0.27	-0.15	-0.29	0.11	0.40	0.36	1.00						
23	scope4	0.06	0.04	0.09	-0.45	-0.39	-0.36	-0.49	-0.33	-0.15	-0.08	-0.21	-0.02	0.07	0.05	-0.39	-0.17	-0.19	0.07	0.35	0.45	0.43	1.00					
24	relev1	-0.05	-0.10	-0.10	0.26	0.23	0.24	0.28	0.24	0.04	0.08	-0.04	0.10	0.12	0.15	-0.02	0.05	0.09	-0.03	-0.17	-0.19	-0.29	-0.31	1.00				
25	relev2	0.19	0.07	0.09	0.17	0.13	0.30	0.29	0.33	0.14	0.17	0.14	0.11	0.11	0.07	0.23	0.04	0.11	-0.02	-0.17	-0.07	-0.27	-0.24	0.16	1.00			
26	relev3	0.13	0.10	0.13	0.26	0.24	0.41	0.41	0.30	0.21	0.17	-0.07	0.21	0.28	0.21	0.24	0.14	0.19	0.18	-0.32	-0.25	-0.27	-0.37	0.32	0.54	1.00		
27	relev4	0.13	0.11	0.16	0.25	0.22	0.26	0.22	0.21	0.04	0.00	0.01	0.14	0.17	0.11	0.12	0.22	0.20	0.13	-0.24	-0.25	-0.22	-0.39	0.43	0.30	0.64	1.00	
28	relev5	0.22	0.17	0.24	0.16	0.02	0.10	0.16	0.24	0.00	0.01	0.05	-0.06	0.00	0.03	0.24	0.29	0.22	0.03	-0.15	-0.16	-0.32	-0.24	0.41	0.29	0.53	0.79	1.00

图10-5　范文中各测度项之间的相关系数

的测度项之间,有的相关性很高。比如 relev3 与 topic3,topic4。这表明这些测度项的区别效度可能有问题。

我们接着对范文预调查的数据进行探索性因子分析,即主成分分析。我们也对主成分进行 VARIMAX 旋转。这部分结果请参见范文中的报告。

词汇表

对角线因子分析(diagonal factor analysis)

独立的多组因子分析(uncorrelated multi-group factor analysis)

主成分(principal component)

因子旋转(factor rotation)

方差极大化法旋转(varimax)

斜旋转(oblique rotation)

参考文献

Gorsuch, R. L. (1983). *Factor Analysis* (2nd ed.). Hillsdale, NJ: Lawrence Erlbaum.

Hair, J. F., Anderson, R. E., Tatham, R. L., & Black, W. C. (1995). *Multivariate Data Analysis with Reading* (4th ed), Englewood Cliffs, NJ: Prentice Hall.

附:在 SPSS 中做探索性因子分析

一、操作步骤

第一步:载入数据并启动因子分析。

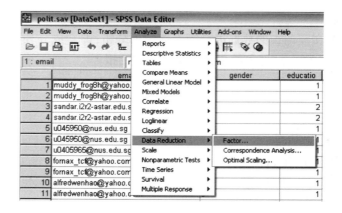

第二步:选择因子所对应的测度项。在这个研究中,我们选择对应于七个变量(包括自变量、因变量与控制变量)的测度项。

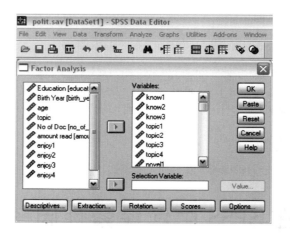

第三步:设定因子求解办法为主成分分析法。使用相关系数矩阵,并设定主要因子的特征根大于1。

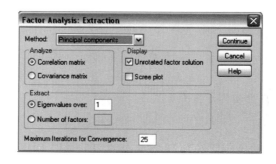

第四步:设计因子旋转方法为"Varimax"。然后在"Factor Analysis"窗口中按"OK"开始计算。

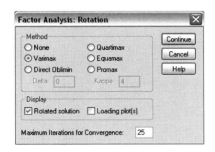

二、主成分分析的结果

对应于 27 个测度项,主成分分析法一共产生了 27 个因子。这是可以产生的因子个数的上限。"Total"列报告了每一个因子所对应的特征值。"% of Variance"表示这个特征值在所有特征值和中的比例。"Extraction Sums of Squared Loadings"这一列反映了特征根大于 1 的因子。在这个例子中,我们顺利地得到了 7 个因子。相应地,在用碎石坡法对因子进行目测时,我们得到的结果是一致的。请读者参看本章中的相应图例。值得一提的是,第八个因子的特征根为 0.967,十分接近 1。如果这个研究的理论因子个数是 8 个,研究者也可能考虑手工设定所要抽取的因子个数(见第三步界面)。

SPSS 也报告了每一个主成分对于一个测度项的载荷。从这个表可以看出,第一个因子解释了 topicality scope 与 relevance 中的大部分信息,因为在这些测度项上这个因子的载荷很高。第二个因子对应于 background knowledge,第三个因子对应于 understandability,第四个因子对应于 reliability,第五个因子对应于 topicality 中的一部分,第六个因子对 scope 作了一些反向的调查,第七个因子似乎对 novelty 进行解释,但它的作用不是很明确。这就是主成分分析产生的结果的特点:它告诉我们能够得到的主要因子的个数,每一个因子所对应的信息却无法直观解释。这是因为因子之间有信息重合。

Total Variance Explained

Component	Initial Eigenvalues			Extraction Sums of Squared Loadings			Rotation Sums of Squared Loadings		
	Total	% of Variance	Cumulative %	Total	% of Variance	Cumulative %	Total	% of Variance	Cumulative %
1	5.910	21.889	21.889	5.910	21.889	21.889	3.532	13.080	13.080
2	3.470	12.853	34.742	3.470	12.853	34.742	3.085	11.427	24.507
3	3.113	11.530	46.273	3.113	11.530	46.273	3.047	11.287	35.794
4	2.395	8.871	55.143	2.395	8.871	55.143	2.826	10.467	46.261
5	1.728	6.401	61.545	1.728	6.401	61.545	2.674	9.903	56.164
6	1.561	5.782	67.327	1.561	5.782	67.327	2.415	8.943	65.106
7	1.431	5.300	72.626	1.431	5.300	72.626	2.030	7.520	72.626
8	.967	3.581	76.207						
9	.910	3.369	79.576						
10	.808	2.994	82.570						
11	.697	2.583	85.153						
12	.589	2.183	87.336						
13	.510	1.890	89.226						
14	.496	1.837	91.063						
15	.413	1.529	92.592						
16	.344	1.274	93.866						
17	.312	1.156	95.022						
18	.258	.956	95.978						
19	.225	.834	96.812						
20	.182	.672	97.485						
21	.153	.568	98.052						
22	.144	.534	98.587						
23	.116	.428	99.015						
24	.100	.372	99.387						
25	.072	.265	99.652						
26	.060	.222	99.874						
27	.034	.126	100.000						

Extraction Method: Principal Component Analysis.

Component Matrix（a）

	Component						
	1	2	3	4	5	6	7
know1	−.164	.817	.264	−.301	.175	−.103	.164
know2	−.211	.834	.191	−.210	.263	−.043	.118
know3	−.166	.768	.356	−.253	.258	−.087	.105
topic1	.699	−.115	−.184	−.101	.447	−.051	−.241
topic2	.657	−.291	−.061	−.211	.499	.015	−.112
topic3	.715	−.201	.028	−.314	.460	.044	−.052
topic4	.737	−.100	−.149	−.283	.280	−.092	−.022
novel1	.531	.018	−.517	−.104	−.124	.336	.217
novel2	.294	−.133	−.028	.180	−.015	.228	.451
novel3	.276	−.151	−.293	.107	−.140	.405	.392
novel4	.126	.321	−.274	.038	.027	−.060	.559
under1	.234	−.402	.774	−.071	.042	−.099	.191
under2	.197	−.383	.816	−.067	−.063	.009	.201
under3	.200	−.411	.717	−.068	−.076	.042	.188
reliab1	.479	.209	−.193	.561	.149	.013	.034
reliab2	.301	.318	.102	.744	.052	.023	−.108
reliab3	.413	.225	.186	.715	.206	.017	−.037
reliab4	.122	.076	.499	.615	.237	.107	−.053
sco1r	.534	.020	.040	.011	−.282	−.625	.130
sco2r	.522	−.012	−.063	.122	−.368	−.623	.111
sco3r	.570	.208	−.195	−.026	−.105	−.245	.134
sco4r	.670	.123	−.196	−.037	−.035	−.224	−.027
ri1	.469	.020	.077	−.201	−.318	.129	−.320
ri2	.458	.236	.074	−.194	−.090	.311	.313
ri3	.662	.238	.294	−.149	−.203	.257	.017
ri4	.571	.347	.275	−.126	−.342	.198	−.330
ri5	.458	.505	.153	−.045	−.397	.251	−.322

Extraction Method：Principal Component Analysis.

a　7 components extracted.

在这种情况下，我们通常对这样得到的因子进行旋转。下表报告了用 Varimax 旋转后的因子载荷矩阵。

Rotated Component Matrix（a）

	Component						
	1	2	3	4	5	6	7
know1	−.106	−.054	.946	.099	−.040	.009	−.053
know2	−.093	−.152	.926	.047	.047	−.086	−.062
know3	−.063	.023	.928	.080	.033	−.060	−.126
topic1	.853	−.085	−.110	.127	.163	.134	.000
topic2	.885	.127	−.135	.038	.041	.038	.069
topic3	.888	.200	−.015	.137	−.010	.058	.126
topic4	.779	.023	−.031	.168	−.040	.278	.164
novel1	.312	−.318	−.189	.267	−.076	.111	.642
novel2	.066	.175	−.120	−.050	.164	.047	.559
novel3	.042	−.061	−.260	.054	.026	−.041	.674
novel4	−.030	−.195	.308	−.179	.042	.270	.521

续表

	Component						
	1	2	3	4	5	6	7
under1	.130	.917	−.033	.006	.033	.074	−.055
under2	.024	.943	−.046	.093	.019	.011	−.006
under3	.039	.865	−.108	.090	−.007	−.003	.029
reliab1	.209	−.222	−.057	.056	.666	.214	.246
reliab2	−.060	−.088	.012	.146	.850	.119	.029
reliab3	.113	.056	.025	.078	.878	.111	.071
reliab4	−.035	.347	.056	.000	.750	−.153	−.086
sco1r	.131	.151	−.024	.118	.047	.848	−.007
sco2r	.056	.061	−.143	.113	.095	.882	.017
sco3r	.271	−.129	.080	.205	.089	.543	.235
sco4r	.426	−.128	−.018	.267	.119	.502	.142
ri1	.189	.050	−.155	.633	−.074	.133	−.028
ri2	.178	.126	.228	.370	−.014	.054	.521
ri3	.239	.260	.151	.668	.118	.139	.289
ri4	.129	.093	.111	.854	.132	.137	−.008
ri5	−.016	−.094	.169	.856	.177	.101	.035

Extraction Method：Principal Component Analysis.

Rotation Method：Varimax with Kaiser Normalization.

a Rotation converged in 6 iterations.

　　这个载荷矩阵明确地表示了测度项是如何与一些潜变量对应起来的。检查其中的每一项，我们会发现 scope4，relevance2 违反了区别效度。这就提醒我们重新审视这些测度项的措词。对于 scope4，测度项的措词是：The scope of this document is *inappropriate* for me（1-strongly disagree，7-strongly agree）。而其他几个测度项的措词都是指范围过大或者过小。调查对象可能把 inappropriate scope 理解成这个文档不对应于他的信息需求，而不是它的内容的量上的不足或过多，结果是，这个测度项在相当程度上负载了 topicality 的信息（0.426）。Relevance2 的措词是：My opinion/view towards the current topic has been *significantly changed or strengthened* by this document（1-strongly disagree，7-strongly agree）。仔细观察其他的测度项，其他的测度项都表示"我"会不会因着这个文档采取行动，只有这个测度项测量认知上的变化。虽然认知上的变量符合这个因子的定义，却很不容易让人在这种实验环境下有明确的理解。数据结果告诉我们，调查对象可能一开始对这个话题都没有什么看法，读了一个文档以后，他们有了一些认识，这对他们来讲也是全新的认识，所以这个测度项反而负载了 Novelty 中的信息（0.521）。通过这样的"后见之明"，我们体会到在问卷设计之时没有预见到的很多陷阱。novel4（The content of this document is ＿＿＿＿ the content of other document（s）I have read。1-very similar to，7-very different from）离关键值很近，它在对应因子上的载荷刚过0.5。这是一个边缘案例。这个测度项其实没有违反效度（原文中的论述有误）。对于处于临界点的测度项，如果测度项个数太少，比如去掉之后会少于3，则研究者会考虑保留这个测度项。之后，这几个测度项被逐个去掉，每去掉一个测度项，我们需要重新做因子分析，以检测测度项在新的情况下的效度。如果效度满足，这个过程就可以停止。在本例中，前两个测度项被分两步去掉。

Rotated Component Matrix（a）

	Component						
	1	2	3	4	5	6	7
know1	−.096	−.065	.941	−.037	.087	.023	−.116
know2	−.095	−.150	.944	.041	.031	−.082	−.062
know3	−.059	.023	.935	.028	.070	−.052	−.141
topic1	.851	−.084	−.114	.172	.129	.115	−.008
topic2	.886	.131	−.141	.043	.056	.009	.062
topic3	.896	.189	−.007	−.004	.124	.074	.115
topic4	.787	.009	−.017	−.032	.156	.285	.159
novel1	.341	−.346	−.177	−.069	.303	.106	.582
novel2	.069	.161	−.048	.150	−.059	.058	.670
novel3	.053	−.084	−.173	.011	.034	.014	.784
under1	.134	.919	−.048	.030	.009	.067	−.062
under2	.030	.944	−.043	.012	.089	.026	.017
under3	.047	.865	−.107	−.013	.099	.001	.044
reliab1	.212	−.236	−.071	.681	.054	.193	.180
reliab2	−.065	−.082	.024	.850	.143	.112	.048
reliab3	.119	.055	.004	.883	.099	.091	.020
reliab4	−.048	.364	.076	.740	−.026	−.135	−.025
sco1r	.146	.124	−.004	.056	.092	.899	.016
sco2r	.064	.048	−.130	.101	.112	.887	.046
sco3r	.301	−.162	.048	.108	.249	.523	.119
ri1	.191	.068	−.161	−.073	.668	.090	−.033
ri3	.242	.249	.207	.121	.607	.189	.333
ri4	.127	.117	.120	.132	.861	.108	−.004
ri5	−.005	−.083	.173	.181	.876	.089	.007
Eigenvalue	5.33	3.35	3.00	2.36	1.72	1.48	1.20
Variance %	22.21	13.94	12.52	9.85	7.17	6.17	4.98
Cumulative Variance %	22.21	36.15	48.67	58.52	65.69	71.86	76.84

Ext＋raction Method：Principal Component Analysis.

Rotation Method：Varimax with Kaiser Normalization.

a Rotation converged in 6 iterations.

以下的报告中没有包括第三个测度项是因为在其他的样本中这个测度项几次都出现效度问题（虽然它在语义上没有明显的问题）。为了保证与以后要讲到的结构方程的一致性,我们在这里把它去掉。我们提醒读者,如果单单从一个样本来看,这个测度项是应当保留的。下表报告了剩下的测度项的载荷矩阵,其中也报告了特征根与一个因子中的信息量。其中因子中的信息量并不表示旋转后的一个主成分中的信息,而是指旋转前的信息（基于"净化"后的测度项）,所以最后三行与各旋转后的因子之间并没有对应关系。

如果读者想验证旋转后的载荷矩阵与旋转前的关系,SPSS 也报告了旋转所用的转换矩阵。对于以上结果,这个矩阵是：

Component Transformation Matrix

Component	1	2	3	4	5	6	7
1	.653	.187	−.180	.288	.446	.393	.266
2	−.147	−.194	.802	.341	.401	.080	−.123
3	−.152	.948	.127	.090	.030	−.099	−.207
4	−.350	−.063	−.321	.847	−.207	.010	.104
5	.623	−.013	.293	.256	−.530	−.410	−.105
6	.022	.013	.120	−.026	−.470	.801	−.348
7	−.133	.155	.326	−.101	−.307	.140	.853

Extraction Method: Principal Component Analysis.

Rotation Method: Varimax with Kaiser Normalization.

可以验证：

Rotated Component Matrix = Component Matrix × Component Transformation Matrix

最后，我们如果想知道一个测度项中的信息有多少被这些主成分解释了，我们可以求这个载荷矩阵的积 **LL′**。这部分被解释的信息叫做公因子方差（communality）。在 SPSS 中我们可以得到 **LL′** 是：

Reproduced Correlations

	know1	know2	know3	topic1	topic2	topic3	topic4		ri4	ri5
know1	0.92	0.91	0.91	−0.18	−0.23	−0.11	−0.09		0.17	0.24
know2	0.91	0.94	0.90	−0.17	−0.24	−0.13	−0.12		0.11	0.20
know3	0.91	0.90	0.91	−0.15	−0.19	−0.07	−0.09		0.17	0.22
topic1	−0.18	−0.17	−0.15	0.80	0.78	0.77	0.72		0.23	0.14
topic2	−0.23	−0.24	−0.19	0.78	0.83	0.84	0.72		0.17	0.02
topic3	−0.11	−0.13	−0.07	0.77	0.84	0.87	0.77		0.25	0.09
topic4	−0.09	−0.12	−0.09	0.72	0.72	0.77	0.75	⋯	0.26	0.15
					⋮					
ri1	−0.11	−0.17	−0.12	0.26	0.23	0.27	0.28		0.59	0.55
ri3	0.17	0.12	0.17	0.28	0.28	0.39	0.39		0.64	0.59
ri4	0.17	0.11	0.17	0.23	0.17	0.25	0.26		0.82	0.80
ri5	0.24	0.20	0.22	0.14	0.02	0.09	0.15		0.80	0.85

Extraction Method: Principal Component Analysis.

a　Residuals are computed between observed and reproduced correlations. There are 60 (21.0%) nonredundant residuals with absolute values greater than 0.05.

b　Reproduced communalities.

　　这个拟合的相关系数矩阵中的对角线对应于每个测度项的公因子方差。这个矩阵正好是 Rotated Component Matrix 与其自身转置的积，读者可以自行验证。同时，SPSS 也会报告每个测度项的公因子方差（通过设置 descriptives 中的选项），其结果与这里是一致的。

　　我们现在来尝试对这个数据进行斜旋转。我们使用一种叫 Oblimin 的方法（并使用默认参数）。斜旋转产生与前面一样的因子个数以及 Component Matrix。唯一不同的是旋转以后的载荷矩阵。斜旋转产生两个矩阵，一个是 Factor Pattern Matrix，一个是 Factor

Structure Matrix。其中 Factor Pattern Matrix 表示的是因子的构造方法,即各测度项是如何通过一个类似回归的方法加权求和得到一个因子的值。相反,Factor Structure Matrix 表示的是因子与测度项之间的载荷,即如何对因子进行加权求和得到测度项(的近似值)。所以,在报告中,我们应该报告后者。

Pattern Matrix（a）

	Component						
	1	2	3	4	5	6	7
know1	− .029	.946	− .043	− .072	− .027	.049	− .046
know2	− .010	.950	− .130	.014	.022	− .065	.012
know3	.025	.938	.040	.000	− .014	− .033	− .071
topic1	.872	− .065	− .126	.147	− .025	.010	− .105
topic2	.925	− .075	.093	.020	.043	− .093	− .018
topic3	.921	.069	.157	− .045	− .004	− .028	.046
topic4	.762	.057	− .016	− .087	− .025	.202	.084
novel1	.230	− .125	− .351	− .123	− .257	.010	.544
novel2	− .009	.018	.168	.104	.121	.025	.691
novel3	− .053	− .109	− .074	− .035	.001	− .038	.798
under1	.128	− .028	.913	.015	.025	.081	− .053
under2	.003	− .028	.944	− .006	− .073	.037	.039
under3	.016	− .093	.863	− .029	− .092	.004	.061
reliab1	.162	− .067	− .267	.665	.020	.134	.124
reliab2	− .117	− .015	− .110	.847	− .110	.072	.016
reliab3	.091	− .020	.018	.880	− .045	.037	− .024
reliab4	− .027	.050	.339	.755	.041	− .158	− .021
sco1r	.006	.031	.126	− .017	.050	.940	− .040
sco2r	− .097	− .107	.049	.036	.008	.926	− .015
sco3r	.201	.077	− .171	.048	− .143	.491	.061
ri1	.089	− .191	.052	− .104	− .692	.011	− .082
ri3	.122	.227	.243	.046	− .544	.104	.321
ri4	.008	.077	.101	.083	− .868	.014	− .037
ri5	− .130	.116	− .096	.136	− .899	− .001	− .018

Extraction Method：Principal Component Analysis.

Rotation Method：Oblimin with Kaiser Normalization.

a　Rotation converged in 7 iterations.

从以下的 Structure Matrix 中,我们可以看到测度项在对应的因子上的载荷几乎都增加了。但是,有几个测度项(比如 topic4)违反了正交时区别效度(虽然这个规则不适用于斜旋转)。在本例中,正交旋转与斜旋转的差别不大。但这种差别在因子相关性较大时就会相当明显。

Structure Matrix

	Component						
	1	2	3	4	5	6	7
know1	−.166	.954	−.075	−.011	−.109	−.025	−.203
know2	−.179	.956	−.158	.058	−.048	−.125	−.155
know3	−.136	.948	.017	.054	−.093	−.091	−.225
topic1	.872	−.163	−.078	.194	−.265	.289	.143
topic2	.897	−.210	.135	.067	−.185	.176	.195
topic3	.918	−.081	.188	.035	−.267	.246	.242
topic4	.835	−.086	.002	.011	−.303	.439	.289
novel1	.433	−.222	−.360	−.041	−.365	.245	.659
novel2	.143	−.106	.140	.177	.004	.117	.678
novel3	.139	−.231	−.106	.032	−.067	.087	.795
under1	.175	−.072	.920	.067	−.047	.088	−.042
under2	.085	−.060	.944	.052	−.108	.046	.022
under3	.103	−.125	.865	.023	−.114	.028	.055
reliab1	.275	−.071	−.237	.690	−.142	.300	.278
reliab2	−.001	.064	−.076	.857	−.191	.190	.115
reliab3	.177	.029	.063	.893	−.174	.194	.109
reliab4	−.031	.101	.373	.743	−.001	−.088	−.001
sco1r	.265	−.029	.105	.110	−.216	.914	.105
sco2r	.197	−.145	.031	.148	−.220	.902	.140
sco3r	.390	.029	−.173	.149	−.356	.608	.215
ri1	.290	−.133	.076	−.037	−.680	.216	.055
ri3	.363	.198	.240	.190	−.684	.338	.402
ri4	.245	.167	.125	.188	−.888	.260	.079
ri5	.107	.236	−.076	.228	−.884	.225	.074

Extraction Method: Principal Component Analysis.

Rotation Method: Oblimin with Kaiser Normalization.

我们也可以看一眼斜旋转后因子之间的相关性（下表）。相关系数大多在 0.3 以内。如果相关系数增加，我们的 Structure Matrix 就会变得更难以解释了。

Component Correlation Matrix

Component	1	2	3	4	5	6	7
1	1.000	−.149	.040	.073	−.281	.302	.242
2	−.149	1.000	−.031	.065	−.096	−.060	−.165
3	.040	−.031	1.000	.045	−.024	−.021	−.041
4	.073	.065	.045	1.000	−.112	.137	.109
5	−.281	−.096	−.024	−.112	1.000	−.283	−.138
6	.302	−.060	−.021	.137	−.283	1.000	.173
7	.242	−.165	−.041	.109	−.138	.173	1.000

Extraction Method: Principal Component Analysis.

Rotation Method: Oblimin with Kaiser Normalization.

验证性因子分析 *11*

11.1 验证性因子分析的概念与一般形式

在探索性因子分析中，$\mathbf{X} - \boldsymbol{\mu} = \mathbf{LF} + \boldsymbol{\Psi}$，因为我们想让数据"自己说话"，我们既不知道测度项与因子之间的关系 $\mathbf{L}$，也不知道因子的值 $\mathbf{F}$，所以我们只好按一定的标准（比如一些因子的解释能力）凑出一些因子来，再来求解测度项与因子关系。探索性因子分析的一个主要目的是为了得到因子的个数。

探索的因子分析有一些局限性。第一，它假定所有的因子（旋转后）都会影响测度项。在实际研究中，我们往往会假定一些因子之间没有因果关系，所以可能不会影响另外一个因子的测度项。第二，探索性因子分析假定测度项残差之间是相互独立的。实际上，测度项的残差之间可以因为共同方法偏差、子因子等因素而相关。第三，探索性因子分析强制所有的因子为独立的。这虽然是求解因子个数时不得不采用的权宜之计，却与大部分的研究模型不符。最明显的是，自变量与因变量之间是应该相关的，而不是独立的。这些局限性就要求有一种更加灵活的建模方法，使研究者不但可以更细致地描述测度项与因子之间的关系，而且对这个关系直接进行测试。而在探索性因子分析中，一个被测试的模型（比如正交的因子）往往不是研究者理论中的确切的模型。

验证性因子分析（confirmatory factor analysis）的强项正是在于它允许研究者明确描述一个理论模型中的细节。那么一个研究者想描述什么呢？我们曾经提到因为测量误差的存在，研究者需要使用多个测度项。当使用多个测度项之后，我们就有测度项的"质量"问题，即效度检验。而效度检验就是要看一个测度项是否与其所设计的因子有显著的载荷，并与其不相干的因子没有显著的载荷。当然，我们可能进一步检验一个测度项工具中是否存在共同方法偏差，一些测度项之间是否存在"子因子"。这些测试都要求研究者明确描述测度项、因子、残差之间的关系。对这种关系的描述又叫**测度模型**（measurement model）。对测度模型的质量检验是假设检验之前的必要步骤。

在一个测度模型中最基本的关系是测度项与因子的对应关系，而且我们假定这种关系是已知的，但需检验。我们先关注于这一点，看看验证性因子分析是如何解决这个问题的。为了检验测度项的效度，我们必须先如在探索性因子分析中一样，求出因子载荷及相应的残差。我们从最简单的情况开始。

11.2 单因子、两个测度项

首先,对于一个隐性因子 F_1 与两个显性测度项 X_1, X_2,它们的关系可以描述为:

$$X_1 = k_{10} + k_{11}F_1 + d_1$$
$$X_2 = k_{20} + k_{21}F_1 + d_2$$

其中 d 是残差,k_{10}, k_{20} 是一个初始偏移,k_{11}, k_{21} 是单位转换或者说是因子载荷。与在探索性因子分析中的情况一样,我们碰到的问题是因子载荷与因子本身同时为未知数。所以我们先为求解简化我们的问题。

在心理计量中,初始偏移往往没有意义,所以我们可以设它们为零。我们假定残差是独立的,而且服从同一分布(没有共同方法偏差,没有其他公因子),所以

$\mathrm{Cov}(d_1, d_2) = 0$, $\mathrm{Var}(d_1) = \mathrm{Var}(d_2)$;

因子与残差之间也是独立的,所以 $\mathrm{Cov}(F_1, d_1) = \mathrm{Cov}(F_1, d_2) = 0$;

两个测度项的单位是一样的,所以 $k_{11} = k_{21}$。

这组假设假定两个测度项是对等的,这样的测度项被叫做**平等测度项**(parallel items)。有了这些假设,因为我们可能从样本得到 X_1 与 X_2 的方差与协方差,于是可以得到:

$$\mathrm{Var}(X_1) = k_{11}^2 \mathrm{Var}(F_1) + \mathrm{Var}(d_1)$$
$$\mathrm{Var}(X_2) = k_{11}^2 \mathrm{Var}(F_1) + \mathrm{Var}(d_2)$$
$$\mathrm{Cov}(X_1, X_2) = k_{11}^2 \mathrm{Var}(F_1)$$

在这三个等式中,我们有三个未知数 $\mathrm{Var}(d_1)$,k_{11} 和 $\mathrm{Var}(F_1)$(忽略等同的 $\mathrm{Var}(d_2)$,k_{21})。我们可以解出:

$$\mathrm{Var}(d_1) = \mathrm{Var}(X_1) - \mathrm{Cov}(X_1, X_2)$$
$$\mathrm{Var}(d_2) = \mathrm{Var}(X_2) - \mathrm{Cov}(X_1, X_2)$$

也即是,我们可以得到残差信息量的多种不同的解,这种情况叫做残差方差是**多解**的(overidentified)。我们面临的新问题是要在多解的情况下选定一个解。我们先搁置这个问题。总之,多解比无解好。

但是,我们依然无法确定 k_{11} 和 $\mathrm{Var}(F_1)$。在探索性因子分析中,我们假定 $\mathrm{Var}(F_1) = 1$。这个办法当然也可以用在这里。另一种办法是假定 $k_{11} = 1$,即隐性因子的单位与显性测度项的单位相同。这种情况说明:如果我们想知道因子中的信息量,我们必须假定一个载荷系数;如果我们想知道载荷系数,我们必须先假定因子中的信息量。熊掌和鱼又一次无法兼得。但是,如果我们同意做这样的假设,假设 $k_{11} = 1$,这个求解问题算是解决了。我们有:

$$\mathrm{Cov}(X_1, X_2) = \mathrm{Var}(F_1)$$
$$\mathrm{Var}(d_1) = \mathrm{Var}(X_1) - \mathrm{Var}(F_1)$$
$$\mathrm{Var}(d_2) = \mathrm{Var}(X_2) - \mathrm{Var}(F_1)$$

因为残差方差是多解的,我们其实大可不必假定这两个测度项的残差是一样的,我们可以让 $\mathrm{Var}(d_1)$ 与 $\mathrm{Var}(d_2)$ 不同。其结果是,虽然两个测度项平行(就载荷而言),但 X 在这个“回归线”两边的分散程度不同。这样两个测度项被叫做**等系数测度项**(tau equivalent)。我们放松一个假设的好处是我们可以对测度项的质量的一个方面进行判断:哪个测度项的残差比较小。这时,任何未知数都不存在多解的情况,而且只有一个解(在我

们假定 $k_{11}=1$ 或 $\mathrm{Var}(F_1)=1$ 后），这种情形下这个模型**有唯一解**（just identified）。

显然，平等测度项是一个相当苛刻、不现实的假定。等系数测度项更宽松一点，却也不见得符合实际情况。在实际情况中，两个测度项极可能会有不同的载荷系数。增加测度项的个数是去除这些假设的有效办法。我们在下面讨论三个测度项的情况。需要指出的是：正是因为这种苛刻的求解假设，在实际研究中，对于一个理论上的构件，我们往往使用多于两个测度项。

11.3　单因子、三个测度项

忽略常数项，假定我们有三个测度项：

$$X_1 = k_{11}F_1 + d_1$$
$$X_2 = k_{21}F_1 + d_2$$
$$X_2 = k_{31}F_1 + d_3$$

如果假定它们是平等系数测度项，即：

$$k_{11} = k_{21} = k_{31} = 1$$
$$\mathrm{Cov}(d_1,d_2) = \mathrm{Cov}(d_1,d_3) = \mathrm{Cov}(d_2,d_3) = 0$$

由：

$$\mathrm{Var}(X_1) = k_{11}^2 \mathrm{Var}(F_1) + \mathrm{Var}(d_1)$$
$$\mathrm{Var}(X_2) = k_{21}^2 \mathrm{Var}(F_1) + \mathrm{Var}(d_2)$$
$$\mathrm{Var}(X_3) = k_{31}^2 \mathrm{Var}(F_1) + \mathrm{Var}(d_3)$$
$$\mathrm{Cov}(X_1,X_2) = k_{11}k_{21}\mathrm{Var}(F_1) + \mathrm{Cov}(d_1,d_2)$$
$$\mathrm{Cov}(X_1,X_3) = k_{11}k_{31}\mathrm{Var}(F_1) + \mathrm{Cov}(d_1,d_3)$$
$$\mathrm{Cov}(X_2,X_3) = k_{21}k_{31}\mathrm{Var}(F_1) + \mathrm{Cov}(d_2,d_3)$$

我们可以得到：

$$\mathrm{Var}(F_1) = \mathrm{Cov}(X_1,X_2)$$
$$\mathrm{Var}(F_1) = \mathrm{Cov}(X_1,X_3)$$
$$\mathrm{Var}(F_1) = \mathrm{Cov}(X_2,X_3)$$
$$\mathrm{Var}(d_1) = \mathrm{Var}(X_1) - \mathrm{Var}(F_1)$$
$$\mathrm{Var}(d_2) = \mathrm{Var}(X_2) - \mathrm{Var}(F_1)$$
$$\mathrm{Var}(d_3) = \mathrm{Var}(X_3) - \mathrm{Var}(F_1)$$

这时 $\mathrm{Var}(F_1)$ 是多解的，$\mathrm{Var}(d)$ 的解是唯一的，但受 $\mathrm{Var}(F_1)$ 的影响。这种多解性既有好处又有"坏处"。好处是，我们观察 $\mathrm{Cov}(X_1,X_2)$，$\mathrm{Cov}(X_1,X_3)$，$\mathrm{Cov}(X_2,X_3)$ 的一致性。因为它们是同一个因子信息的不同估计，如果三个测度项的质量是一致的，我们会希望它们的取值是一致的。不同的取值表示了某些测度项中的问题。这三个协方差越不一致，测度项质量越有问题，至少有聚合效度的问题。坏处是，我们必须对这三个不同的解进行折中，取定一个最后的解。

这种多解性的另外一个用处是用来放松约束。可能放松等系数约束。我们可以设只有一个载荷系数为 1：

$$k_{11} = 1, (\text{or } k_{21} = 1, \text{or } k_{31} = 1),$$
$$\mathrm{Cov}(d_1,d_2) = \mathrm{Cov}(d_1,d_3) = \mathrm{Cov}(d_2,d_3) = 0$$

这样，我们可以解得（读者可以自行推得以下方程）：

$$\mathrm{Var}(F_1) = \mathrm{Cov}(X_1,X_2)\mathrm{Cov}(X_2,X_3)/\mathrm{Cov}(X_1,X_3)$$
$$k_{21} = \mathrm{Cov}(X_1,X_2)/\mathrm{Var}(F_1)$$
$$k_{31} = \mathrm{Cov}(X_1,X_3)/\mathrm{Var}(F_1)$$
$$\mathrm{Var}(d_1) = \mathrm{Var}(X_1) - \mathrm{Var}(F_1)$$
$$\mathrm{Var}(d_2) = \mathrm{Var}(X_2) - k_{21}^2\mathrm{Var}(F_1)$$
$$\mathrm{Var}(d_3) = \mathrm{Var}(X_3) - k_{31}^2\mathrm{Var}(F_1)$$

此时,这组方程有唯一解。但是,我们得到了更多的信息:我们可以算出 k_{21} 与 k_{31},从而对这两个测度项有更深的认识。这组放松了约束后的测度项叫做**同类测度项**(congeneric)。它们同类,但可以有自己的载荷(除了第一个测度项以外)与残差。这也是为什么在实际研究中,我们往往要求一个理论构件有三个或更多的测度项。至此,我们尝到了多个测度项的"甜头"。如果用四个测度项,我们可以做什么呢?

11.4 单因子、四个测度项

有了四个测度项,如果我们还是假定同类测度项,因为我们有了更多的测度项方差与协方差信息,我们有了更多的方程可列。结果是有些未知数有了多个解。具体地讲,正如在三个测度项的情况,$\mathrm{Var}(F_1)$ 有了多个解,而各残差的解取决于 $\mathrm{Var}(F_1)$。我们直接给出这个解:

$$\mathrm{Var}(F_1) = \mathrm{Cov}(X_1,X_2)\mathrm{Cov}(X_1,X_3)/\mathrm{Cov}(X_2,X_3)$$
$$\mathrm{Var}(F_1) = \mathrm{Cov}(X_1,X_2)\mathrm{Cov}(X_1,X_4)/\mathrm{Cov}(X_2,X_4)$$
$$\mathrm{Var}(F_1) = \mathrm{Cov}(X_1,X_3)\mathrm{Cov}(X_1,X_4)/\mathrm{Cov}(X_3,X_4)$$
$$k_{11} = 1$$
$$k_{21} = \mathrm{Cov}(X_1,X_2)/\mathrm{Var}(F_1)$$
$$k_{31} = \mathrm{Cov}(X_1,X_3)/\mathrm{Var}(F_1)$$
$$k_{41} = \mathrm{Cov}(X_1,X_4)/\mathrm{Var}(F_1)$$
$$\mathrm{Var}(d_1) = \mathrm{Var}(X_1) - \mathrm{Var}(F_1)$$
$$\mathrm{Var}(d_2) = \mathrm{Var}(X_2) - k_{21}^2\mathrm{Var}(F_1)$$
$$\mathrm{Var}(d_3) = \mathrm{Var}(X_3) - k_{31}^2\mathrm{Var}(F_1)$$
$$\mathrm{Var}(d_4) = \mathrm{Var}(X_4) - k_{41}^2\mathrm{Var}(F_1)$$

$\mathrm{Var}(F_1)$ 多解的情况使我们有了一个判断一个理论模型好坏的根据。如果这三个解相当不一致,这意味着其中一个或多个测度项有问题。$\mathrm{Var}(F_1)$ 多解的情况使我们能进一步放松约束。我们可以假定残差之间是相关的。当然,因为我们只"多"出来了两个 $\mathrm{Var}(F_1)$ 的解,我们只能放松其中两个残差之间的约束。原来,我们假定:

$$k_{11} = 1(\text{or } k_{21} = 1, \text{ or } k_{31} = 1, \text{or } k_{41} = 1)$$
$$\mathrm{Cov}(d_1,d_2) = \mathrm{Cov}(d_1,d_3) = \mathrm{Cov}(d_1,d_4) = \mathrm{Cov}(d_2,d_3) = \mathrm{Cov}(d_2,d_4) = \mathrm{Cov}(d_3,d_4) = 0$$

现在,我们可以允许:

$$k_{11} = 1(\text{or } k_{21} = 1, \text{ or } k_{31} = 1, \text{or } k_{41} = 1)$$
$$\mathrm{Cov}(d_1,d_3) = \mathrm{Cov}(d_1,d_4) = \mathrm{Cov}(d_2,d_3) = \mathrm{Cov}(d_2,d_4) = \mathrm{Cov}(d_3,d_4) = 0$$
$$\mathrm{Cov}(d_1,d_2) = t_{21}$$

$$\text{Cov}(d_3, d_4) = t_{43}$$

用图例表示,可能的模型是:

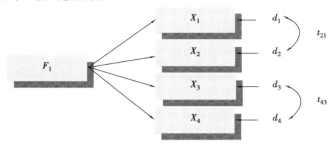

图 11-1　单因子、四个测度项可能的模型

这个模型表示什么意思呢?它表示两个测度项之间除了通过因子 F_1 相关,也可以通过残差获得相关性。这种相关性往往是一种研究者想要避免的相关性,比如子因子的存在,或者共同方法偏差。但是,多个测度项的使用不但使我们求得载荷,而且使这种在区别效度与聚合效度之外的"质检标准"变得可能。

11.5 两个因子、两个测度项

当我们有两个因子,每个因子有两个测度项,我们有:
$$X_1 = k_{11}F_1 + 0F_2 + d_1$$
$$X_2 = k_{21}F_1 + 0F_2 \quad\ + d_2$$
$$X_3 = 0F_1 \ + k_{32}F_2 \qquad + d_3$$
$$X_4 = 0F_1 \ + k_{42}F_2 \qquad\quad + d_4$$

假定等系数测度项:
$$k_{11} = k_{21} = 1$$
$$k_{32} = k_{42} = 1$$
$$\text{Cov}(d_1, d_2) = \text{Cov}(d_1, d_3) = \text{Cov}(d_1, d_4) = \text{Cov}(d_2, d_3) = \text{Cov}(d_2, d_4) = \text{Cov}(d_3, d_4) = 0$$

我们可以得到的解为:
$$\text{Cov}(X_1, X_2) = \text{Var}(F_1)$$
$$\text{Var}(d_1) = \text{Var}(X_1) - \text{Var}(F_1)$$
$$\text{Var}(d_2) = \text{Var}(X_2) - \text{Var}(F_1)$$
$$\text{Cov}(X_3, X_4) = \text{Var}(F_2)$$
$$\text{Var}(d_3) = \text{Var}(X_3) - \text{Var}(F_2)$$
$$\text{Var}(d_4) = \text{Var}(X_4) - \text{Var}(F_2)$$
$$\text{Cov}(F_1, F_2) = \text{Cov}(X_1, X_3)$$
$$\text{Cov}(F_1, F_2) = \text{Cov}(X_1, X_4)$$
$$\text{Cov}(F_1, F_2) = \text{Cov}(X_2, X_3)$$
$$\text{Cov}(F_1, F_2) = \text{Cov}(X_2, X_4)$$

此时,$\text{Cov}(F_1, F_2)$ 是多解的。如果我们想利用这个多解性,我们可以放松对 k_{21} 与 k_{42} 的约束,从而得到同类测度项解(此时我们仍然有一个"多余"的方程,模型仍然是多解的)。

至此,我们对因子求解作一个小结。由于测度项与因子之间的关系是已知的,我们可以通过解析的方法来求出载荷与因子方差。我们也可能得到一个测度项的残差方差,这使得我们有了一种表示测度项质量的指标(以前我们把这种指标叫做测度项信度)。在多解的情况下,我们还可以检验测度项之间的一致性,这使得聚合效度的检验成为可能。在多解的情况下,我们可以放松约束使残差之间有相关性,从而可能检查像共同方法偏差这样的质量问题。我们甚至可求出因子之间的协方差,这使得对因子之间的关系进行检验成为可能。在以上的讨论中,我们并没有特别指出这些结论适用于群体还是样本。由于样本中的关系在取极限时与群体是一致的,所以以上的关系对两者都适用。我们对此不作证明。

但是,我们还没有解决一个问题:在多解的情况下,如果确定一个最终解? 我们所用的办法是**极大似然估计法**(maximum likelihood estimation)。

11.6 极大似然估计(选读内容)

测度模型已经是一种结构方程。虽然有很多的统计学家对结构方程的发展做了贡献,但我们必须在此提到的是 Karl Jöreskog(1973)。他对结构方程的理论发展与他所开发的 LISREL 程序使这种方法成为社会研究的利器。

我们先引入测度模型的矩阵描述。一个模型(比如双因子、双测度项)可以表示为:

$$\begin{pmatrix} X_1 \\ X_2 \\ X_3 \\ X_4 \end{pmatrix} = \begin{pmatrix} k_{11} & 0 \\ k_{21} & 0 \\ 0 & k_{31} \\ 0 & k_{42} \end{pmatrix} (F_1 \quad F_2) + \begin{pmatrix} d_1 \\ d_2 \\ d_3 \\ d_4 \end{pmatrix}$$

$$\mathbf{X} = \mathbf{\Lambda}_x \mathbf{\xi} + \mathbf{\delta}$$

我们用 $\mathbf{X}$ 表示一个理论模型中自变量的测度项,$\mathbf{\xi}$ 表示一组隐性自变量,($\mathbf{\delta}$ 表示残差。当然不只是自变量需要进行测度模型检验,因变量也需要。我们有:

$$\mathbf{Y} = \mathbf{\Lambda}_y \mathbf{\eta} + \mathbf{\varepsilon}$$

$\mathbf{Y}$ 表示一个理论模型中因变量的测度项,$\mathbf{\eta}$ 表示一组隐性因变量,$\mathbf{\varepsilon}$ 表示残差。由于测度模型往往应用在所有的构件上,我们对自变量与因变量不作区别,并假定所有的测度项被合在一起做检验。

在对以上简单情况的剖析中,我们看到可以从测度项的协方差矩阵直接得到一组正则方程,并由正则方程求解。具体讲,记所有的未知数为 $\mathbf{\theta}$,$\mathbf{X}$ 的理论上协方差矩阵(记为 $\sum$)是 $\mathbf{\theta}$ 的一个函数,记为 $\sum(\mathbf{\theta})$。对第一个等式两边求协方差(或 $SSCP$),我们有:

$$\sum(\mathbf{\theta}) = E(\mathbf{XX'}) = \mathbf{\Lambda}_x \mathbf{\Phi} \mathbf{\Lambda}_x' + \mathbf{\Theta}_\delta$$

其中 $\mathbf{\Lambda}_x$ 是一个载荷矩阵,$\mathbf{\Phi}$ 是一个因子之间的协方差矩阵,$\mathbf{\Theta}_\delta$ 是残差矩阵。举例来看,如果我们只有一个因子,三个测度项,在残差之间独立、残差与因子独立的情况下:

$$\mathbf{X} = \begin{pmatrix} x_1 \\ x_2 \\ x_3 \end{pmatrix}, \mathbf{\Lambda}_x = \begin{pmatrix} \lambda_{11} \\ \lambda_{21} \\ \lambda_{31} \end{pmatrix}, \mathbf{\xi} = (\xi_1), \mathbf{\Phi} = (\Phi_{11})$$

$$\boldsymbol{\delta} = \begin{pmatrix} \delta_1 \\ \delta_2 \\ \delta_3 \end{pmatrix}, \boldsymbol{\Theta}_{\boldsymbol{\delta}} = \begin{pmatrix} \mathrm{Var}(\delta_1) & & \\ 0 & \mathrm{Var}(\delta_2) & \\ 0 & 0 & \mathrm{Var}(\delta_3) \end{pmatrix}$$

我们可以得到:

$$\sum(\boldsymbol{\theta}) = \begin{pmatrix} \lambda_{11}^2 \phi_{11} + \mathrm{Var}(\delta_1) & & \\ \lambda_{21}\lambda_{11}\phi_{11} & \lambda_{21}^2\phi_{11} + \mathrm{Var}(\delta_2) & \\ \lambda_{31}\lambda_{11}\phi_{11} & \lambda_{31}\lambda_{21}\phi_{11} & \lambda_{31}^2\phi_{11} + \mathrm{Var}(\delta_3) \end{pmatrix}$$

在一个样本或群体中,我们得到的测度项的实际协方差矩阵(记为 $\sum$)是:

$$\sum = \begin{pmatrix} \mathrm{Var}(X_1) & & \\ \mathrm{Cov}(X_2,X_1) & \mathrm{Var}(X_2) & \\ \mathrm{Cov}(X_3,X_1) & \mathrm{Cov}(X_3,X_3) & \mathrm{Var}(X_3) \end{pmatrix}$$

把这两个矩阵对应起来,我们就有了一组方程,比如:

$$\mathrm{Var}(X_1) = \lambda_{11}^2\phi_{11} + \mathrm{Var}(\delta_1)$$

虽然我们的符号体系与前面有一点不同,但读者可以看出它们的对应关系。这些关系可以总结成一个测度模型:

$$\mathbf{X} = \boldsymbol{\Lambda}_{\mathbf{X}}\boldsymbol{\xi} + \boldsymbol{\delta}$$

$$\sum\nolimits_{\mathbf{XX}} = \boldsymbol{\Lambda}_{\mathbf{X}}\boldsymbol{\Phi}\boldsymbol{\Lambda}'_{\mathbf{X}} + \boldsymbol{\Theta}_{\boldsymbol{\delta}}$$

$$\boldsymbol{\Theta}_{\boldsymbol{\delta}} = \boldsymbol{\delta}\boldsymbol{\delta}'$$

$$\boldsymbol{\Phi} = \boldsymbol{\xi}\boldsymbol{\xi}'$$

有了这样的矩阵描述,我们求解 $\boldsymbol{\Lambda}, \boldsymbol{\Phi}$, 与 $\boldsymbol{\Theta}_{\boldsymbol{\delta}}$ 的过程也就是先作一些模型所要求的约束(比如一个测度项在不对应的因子上的载荷为零,残差之间相关系数为零)与求解过程中所必要的约束(比如测度项是同类的,因子与其中一个测度项是同单位的),然后解出一组值,(在理想的情况下)来拟合 $\sum$ 的过程。

但是在多解的情况下,我们无法复制 $\sum$。在探索性因子分析一章我们曾经提过,一种解决方法就是我们可以选取参数值(比如载荷与因子方差),使得我们能尽可能地拟合 $\sum$。因为残差的求解取决于载荷与因子方差,所以在求解时我们不必担心它们。只要载荷与因子方差一定下来,测度项的残差就可以得到了,而且我们总能完全复制 $\sum$ 的对角线。所以,在载荷与因子方差的求解过程中,我们只需要专注于对角线外元素的拟合。这是验证性因子分析与探索性因子分析在求解中的一个显著不同。在探索性因子分析中,我们所用的是一种"贪婪"的算法,一心想求出最具有解释力的因子,不管它的贡献在对角线上还是对角线外。

一种最常用的的测度项协方差矩阵拟合方法是极大似然估计法。记一个样本的协方差矩阵为 $\sum$,其拟合的值为 $\hat{\sum}$,残差为 $\boldsymbol{\Theta}_{\boldsymbol{\delta}}$,极大似然法的目标函数是:

$$\sum = \hat{\sum} + \boldsymbol{\Theta}_{\boldsymbol{\delta}}$$

$$\mathrm{minimize} \quad F_{\mathrm{ML}} = \log|\sum| - \log|\hat{\sum}| + \mathrm{tr}\left[\sum\hat{\sum}^{-1}\right] - p$$

其中| |是矩阵的行列式(determinant),tr( )是迹(trace),即对角线上元素的和,p 是

参数(未知数)的个数。可以证明,在所有可能的参数选择中,一个最优解存在,而且可以用数值求解的方法得到。

这个目标函数令人生畏,但是,其基本目标是残差最小化。残差的大小可以用多种方法度量,比如用残差矩阵中所有元素的均值或平方的均值。在这里使用的是一个稍微复杂一点的目标函数。这个目标函数可以理解如下。在统计中,一个协方差矩阵可以理解为空间中的一个分布(即一个"橄榄球")。一个协方差矩阵的行列式是一个数值,它表示了这个分布所占的体积的平方。所以,$\log|\sum| - \log|\hat{\sum}|$ 表示的是拟合的橄榄球与实际的橄榄球体积要相仿。一个协方差矩阵对角线上的元素决定了这个橄榄球在一个测度项所对应的维度上的分布程度。我们可以直观地把它理解为如果用一个箱子(它的边对应测度项)来装这个球,对角线上的元素表明这个箱子各边的尺寸,所以迹就是边长之和。如果一个"估计"出来的箱子虽然体积相仿,但各边的尺寸与边之间的角度与原箱子不符,这个球是装不进去的。$\text{tr}[\sum \hat{\sum}^{-1}]$ 表示的是这两个箱子边与边之间角度的符合程度。如果完全符合,这个迹为 p,所以 $\text{tr}[\sum \hat{\sum}^{-1}] - p$ 为零,否则会偏离零。对于一个样本,我们记 $\sum$ 为 **S**。

极大似然估计法假定所有的测度项服从多元正态分布。所以,在使用这种方法以前需要先检验一个样本的正态性。我们会在案例分析中演示。当多元正态分布不满足时,还有其他的估计方法,比如 generalized least squares(GLS)或 weighted least squares(WLS)。这些方法在理论上虽说对测度项的分布的要求更低,在实际中参数估计的质量往往还不如极大似然估计(Olsson et al. , 2000)。我们在此不作细述。

至此,验证性因子分析的求解过程完成了。极大似然估计的另外的好处包括它允许对所拟合的参数进行显著性检验。

11.7 测度项的效度

极大似然估计可以帮我们求得因子载荷、残差、因子所能解释的测度项信息,以及因子与因子之间的协方差。有了因子载荷,我们就可以检查测度项的聚合效度。一般来讲,在行为研究中,一个测度项的聚合效度要求:

- 因子载荷是显著的,
- 平均来讲,一个因子所有测度项被因子解释的信息即**解释的平均方差**(Average variance extracted)大于 0.5。对于一个因子,$AVE = \sum(\lambda^2)/k$,其中,λ 是测度项标准化了的因子载荷,k 是这个因子测度项的个数。

一个更为苛刻的标准是一个测度项中被因子解释的信息大于残差中的信息。也就是说,因子载荷要大于 0.7,这样这个载荷的平方大概大于 0.5,因为 0.7 的平方大概是 0.5。

因子信度指标包括:

- 综合因子信度(Werts et al. 1974),其作用与 Cronbach's alpha 相似。
- Cronbach's alpha,这个指标可以在 SPSS 中直接得到。

其中,综合因子信度(composite factor reliability)的公式是:

$$\rho = \frac{\left(\sum \lambda_i \right)^2}{\left(\sum \lambda_i \right)^2 + \left(\sum \left(1 - \lambda_i^2 \right) \right)}$$

其中,λ 是测度项标准化了的因子载荷。

一般而言,因子的信度指标要大于 0.7。

以上的标准是一组经验标准。一般来讲,满足这些标准是检验测度模型效度的基本要求。如果满足,这个测度模型还有可能受其他缺陷的困扰,比如共同方法偏差。

在多因子的情况,极大似然估计也会拟合因子之间的相关系数。这就给我们判断测度项区别有效提供了一定的线索。我们要求:

- 一个测度项与其对应因子的载荷要大于这个因子与所有其他因子的相关系数。
- 一个因子的 AVE 的根大于这个因子与所有其他因子的相关系数。
- 对于任何两个因子,如果我们把它的测度项合在一起,形成一个因子,并进行模型拟合,这样的模型的拟合度需显著地低于假定有两个因子分别对应于各自测度项的情形。

其中,经验准则 2 是最常用的;经验准则 1 与 2 是一致的,但更严格;标准 3 是最容易达到的。

11.8 模型的拟合度

因为我们对 X 的协方差矩阵进行拟合,很自然,我们会想要一个拟合度来表示总体的拟合情况。我们在前面提到,拟合程度反映了 $\sum$ 与其拟合值 $\hat{\sum}$ 的差别。要注意,这个残差与我们在回归分析中的残差尽管在解释上有一些类似,其数学细节与应用却有相当的不同。我们先介绍一些常用的拟合度指标,然后再回到这个问题上来。

与回归分析中单一的拟合度指标不同,统计界提出了很多种拟合度指标。但每种指标的侧重点不同,所反映的信息也不同。我们可以一个一个来看。

Chi-Square。最直接的指标就是使用极大似然估计的目标函数所最小化后的值 F_{ML}。一般,这个值被乘以$(N-1)$,$(N-1)$是样本量减 1。$(N-1)F_{\mathrm{ML}}$ 服从 Pearson Chi-Square 分布,$(N-1)F_{\mathrm{ML}}$ 又被叫做模型 χ_{M}^2。模型 χ^2 越大,则拟合度越低。所以 χ_{M}^2 其实表明了不拟合程度。我们可以对 χ_{M}^2 作显著性测试。如果 χ_{M}^2 是显著的,则表明它很大,模型与协方差矩阵不拟合。如果它是不显著的,则表明它接近于零,所以模型与协方差矩阵是拟合的。这是 χ_{M}^2 的一个特点:一个好的模型应当是不显著的,而不是像在回归中那样是显著的。χ_{M}^2 还有一个缺点:对于同一个模型,它会随着样本量的增加而增加。这意味着我们会不当地拒绝一个模型。为了降低 χ_{M}^2 对样本量的敏感性,我们往往对 χ_{M}^2 除以自由度 df_{M},得到标准 χ_{M}^2(normed chi-square)。在行为研究中,一般地,标准 χ_{M}^2 被要求在 3 以下。但 Bollen(1989)指出这个指标并不能完全对样本量进行调整。χ_{M}^2 在大部分行为模型中是显著的。χ_{M}^2 同时又是很多其他拟合度指标的计算基础。

RMR(Root Mean Square Residual)与 SRMR(Standardized RMR)。如果我们直接把

$\sum$ 与其拟合值 $\hat{\sum}$ 的对应项相减,并把得到的残差值求平方($square\ residual$),再求这个平方的平均数($mean\ square\ residual$),再求其根,就得到了 RMR。它反映了两个协方差矩阵元素之间的差的均方差。这个均方差反映了它们之间的拟合度,所以越小越好。但这个值受到各元素原始值所取单位的影响。所以,我们往往先把原协方差矩阵与拟合的协方差矩阵进行标准化,得到相关系数矩阵,再算出 RMR。这时的 RMR 就是标准化的 RMR,记为 $SRMR$。$SRMR$ 一般要求小于 0.1。这两个指标是相当粗糙的拟合度指标。

RMSEA(Root Mean Square Error of Approximation)。RMSEA 是对 χ^2_M 进行简练性调整。对于同一个样本,如果一个模型所用的参数越多,它的自由度就越小,RMSEA 就会越大。RMSEA 也对 χ^2_M 进行样本量调整,所以这个指标不会对样本量敏感。一般地,这个指标小于 0.05 时模型的拟合度是好的,在 0.05 ~ 0.08 时模型的拟合度可以接受。如果大于 0.1,则认为拟合度是不好的。许多这一类的软件也报告 RMSEA 的置信区间。一般地,我们要求这个区间的下限小于 0.05 ,上限小于 0.1。

GFI(goodness of fit index)。对于 $\sum$ 与其拟合值 $\hat{\sum}$,GFI 测试的是这两个矩阵迹的吻合程度:

$$GFI = 1 - tr[(\sum \hat{\sum}^{-1} - I)^2]/tr[(\sum \hat{\sum}^{-1})^2]$$

GFI 的取值在 0 到 1 之间,一般地,GFI 被要求大于 0.9。GFI 对样本量敏感,也未作简练性调整。

CFI(comparative fit index)。CFI 属于一类叫做比较性的拟合度指标。它的基本思想是:有两个模型,一个是研究者提出的理论模型,另一个是基础模型。在基础模型中,所有的测度项被假定没有相关性,这样的模型又叫做独立模型(independence model)或零模型(null model)。一个理论模型的拟合度应当好于一个零模型的拟合度。如果我们记零模型的拟合度为 χ^2_B ,$\chi^2_B > \chi^2_M$。CFI 就是基于这个差别。CFI 对这个拟合度进行变化,得到 $\hat{\delta}_M = Max(\chi^2_M, - df_M, 0)$ 。相应地,我们可以得到 $\hat{\delta}_B$ 。

$$CFI = 1 - \frac{\hat{\delta}_M}{\hat{\delta}_B}$$

CFI 被要求大于 0.9。因为零模型没有实际意义,这一类的比较性指数被指定与一个没有实际意义的模型相比,从而不增加理论上的解释力。这一类的比较性指数还包括 NFI(normed fit index)与 IFI(incremental fit index)。它们都被要求大于 0.9。

在理解与应用这些指数时,读者要注意:

- 这些指数反映的是对协方差矩阵的整体上的拟合度。它不反映个别因变量被解释的程度。也有可能模型中各部分之间的拟合度会不同。
- 这些指数往往被一起报告,使其他读者能从各个方面来检验这个模型。
- 拟合度并不能说明模型的合理性。一个所有假设的关系都被否定的模型可能也有很好的拟合度。
- 拟合度不代表预测能力。
- 所有以上提到的判断模型拟合度是否"过得去"的标准都只是经验法则,不是硬性要求。

11.9 应用中的问题

在实际研究中,我们往往会碰到有的测度项违反效度的情况。和我们在探索性因子分析中所碰到的情况一样,对测度项的"净化"不是一个纯粹的指标问题,它必须和理论结合起来,重新审视一个测度项的措词,然后决定取舍。研究中我们往往会舍弃违反聚合效度或区别效度的测度项。有的学者反对这种做法,认为这种做法是一种数据导向的做法,使人容易受到一个特定数据的影响,从而拒绝一个合理的模型,或者接收一个不合理的模型。最后,这样的做法使得本来是验证性的测度模型变成探索性的分析——我们在寻找一个数据上过得去的模型。这种批判是有道理的。所以,我们一再强调模型的修改要基于理论。但是,从学科发展的角度来看,任何一个模型都只是这个阶段的一个探索,过于拘泥于验证性与探索性之间的概念差别并不必要。而且,很多指标是经验法则,在灰度地带,这种接收或拒绝的判断本来就具有一定的主观性。我们这样认为,并不是说测度模型可以随便改换,以适应于一个样本数据。一个测度模型如果存在大量的修改,重新收集数据,重新检验就是必要的。所以探索性与验证性不是一个数学上的概念,更重要的是研究者对数据的使用,研究者在数据使用之前是否有一个明确的模型。

11.10 用 SIMPLIS 进行简单的测度模型检验

在实际科研中,验证性因子分析的过程也就是测度模型的检验过程。可以进行测度模型及因子之间关系检验的结构方程建模并拟合的统计软件有很多,比如 LISREL,AMOS,EQS,MPLUS 等。其中最常用的有 LISREL。在 LISREL 这个软件中有三种编程语言:PRELIS 是用来作数据处理或简单运算,比如作一些回归分析、计算一个样本的协方差矩阵;LISREL 是一种矩阵编程语言,它用矩阵的方式来定义我们在前面提到的测度项与构件、构件之间的关系,然后采用一个估计方法(比如极大似然估计)进行模型拟合;SIMPLIS 是一种简化的结构方程编程语言,适合行为研究者用。我们以 SIMPLIS 为例来说明如何进行验证性因子分析。

我们先对测度模型中所用到的符号作一个总结。

表 11-1　LISREL 中各矩阵的符号

希腊字母	矩阵符号	矩阵元素	LISREL 程序中的代码	直观解释
测度模型				
Lambda-X	Λ_x	λ_x	LX	外生变量与测度项的回归系数矩阵,又叫外生变量的因子载荷
Lambda-Y	Λ_y	λ_y	LY	内生变量与测度项的回归系数矩阵,内生变量的因子载荷
Theta delta	Θ_δ	θ_δ	TD	外生变量的残差协方差矩阵(当我们假定残差之间有相关性时,残差是一个矩阵)
Theta epsilon	Θ_δ	θ_δ	TE	内生变量的残差协方差矩阵

以范文中的文档相关度为例,我们的测度模型是:

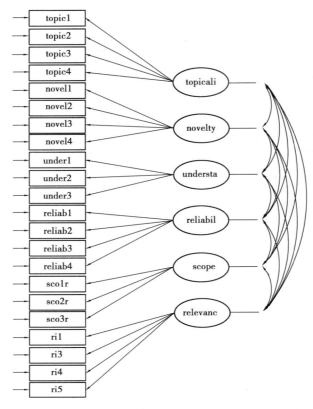

图 11-2　验证性因子分析的概念图

图 11-2 表示我们所要求解的参数包括各残差、各测度项的因子载荷(假定因子方差被约束成 1)、因子之间的相关性。

SIMPLIS 的程序相当简单:

```
!The title line with command "Title"
Title Measurement Model for Relevance Judgment(measurementmodel.spj)
!Define input data file with command: Raw Data from File
Raw Data from File 'MainStudy.psf'
!Define latent variables with command: Latent variables
Latent variables topicality novelty understandability reliability scope rele-
vance
!Define measurement model and structural model in Relationship section
Relationships
!Measurement model
topicality -> topic1 topic2 topic3 topic4
!topic1 = topicality
!topic2 = topicality
!topic3 = topicality
!topic4 = topicality

novel1 = novelty
novel2 = novelty
novel3 = novelty
novel4 = novelty
```

```
under1 = understandability
under2 = understandability
under3 = understandability
reliab1 = reliability
reliab2 = reliability
reliab3 = reliability
reliab4 = reliability

sco1r = scope
sco2r = scope
sco3r = scope
!sco4r = scope

ri1 = relevance
!ri2 = relevance
ri3 = relevance
ri4 = relevance
ri5 = relevance

!Request for diagram output
Path Diagram

!Specify model fitting parameters such as Iteration and Method of Estimation
Iterations = 250
Method of Estimation: Maximum Likelihood

End of Problem
```

　　一个 SIMPLIS 程序分几个部分,包括标题、数据、潜变量名、因子与测度项关系、输出、拟合指令。注释行用"!"开始,我们也可以用"!"来去掉不要的测度项。测度项与因子之间的关系也可以表示成:

```
topic1 topic2 topic3 topic4 = topicality
    或:
topicality -> topic1 topic2 topic3 topic4
```

　　虽然 LISREL 也提供图形界面来直接产生程序,但有时产生的程序会有错误。一般来讲,直接编程是更有效率的建模方法。细心的读者会注意到我们并没有设定因子的方差为 1 或者等于其中一个测度项的方差。在这种默认的情况下,系统会设定因子的方差为 1,系统会在运行时增加以下指令:

```
Set the variance of topicali to 1.00
Set the variance of novelty to 1.00
Set the variance of understa to 1.00
Set the variance of reliabil to 1.00
Set the variance of scope to 1.00
Set the variance of relevanc to 1.00
```

　　当然,我们也可以直接指定某一个测度项的因子载荷为 1,从而使因子的方差等于这

个测度项的方差。这种要求的指令如下:

```
topic1 =1 *  topicality
topic2 = topicality
topic3 = topicality
topic4 = topicality
```

当然我们按需要选择以哪个测度项的因子载荷设为 1。一般来讲,我们会选择语义上最能表现理论构件的测度项。

按以上的一种方式创建程序后,按 Run LISREL 图标(　)进行拟合,我们得到未标准化后的解如图 11-3:

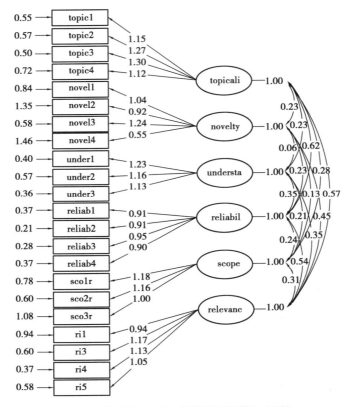

Chi-square=301.19, df=194, p-value=0.00000, RMSEA=0.048

图 11-3　验证性因子分析的拟合结果

标准化后的解(在 Estimate 下拉框中选"Standardized solution")是:

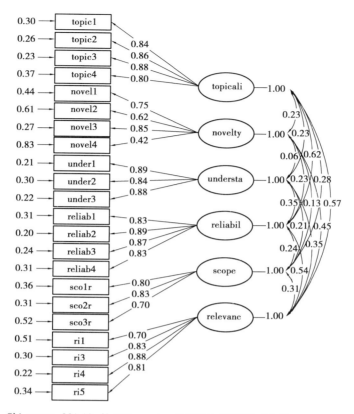

Chi-square=301.19, df=194, p-value=0.00000, RMSEA=0.048

图 11-4　验证性因子分析的标准化了的拟合结果

最左的一列数字表示了各测度项残差中的信息。第二列数字是因子载荷。网格状的箭头表示各因子之间的相关性。类似地,我们也可能要求显示以上各数据的 t 值。

除了对模型的拟合以图形的方式输出以外,LISREL 也有文本方式输出结果。我们对这个例子的输出结果进行加注。

```
                DATE:10/27/2006
                 TIME:19:23
               L I S R E L  8.71
                      BY
          Karl G. Jöreskog & Dag Sörbom
         This program is published exclusively by
           Scientific Software International, Inc.
             7383 N. Lincoln Avenue, Suite 100
              Lincolnwood, IL 60712, U.S.A.
     Phone:(800)247-6113, (847)675-0720, Fax:(847)675-2140
  Copyright by Scientific Software International, Inc., 1981-2004
       Use of this program is subject to the terms specified in the
              Universal Copyright Convention.
              Website: www.ssicentral.com
```

注:读入的程序

The following lines were read from file F:\methodologybook\9-sem\example\measurementmodel.spj:

```
Title Measurement Model for Relevance Judgment

!Define data file with command: Raw Data from File
Raw Data from File 'MainStudy.psf'
!Define latent variables with command: Latent variables
Latent Variables topicality novelty understandability reliability scope rele-
vance

!Define measurement model and structural model in Relationship section
Relationships
!Measurement model
topicality -> topic1 topic2 topic3 topic4
!topic1 = topicality
!topic2 = topicality
!topic3 = topicality
!topic4 = topicality

novel1 = novelty
novel2 = novelty
novel3 = novelty
novel4 = novelty

under1 = understandability
under2 = understandability
under3 = understandability

reliab1 = reliability
reliab2 = reliability
reliab3 = reliability
reliab4 = reliability

sco1r = scope
sco2r = scope
sco3r = scope
!sco4r = scope

ri1 = relevance
!ri2 = relevance
ri3 = relevance
ri4 = relevance
ri5 = relevance

!Request for diagram output
Path Diagram
!Specify model fitting parameters such as Iteration and Method of Estimation
Iterations = 250
Method of Estimation: Maximum Likelihood

End of Problem
```

注:拟合结果从此开始

```
Sample Size = 242
```

注:样本的实际协方差矩阵
```
Measurement Model for Relevance Judgment
```

Covariance Matrix

	topic1	topic2	topic3	topic4	novel1	novel2
topic1	1.88					
topic2	1.47	2.18				
topic3	1.47	1.68	2.19			
topic4	1.30	1.37	1.47	1.98		
novel1	0.51	0.29	0.33	0.45	1.93	
novel2	0.27	0.16	0.27	0.21	0.90	2.19
novel3	0.46	0.22	0.30	0.48	1.28	1.18
novel4	0.00	-0.13	-0.03	-0.10	0.53	0.55
under1	0.49	0.48	0.49	0.30	0.22	0.08
under2	0.32	0.25	0.24	0.20	0.10	-0.05
under3	0.34	0.27	0.29	0.14	0.12	0.08
reliab1	0.61	0.79	0.72	0.69	0.31	0.17
reliab2	0.65	0.79	0.76	0.66	0.22	0.19
reliab3	0.64	0.74	0.71	0.68	0.38	0.18
reliab4	0.61	0.70	0.71	0.60	0.27	0.13
sco1r	0.27	0.29	0.28	0.37	0.04	0.22
sco2r	0.46	0.46	0.38	0.49	0.27	0.09
sco3r	0.35	0.33	0.44	0.51	0.18	-0.02
ri1	0.86	0.91	0.85	0.90	0.60	0.42
ri3	0.89	0.77	0.85	0.79	0.75	0.34
ri4	0.76	0.66	0.71	0.70	0.72	0.37
ri5	0.70	0.75	0.85	0.75	0.67	0.51

Covariance Matrix

	novel3	novel4	under1	under2	under3	reliab1
novel3	2.12					
novel4	0.73	1.76				
under1	0.13	0.10	1.92			
under2	0.04	-0.09	1.42	1.91		
under3	0.14	0.07	1.38	1.32	1.63	
reliab1	0.26	0.01	0.43	0.26	0.31	1.21
reliab2	0.26	0.00	0.42	0.22	0.32	0.85
reliab3	0.31	0.05	0.36	0.27	0.32	0.87
reliab4	0.16	-0.06	0.48	0.39	0.42	0.77
sco1r	0.11	-0.10	0.36	0.26	0.27	0.17
sco2r	0.32	0.01	0.39	0.20	0.25	0.29
sco3r	0.12	-0.23	0.34	0.12	0.24	0.29
ri1	0.51	-0.02	0.38	0.20	0.23	0.63
ri3	0.52	0.25	0.84	0.67	0.59	0.62
ri4	0.55	0.14	0.45	0.33	0.36	0.59
ri5	0.61	0.23	0.46	0.32	0.40	0.68

```
       Covariance Matrix
              reliab2     reliab3     reliab4      sco1r       sco2r       sco3r
             ----------  ----------  ----------   --------    --------    --------
   reliab2     1.04
   reliab3     0.84        1.17
   reliab4     0.82        0.88        1.17
     sco1r     0.18        0.15        0.17        2.17
     sco2r     0.31        0.31        0.32        1.37        1.94
     sco3r     0.22        0.26        0.21        1.21        1.13        2.08
       ri1     0.53        0.63        0.49        0.28        0.54        0.55
       ri3     0.48        0.58        0.48        0.36        0.56        0.45
       ri4     0.47        0.56        0.42        0.25        0.40        0.48
       ri5     0.53        0.65        0.50        0.19        0.36        0.40
       Covariance Matrix
               ri1         ri3         ri4         ri5
              ------      ------      ------      ------
       ri1     1.83
       ri3     1.12        1.97
       ri4     1.04        1.36        1.66
       ri5     0.95        1.16        1.23        1.69
```

Measurement Model for Relevance Judgment

Number of Iterations = 8

LISREL Estimates (Maximum Likelihood)

     Measurement Equations

注: 未标准化的因子载荷 (及其标准差与 t 值)、残差的方差与被因子解释的信息。

topic1 = 1.15* topicali, Errorvar. = 0.55, R^2 = 0.70
(0.073) (0.065)
        15.71   8.53
topic2 = 1.27* topicali, Errorvar. = 0.57, R^2 = 0.74
(0.078) (0.071)
        16.29   8.07
topic3 = 1.30* topicali, Errorvar. = 0.50, R^2 = 0.77
(0.077) (0.067)
        16.88   7.50
topic4 = 1.12* topicali, Errorvar. = 0.72, R^2 = 0.63
(0.077) (0.079)
        14.50   9.22
novel1 = 1.04* novelty, Errorvar. = 0.84 , R^2 = 0.56
(0.085) (0.11)
        12.21   7.51
novel2 = 0.92* novelty, Errorvar. = 1.35 , R^2 = 0.39
(0.094) (0.14)
         9.77   9.47
novel3 = 1.24* novelty, Errorvar. = 0.58 , R^2 = 0.73
(0.087) (0.12)
        14.19   4.71

novel4 =0.55* novelty, Errorvar. =1.46 , R^2 =0.17
(0.089)(0.14)
　　　6.19　　　　　　　　　　10.50
under1 =1.23* understa, Errorvar. =0.40, R^2 =0.79
(0.073)(0.064)
　　　16.96　　　　　　　　　6.29
under2 =1.16* understa, Errorvar. =0.57, R^2 =0.70
(0.075)(0.070)
　　　15.53　　　　　　　　　8.14
under3 =1.13* understa, Errorvar. =0.36, R^2 =0.78
(0.067)(0.055)
　　　16.80　　　　　　　　　6.54
reliab1=0.91* reliabil, Errorvar. =0.37, R^2 =0.69
(0.059)(0.042)
　　　　15.53　　　　　　　　8.91
reliab2 =0.91* reliabil, Errorvar. =0.21, R^2 =0.80
(0.052)(0.029)
　　　17.40　　　　　　　　　7.31
reliab3 =0.95* reliabil, Errorvar. =0.28, R^2 =0.76
(0.056)(0.035)
　　　16.78　　　　　　　　　7.98
reliab4 =0.90* reliabil, Errorvar. =0.37, R^2 =0.69
(0.058)(0.041)
　　　15.46　　　　　　　　　8.95
sco1r =1.18* scope, Errorvar. =0.78 , R^2 =0.64
(0.089)(0.12)
　　　13.33　　　　　　　　6.43
sco2r =1.16* scope, Errorvar. =0.60 , R^2 =0.69
(0.083)(0.11)
　　　13.91　　　　　　　　5.54
sco3r =1.00* scope, Errorvar. =1.08 , R^2 =0.48
(0.089)(0.12)
　　　11.31　　　　　　　　8.80
ri1 =0.94* relevanc, Errorvar. =0.94, R^2 =0.49
(0.079)(0.095)
　　　11.94　　　　　　　9.86
ri3 =1.17* relevanc, Errorvar. =0.60, R^2 =0.70
(0.076)(0.073)
　　　15.43　　　　　　　8.18
ri4 =1.13* relevanc, Errorvar. =0.37, R^2 =0.78
(0.068)(0.055)
　　　16.77　　　　　　　6.80
ri5 =1.05* relevanc, Errorvar. =0.58, R^2 =0.66
(0.071)(0.067)
　　　14.75　　　　　　　8.68
注：自变量的相关系数矩阵及其标准差与 t 值。

Correlation Matrix of Independent variables
　　　　　　topicali　　novelty　　understa　　reliabil　　scope　　relevanc
　　　　　　-----------　---------　----------　-----------　-------　-----------
　topicali　　1.00

novelty	0.23	1.00			
(0.07)					
	3.31				
understa	0.23	0.09	1.00		
(0.07) (0.07)					
	3.46	1.15			
reliabil	0.62	0.23	0.33	1.00	
(0.05) (0.07) (0.06)					
	13.73	3.30	5.15		
scope	0.28	0.13	0.21	0.24	1.00
(0.07) (0.08) (0.07) (0.07)					
	3.98	1.68	3.00	3.38	
relevanc	0.57	0.45	0.35	0.54	0.31	1.00
(0.05) (0.06) (0.06) (0.05) (0.07)					
	11.44	7.32	5.53	10.17	4.55

注:拟合度指标。

Goodness of Fit Statistics

Degrees of Freedom = 194
Minimum Fit Function Chi-Square = 303.74 (P = 0.00)
Normal Theory Weighted Least Squares Chi-Square = 301.19 (P = 0.00)
Estimated Non-centrality Parameter (NCP) = 107.19
90 Percent Confidence Interval for NCP = (64.11 ; 158.22)

Minimum Fit Function Value = 1.26
Population Discrepancy Function Value (F0) = 0.44
90 Percent Confidence Interval for F0 = (0.27 ; 0.66)
Root Mean Square Error of Approximation (RMSEA) = 0.048
90 Percent Confidence Interval for RMSEA = (0.037 ; 0.058)
P-Value for Test of Close Fit (RMSEA < 0.05) = 0.62

Expected Cross-Validation Index (ECVI) = 1.74
90 Percent Confidence Interval for ECVI = (1.56 ; 1.95)
ECVI for Saturated Model = 2.10
ECVI for Independence Model = 26.72

Chi-Square for Independence Model with 231 Degrees of Freedom = 6395.82
Independence AIC = 6439.82
Model AIC = 419.19
Saturated AIC = 506.00
Independence CAIC = 6538.57
Model CAIC = 684.04
Saturated CAIC = 1641.70

Normed Fit Index (NFI) = 0.95
Non-Normed Fit Index (NNFI) = 0.98
Parsimony Normed Fit Index (PNFI) = 0.80
Comparative Fit Index (CFI) = 0.98
Incremental Fit Index (IFI) = 0.98
Relative Fit Index (RFI) = 0.94

Critical N (CN) = 193.60

Root Mean Square Residual (RMR) = 0.098

```
                    Standardized RMR =0.054
                Goodness of Fit Index(GFI) =0.90
          Adjusted Goodness of Fit Index(AGFI) =0.87
          Parsimony Goodness of Fit Index(PGFI) =0.69
```

注:LISREL 会自动建议一些测度项残差间、测度项与构件之间或构件之间的关系。添加这些关系之后可能会显著地增加模型的拟合度。但这种建议是数据驱动而不是基于理论的,所以一般不要贸然采用。

The Modification Indices Suggest to Add the

Path to	from	Decrease in Chi-Square	New Estimate
novel1	relevanc	13.5	0.33
sco1r	relevanc	8.2	-0.24
ri1	topicali	13.4	0.33
ri3	understa	19.5	0.29
ri4	topicali	9.2	-0.22

The Modification Indices Suggest to Add an Error Covariance

Between	and	Decrease in Chi-Square	New Estimate
reliab4	reliab1	8.1	-0.09
sco1r	novel2	10.0	0.26
ri5	ri3	9.4	-0.18

```
               Time used:    0.203 Seconds
```

这种输出文件的缺点是没有完全标准化的因子载荷。我们可以在 End of Problem 之前增加一条输出指令,来要求完全标准化的因子载荷:

Options SC

如果在 Options 中增加 RS 选项,则可以输出拟合的测度项协方差矩阵、残差矩阵、残差分布,以及标准化后的残差矩阵与残差分布、残差与标准正态分布的一致性。这些结果有助于我们进一步了解数据的质量。

我们先来看拟合度。这个模型的 Normal Theory Weighted Least Squares Chi-Square = 301.19,有 194 个自由度,所以标准 Chi-Square 是 301.19/194 = 1.55,小于 3,是合理的。RMSEA 小于 0.05,而且其置信区间包含 0.05,所以是好的。GFI,NFI,CFI,IFI 都大于或等于 0.9,所以也是满足要求的。

在这个例子中,我们可以看到 Novel4 是唯一一个因子载荷很低(0.4)的因子。虽然这个载荷是显著的,但却无法满足其他的聚合效度。我们可以考虑去除这个测度项,然后重新拟合模型。这种事后的修改当然会增加我们犯第一类错误的可能性,因为我们的修改不是根据理论而是数据导向的。但这种做法在研究中也常被采用。严格地说,当我们对一个测度模型做修改后,其后的分析就不是完全验证性的,而是包含了探索的成分在里面。相应地,如果我们在第一轮探索性因子分析后根据所得到的结果做一定修改(比如丢掉一个测度项),我们的分析也不是完全探索性的,而是包含验证性的(我们想验证舍弃一个测度项后的模型是否够好)。大部分的模型分析介于严格的探索性与验证性之间。广义地讲,不管我们如何保证一个研究中探索性或验证性的纯粹性,一个研究本身可能只是一系列研究中的一小步,从而在本质上是探索性的。所以,从哲学的角度看,一个研究既是探索性又是验证性的。但从方法论的角度看,一个验证性研究要尽量保证其验证性,从而可以进行假设检验。其中所允许的探索性的成分的多少(比如丢掉一个测度项后是否要重新收集样本)取决于一个研究领域的一般做法与要求。

聚合效度的第二个要求是解释的平均方差大于 0.5。在这个输出文件中,我们可以对一个因子的测度项的 R^2 进行平均来得到这个值。以 Topicality 为例,$(0.70 + 0.74 + 0.77 + 0.63)/4$ 显然大于 0.5。总之,除去 Novel4,聚合效度是可以满足的。

注意,有一些结果不是直接从输出中得到的。比如,综合因子信度需要对输出结果中的数据再做计算才能得到。读者可以用 Excel 做简单的计算。

测度项模型的聚合效度报告的格式往往有一定的要求。读者可以参考范文中的 Table 3。

要检验区别效度,我们来看第二条:因子之间的相关系数小于解释的平均方差的根。这可以从相关系数矩阵与在前面计算出来的因子解释的平均方差来得到。在去掉 Novel4、增加 Options 一行后,此时聚合效度满足,我们可以得到因子之间的相关系数矩阵:

	topicali	novelty	understa	reliabil	scope	relevanc
topicali	1.00					
novelty	0.25	1.00				
understa	0.23	0.09	1.00			
reliabil	0.62	0.25	0.33	1.00		
scope	0.28	0.14	0.21	0.24	1.00	
relevanc	0.57	0.47	0.35	0.54	0.31	1.00

把对角线上的 1 替换成因子能解释的平均方差的根,我们得到:

	topicali	novelty	understa	reliabil	scope	relevanc
topicali	0.84					
novelty	0.25	0.74				
understa	0.23	0.09	0.87			
reliabil	0.62	0.25	0.33	0.86		
scope	0.28	0.14	0.21	0.24	0.78	
relevanc	0.57	0.47	0.35	0.54	0.31	0.81

所以区别效度是成立的。如果我们以每个测度项与因子的载荷大于因子之间相关系数这个要求来衡量,区别效度也是成立的。以上的分析满足了测度模型的基本要求,所以可以进一步进行假设检验(除去 Novel4 后)。

在报告中,我们往往报告以上的相关系数矩阵,并在对角线上填入因子的平均方差的根。我们也会同时报告各构件的均值与方差。均值与方差可以先通过对一个构件的各测度项进行平均得到构件值,再计算其均值与方差得到。请参考范文中的 Table 2。当然,在检查区别效度时,我们也要求每一个测度项与其构件的载荷大于这个构件与其他构件的相关系数。这种检查的结果可以用文字叙述,就不需要用数据表格报告了,因为这个结果可以从聚合效度报告表格与相关系数表格对比中得到。

最后一种区别效度的测试方法是约束测试法。作为演示,我们只对其中两个因子进行测试,读者可以自行对所有因子组合进行测试。假定我们想看相关系数最高的 Topicality 与 Reliability 是否符合区别效度,我们可以在以上模型的基础上增加一条指令(在 Path Diagram 之前):

Set the Covariances of reliability and topicality to 1.00

添加这个指令的前后两个不同的模型所得的 Chi-square 会有不同。比较这个不同就给我们一个判断这个约束是否影响模型拟合度的度量。在这个例子中,在增加约束之前,Chi-square 是 272.19, $df = 174$,之后它是 820.44, $df = 175$。两者相差一个自由度,但 Chi-square 值相差甚远。这个差别是显著的,读者可以在 Excel 中用 = chidist(820.44 − 272.19, 175 − 174) 来测试,得到的 p 值几乎为零,是非常显著的(一个自由度时,Chi-square 在 5% 错误率的情况下取值是 3.8)。这就意味着如果我们强制这两个因子成为一个因子(通过设定它们的协方差为 1),这个模型的拟合度会大大变差,我们最好还是让这两个因子各自变化。这就支持了它们的区别效度。

约束测试的本质是比较一个模型与其子模型之间的拟合度。在以上的应用中,一个约束模型是一个自由模型的子模型。正如在回归分析中我们可以比较一个模型与其子模型之间的 R^2 并用 F 检验来做假设检验一样,我们在测度模型中用 Chi-square 来比较。在实际应用中,用约束测试检验区别效度往往过于宽松,从而导致接受很多实际区别效度不好的模型,所以作者不建议使用这种方法。

11.11 因子结构在多个组中的稳定性分析

在调查设计中,研究者往往对调节变量感兴趣。一种特殊的调节变量就是对样本的分组。比如,我们可能想知道店面设计与顾客满意度之间的关系,我们也通过理论假设店面设计与满意度之间的关系因为顾客的性别不同而不同。这时,我们就可能收集两个不同性别的样本,或把一个样本按性别分成两半,再分开分析,并比较其不同。如果要进行这样的假设检验,我们首先要确定的是这两个样本对因子(即店面设计水平与满意度)的含义有共同的理解。如果他们的理解不一样,这种比较性的假设检验就失去了基础。所以,在测度模型阶段,我们必须保证一个测度模型在多个组中具有**稳定性**(factor structure invariance)。我们因循的思路也是约束测试,我们比较一个让两个(或多个)样本的测度模型自由变化的模型拟合度与让两个样本的测度模型维持一致的模型拟合度。显然后者是前者的子模型。

从测试的角度来看,测度模型稳定性可以包含三个方面:一是因子载荷在各组中的一致性,这表明两组调查对象对测度项的理解是一致的。二是因子之间的相关性是一致的,或者协方差矩阵是一致的。显然协方差矩阵一致不但要求因子之间相关系数一致,而且要求分布的范围也一致。三是测度项的残差是一致的。在实际研究中,我们的主要检查点是因子载荷在各组中的一致性。如果两个组对因子有不同的理解,他们就会认为因子有不同表征,从而在数据上反映成不同的因子载荷。有时候,如果研究者不对因果关系感兴趣,研究目的也只是测度工具的建立,这时,研究者也可能想测试一组因子在两个样本中的协方差矩阵是稳定的。这种测试不在我们的讨论范围之内。还有时候,两个样本可能用了不同的测量工具,只有一些因子是一样的,我们可能只想测试这些共有的因子的稳定性。这种情况也不在我们的讨论范围之内(一种简单的处理方法是把这些因子单独拿出来作组间比较)。我们假定两个样本的测度模型是一模一样的,而且我们只对因子载荷(即调查对象对因子的理解)的一致性进行检验。

这种检验一般分两步:第一步,我们检验一个同时包含两个样本、应用一样的测度模型,但各样本的测度模型可以自由变化的联合测度模型的拟合度。第二步,仍然在一个联合模型中,我们增加约束,使这两个模型的测度项因子载荷矩阵维持相同,再看这个联合模型的拟合度。比较这两个拟合度,如果自由模型的 Chi-square 比约束模型的 Chi-square 显著的低,则载荷稳定性不成立,否则成立。在 SIMPLIS 中,如果我们建立一个联合模型,其默认设置是这两个样本测度模型的三个方面全部一致,即载荷一致、残差一致、协方差矩阵一致。这显然是过于苛刻的要求,我们需要放松其中一些约束。

还是拿文档相关性作例子。因为每一个调查对象评价了两个文档,我们有理由怀疑调查对象可能在评价第二个文档时对调查问卷中的问题有了新的认识。这是一种对调查工具所产生的学习效应。比如,在评估第二个文档时,调查对象可能猜到了测度项之间的分组关系或者因子之间的因果关系,从而在回答时会有意识地顺着研究者的模型去回答。这就要求我们检验调查对象在评估两个文档时对测度工具的理解是否一致。简单起见,我们考虑其中的五个变量。我们把 242 个样本按文档的评估次序分成了两组,记为 Doc1. psf 与 Doc2. psf。两个样本的联合约束模型是这样的:

```
Group 1: Documents evaluated first
Raw Data from File 'Doc1.psf'
Latent variables   topicali novelty understa reliabil scope relevance
Relationships
topic1 topic2 topic3 topic4 = topicali
novel1 novel2 novel3 = novelty
under1 under2 under3 = understa
reliab1 reliab2 reliab3 reliab4 = reliabil
sco1r sco2r sco3r = scope
ri1 ri3 ri4 ri5 = relevance
Path Diagram
Group 2: Documents evaluated second
Raw Data from File 'Doc2.psf'
End of Problem
```

这个模型默认载荷一致、残差一致、协方差矩阵一致。我们放松对残差与协方差矩阵的约束:

```
Group 1: Documents evaluated first
Raw Data from File 'Doc1.psf'
Latent variables   topicali novelty understa reliabil scope relevance
Relationships
topic1 topic2 topic3 topic4 = topicali
novel1 novel2 novel3 = novelty
under1 under2 under3 = understa
reliab1 reliab2 reliab3 reliab4 = reliabil
sco1r sco2r sco3r = scope
ri1 ri3 ri4 ri5 = relevance

Path Diagram

Group 2: Documents evaluated second
Raw Data from File 'Doc2.psf'
Latent variables   topicali novelty understa reliabil scope relevance
Relationships
Set the Covariances of novelty and topicali Free
```

```
Set the Covariances of understa and topicali Free
Set the Covariances of understa and novelty Free
Set the Covariances of reliabil and topicali Free
Set the Covariances of reliabil and novelty Free
Set the Covariances of reliabil and understa Free
Set the Covariances of scope and topicali Free
Set the Covariances of scope and novelty Free
Set the Covariances of scope and understa Free
Set the Covariances of scope and reliabil Free
Set the Covariances of relevance and topicali Free
Set the Covariances of relevance and novelty Free
Set the Covariances of relevance and understa Free
Set the Covariances of relevance and reliabil Free
Set the Covariances of relevance and scope Free

Set the Error variance of topic1 Free
Set the Error variance of topic2 Free
Set the Error variance of topic3 Free
Set the Error variance of topic4 Free
Set the Error variance of novel1 Free
Set the Error variance of novel2 Free
Set the Error variance of novel3 Free
Set the Error variance of under1 Free
Set the Error variance of under2 Free
Set the Error variance of under3 Free
Set the Error variance of reliab1 Free
Set the Error variance of reliab2 Free
Set the Error variance of reliab3 Free
Set the Error variance of reliab4 Free
Set the Error variance of sco1r Free
Set the Error variance of sco2r Free
Set the Error variance of sco3r Free
Set the Error variance of ri1 Free
Set the Error variance of ri3 Free
Set the Error variance of ri4 Free
Set the Error variance of ri5 Free
End of Problem
```

　　我们可以进一步放松对载荷的约束,得到完全自由的模型:

```
Raw Data from File 'Doc1.psf'
Latent variables   topicali novelty understa reliabil scope relevance
Relationships
topic1 topic2 topic3 topic4 = topicali
novel1 novel2 novel3 = novelty
under1 under2 under3 = understa
reliab1 reliab2 reliab3 reliab4 = reliabil
sco1r sco2r sco3r = scope
ri1 ri3 ri4 ri5 = relevance
Path Diagram

Group 2: Documents evaluated first
Raw Data from File 'Doc2.psf'
Latent variables   topicali novelty understa reliabil scope relevance
```

```
Relationships
Set Path topicality -> topic1 free
Set Path topicality -> topic2 free
Set Path topicality -> topic3 free
Set Path topicality -> topic4 free
Set Path novelty -> novel1 free
Set Path novelty -> novel2 free
Set Path novelty -> novel3 free
Set Path understa -> under1 free
Set Path understa -> under2 free
Set Path understa -> under3 free
Set Path reliabil -> reliab1 free
Set Path reliabil -> reliab2 free
Set Path reliabil -> reliab3 free
Set Path reliabil -> reliab4 free
Set Path scope -> sco1r free
Set Path scope -> sco2r free
Set Path scope -> sco3r free
Set Path relevance -> ri1 free
Set Path relevance -> ri3 free
Set Path relevance -> ri4 free
Set Path relevance -> ri5 free


Set the Covariances of novelty and topicali Free
Set the Covariances of understa and topicali Free
Set the Covariances of understa and novelty Free
Set the Covariances of reliabil and topicali Free
Set the Covariances of reliabil and novelty Free
Set the Covariances of reliabil and understa Free
Set the Covariances of scope and topicali Free
Set the Covariances of scope and novelty Free
Set the Covariances of scope and understa Free
Set the Covariances of scope and reliabil Free
Set the Covariances of relevance and topicali Free
Set the Covariances of relevance and novelty Free
Set the Covariances of relevance and understa Free
Set the Covariances of relevance and reliabil Free
Set the Covariances of relevance and scope Free


!The following elements need to be freed if they were not set 1 by default
!Set variance of novelty Free
!Set variance of topicality Free
!Set variance of understandability Free
!Set variance of scope Free
!Set variance of reliability Free
!Set variance of relevance Free


Set the Error variance of topic1 Free
Set the Error variance of topic2 Free
Set the Error variance of topic3 Free
Set the Error variance of topic4 Free
Set the Error variance of novel1 Free
Set the Error variance of novel2 Free
```

```
Set the Error variance of novel3 Free
Set the Error variance of under1 Free
Set the Error variance of under2 Free
Set the Error variance of under3 Free
Set the Error variance of reliab1 Free
Set the Error variance of reliab2 Free
Set the Error variance of reliab3 Free
Set the Error variance of reliab4 Free
Set the Error variance of sco1r Free
Set the Error variance of sco2r Free
Set the Error variance of sco3r Free
Set the Error variance of ri1 Free
Set the Error variance of ri3 Free
Set the Error variance of ri4 Free
Set the Error variance of ri5 Free

End of Problem
```

我们运行以上的模型与基于单个子样本的模型。下表报告了各个模型的拟合度。

	Model	Chi-square	df	p	RMSEA
Model 1	Doc1	263.09	194	0.02	0.043
Model 2	Doc2	268.94	194	0.000	0.057
Model 3	Combined fully constrained model	548.75	405	0.000	0.054
Model 4	Combined model with errors and covariance matrix free	497.27	369	0.000	0.054
Model 5	All free	465.53	348	0.000	0.051

可以看出,一个对载荷进行约束的模型(Model 4)的 Chi-square 比完全自由的模型的差,但对于相应的自由度差异(369 − 348 =21),这个差异(31.8)的 p 值是不显著的(p = 0.06)。所以,测度项的因子载荷可以说是一致的,但差一点就不一致了。所以在这个例子中,文档的评估次序对测量工具的理解虽然有影响,但还可以忍受。如果我们把一个完全约束的模型与自由模型相比,整个测度模型的稳定性就有问题了($\Delta\chi^2 =83.3$, $\Delta df =57$, $p =0.01$)。在测度模型上,如果只看因子载荷,我们可以说次序效应勉强可以忽略。但是如果同时考虑误差的大小,次序效应就显现出来了。

在以上的编程中,SIMPLIS 程序需要冗长的约束放松指令。LISREL 以矩阵形式的编程在这种情况下更为简洁。我们不对此进行介绍。以上的例子也指出了如果我们只想对一些载荷进行约束(或放松约束)的处理,我们只要放松其他的测度项载荷(用 Set Path 指令)就好了。

课后练习

阅读

1. 必读

Podsakoff, P. M., S. B. MacKenzie, J. Lee, N. P. Podsakoff. 2003. Common method biases in behavioral research: A critical review of the literature and recommended remedies. *Journal of Applied Psychology*. 88(5)879-903.

词汇表

验证性因子分析(confirmatory factor analysis)

测度模型(measurement model)

平等测度项(parallel items)

多解(overidentified)

等系数测度项(tau equivalent)

有唯一解(just identified)

同类测度项(congeneric)

极大似然估计法(maximum likelihood estimation)

RMR(Root Mean Square Residual)

RMSEA (Root Mean Square Error of Approximation)

GFI(Goodness of Fit Index)

CFI(Comparative Fit Index)

稳定性(factor structure invariance)

参考文献

Werts, C. E., Linn, R. L., & Jöreskog, K. G. (1974). Interclass Reliability Estimates: Testing Structural Assumptions, *Educational and Psychological Measurement*(34), pp. 25-33.

Jöreskog, K. G. (1973). A General Method for Estimating a Linear Structural Equation System. In A. S. Goldberger & O. D. Duncan(Eds.), *Structureal Equation Models in the Social Sciences*(pp. 85-112). New York: Acadmic Press.

Olsson U. H., Foss, T., Troye, S. V., & Howell, R. D. (2000). The performance of ML, GLS, and WLS estimation in structural equation modeling under conditions of misspecification and nonnormality. *Structrual Equation Modeling*, 7(4), 557-595.

附：LISREL 的基本使用方法

一、创建数据

　　LISREL 使用的第一步往往是创建数据。假定你要导入 Excel 数据，选择 FILE/Import external data in other formats。然后选择你所要的 Excel 文件，并给出所要存成的 LISREL 数据文件名字（＊.PSF），数据就创建好了。

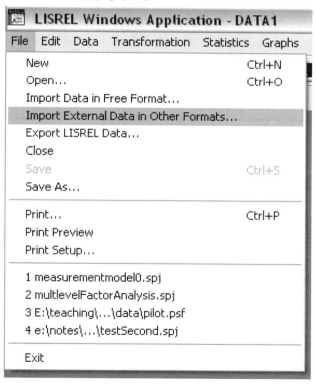

　　在数据创建过程中要注意以下几点：
- 请先关闭其他打开源数据文件的程序，比如 Excel。否则 LISREL 将无法读取数据。
- 源文件中的文本数据将被自动过滤。所以，你最好先创建一个没有文本信息的数据版本，以供 LISREL 使用。

- LISREL 只读取 Excel 的第一个 worksheet。所以请把数据放在第一个 worksheet 中。
- LISREL 设缺值为 –999 999.00。请在 Excel 或 SPSS 中先对缺值进行处理再导入 LISREL,避免把缺值带入 LISREL。
- LISREL 无法读取太深的路径。请把数据与 LISREL 程序放在较高的路径中。

在输入数据之后,你可以对数据进行作图、计算等常规操作。其中有一项操作是 LISREL 中所特有的,并在社会调查研究中极为有用,那就是初步检查数据的正态性,看看数据是否过偏(sknewness),或过度集中(kurtosis)。这可以用 Statistics/Normal Scores 来测试。在 LISREL 中打开数据表,选择这个菜单项会得到以下输出(以范文的预调查数据为例)。在这里我们只报告部分输出。

```
!PRELIS SYNTAX: Can be edited
SY ='e: \teaching \cs6302 \Surveymethodologybook \sampleStudy \XuChen \pilot.PSF'
   NS 1 2 3 4 5 6 7 8 9 10 11 12 13 14 15 16 17 18 19 20 21 22 23 24 25 26 27 28 29 30 31
OU MA = CM XT XM
```

Number of Missing Values per Variable

SID	Gender	Educatio	BirthYea	Age	know1	know2	know3
0	1	0	0	0	0	0	0

Number of Missing Values per Variable

topic1	topic2	topic3	topic4	novel1	novel2	novel3	novel4
0	0	0	0	0	0	0	0

Number of Missing Values per Variable

under1	under2	under3	reliab1	reliab2	reliab3	reliab4	scope1
0	0	0	0	0	0	0	0

Number of Missing Values per Variable

scope2	scope3	scope4	relev1	relev2	relev3	relev4	relev5
0	0	0	0	0	0	0	0

Distribution of Missing Values

Total Sample Size =　　72

Number of Missing Values　　　0　　1

　　　　Number of Cases　　71　　1

Listwise Deletion

Total Effective Sample Size =　　71

Univariate Marginal Parameters

variable	Mean	St. Dev.	Thresholds				
relev5	2.431	1.409	0.000	1.000	2.307	3.245	4.667

Univariate Distributions for Ordinal variables

relev5	Frequency	Percentage	Bar Chart
2	3	4.2	
3	8	11.3	
4	22	31.0	
5	18	25.4	
6	16	22.5	
7	4	5.6	

Univariate Summary Statistics for Continuous Variables

variable	Mean	St. Dev.	T-Value	Skewness	Kurtosis	Minimum	Freq.	Maximum	Freq.
SID	36.915	20.776	14.972	0.000	-0.038	-15.717	1	89.548	1
Gender	0.324	0.471	5.792	0.769	-1.451	0.000	48	1.000	23
Educatio	1.085	0.280	32.622	3.052	7.529	1.000	65	2.000	6
BirthYea	1982.648	4.570	3655.281	-0.055	-0.093	1972.023	2	1993.273	2
Age	21.352	4.570	39.366	0.055	-0.093	10.727	2	31.977	2
know1	3.437	1.490	19.431	0.075	-0.237	0.527	5	6.919	2
know2	3.127	1.287	20.479	0.084	-0.345	0.957	9	6.160	2
know3	3.268	1.414	19.475	0.083	-0.220	0.618	6	6.580	2
topic1	5.056	1.576	27.041	-0.151	-0.367	1.590	3	7.636	10
topic2	5.127	1.603	26.950	-0.225	-0.518	1.332	2	7.393	15
topic3	5.352	1.522	29.627	-0.242	-0.476	1.314	1	7.464	16
topic4	5.183	1.486	29.386	-0.206	-0.399	1.278	1	7.404	13
novel1	5.056	1.453	29.323	-0.161	-0.399	1.626	2	7.288	12
novel2	4.056	1.689	20.232	0.007	-0.396	0.906	6	7.514	4
novel3	4.592	1.410	27.440	-0.072	-0.170	0.918	1	7.494	4
novel4	4.352	1.622	22.607	-0.081	-0.394	0.556	2	7.068	9
under1	5.690	1.190	40.279	-0.265	-0.213	2.461	1	7.379	16
under2	5.620	1.223	38.713	-0.249	-0.286	2.336	1	7.385	15
under3	5.704	1.176	40.875	-0.294	-0.398	2.548	1	7.269	18
reliab1	5.183	0.946	46.176	-0.040	0.023	2.654	1	7.085	5
reliab2	5.296	0.885	50.438	0.104	-0.576	3.973	14	7.018	6
reliab3	5.324	0.807	55.612	0.046	-0.353	3.997	11	7.061	4
reliab4	5.577	0.839	55.987	-0.059	-0.344	4.056	8	7.099	8
scope1	3.775	1.466	21.699	0.031	-0.179	0.767	4	7.201	2
scope2	3.958	1.507	22.136	0.014	-0.195	0.681	3	7.481	2
scope3	3.930	1.407	23.527	0.005	-0.193	1.177	5	7.590	1
scope4	2.817	1.543	15.385	0.115	-0.702	0.488	13	5.547	8
relev1	4.789	1.120	36.023	-0.042	-0.136	1.845	1	7.253	3
relev2	4.479	1.453	25.979	-0.058	-0.201	1.085	2	7.315	5
relev3	5.056	1.308	32.571	-0.142	-0.117	1.616	1	7.533	6
relev4	4.958	1.259	33.193	-0.102	-0.217	2.334	4	7.581	4

Test of Univariate Normality for Continuous variables

	Skewness		Kurtosis		Skewness and Kurtosis	
variable	Z-Score	P-Value	Z-Score	P-Value	Chi-Square	P-Value
SID	0.000	1.000	0.130	0.896	0.017	0.992
Gender	2.576	0.010	-7.782	0.000	67.190	0.000
Educatio	6.591	0.000	4.447	0.000	63.225	0.000
BirthYea	-0.200	0.842	0.021	0.983	0.040	0.980
Age	0.200	0.842	0.021	0.983	0.040	0.980
know1	0.273	0.785	-0.291	0.771	0.159	0.923
know2	0.306	0.760	-0.552	0.581	0.398	0.820
know3	0.305	0.761	-0.252	0.801	0.156	0.925
topic1	-0.552	0.581	-0.608	0.543	0.674	0.714
topic2	-0.817	0.414	-1.030	0.303	1.727	0.422
topic3	-0.877	0.380	-0.906	0.365	1.589	0.452
topic4	-0.747	0.455	-0.693	0.488	1.038	0.595
novel1	-0.588	0.557	-0.692	0.489	0.825	0.662
novel2	0.027	0.979	-0.685	0.494	0.469	0.791
novel3	-0.263	0.793	-0.142	0.887	0.089	0.956
novel4	-0.297	0.766	-0.680	0.496	0.551	0.759
under1	-0.959	0.338	-0.237	0.813	0.975	0.614
under2	-0.903	0.367	-0.405	0.685	0.979	0.613
under3	-1.058	0.290	-0.690	0.490	1.596	0.450
reliab1	-0.146	0.884	0.247	0.805	0.082	0.960
reliab2	0.380	0.704	-1.214	0.225	1.617	0.446
reliab3	0.169	0.866	-0.572	0.567	0.356	0.837
reliab4	-0.215	0.830	-0.550	0.582	0.349	0.840
scope1	0.112	0.911	-0.162	0.872	0.039	0.981
scope2	0.052	0.958	-0.196	0.844	0.041	0.980
scope3	0.017	0.986	-0.190	0.849	0.037	0.982
scope4	0.418	0.676	-1.652	0.098	2.905	0.234
relev1	-0.155	0.877	-0.067	0.946	0.028	0.986
relev2	-0.212	0.832	-0.208	0.835	0.088	0.957
relev3	-0.517	0.605	-0.028	0.978	0.268	0.874
relev4	-0.373	0.709	-0.246	0.806	0.200	0.905

在这个例子中,所有测度项的 sknewness 与 kurtosis 都不显著。所以虽然这些测度项的分布图显得不怎么正态,统计测试表明它们并没有显著偏离正态分布。验证性因子分析的前提是数据服从多元正态分布。虽然单变量的正态检验不能说明是否数据服从多元正态分布,但是如果单变量检验发现违反正态分布,则数据一定不服从多元正态分布。所以所有测度项的 sknewness 与 kurtosis 都不显著是一个好消息,虽然不是充分条件。那么如果正态性被违反该怎么办呢? 有两种办法:一是在 LISREL 中不要用默认的极大似然估计,而用 weighted least squares;第二种是对违反正态分布的变量进行转换,使其正态化。正态化变量所用的指令是 Nscores。但是一个变量或测度项正态化后,它与其他变量的相关系数会有些细微的变化。虽然变化不大,但这种差别有时足以影响测度项之间的关系与构件的效度。所以这种方法在实际中不常见到。读者可以阅读 LISREL 的使用手册得到更多相关的知识。

二、用 LISREL 做验证性因子分析

在 LISREL 中,选择 File/New 菜单项得到下图。然后选择 SIMPLIS Project。

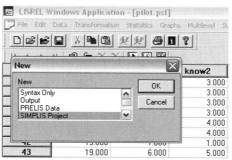

提供一个 Project 的名字以作保存之后,会得到一个 SIMPLIS Project 的编辑窗口。这是个程序编辑器。在这里,我们需要为验证性因子分析写一个程序。下图例示了为主调查数据所写的验证性因子分析程序。虽然 LISREL 提供一个拖放式的图形界面,用户可以用图形的方式直观地构建一个验证性因子模型,LISREL 会把这个图形转化成相应的程序,但是这个转化过程往往不是那么准确,并会导致一些问题。在实际使用中,直接编程是一种更准确安全的做法。

按 Run LISREL 图标( ) 进行拟合。本章已经详细报告了这个验证性因子分析的结果,我们在此不作重复。

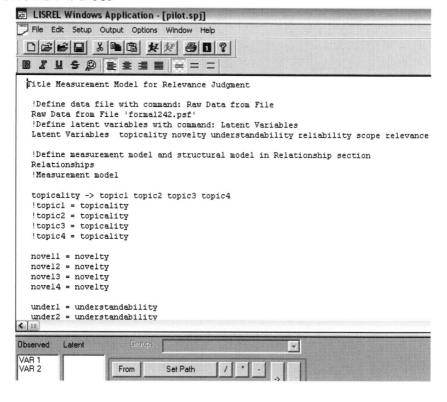

12 结构方程分析

12.1 结构方程

　　测度模型的目的是为了检验测度工具的效度。结构方程模型(structure equation model)在测度模型的基础上进一步对变量之间的因果关系进行假设,所以是测度模型与因果模型的一个综合。读者已经在范文中见过这种模型。我们在测度模型的基础上来看结构模型与之相同与不同的地方。

　　以一个简单的模型为例:

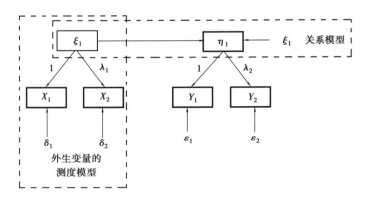

图 12-1　结构方程中的关系模型与测度模型

12.2 结构方程的数学表述(选读内容)

　　以上这个结构方程模型中测度模型部分的的矩阵描述是(假定潜变量与一个测度项的方差是一样的):

$$\begin{pmatrix} X_1 \\ X_2 \end{pmatrix} = \begin{pmatrix} 1 \\ \lambda_1 \end{pmatrix} (\xi_1) + \begin{pmatrix} \delta_1 \\ \delta_2 \end{pmatrix}$$

$$\begin{pmatrix} Y_1 \\ Y_2 \end{pmatrix} = \begin{pmatrix} 1 \\ \lambda_2 \end{pmatrix} (\eta_1) + \begin{pmatrix} \varepsilon_1 \\ \varepsilon_2 \end{pmatrix}$$

其中关系模型(又叫结构模型)部分的矩阵描述是:

$$(\eta_1) = (\gamma_{11})(\xi_1) + (\zeta_1)$$

这里 η 是代表因变量, ξ 是自变量, ζ 是因变量的残差。

这个模型所隐含的协方差矩阵是:

$$\sum (\mathbf{\theta}) =$$

$$\begin{pmatrix} \gamma_{11}^2 \phi_{11} + \psi_{11} + \mathrm{var}(\varepsilon_1) & & & \\ \lambda_2(\gamma_{11}^2\phi_{11}+\psi_{11}) & \lambda_2^2(\gamma_{11}^2\phi_{11}+\psi_{11})+\mathrm{var}(\varepsilon_2) & & \\ \gamma_{11}\phi_{11} & \lambda_2\gamma_{11}\phi_{11} & \phi_{11}+\mathrm{var}(\delta_1) & \\ \lambda_1\gamma_{11}\phi_{11} & \lambda_1\lambda_2\gamma_{11}\phi_{11} & \lambda_1\phi_{11} & \lambda_1^2\phi_{11}+\mathrm{var}(\delta_2) \end{pmatrix}$$

所以,要求解的参数是:

$$\mathbf{\theta}' = (\lambda_1 \quad \lambda_2 \quad \gamma_{11} \quad \phi_{11} \quad \mathrm{var}(\varepsilon_1) \quad \mathrm{var}(\varepsilon_2) \quad \mathrm{var}(\delta_1) \quad \mathrm{var}(\delta_2) \quad \psi_{11})$$

虽然没有明确表示出来,这个模型也假定残差之间的相关系数为零,残差与因子是独立的。这个求解的过程也就是求解参数,使得 $\hat{\sum}$ 与 $\sum$ 或者其样本 **S** 尽量拟合的过程。

这个模型可以观察到的样本的协方差矩阵是:

$$\mathbf{S} = \begin{pmatrix} \mathrm{var}(Y_1) & & & \\ \mathrm{Cov}(Y_2,Y_1) & \mathrm{var}(Y_2) & & \\ \mathrm{Cov}(X_1,Y_1) & \mathrm{Cov}(X_1,Y_2) & \mathrm{var}(X_1) & \\ \mathrm{Cov}(X_2,Y_1) & \mathrm{Cov}(X_2,Y_2) & \mathrm{Cov}(X_2,X_1) & \mathrm{var}(X_2) \end{pmatrix}$$

一般地,一个结构方程往往被描述成三个部分:

外生变量的测度模型:

$$\mathbf{X} = \mathbf{\Lambda_X}\xi + \mathbf{\delta}$$

$$\sum\nolimits_{\mathbf{XX}} = \mathbf{\Lambda_X\Phi\Lambda_X'} + \mathbf{\Theta_\delta}$$

$$\mathbf{\Theta_\delta} = \mathbf{\delta\delta'}$$

$$\mathbf{\Phi} = \mathbf{\xi\xi'}$$

内生变量的测度模型:

$$\mathbf{Y} = \mathbf{\Lambda_Y}\eta + \mathbf{\varepsilon}$$

$$\sum\nolimits_{\mathbf{YY}} = \mathbf{\Lambda_Y\Psi\Lambda_Y'} + \mathbf{\Theta\varepsilon}$$

$$\mathbf{\Theta_\varepsilon} = \mathbf{\varepsilon\varepsilon'}$$

$$\mathbf{\Psi} = \mathbf{\eta\eta'}$$

结构模型:

$$\mathbf{\eta} = \mathbf{B\eta} + \mathbf{\Gamma\xi} + \mathbf{\zeta}$$

这组模型表明,在一组因果关系所组成的方程系统中,一个内生变量既可以是自变量,也可以是因变量。我们把所有受一个方程系统中其他变量影响的变量叫做内生变量,把所有不受其他变量影响的叫做外生变量。如果没有明确的指定,在一般情况下,我们假定残差之间、残差与因子之间是独立的;我们也假定外生变量之间可以自由相关,但外生变量与内生变量之间、内生变量内部除了理论模型假设的关系外不存在其他关系（也即其他的关系是独立的）。所以，这三个部分综合在一起可以描述成：

$$\sum(\theta) = \begin{pmatrix} \sum_{YY} & \sum_{XY} \\ \sum_{XY} & \sum_{XX} \end{pmatrix}$$

其中 $\sum_{YY}$ 是内生变量的协方差矩阵估计，$\sum_{XX}$ 是外生变量的协方差矩阵估计，$\sum_{XY}$ 是内生变量与外生变量之间的协方差矩阵估计。正如前面的例子一样，我们可以根据一个理论模型来确定各个子矩阵（比如用 Λ_X 来描述测度项因子关系，用 Γ 来表述内生变量与外生变量之间的因果关系，用 B 来表示内生变量之间的因果关系）来得到各个协方差矩阵的估计。有了 $\sum(\theta)$ 的具体形式，我们就可以用估计方法进行拟合。

至此，我们对所用到的符号作一个总结。对于那些想对结构方程进行深入理解的读者来讲，熟记这些符号是直接阅读结构方程专业论文所不可缺少的。

表 12-1　结构模型中的矩阵符号

希腊字母	矩阵符号	矩阵元素	LISRE 程序中的代码	直观解释
测度模型				
Lambda-X	Λ_X	λ_x	LX	外生变量与测度项的回归系数矩阵，又叫外生变量的因子载荷
Lambda-Y	Λ_Y	λ_y	LY	内生变量与测度项的回归系数矩阵，又叫内生变量的因子载荷
Theta delta	Θ_δ	θ_δ	TD	外生变量的残差协方差矩阵（当我们假定残差之间有相关性时，残差是一个矩阵）
Theta epsilon	Θ_ϵ	θ_ϵ	TE	内生变量的残差协方差矩阵
关系模型				
Gamma	Γ	γ	GA	外生变量与内生变量之间的回归系数矩阵
Beta	B	β	BE	内生变量与内生变量之间的回归系数矩阵
Phi	Φ	ϕ	PH	外生变量之间的协方差矩阵
Psi	Ψ	ψ	PS	内生变量之间的协方差矩阵
Xi(Ksi)	--	ξ	--	一列（个）外生变量
Eta	--	η	--	一列（个）内生变量
Zeta	--	ζ	--	一列（个）内生变量的残差

我们来描述一个更为复杂的模型:

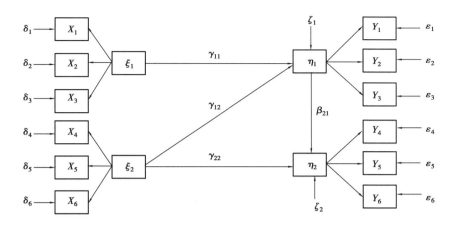

图 12-2 一个结构方程的路径图

在这个模型中,首先,我们有两个外生变量与两个内生变量:

$$\boldsymbol{\xi} = \begin{pmatrix} \xi_1 \\ \xi_2 \end{pmatrix}, \quad \boldsymbol{\eta} = \begin{pmatrix} \eta_1 \\ \eta_2 \end{pmatrix}$$

$$\boldsymbol{\Phi} = \begin{pmatrix} V(\xi_1) = \phi_{11} \\ \mathrm{Cov}(\xi_2, \xi_1) = \phi_{21} \quad \phi_{22} \end{pmatrix}, \quad \boldsymbol{\Psi} = \begin{pmatrix} \varphi_{11} \\ \varphi_{21} \quad \varphi_{22} \end{pmatrix}$$

在测度模型中,各个矩阵可以表示成:

$$\boldsymbol{\Lambda_X} = \begin{matrix} & \xi_1 & \xi_2 \\ & \begin{pmatrix} \lambda_{x11} & 0 \\ \lambda_{x21} & 0 \\ \lambda_{x31} & 0 \\ 0 & \lambda_{x42} \\ 0 & \lambda_{x52} \\ 0 & \lambda_{x62} \end{pmatrix} \end{matrix}, \quad \boldsymbol{\Lambda_Y} = \begin{matrix} & \eta_1 & \eta_2 \\ & \begin{pmatrix} \lambda_{y11} & 0 \\ \lambda_{y21} & 0 \\ \lambda_{y31} & 0 \\ 0 & \lambda_{y42} \\ 0 & \lambda_{y52} \\ 0 & \lambda_{y62} \end{pmatrix} \end{matrix}$$

$$\boldsymbol{\Theta_\delta} = \begin{matrix} & \delta_1 & \delta_2 & \delta_3 & \delta_4 & \delta_5 & \delta_6 \\ & \begin{pmatrix} V(\delta_{11}) = \theta_{\delta 11} & & & & & \\ \mathrm{Cov}(\delta_2, \delta_1) = \theta_{\delta 21} = 0 & V(\delta_{22}) & & & & \\ 0 & 0 & V(\delta_{33}) & & & \\ 0 & 0 & 0 & V(\delta_{44}) & & \\ 0 & 0 & 0 & 0 & V(\delta_{55}) & \\ 0 & 0 & 0 & 0 & 0 & V(\delta_{66}) \end{pmatrix} \\ & \varepsilon_1 & \varepsilon_2 & \varepsilon_3 & \varepsilon_4 & \varepsilon_5 & \varepsilon_6 \end{matrix}$$

$$\mathbf{\Theta_\varepsilon} = \begin{pmatrix} V(\varepsilon_{11}) = \theta_{\varepsilon 11} & & & & & \\ \text{Cov}(\varepsilon_2, \varepsilon_1) = \theta_{\varepsilon 21} = 0 & V(\varepsilon_{22}) & & & & \\ 0 & 0 & V(\varepsilon_{33}) & & & \\ 0 & 0 & 0 & V(\varepsilon_{44}) & & \\ 0 & 0 & 0 & 0 & V(\varepsilon_{55}) & \\ 0 & 0 & 0 & 0 & 0 & V(\varepsilon_{66}) \end{pmatrix}$$

以上的矩阵包含了所有需要估计的未知变量,而其他为零的元素则不用估计,因为我们假设(确切地讲是约束)它们为零。细心的读者会注意到,我们忘记了把 λx_{11}, λx_{42}, λy_{11}, λy_{42} 约束为 1,或者把 ϕ_{11}, ϕ_{22}, φ_{11}, φ_{22} 约束为 1。这样的约束在估计过程中是必要的。以上的矩阵只是表示了一种很可能的未知参数集合。有时候,比如说,研究者想要看看 X_1 与 X_2 之间的残差是否有相关性,他可以不约束(θ_{821})为零,而是允许它自由取一个估算的值。这时,我们就多了一个未知的参数。

在关系模型中,包含未知参数的矩阵是:

$$\begin{array}{cccc} \xi_1 & \xi_2 & \eta_1 & \eta_2 \\ \mathbf{\Gamma} = \begin{pmatrix} \gamma_{11} & \gamma_{12} \\ \gamma_{21} & 0 \end{pmatrix}, & \mathbf{B} = \begin{pmatrix} 0 & 0 \\ \beta_{21} & 0 \end{pmatrix} \end{array}$$

有了这些矩阵,我们就可以建立外生变量的测度模型、内生变量的测度模型与结构模型。通过参数优化,我们可以得到对样本协方差矩阵的最优估计。这就是结构方程求解的过程。

12.3 结构方程求解

我们不对结构方程的求解或拟合进行细述。与在检验性因子分析中一样,在结构方程拟合的过程中存在着多解、唯一解或无解的情况。只有有解的情况在实际研究中是有用的。无解的情况意味着未知数过多,或者已知的信息太少,比如测度项个数过少。无解也可能因为一个模型局部的关系过于复杂,局部无解导致整体无解。

在对模型进行拟合时,最常用的还是极大似然估计。测度项也被要求符合多元正态分布。所以对原始数据的正态性检验是必要的。有时候,一个模型在拟合的过程中可能不收敛。这可能是模型的问题,比如模型过于复杂,或者模型描述中的错误(比如有一个因子只有一个测度项,同时我们要求估计这个测度项的残差)。这也可能是数据问题,比如几列数据(测度项)之间是线性相关的。样本过小也会导致无法收敛。一般,在行为研究中,样本量最好在 200 以上。小于 150 的研究在现在很难被接受。当然样本量的大小也因模型的复杂程度不同而不同。一般,样本量应该是测度项个数的至少 5 倍,理想的情况是 10 倍以上。

12.4 SIMPLIS 编程

在实际科研中,知道结构方程原理的目的是为了能够采用合理的步骤进行实际模型拟合。可以进行结构方程建模并拟合的统计软件有很多,比如 LISREL, AMOS, EQS, MPLUS 等。其中最常用的有 LISREL。11.10 中已提到在 LISREL 这个软件中有三种编程语言:PRELIS、LISREL、SIMPLIS。我们以 SIMPLIS 为例来说明如何进行结构方程建模。

以范文中的文档相关度为例,我们的理论模型是:

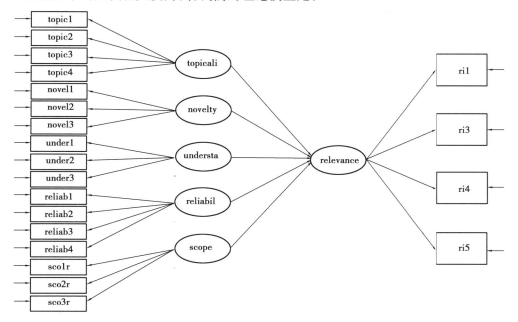

图 12-3 范文的理论模型

这是一个不算复杂的模型,只有一个因变量。其相关的关系模型可以用 SIMPLIS 表示成:

```
Title Relational Model for Relevance Judgment(relevance.spj)
!Define data file with command: Raw Data from File
Raw Data from File 'MainStudy.psf'
!Define latent variables with command: Latent variables
Latent variables topicality novelty understandability reliability scope relevance
!Define measurement model and structural model in 'Relationship' section
Relationships
!Measurement model
topic1 = topicality
topic2 = topicality
topic3 = topicality
topic4 = topicality

novel1 = novelty
novel2 = novelty
novel3 = novelty
!novel4 = novelty

under1 = understandability
under2 = understandability
under3 = understandability

reliab1 = reliability
reliab2 = reliability
reliab3 = reliability
reliab4 = reliability
```

```
sco1r = scope
sco2r = scope
sco3r = scope
!sco4r = scope

ri1 = relevance
!ri2 = relevance
ri3 = relevance
ri4 = relevance
ri5 = relevance

!Relational model
relevance = topicality novelty reliability understandability scope

!Request for diagram output
Path Diagram

!Specify model fitting parameters such as Iteration and Method of Estimation
Iterations = 250
Method of Estimation: Maximum Likelihood

End of Problem
```

以上的程序可以说是不言自明的。与结构模型相比,我们只需要增加一行:

```
relevance = topicality novelty reliability understandability scope
```

就得到了关系模型。按 Run LISREL 图标(🏃)进行拟合之后,我们得到标准化后的解如图 12-4:

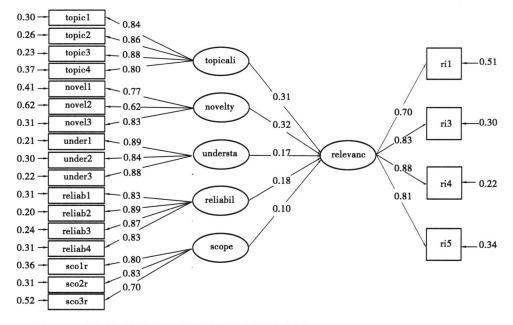

Chi-square=272.19, df=174, p-value=0.00000, RMSEA=0.048

图 12-4　范文的理论模型的拟合结果

选择 T-Values 显式模型,我们也同时可以得到假设检验的基本结果:

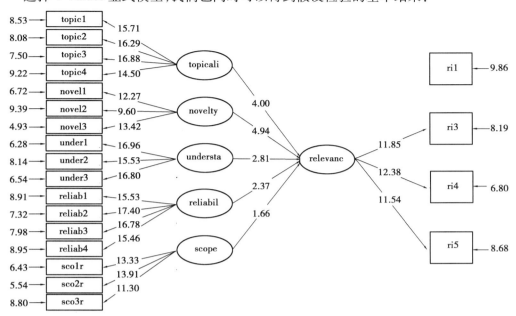

Chi-Square=272.19, df=174, p-value=0.00000, RMSEA=0.048

图 12-5　范文的理论模型的拟合结果的显著性

这表明从 Scope 到 Relevance 的假设不被支持,其他的假设都被支持。图 12-5 与图 12-4 最明显的不同是测度项 *ri*1 没有一个从因子到测度项的箭头,这是因为在 LISREL 中内生变量的方差被设为第一个测度项的方差。如果有需要,研究者也可以把因变量的方差设为其中任何一个(被认为比较好的)测度项的方差。相反,对于外生变量,其方差被默认为 1。研究者也可以根据需要设定外生变量的方差等于某个测度项的方差。

虽然图形输出给了我们最基本的结果,我们可以从输出文件中得到更多信息。对于这个例子,我们对输出文件做以下注解。

注:程序部分

```
The following lines were read from file F: \methodologybook \9-sem \example \rele-
vance.SPJ:
Title Relational Model for Relevance Judgment

!Define data file with command: Raw Data from File
Raw Data from File 'MainStudy.psf'
!Define latent variables with command: Latent variables
Latent variables topicality novelty understandability reliability scope rele-
vance
!Define measurement model and structural model in Relationship section
Relationships
!Measurement model
topic1 = topicality
topic2 = topicality
topic3 = topicality
topic4 = topicality
```

```
novel1 = novelty
novel2 = novelty
novel3 = novelty
!novel4 = novelty

under1 = understandability
under2 = understandability
under3 = understandability

reliab1 = reliability
reliab2 = reliability
reliab3 = reliability
reliab4 = reliability

sco1r = scope
sco2r = scope
sco3r = scope
!sco4r = scope

ri1 = relevance
!ri2 = relevance
ri3 = relevance
ri4 = relevance
ri5 = relevance

!Relational model
relevance = topicality novelty reliability understandability scope

!Request for diagram output
Path Diagram

!Specify model fitting parameters such as Iteration and Method of Estimation
Iterations = 250
Method of Estimation: Maximum Likelihood

End of Problem
```

注:计算结果从这里开始
```
    Sample Size =    242
Relational Model for Relevance Judgment
```
注:包含所有测度项的协方差矩阵。这是一个实际数据中的协方差矩阵,不是拟合的矩阵。有些方法专家认为一定要在论文中报告这个矩阵。但在实际发表的文章中,报告这个矩阵的并不多(可能是因为篇幅限制)。
```
        Covariance Matrix
```

	ri1	ri3	ri4	ri5	topic1	topic2
ri1	1.83					
ri3	1.12	1.97				
ri4	1.04	1.36	1.66			
ri5	0.95	1.16	1.23	1.69		
topic1	0.86	0.89	0.76	0.70	1.88	

topic2	0.91	0.77	0.66	0.75	1.47	2.18
topic3	0.85	0.85	0.71	0.85	1.47	1.68
topic4	0.90	0.79	0.70	0.75	1.30	1.37
novel1	0.60	0.75	0.72	0.67	0.51	0.29
novel2	0.42	0.34	0.37	0.51	0.27	0.16
novel3	0.51	0.52	0.55	0.61	0.46	0.22
under1	0.38	0.84	0.45	0.46	0.49	0.48
under2	0.20	0.67	0.33	0.32	0.32	0.25
under3	0.23	0.59	0.36	0.40	0.34	0.27
reliab1	0.63	0.62	0.59	0.68	0.61	0.79
reliab2	0.53	0.48	0.47	0.53	0.65	0.79
reliab3	0.63	0.58	0.56	0.65	0.64	0.74
reliab4	0.49	0.48	0.42	0.50	0.61	0.70
sco1r	0.28	0.36	0.25	0.19	0.27	0.29
sco2r	0.54	0.56	0.40	0.36	0.46	0.46
sco3r	0.55	0.45	0.48	0.40	0.35	0.33

Covariance Matrix

	topic3	topic4	novel1	novel2	novel3	under1
	--------	--------	--------	--------	--------	--------
topic3	2.19					
topic4	1.47	1.98				
novel1	0.33	0.45	1.93			
novel2	0.27	0.21	0.90	2.19		
novel3	0.30	0.48	1.28	1.18	2.12	
under1	0.49	0.30	0.22	0.08	0.13	1.92
under2	0.24	0.20	0.10	-0.05	0.04	1.42
under3	0.29	0.14	0.12	0.08	0.14	1.38
reliab1	0.72	0.69	0.31	0.17	0.26	0.43
reliab2	0.76	0.66	0.22	0.19	0.26	0.42
reliab3	0.71	0.68	0.38	0.18	0.31	0.36
reliab4	0.71	0.60	0.27	0.13	0.16	0.48
sco1r	0.28	0.37	0.04	0.22	0.11	0.36
sco2r	0.38	0.49	0.27	0.09	0.32	0.39
sco3r	0.44	0.51	0.18	-0.02	0.12	0.34

Covariance Matrix

	under2	under3	reliab1	reliab2	reliab3	reliab4
	--------	--------	--------	--------	--------	--------
under2	1.91					
under3	1.32	1.63				
reliab1	0.26	0.31	1.21			
reliab2	0.22	0.32	0.85	1.04		
reliab3	0.27	0.32	0.87	0.84	1.17	
reliab4	0.39	0.42	0.77	0.82	0.88	1.17
sco1r	0.26	0.27	0.17	0.18	0.15	0.17
sco2r	0.20	0.25	0.29	0.31	0.31	0.32
sco3r	0.12	0.24	0.29	0.22	0.26	0.21

```
      Covariance Matrix
        sco1r   sco2r   sco3r
        -------  -------  -------
 sco1r   2.17
 sco2r   1.37    1.94
 sco3r   1.21    1.13    2.08
```

注：以下报告每个测度项未经标准化的因子载荷与解释的方差。
Relational Model for Relevance Judgment

Number of Iterations = 11

LISREL Estimates (Maximum Likelihood)

　　Measurement Equations

```
   ri1 = 0.94* relevanc, Errorvar. = 0.94, R² = 0.49
 (0.095)
                                 9.86
   ri3 = 1.17* relevanc, Errorvar. = 0.60, R² = 0.70
 (0.099) (0.073)
        11.85                    8.19
   ri4 = 1.13* relevanc, Errorvar. = 0.37, R² = 0.78
 (0.092) (0.055)
        12.38                    6.80
   ri5 = 1.05* relevanc, Errorvar. = 0.58, R² = 0.66
 (0.091) (0.067)
        11.54                    8.68
   topic1 = 1.15* topicali, Errorvar. = 0.55, R² = 0.70
 (0.073) (0.065)
        15.71                    8.53
   topic2 = 1.27* topicali, Errorvar. = 0.57, R² = 0.74
 (0.078) (0.071)
          16.29                    8.08
   topic3 = 1.30* topicali, Errorvar. = 0.50, R² = 0.77
 (0.077) (0.067)
          16.88                    7.50
   topic4 = 1.12* topicali, Errorvar. = 0.72, R² = 0.63
 (0.077) (0.079)
          14.50                    9.22
   novel1 = 1.07* novelty, Errorvar. = 0.79 , R² = 0.59
 (0.087) (0.12)
          12.27                    6.72
   novel2 = 0.91* novelty, Errorvar. = 1.36 , R² = 0.38
 (0.095) (0.14)
          9.60                     9.39
   novel3 = 1.21* novelty, Errorvar. = 0.65 , R² = 0.69
 (0.090) (0.13)
          13.42                    4.93
   under1 = 1.23* understa, Errorvar. = 0.40, R² = 0.79
 (0.073) (0.064)
          16.96                    6.28
   under2 = 1.16* understa, Errorvar. = 0.57, R² = 0.70
```

(0.075)(0.070)
        15.53   8.14

under3 =1.13* understa, Errorvar. =0.36, R^2 =0.78
(0.067)(0.055)
        16.80   6.54

reliab1 =0.91* reliabil, Errorvar. =0.37, R^2 =0.69
(0.059)(0.042)
        15.53   8.91

reliab2 =0.91* reliabil, Errorvar. =0.21, R^2 =0.80
(0.052)(0.029)
        17.40   7.32

reliab3 =0.95* reliabil, Errorvar. =0.28, R^2 =0.76
(0.056)(0.035)
        16.78   7.98

reliab4 =0.90* reliabil, Errorvar. =0.37, R^2 =0.69
(0.058)(0.041)
        15.46   8.95

sco1r =1.18* scope, Errorvar. =0.78 , R^2 =0.64
(0.089)(0.12)
        13.33   6.43

sco2r =1.16* scope, Errorvar. =0.60 , R^2 =0.69
(0.083)(0.11)
        13.91   5.54

sco3r =1.00* scope, Errorvar. =1.08 , R^2 =0.48
(0.089)(0.12)
        11.30   8.80

注:结构方程的解,包括"回归"系数、每个系数的标准差、*T* 值与 R^2。
                Structural Equations

relevanc =0.31* topicali + 0.32 * novelty + 0.17 * understa + 0.18 * reliabil +
0.10* scope, Errorvar. =0.48, R^2 =0.52
(0.078)(0.065)(0.060)(0.077)(0.061)(0.086)
     4.00   4.94   2.81   2.37   1.66   5.56
注:外生变量的相关系数矩阵,包括标准差与 *T* 值。

      Correlation Matrix of Independent variables

	topicali	novelty	understa	reliabil	scope
	--------	--------	--------	--------	--------
topicali	1.00				
novelty	0.25	1.00			
(0.07)					
	3.58				
understa	0.23	0.09	1.00		
(0.07)(0.07)					
	3.46	1.18			
reliabil	0.62	0.25	0.33	1.00	
(0.05)(0.07)(0.06)					
	13.73	3.50	5.15		
scope	0.28	0.14	0.21	0.24	1.00
(0.07)(0.08)(0.07)(0.07)					
	3.99	1.83	3.00	3.38	

注:所有潜变量之间的相关系数矩阵。

Covariance Matrix of Latent variables

	relevanc	topicali	novelty	understa	reliabil	scope
	--------	--------	-------	--------	--------	-------
relevanc	1.00					
topicali	0.57	1.00				
novelty	0.47	0.25	1.00			
understa	0.35	0.23	0.09	1.00		
reliabil	0.54	0.62	0.25	0.33	1.00	
scope	0.31	0.28	0.14	0.21	0.24	1.00

注:模型拟合度。我们可以从中选取需报告的指标。

Goodness of Fit Statistics

Degrees of Freedom = 174
Minimum Fit Function Chi-Square = 274.00 (P = 0.00)
Normal Theory Weighted Least Squares Chi-Square = 272.19 (P = 0.00)
Estimated Non-centrality Parameter (NCP) = 98.19
90 Percent Confidence Interval for NCP = (57.35 ; 146.97)

Minimum Fit Function Value = 1.14
Population Discrepancy Function Value (F0) = 0.41
90 Percent Confidence Interval for F0 = (0.24 ; 0.61)
Root Mean Square Error of Approximation (RMSEA) = 0.048
90 Percent Confidence Interval for RMSEA = (0.037 ; 0.059)
P-Value for Test of Close Fit (RMSEA < 0.05) = 0.58

Expected Cross-Validation Index (ECVI) = 1.60
90 Percent Confidence Interval for ECVI = (1.43 ; 1.80)
ECVI for Saturated Model = 1.92
ECVI for Independence Model = 26.33

Chi-Square for Independence Model with 210 Degrees of Freedom = 6304.19
Independence AIC = 6346.19
Model AIC = 386.19
Saturated AIC = 462.00
Independence CAIC = 6440.46
Model CAIC = 642.06
Saturated CAIC = 1498.94

Normed Fit Index (NFI) = 0.96
Non-Normed Fit Index (NNFI) = 0.98
Parsimony Normed Fit Index (PNFI) = 0.79
Comparative Fit Index (CFI) = 0.98
Incremental Fit Index (IFI) = 0.98
Relative Fit Index (RFI) = 0.95

Critical N (CN) = 194.78

Root Mean Square Residual (RMR) = 0.090
Standardized RMR = 0.049
Goodness of Fit Index (GFI) = 0.90

```
Adjusted Goodness of Fit Index(AGFI) =0.87
Parsimony Goodness of Fit Index(PGFI) =0.68
```

注:LISREL会自动建议一些添加以后可能会显著地增加模型拟合度的关系。但这种建议是事后的而不是事先的。

```
The Modification Indices Suggest to Add an Error Covariance
Between        and           Decrease in Chi-Square      New Estimate
ri5            ri3                    9.1                    -0.18
novel3         novel2                11.7                     0.57
reliab4        reliab1                8.1                    -0.09
sco1r          novel2                10.1                     0.27

                      Time used: 0.156 Seconds
```

最后,我们需要在模型中增加控制变量。如果控制变量是一个多测度项的构件,我们用与其他构件同样的方法把它放到模型中,与其他构件一起分析。如果控制变量是一个单测度项的的变量,我们所用方法如下。以 age(测度项)为例,我们可以设定一个构件为 AGE(注意不同的大小写表示不同变量),并以 age 作为其测度项。我们同时设定 age 的误差项的方差为 0,这样构件与测度项就在统计上是等同的。我们在测度模型部分增加的具体的指令是:

age = AGE

set the Error variance of age to 0

如此类推,我们可以增加其他控制变量。

就像在回归分析中一样,我们希望模型在增加控制变量之后,假设的显著性不会产生变化。如果产生了变化,结果就要以有控制变量的模型为依据。我们也希望理论变量对因变量的解释力度大于控制变量的解释力度。

12.5 结果与分析

模型在拟合之后,其拟合度的指标与指标的经验法则与在测度模型中的解释是一致的,我们不作重复。需要指出的是,即使模型的拟合度可以接受,也并不意味着当前的模型是正确的。实际上,如果我们改变一些变量之间的因果关系,我们往往可以得到一个一模一样的拟合度。所以拟合度与模型的理论合理性是两回事。但是,充分的拟合度是进行假设检验的前提。如果模型的拟合度满足要求,我们就可以从输出中抽取结果,并作报告。

12.6 多层因子分析

在社会研究中,有一些心理变量往往是相当复杂的,它们是很多心理现象的综合,比如信任度、忠诚度、满意度。举例来讲,我们信任一个人往往有几种不同的情况:他有能力做你想要他做的事,他对你有爱心愿意尽力帮你做事(不管他能力如何),他言出必行。要注意,当一个人可信任时,这三方面虽然不一定必须同时出现,却常常同时出现,所以这三方面具有高度相关性。这种心理认知因为综合了很多因素而具有多维性,它不再是一个单维的变量。从语义的角度来看,在语言的演化过程中,我们用一个语义上相当丰富的词"信任"来综合表示这种认识。可以粗略地认为,一个字典中有很多相关语义的单词在实际使用中,使用者可能同时意指其中多个方面,从而使这个变量成为一个多维的变量。在心理学中,常见的这一类变量还有态度、情感、动机、能力、形象等。对一个多层的因子做因子分析就是**多层因子分析**(multi-level factor analysis)。

从因子分析的角度看,一个第二层的因子的各个维度也是一个因子,这些子因子可以用多个测度项来测量。如因子是测度项的因而测度项是果,高层的因子是因而子因子是果。所以,在一个多维的因子结构中,中间的因子既是因、又是果。以文档的相关度为例,如果我们假定 Topicality,Novelty,Reliability 是 Relevance 的三个子因子,双层因子分析(second-order CFA)的关系可以图示为:

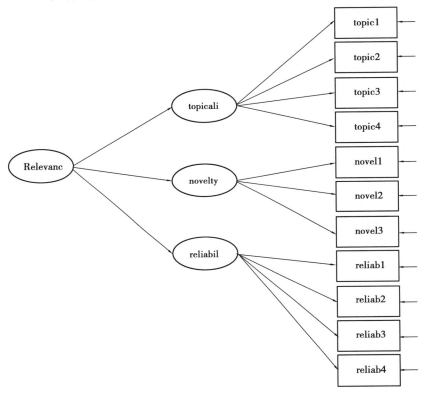

图 12-6　多层因子分析的结构模型

要注意,在这个关系中,Relevance 本身是没有测度项的,它把它的子因子当作测度项,而它的子因子是有测度项的。因为子因子们既是因(测度项的因),又是果(高层因子的果),所以它们也会有残差项。图 12-6 中没有标记子因子的残差。中层的因子具有残差,这是多层因子分析与一般测度模型不同的一个地方。中层因子因为担当果的角色,所以整体上是内生变量,它与高层因子的关系可以表示成:

$$\begin{matrix}\eta & \Gamma & \xi & \zeta\end{matrix}$$
$$\begin{pmatrix}\eta_1\\\eta_2\\\eta_3\end{pmatrix}=\begin{pmatrix}\gamma_{11}\\\gamma_{21}\\\gamma_{31}\end{pmatrix}(\xi_1)+\begin{pmatrix}\zeta_1\\\zeta_2\\\zeta_3\end{pmatrix}$$

　　ξ_1 是第二层因子，η_1,η_2,η_3 是 Topicality，Novelty，Reliability。这种关系告诉我们多层因子分析已经不是全自变量的简单测度模型，在数学上它更像是一个完整的结构模型，只不过只有一个外生变量 ξ_1，有多个内生变量 η_1,η_2,η_3 罢了。

　　以上的模型认为 Topicality，Novelty，Reliability 是 Relevance 的三个子因子没有经过严密的理论论证，所以只可以当作一个演示性例子来看。我们来看这个例子的拟合结果。首先，SIMPLIS 的程序是这样的：

```
Title Measurement Model for Relevance Judgment

!Define data file with command: Raw Data from File
Raw Data from File 'MainStudy.psf'
!Define latent variables with command: Latent variables
Latent variables   topicality novelty understandability reliability scope rele-
vance

!Define measurement model and structural model in Relationship section
Relationships
!Measurement model
topic1 =1* topicality
topicality -> topic2 topic3 topic4
novel1 =1* novelty
novelty -> novel2 novel3
reliab1 =1* reliability
reliability -> reliab2 reliab3 reliab4

!Define relevance as a second-order factor
topicality novelty reliability = relevance

!Request for diagram output
Path Diagram

!Specify model fitting parameters such as Iteration and Method of Estimation
Iterations =250
Method of Estimation: Maximum Likelihood
Options RS SS SC

End of Problem
```

　　我们不详细报告输出文件。这个模型拟合得到图 12-7。

　　我们可以看到第二层因子的方差被默认为 1。以上的程序设第一层因子的方差为第一个测度项的方差。

　　从这个结果可以看出 Novelty 的载荷很小（0.3）。在实际研究中，这表明这三个子因子不够成为一个高层因子的三个表征。如同在单层的因子分析中一样，我们也希望在高层因子分析中看到聚合与区别效度，而这个例子不满足聚合效度。这个例子也提出了一个和理论与实证研究同时相关的问题：什么时候一组因子可以被看做是一个更高级因子的子因子？ 什么时候我们需要把这样一组因子看做相关但"各自为政"的一组因子？ 我们把这个问题留给读者去思考。

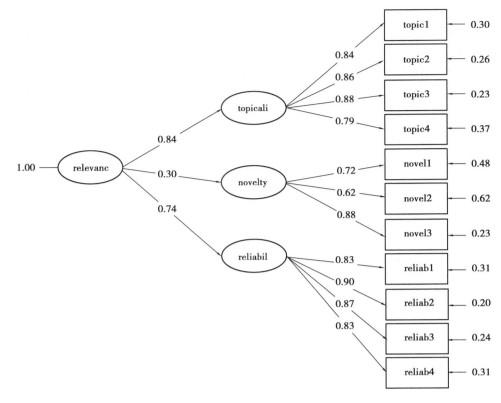

Chi-Square=58.05, df=42, p-value=0.05063, RMSEA=0.040

图 12-7　多层因子分析的结果

12.7 两个外生变量的因果强度比较

　　有时候,研究者想比较两个自变量对一个因变量的作用的大小。比如说,在文档 Relevance 评估中,前人的研究认为 Topicality 是最重要的。根据这一说法,作者的原假设是 Topicality 与 Novelty 同等重要,备择假设是 Topicality 比 Novelty 重要,这样的假设要如何测试呢?

　　我们的思路还是约束测试。我们建立两个模型:一个是自由模型,两个自变量到因变量的系数可以自由变化;另一个是约束模型,这两个系数必需一致。然后我们比较两个模型的拟合度与自由度差异,并由此得到差异的显著性。我们在前面已经看到了自由模型的输出。我们的约束模型是:

```
Titel Constrained test for two IVs' effect on one DV
Raw Data from File 'MainStudy.psf'
Latent variables   topicali novelty understa reliabil scope relevance
Relationships
topic1 topic2 topic3 topic4 = topicali
novel1 novel2 novel3 = novelty
under1 under2 under3 = understa
reliab1 reliab2 reliab3 reliab4 = reliabil
sco1r sco2r sco3r = scope
```

```
ri1 ri3 ri4 ri5 = relevance
relevance = topicali novelty understa reliabil scope
Set Path topicali -> relevance Equal novelty -> relevance
Path Diagram
End of Problem
```

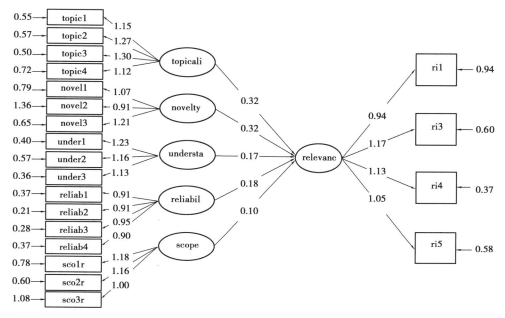

Chi-Square=272.24, df=175, p-value=0.00000, RMSEA=0.048

图 12-8　同一模型中对系数的约束

　　比较这两个模型，$\Delta\chi^2 = 272.24 - 272.19 = 0.05$，$\Delta df = 1$，$p = .82$。所以，我们的数据支持我们的原假设：这两个变量对 Relevance 的影响是一样的。当然，这个例子是演示性的，如果论文中真的要检验这个假设，我们需要提出足够的理论依据。

12.8 因果关系在两个组中的不变性

　　与在验证性因子分析中一样，有时候我们有两个样本，想要检验一个因果关系是否在两个样本中是一致的时候，要分两步走：第一，我们先要建立两个样本因子结构（载荷）的稳定性；第二，我们检验**关系的稳定性**（invariance of relationship）。假定我们已经通过了因子结构稳定性测试，我们现在来演示关系稳定性的测试。这个测试也采用约束测试的两步骤方法。我们比较一个自由的联合模型与一个约束的联合模型的拟合度。

　　在 SIMPLIS 中，一个联合模型默认两个样本的模型与参数完全一致，包括关系模型部分的参数。在验证性因子分析中，我们已经看到在为自由模型编程时需要放松大量的约束。这个过程冗长而且容易出错。另外一种选择是用 LISREL 语言进行编程。这个语言通过定义模型中的各个矩阵来编程，所以接近结构方程的数学模型，要求研究者对结构方程的数学模型有一定的熟练程度。相比于 SIMPLIS，LISREL 语言在处理因果关系稳定性测试中更简练。读者可以参看相关的 LISREL 书籍来自学。我们在此还是用 SIM-PLIS。

```
Group TI Documents evaluated first
Raw Data from File 'Doc1.PSF'
Sample Size =120
Latent variables   relevanc topicali novelty understa reliabil scope
Relationships
ri1 =1.00* relevanc
ri3 = relevanc
ri4 = relevanc
ri5 = relevanc
topic1 =1.00* topicali
topic2 = topicali
topic3 = topicali
topic4 = topicali
novel1 =1.00* novelty
novel2 = novelty
novel3 = novelty
under1 =1.00* understa
under2 = understa
under3 = understa
reliab1 =1.00* reliabil
reliab2 = reliabil
reliab3 = reliabil
reliab4 = reliabil
sco1r =1.00* scope
sco2r = scope
sco3r = scope
relevanc = topicali novelty understa reliabil scope
Path Diagram

Group DA NI =46 NO =122 MA =CM
Raw Data from File 'Doc2.PSF'
Sample Size =122
Latent variables   relevanc topicali novelty understa reliabil scope
Relationships

!Set factor loadings free for X's
!Set Path topicality -> topic1 free
Set Path topicality -> topic2 free
Set Path topicality -> topic3 free
Set Path topicality -> topic4 free
!Set Path novelty  -> novel1 free
Set Path novelty  -> novel2 free
Set Path novelty  -> novel3 free
!Set Path understa -> under1 free
Set Path understa -> under2 free
Set Path understa -> under3 free
!Set Path reliabil -> reliab1 free
Set Path reliabil -> reliab2 free
Set Path reliabil -> reliab3 free
Set Path reliabil -> reliab4 free
!Set Path scope  -> sco1r free
Set Path scope  -> sco2r free
Set Path scope  -> sco3r free
```

```
!Set variance and covariance free for X's
Set the Covariances of novelty and topicali Free
Set the Covariances of understa and topicali Free
Set the Covariances of understa and novelty Free
Set the Covariances of reliabil and topicali Free
Set the Covariances of reliabil and novelty Free
Set the Covariances of reliabil and understa Free
Set the Covariances of scope and topicali Free
Set the Covariances of scope and novelty Free
Set the Covariances of scope and understa Free
Set the Covariances of scope and reliabil Free
Set variance of novelty Free
Set variance of topicality Free
Set variance of reliability Free
Set variance of understandability Free
Set variance of scope Free

!Set the error variances of X's indicators free
Set the Error variance of topic1 Free
Set the Error variance of topic2 Free
Set the Error variance of topic3 Free
Set the Error variance of topic4 Free
Set the Error variance of novel1 Free
Set the Error variance of novel2 Free
Set the Error variance of novel3 Free
Set the Error variance of under1 Free
Set the Error variance of under2 Free
Set the Error variance of under3 Free
Set the Error variance of reliab1 Free
Set the Error variance of reliab2 Free
Set the Error variance of reliab3 Free
Set the Error variance of reliab4 Free
Set the Error variance of sco1r Free
Set the Error variance of sco2r Free
Set the Error variance of sco3r Free

!Set the error variance, variance, and factor loadings of Y-indicators free
Set the Error variance of relevanc Free
Set variance of relevance Free

!Set Path relevance -> ri1 free
Set Path relevance -> ri3 free
Set Path relevance -> ri4 free
Set Path relevance -> ri5 free
Set the Error variance of ri1 Free
Set the Error variance of ri3 Free
Set the Error variance of ri4 Free
Set the Error variance of ri5 Free

!Set the casual relationships free
Set Path topicality -> relevance free
Set Path novelty -> relevance free
Set Path reliability -> relevance free
Set Path understandability -> relevance free
```

```
Set Path scope -> relevance free
```

```
End of Problem
```

比较模型 2 与 3，$\Delta \chi^2 = 5.67$，$\Delta df = 5$，$p = 0.340$。所以在只约束因果关系时，先评估的文档与后评估的文档并无不同。比较模型 1 与 3，$\Delta \chi^2 = 36.5$，$\Delta df = 24$，$p = 0.049$。当我们同时约束因子载荷与因果关系时，这两个样本就有了显著的不同。对于我们的研究目的，即因果关系是否在两个样本中不同，第一个比较已经足够了。第二个比较表明虽然这个样本在测度模型与因果关系单独测试时都没有显著不同，但把这两种稳定性同时测试时就有不同。这表明这两个样本还是存在一定的不同，表明调查对象在评估两个文档时存在次序效应，并且这种效应已经影响到了数据整体的同质性。

表 12-2　不同组数据的结构模型比较

Model	Constraints	Chi-square	df	p	RMSEA
Model 1	Both loading & relationships constrained	481.98	372	.000	.050
Model 2	Only relationships constrained	451.12	353	.000	.048
Model 3	Free model	444.45	348	.000	.048

12.9 比较非嵌套模型

不管是对测度模型还是对关系模型进行约束测试，一个受约束的模型与一个自由的模型之间的关系是**嵌套**的关系，即一个自由模型包含一个约束模型的所有参数。当我们在一个模型的基础上增加或者减少一个假设时，一般，这个新的模型与原来的模型是嵌套的关系。如果我们在原来模型的基础上在一个地方增加一个假设，在另外一个地方同时减少一个假设，这时，这两个模型就是**非嵌套关系模型**（non-nested models）。就好像在回归分析中，如果我们增加一个新自变量，又减少一个现有的自变量，这两个模型就不是嵌套关系了。

社会调查所关注的课题往往可以有多个理论来解释，多个理论就会提出有所重复但又不完全相同的模型。比如，我们的课题想要解释人们为什么分享知识，动机理论（motivation theory）就会找出一些内在与外在的动机来解释，而社会交易理论可能从资源交换与对等性（reciprocity）的角度来解释。那么哪个模型与其背后的理论是最好的呢？如果我们收集了这几个理论所需的所有变量，我们就需要比较几个不相互嵌套的模型。

假定有一个理论认为对一个文档的 Topicality 与 Novelty 的判断是基于对这个文档的理解。如果文档读者无法理解这个文档，那么所感知的 Topicality 与 Novelty 就会较低。基于这个"理论"，我们可以得到一个新的模型，如图 12-9 所示。

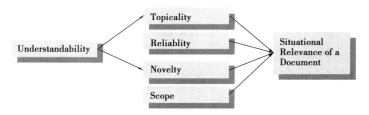

图 12-9　备择的非嵌套模型

与原模型相比,这是一个非嵌套模型。这个模型的 SIMPLIS 程序如下:

```
Title Relational Model for Relevance Judgment

!Define data file with command: Raw Data from File
Raw Data from File 'MainStudy.psf'
!Define latent variables with command: Latent variables
Latent variables topicality novelty understandability reliability scope rele-
vance

!Define measurement model and structural model in 'Relationship' section
Relationships
!Measurement model
topic1 = topicality
topic2 = topicality
topic3 = topicality
topic4 = topicality

novel1 = novelty
novel2 = novelty
novel3 = novelty
!novel4 = novelty

under1 = understandability
under2 = understandability
under3 = understandability

reliab1 = reliability
reliab2 = reliability
reliab3 = reliability
reliab4 = reliability

sco1r = scope
sco2r = scope
sco3r = scope
!sco4r = scope

ri1 = relevance
!ri2 = relevance
ri3 = relevance
ri4 = relevance
ri5 = relevance

!Relational model
topicality = understandability
novelty = understandability
relevance = topicality novelty reliability scope

!Request for diagram output
Path Diagram

!Specify model fitting parameters such as Iteration and Method of Estimation
Iterations = 250
```

Method of Estimation: Maximum Likelihood

End of Problem

所得模型路径图如图 12-10。其中，Understandability 到 Novelty 的系数是不显著的，其他系数都是显著的。

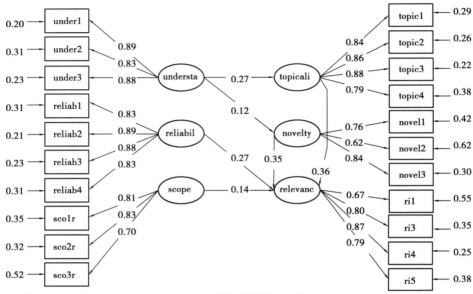

Chi-square=390.12, df=180, p-value=0.00000, RMSEA=0.070

图 12-10   拟合的非嵌套模型

那么哪个模型比较好呢？非嵌套模型的比较需要使用另外两个拟合指标，AIC（Akaike's Information Criteron）和 Consistent AIC（CAIC）。作为一个拟合指标，AIC 考虑了模型的简洁性。CAIC 进一步对样本量进行了调整。如果一个模型在这两个指标上比较小，就是比较好的模型。在本例中，新旧模型的拟合指标如下：

表 12-3   非嵌套模型的 AIC 比较

	Model AIC	Model CAIC	df	p	RMSEA
新模型	492.12	721.06	180	.000	.050
旧模型	386.19	642.06	174	.000	.048

对于 6 个自由度的差别，不管是比较 AIC 还比较 CAIC，这两个模型的差别显然是显著的。旧模型的拟合指标（AIC）比较好，所以旧模型胜出。拟合结果也表明，其他指标比如 GIF，Relevence 的 R^2 也都显示旧模型比较好。

对于 LISREL 的使用与数据分析，作者向读者们推荐 Byrne 的著作（1998）作为进一步学习的首选书籍。

课后练习

Background

Trust is regarded as an important facilitator of ecommerce. For a company, customers can be classified as potential or repeat customers based on whether they have bought from the website before. It is suggested that potential and repeating customers might make different use of evidences to base their trust on. For example, repeat customers might base their trust on the product delivery, hence paying less attention to the website design factors, such as website system quality, while for potential customers, website quality might be an important decision variable. A researcher conducted a survey of some online consumers in order to investigate the following research questions:

1. Are internet safety perception, company reputation, web system quality, and web information quality important to online trust building for potential and repeating customers respectively?

2. Are the above factors having different impact on online trust across the two groups of customers?

A survey was carried out at a real online bookstore. The data was recorded in the Excel and SPSS files: potential. sav and repeat. sav; the questionnaire is attached in the appendix.

Analysis

1. Carry out an EFA for each group. Check the convergent validity and discriminant validity for all items and constructs. If there are problems, suggest you solution to solve these problems.

2. After EFA, conduct CFA for each group(theoretically, CFA and EFA should be conducted on different dataset). Check the discriminant and convergent validity again and report.

a. Which items are to be dropped, if any? Why?

b. The convergent validity and discriminant validity. For convergent validity, report t value, standard loading, AVE, Cronbach's alpha and factor composite reliability. For discriminant validity, report the factor correlation table, the chi-square difference of unconstrained and constrained model for every pair of construct. Report also the means and standard deviations of constructs. Items of a construct can be averaged to get the factor score.

c. The model fitting and your conclusion.

3. Are customers interpreting the questionnaire in the same way across the groups? Do a cross-group testing on the invariance of factor structure. (Optional)

4. Assume both group interpret the questionnaire in the same way, test the hypotheses for each group with a relational model. Are the hypotheses supported? Are the model fittings adequate?

5. Are the impacts of antecedents on trust the same across the groups? Do a constrained test for the two groups. (Optional)

Summarize your report as a typical research paper would do. Do not dump software output in your report, but rather summarize it as typically reported in a research paper. When conducting the above analysis, build your answers for the later tests on the actions taken for previous steps. Regard yourself as the researcher who is going to write a paper based on the above tests.

Appendix for Comprehensive Assignment 2

Variable	Item	Description
Trust	Trust1	I believe this store is capable of doing its job
	Trust2	I believe this store would keep its promises and commitments
	Trust3	I believe this store would care about its customers
Reputation	REP1	People say this store has a good reputation
	REP2	In the public opinion, this store is favorably regarded
	REP3	People say this store has a bad reputation in the market(reverse)
Internet Safety	SA1	The Internet has enough safeguards to make me feel comfortable using it to transact personal business
	SA2	I feel assured that legal structures adequately protect me from problems on the Internet
	SA3	I feel confident that encryption and other technological advances on the Internet make it safe for me to do business there
Information quality	INFQ1	This website has relevant information to my needs
	INFQ2	This website has sufficient information
	INFQ3	This website has useful information
System quality	SYQ1	This website is easy to use
	SYQ2	This website is easy to navigate
	SYQ3	This website is visually attractive

Reference and Copywright Disclaimer: Data set for this assignment is based on published study(Kim, Xu & Koh, 2004) and is proprietary. It is prohibited to redistribute the data set beyong the class use.

Kim, H., Xu, Y. & Koh, J. (2004). A comparison of online trust building between potential customers and repeat customers. *Journal of Association for Information Systems(JAIS)*, 5(10), 392-420.

词汇表

多层因子分析(multi-level factor analysis)　　非嵌套关系模型(non-nested models)
关系的稳定性(in variance of relationship)　　AIC(Akaike's Information Criteron)
Consistent AIC(CAIC)

参考文献

Byrne, B. M. (1998). *Structural equation modeling with LISREL, PRELIS, and SIMPLIS: Basic concepts, Applications, and Programming*, Mahwah, NJ: Lawrence Erlbaum Associates.

构成性测度与 PLS　**13**

13.1 构成性测度项

　　在社会调查研究中,调查对象在填写问卷时往往对属于同一个理论构件的测度项感到纳闷:为什么研究者对同一个问题颠来倒去问这么多遍? 很多时候,尤其是不熟悉社会调查方法的同事也会有这个疑问,觉得社会调查的问卷设计啰唆,从而怀疑研究的价值。作为一个严谨的研究者,我们就要扪心自问:为什么会出现这样的"误解"? 我们是不是哪里出了问题? 我们在以前已经做了部分回答,即如果在问卷中选用语义重复的测度项,而不是用测度项反映一个构件的不同侧面,那么就会出这样的问题。所以,在设计问卷时,一个构件的聚合效度够高就好,而不是越高越好,因为过高的聚合效度可能意味着语义上的重复。

　　但当我们想从不同侧面来反映一个构件时,我们会面临这样一种情况:有时候有些侧面很重要,但与构件的关系似乎不是"构件是因、侧面是果"。比如,当营销研究者想用商品的质量作为一个变量时,就会想到质量的不同方面,比如耐用性、方便性、使用效果等。那么,到底是质量的好坏决定耐用性、方便性、使用效果,还是耐用性、方便性、使用效果决定了产品质量? 在信息系统研究中,一个常见的构件是系统的企业价值。节省成本、提高效率、提高市场份额是系统价值的因还是果? 在组织行为研究中,员工的工作满意度包括对报酬的满意、对同事的满意、对指派的工作的满意等方面,这些方面是工作满意度的因还是果? 在心理学中,个性有很多维度,包括 introversion-extroversion,sensing-intuition,thinking-feeling,judging-perception,这些维度是个性的因还是果?

　　在前面的章节中,我们在设计问卷时设定了一个基本要求,就是使用反映性测度。对于反映性测度,构件是因,测度项是果,调查对象对构件的内在认识决定了他对测度项的回答。所以,这样的测度项又叫**效果指标**(effect indicators)。不幸的是,反映性测度项并非在任何情况下都是最好的选择。有时候,一个构件直观地表现为一些侧面的综合(或者说加权求和),是这些侧面共同决定了这个构件,这些侧面是构件的因,而不是果,这些侧面是**构成性测度项**(formative items)。构成性测度项是以构件为果的显性测度项,所以又叫**原因指标**(cause indicators)。比如,节省成本、提高效率、提高市场份额这三方面综合决定了一个系统的总体价值。反过来,如果一个系统的价值高,它可能节省了成本却没有提高市场份额。系统价值不见得、也不要求一定要反映在每一个方面。如果一个构件的测度项是构成性的,那么我们称这个构件也是构成性的,又叫**综合构件**（composite construct）或**指数**（index）。那么,在以上的例子中,个性是反映性的还是构成性的?它其实两者都不是,它是另一类因子,叫做**特征集**（profile）。本书不对特征集进行讨论,有兴趣的读者可以参阅有关文献（Law, Wong & Mobley, 1998）。

为什么需要构成性测度项? 第一,有一些概念在传统上就被理解为一组侧面的综合。比如,社会经济地位就是一个人的收入、房产、教育、地位等不同指标的一个综合指标。一个构成性构件可以直观地表达一个概念,并保持理论上的简洁性。如果把一个语义丰富的构件拆分成几个维度,各自作为一个反映性构件,再各自用几个测度项来测量,这也是一种选择。但这种选择的缺点是不但失去了理论的简洁性,也失去了问卷的简洁性,因为每个维度需要各自的测度项,问卷也会更长。第二,构成性测度具有实践上的可操作性。如果我们知道员工的工作满意度包括对报酬的满意、对同事的满意、对指派的任务的满意,那么在组织设计时就需要有针对性地设计这几个方面,从而达到提高工作满意度的效果。这种可操作性往往是反映性测度项所不具备的。可不可以用反映性测度来测量社会经济地位或员工满意度? 当然可以,但是代价是失去了这些概念的可操作性。

图 13-1 以员工满意度为例显示了构成性测度与反映性测度的不同。

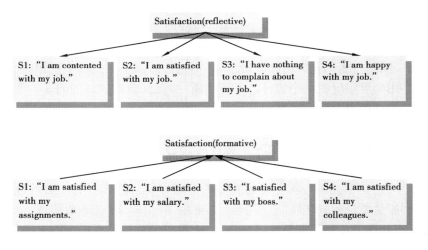

图 13-1　构成性测度与反映性测度

13.2 构成性测度项与反映性测度项

构成性测度项在统计中不是一个新概念,但是,在实际研究中却往往被误用。最常见的错误是把它们作为反映性测度项。这种误用导致以下后果:第一,要是我们硬把构成性测度项当作反映性测度项塞到一个构件中,有时会出现很差的聚合有效性;第二,这样的模型在理论上是错误的。不管模型的拟合度如何,最后的统计分析的结果是不可靠的。近期的方法论研究已经对这个问题进行了相当深入的探讨（Diamantopoulos & Winklhofer, 2001; Javis, Mackenzie & Podsakoff, 2003）。

如果研究者已经对一个构件提出了一些测度项,研究者要做的第一件事就是要鉴别这个构件是构成性的还是反映性的。根据一些学者（Diamantopoulos & Winklhofer, 2001;

Javis et al. 2003）的总结，我们把鉴别的规则归纳如表 13-1 所示。

表 13-1　构成性与反映性测度项的不同

	构成性	反映性
构件与测度项的因果方向	测度项→构件，测度项的数值变化影响构件的取值，反过来不成立。	构件→测度项，构件的数值变化影响测度项的取值，反过来不成立。
构件与测度项的理论关系	测度项的集合定义了构件，测度项个数增减将改变构件的定义。	构件反映在测度项上，测度项个数增减不会改变构件的定义。
测度项的互换性	测度项是不可以相互替换的，它们的语义往往不同。	测度项是可以相互替换的，它们的语义往往接近。
测度项之间的相关性	一个测度项的数值变化不意味着另一个测度项的数值会变化。	一个测度项的数值变化意味着另一个测度项的数值会变化。
前因与后果	各测度项可以有自己的因与果，它们不需要有相同的因与果。	各测度项有相同的因与果。

13.3　构成性测度项的效度

有了构成性测度项，就好像对于反映性测度项，我们会问：①如何检验构成性测度项的聚合效度与区别效度？②如何得到测度项的构件载荷？

我们首先回答第一个问题。一个似乎意想不到的答案是聚合效度不适用于构成性测度项。一般认为："internal consistency is of minimal importance because two variables that might even be negatively related can both serve as meaningful indicators of a construct"（Nunnally & Bernstein 1994. p. 489）。一般也认为可靠性指标不适用于构成性测度（Bagozzi, 1994）。为什么？这是由构成性构件的定义决定的。构成性构件的定义只是说它是一组测度项的一个综合指标，是一个加权和。这个定义并没有要求各个测度项一定要有基本相同的贡献或重要性，这个定义也没有要求测度项之间有一致的行为或者相关性，所以所谓的内部可靠性或聚合效度的概念不适用。

那么如何保证构成性测度项的质量呢？难道它就没有任何质量要求了吗？这显然不是一个合理的结论。构成性测度项需要有以下的质量指标（Diamantopoulos & Winklhofer, 2001），但不是从聚合效度或区别效度来看。

第一，构件的**范畴**（scope）必须有明确的定义。因为构成性构件是一个综合指标，它的定义中就需要明确指出它的构成测度项的范围。因为测度项是因，构件是果，一个构件与测度项的关系就是一个小型的理论模型，测度项的充分性与必要性需要被论证，从而保证这个构件的完备性。相应地，测度项的设计需要从各个方面覆盖所有的构件范畴。遗漏测度项会导致构件定义的缺憾。读者也许会问：那如何保证测度项的充分性与必要性？除了使用理论还有没有其他方法？因为往往没有关于一个构件的理论，希望通过找到一个理论来论证测度项的完备性很难。另外，要是每个测度项都要一个理论，一篇文章也会十分冗长，主题也就不鲜明了。除了使用理论外，其他的方法包括①广泛的文献检索，寻找这个构件的因，不管前人把这个构件设计为构成性还是反映性的；②与业界的人员讨论，找出相关的主因；③采用概念框架，比如我们知道一个工程项目有三个约束：任务范围、时间与成本，那么这个概念框架就可以用来设计"项目成功"的测度项，比如完成项目任务范围的程度、超时的多少、与成本的差距。

第二，**避免测度项之间的多重共线性**。如果测度项之间有多重共线性问题，那么有些测度项就是不必要的。这些测度项不但使问卷更长，而且会使其他必要的测度项显得不重要。在反映性测度项之间，多重共线性不是一个问题（请读者思考为什么）。

第三，**外部效度**（external validity）。外部效度指的是测度项必须相对于一个外部的指标是有效的。这个外部指标往往是对这个构件的另一种测量方法。方法之一是用一个综合性的测度项来表示这个构件，比如："综合指派给你的任务、你的工资、上司和同事等工作的各个方面，你对你的工作的满意程度如何（1 = 非常不满意，7 = 非常满意）？"各个测度项如果与这个综合测度项显著相关就保留，否则就剔除。

测量外部效度的方法之二是用两个或多个反映性测度，把反映性测度与构成性测度放在一起构造一个**多测度项多因子模型**（multiple indicators and multiple causes，MIMIC）（Bollen，1989）。图 13-2 例示了这样一个模型。因为大部分统计软件不支持同时使用构成性测度与反映性测度，在这个模型中，每个构成性测度项可以被设置成一个单测度项的因子。

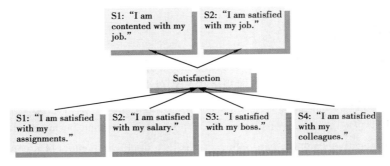

图 13-2　多测度项多因子模型

对于这类关于一个构件的模型，我们需要首先检查模型的拟合度，就好像对待其他结构方程一样。如果模型拟合度令人满意，我们进一步查看每一个构成性测度项，看它的因子的对于这个反映性构件的关系系数是否显著，从而决定构成性测度项的好坏。

方法之三是检验**关系效度**（nomological validity）。其基本思想是找一个与所测试的构件在理论上直接相关的其他构件，这个构件必须是反映性的，比如员工满意度与辞职的意愿有关，如图 13-3 所示。如果我们拟合这样一个模型，在保证满意度作为一个因子与辞职显著相关的前提下，如果满意度的一个构成性测度项与满意度不显著相关，就被认为是可以剔除的。笔者认为，这个方法具有一定的弱点。第一，选择相关构件不是一件容易的事。在一个理论或模型的初期研究阶段，我们往往无法肯定地回答这个构件一定与哪一个其他构件相关，这种关系本身就是一个需要被检验的假设。如果这个用来检验测度项质量的关系构件不是所提的理论模型中的构件，那么它会带来额外的测度项，增加数据收集成本。第二，在方法之二中，我们用反映性测度项来同时测量一个构成性构件。因为属于同一个变量，这些反映性测度所代表的变量是构成性构件的最好的"关系构件"。既然有了这个选择，为什么舍近求远，找其他构件来检验？

不管是使用哪一种方法来检验外部有效性，在淘汰测度项的过程中仍然要遵守以下规则：①测度项的淘汰要逐一进行，不可同时淘汰多个；②淘汰的时候，要特别注意测度项的语义，有时问题不是出在测度项所代表的侧面，而是措辞上，这时淘汰测度项就可能伤害构件的完备性;③如果测度项措辞没有问题,淘汰测度项就可能破坏构件语义的完整性。如果测度项对因子的系数虽然不显著,但是也不至于导致多重共线性等其他的问题,则不妨保留。

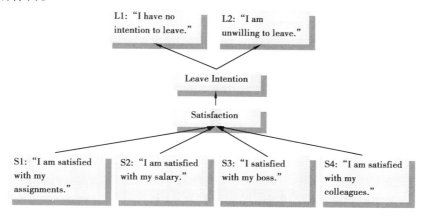

图 13-3 关系效度模型

13.4 PLS 的结构方程分析思路

如果一个模型中使用了构成性构件就无法用 LISREL 或与 LISREL 同类的方法来分析了,因为 LISREL 在算法上不支持这种模型。另外一种统计方法,**偏最小二乘法**（partial least squares, PLS）（Wold, 1975）在 LISREL 稍后被提出来,成为含构成性构件的结构方程的主要统计方法。PLS 的思路与我们先前所介绍的因子求解、结构方程求解的思路十分不同。前者被称为是基于协方差的求解方法（covariance-based solution）,而 PLS 被称为是基于成分的求解方法（component-based solution）。因为它们的显著不同,所以有必要说明何时应该用哪个方法。

我们已经在因子分析与结构方程那几章解释了基于协方差的求解方法的基本思路。在对测度项载荷求解时,我们的目标函数是最大程度地解释测度项之间的相关性与构件之间的相关性。测度项被解释的程度与构件(因变量)被解释的程度不在目标函数的考虑之中。我们只是在探索性因子分析之中做了妥协,使用了主成分分析法来最大程度地解释测度项中的信息,而不是测度项之间的相关性。但是在验证性因子分析与结构方程中,我们忠于既定的目标函数。

PLS 是一种基于成分的求解方法,与主成分分析同类,但稍微复杂一点。以图 13-4 为例,假定我们的自变量是员工满意度,因变量是辞职意向,这两个构件都使用构成性测度,PLS 的求解思路可以描述如下。

第一步,根据各个测度项对于构件的权重,计算由测度项加权和得到的因子值。在起初,测度项的权重还是未知的,那么给每个测度项设定一样的初始权重,计算由测度项加权和得到的因子值。这样得到的因子值叫做**外部近似值**（outside approximation）。在上例中,我们可以得到 X 与 Y 的第一轮外部近似值。对权重进行放大或缩小,使因子的方差为 1。

第二步,找出与一个构件相连的所有其他构件,把它们加权求和(即便这个相连的构件是反映性的),作为这个构件的**内部近似值**（inside approximation）。以满意度为例,因

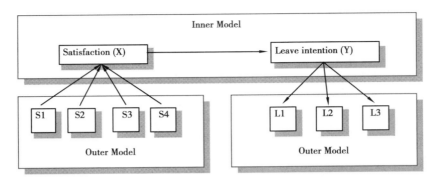

图 13-4　PLS 的内部模型与外部模型

为只有一个与它相连的构件辞职意向,辞职意向的值就是满意度的内部近似值。这里其他构件权重的设置方法有多种,比如以构件之间的相关系数为权重。各种方法对结果的影响极小,而且都可到达最后的收敛,所有我们就不做讨论。

第三步,如果构件是构成性的,以它的内部近似值为因变量,以它的测度项为自变量做回归分析,我们得到测度项新的权重(回归系数)。在此例中,对于满意度,我们以辞职意向为因变量,以 S1 ~ S4 为自变量,做回归,更新测度项的回归系数。如果构件是反映性的,我们则反过来以它的内部近似值为自变量,以它的测度项为因变量做回归分析,更新载荷。在此例中,我们以满意度为辞职意向的内部近似值,把它作为自变量,把 L1 ~ L3 一个一个作为因变量做简单回归,得到新的载荷。注意这里称呼的不同:对于构成性测度项与因子之间的系数,我们称权重(weight);对于反映性测度项与因子之间的系数,我们称载荷(loading)。不管一个构件是构成性的还是反映性的,我们可以同时得到测度项的权重与载荷。所不同的只是我们根据测度项的类型,选用这两者中的一者。

第四步,重复以上步骤,直至所有的系数收敛到一定的精度。如前所述,在这个过程中,即使对于构成性测度项,我们也可以得到它的载荷,但是要注意它的载荷是没有实际意义的。对于构成性测度,有意义的是它的权重及权重的显著性,这也是需要报告的统计量,载荷是不需要报告的。

以上的步骤有一些特点:①这个过程中产生了因子值,这是基于协方差的求解方法所不具备的。②这个方法既可用于构成性测度项,也可用于反映性测度项,或者同时具有两类测度项的模型。③这个方法使测度项或因变量本身的信息得到最大程度的解释,而不是以解释相关性为目标。④在计算内部近似值时,这个方法是“近视”地看到一个构件所连接的其他构件,并以此作为构件与测度项回归的基础,而不是考虑全局的优化,所以称之为“偏最小二乘法”。⑤对于构成性构件,PLS 的求解要求一定要有至少一个其他构件与之相连,否则这个构成性构件无法依赖自己的信息求得测度项权重。基于协方差的求解方法就没有这个要求。⑥因为迭代过程的主要算法是回归,PLS 不要求测度项服从正态分布,或者服从多元的正态分布。这使得 PLS 相较基于协方差的方法有更灵活的应用范围。因为 PLS 所得的因子值是对测度项中信息最大程度的综合,是一个“主成分”,所以 PLS 又叫做基于成分的结构方程(component-based SEM)。

至此,我们就比较容易理解很多对 PLS 的评价,说 PLS 适合于预测(可惜行为科学感兴趣的往往不是预测,而是假设检验);说 PLS 对样本的要求比较小(因为每一步都是局部回归,而回归所要求的样本是不大的);说 PLS 适合初期的理论模型(因为 PLS 总是在局部范围内“贪婪”地寻求最大的解释,容易得到显著的关系,这个显著的关系可以作为进一步验证的基础）（Chin，1998）。但是要注意，即使说 PLS 对样本的要求比较小，样本量也必须在 150 以上，因为大样本通常指的是上千的样本。在小样本的情况下，PLS 的统计效能会比较低（Goodhue et al.，2007；Marcoulides & Saunders，2006）。

因为模型检验的目标是检验关系，所以从最根本的求解思路来讲，PLS 不是针对检验关系设计的。所以，即使你的理论模型是"初期"的，这也不是选择 PLS 的强烈理由。PLS 更不是小样本的借口。一个比较合理的理由是因为模型中所采用的是构成性测度项，而基于协方差的求解方法无法解决这个问题。如果一个结构方程中只含有反映性测度项，那么基于协方差的求解方法比如 LISREL 是首选。

如果 PLS 被用于拟合都是反映性测度项的模型，那么原先所说的聚合效度、区别效度将依然适用。它们可以从测度项的因子载荷中计算得到。

PLS 也可以处理多层的因子分析。对于两层的因子分析，按照第一层与第二层在构成性与反映性上选择的不同，可以有四种组合（Javis et al.，2003）。只要其中一层含有构成性测度项，PLS 就可以使用。

13.5 PLS 模型的拟合度与假设检验

与基于协方差的方法不同，PLS 因为不做全局的拟合，所以没有基于 χ^2 的那一套拟合指标。那么如何鉴定一个模型拟合的好坏呢？

因为 PLS 的算法是基于预测性的，每一个因变量的 R^2 反映了这个模型的局部拟合程度。

对于一个自变量的假设检验，我们不但需要知道系数的值，而且要知道系数的标准差。但是，以上迭代的求解方法使系数收敛于一个值，却无法给出一个系数的标准差。系数标准差通常用 Jackknifing 或 bootstrapping 的方法解决。

Jackknifing 的思路如下。第一步，用整个样本求得模型的参数。第二步，删除其中的 d 个（往往是一个）样本，重新计算参数。再把删除的 d 个样本放回来，删除接下去的 d 个样本，一直到所有的样本都轮一遍。当一些样本被删除时，我们就得到了一个子样本。根据每个子样本都可以得到模型参数的一个估计。这些估计值的全体就可以用来计算模型参数的标准差。以此 t 检验可以用来检验模型的系数的显著性。

Bootstrapping 与 Jackknifing 类似。不同的是每个子样本是通过对整个样本进行有放回的、固定样本量的随机抽样。这些子样本所得的参数估计就形成了一个分布，这个分布可以用来对参数进行假设检验。

13.6 范文示例

我们用一篇新的范文来说明 PLS 在社会调查数据分析中的应用。这是一篇关于网上社会网络的文章。**网上社会网络**（online social network 或 SNS），比如校内网、开心网、Facebook、MySpace 已经非常普遍。SNS 作为一种社会现象，其重要性并不局限于个人使用，越来越多的企业认识到它的重要性，并通过 SNS 来推销产品。对于一个平台的提供商，比如 Facebook.com，一个重要的课题是如何吸引新成员，并保持现有成员的活跃与使用。但是，SNS 提供商之间的竞争也很厉害，比如曾经风靡一时的 MySpace 在与 Facebook 的竞争中失去了大量的成员，只好在 2009 年决定退守音乐爱好者这一强项领域。范文的研究就是以成员的"跳槽意向"（intention to switch）为因变量，想要解释哪些因素导致跳槽。

　　长话短说，信息系统的文献中对人们为什么继续使用一个系统有相当的研究。网上的 SNS 当然可以看做是一种信息系统，所以这方面的文献是有用的。但是本文认为社会学中的**迁徙理论**（migration theory）更为适用。迁徙理论中有一个 Push-pull-mooring（PPM）理论框架，其基本思想是有三类因素决定迁徙，即原来所在地的排斥因素、目标地的吸引因素与迁徙成本（Boyle et al. , 1998）。如果我们认为网上的 SNS 也类似是一个社区，人们可以从一个社区迁徙到另一个社区，那么这个迁徙理论就适用。我们可以直观地认为：①对原社区的不满意度（"推"因素）；②新社区的吸引力（"拉"因素）；③迁徙成本（"堵"因素）会影响迁徙的意愿。这就是图 13-5 的模型右边的两层所表述的。对原社区的不满意度、新社区的吸引力与迁徙成本可以分解成不同的成分与侧面，比如不满意可能是由于原社区的技术质量、信息质量、社区支持、成员守则或消遣价值。这些侧面与构件之间的关系显然不是反映性的，而是构成性的，读者可以用我们讨论过的规则来判断。

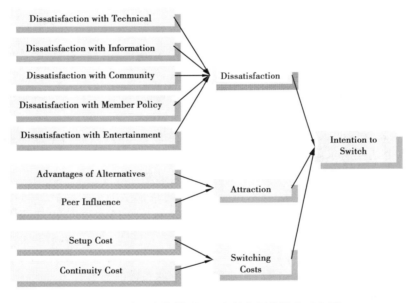

图 13-5　范文中的模型：网上社会网络的离开意愿

　　这个模型中左边第一层的变量可以进一步用一些构成性测度项来衡量。比如，成员守则可能包含谁可以成为成员、允许发表的内容、隐私申明等。对这些条款的满意或不满意也是构成性的。选用构成性测度项使得这个模型有直接的决策借鉴意义。

　　总之，这个模型提出了三个决定迁徙的主要构件，它们都是构成性的二阶因子。它们的一阶因子也是构成性的。整个模型中唯一的反映性构件是因变量 intention to switch。这个模型有三个因果假设，对应于三个二阶因子；有九个成分假设，假设这九个一阶因子是各自二阶因子的显著成分。要注意，一阶因子与二阶因子之间的关系不是因果关系，而是整体与成分的关系。类似地，构成性测度项与构件之间的关系也是整体与成分的关系。

　　范文收集了 180 个便利样本点。这些调查对象大多是 21 岁到 35 岁之间的职业人士，其中男士占 60% ，女士 40% 。他们中超过 85% 有两年以上的 SNS 使用经历，80% 有两个或更多 SNS 账号,73% 有一年以上的工作经历,83% 有本科以上学历,88% 每周使用 SNS 超过一次,46% 是新加坡人,32% 为中国人,剩余的为其他。他们主要使用的 SNS 是 Facebook,Friendster,MaySpace,Windows Live。

我们姑且不论范文的理论论证如何,样本的代表性如何,我们将集中关注这样一个模型进行 PLS 分析所需要的步骤与方法。

13.7 PLS 的分析过程

范文首先对测度模型进行检验,基于协方差的结构方程也有这个步骤,所不同的是检验的方法。第一,范文对每个测度项在各自组内(一阶因子内)的多重共线性进行了测试,最大的 VIF 小于 2,一般认为可以接受,所以没有测度项因此被淘汰。

第二,范文然后对测度项的外部效度做了检验。在设计问卷时,每个一阶因子都有一个综合测度项,比如对于技术质量,综合测度项是:"Overall, to what extent are you dissatisfied with the technical quality (i. e., downloading speed, navigation structure, profile management etc.) of this site?"而各个测度项则是对 downloading speed, navigation structure, profile management 分别进行判断。每个测度项与它相关的综合测度项的相关系数可以用 t 检验测试。这样的检验并不需要专门的 PLS 软件,普通的统计软件就可以做了。结果表明所有的测度项都是显著相关的,没有测度项因此被淘汰。因为以上这些检验的操作方法在以前有介绍,我们在此不作详述。至于范文的因变量,因为它是反映性测度项,范文使用可靠性指标与 AVE 来检验聚合效度。这些检验的总体结论是测度模型是可以接受的。

测度模型检验之后就是关系模型的检验。PLS 的分析软件有好几种,我们选用 SmartPLS,因为它是自由软件,而且操作简单,程序的维护也比较好。用户可以从 http://www. smartpls. de 下载。SmartPLS 的操作也相当直观,我们不做详述。要指出的是,SmartPLS 也支持反映性测度,但使用的估计方法仍然是 PLS。

在范文中,一个特殊的需要是对二阶因子建模。我们在讨论基于协方差的结构方程时提到过二阶因子的建模方法,就是把一阶因子看做二阶因子的反映性测度项。类似地,在范文中,因为理论模型认为二阶因子是由一阶因子构成的,所以一阶因子可以看做是二阶因子的构成性测度项。在研究中,我们会碰到一阶因子与二阶因子的不同关系组合,比如一阶是反映性的,但二阶是构成性的,或者二者都是反映性的,或者二者都是构成性的。我们一般不会碰到一阶是构成性的,但二阶是反映性的这种情况(请读者思考为什么)。

二阶因子有一个麻烦,就是没有属于自己的测度项。回顾 PLS 的算法,如果一个因子没有测度项,就无法与邻近的因子做回归。这里的二阶因子既无法与一阶因子做外部模型的回归,也无法与因变量做外部模型的回归。第一种方法当然是"跳过去",把一阶因子与因变量直接连起来。但这样做实际上修改了当前的模型,使之不再含有二阶因子,其代价是牺牲了模型的简洁性。第二种方法是采用**测度项重复法**(repeated items)(Wold,1982),就是用所有的相关一阶因子的测度项同时作为二阶因子的测度项。范文中就采用了这种方法。比如,范文中用 Setup Cost 与 Continuity Cost 的测度项同时作为 Switching Costs 的测度项。这种方法增加了参数的个数,对样本量有了更高的需求,而且这种方法对参数的估计与第一种方法的结果也不见得一致(因为模型已经不同),但是这种方法现在使用最普遍。方法论研究中还没有对不同的方法做严谨的有效性比较。

　　这样设定之后,假设检验就可以进行了。因为 PLS 本身不产生参数估计的标准差,所以范文使用了 bootstraping 的方法得到各个参数的标准差进行假设检验。使用 bootstraping 时,尽量使用较大的样本量和抽样次数,使所得的参数估计更加稳定。要注意的是抽样会导致每次 bootstraping 所得的结果略有差异。结果表明,推、拉、堵这三个主要因素对 intention to switch 都有影响,一如假设所述。但是,不是所有的一阶因子都对二阶因子有贡献,其中技术、信息、成员条例就对不满意度没有显著贡献。对网站而言这些因素可能已经同质化,不成为竞争优势,但不是说网站可以忽略这些因素。读者可以阅读范文来了解更多的细节。

课后练习

阅读

1. 必读论文

Diamantopoulos A., & Winklhofer, H. E. (2001). Index construction with formative indicators: An alternative to scale development. *Journal of Marketing Research*, 38 (2), 269-277.

Law, K. S., Wong, C.-S., & Mobley, W. H. (1998). Toward a taxonomy of multidimensional constructs. *Academy of Management Review*, 23(4), 741-755.

Xu. Y., Xu, Y., Yang, Y., Cheng, Z., & J. Lim (2009). *Migration in cyberspace: An empirical investigation of users' switching behaviors in social networking service sites*. Working paper, Fudan University, School of Management (email: yunjiexu@fudan.edu.cn).

词汇表

构成性测度项（formative items）
原因指标（cause indicators）
综合构件（composite construct）
指数（index）
特征集（profile）
外部近似值（outside approximation）
内部近似值（inside approximation）
网上社会网络（online social network 或 SNS）

外部效度（external validity）
多测度项多因子模型（multiple indicators and multiple causes, MIMIC）
关系效度（nomological validity）
偏最小二乘法（partial least squares, PLS）
迁徙理论（migration theory）
测度项重复法（repeated items）

参考文献

Bagozzi, R. P. (1994). *Structural equation models in marketing research: Basic principles, in Principles of Marketing Research*, R. Bagozzi, ed. Oxford: Blackwell, 317-385.

Bollen, K. (1989), *Structural Equations with Latent Variables*. New York: John Wiley & Sons.

Chin, W. W. (1998). The partial least squares approach for structural equation modeling. In G. A. Marcoulides (Ed). *Modern Methods for Business Research: Methodology for Business and Management.* (pp. 295-336). Mahwah, NJ, US: Lawrence Erlbaum Associates Publishers.

Goodhue, D., Lewis, W., and Thompson, R. (2007). Statistical Power in Analyzing Interaction Effects: Questioning the Advantage of PLS with Product Indicators, *Information Systems Research*, 18(2), pp. 211-227.

Javis, C. B., Mackenzie, S. B., & Podsakoff, P. M. (2003). A critical review of construct indicators and measurement model misspecification in marketing and consumer research. *Journal of Consumer Research*, 30, 199-218.

Marcoulides, G. A., and Saunders, C. (2006). Editor's Comments: PLS: A Silver Bullet?, *MIS Quarterly*, 30(2), pp. iii-ix.

Nunnally, J. C. & Bernstein, I. H. (1994). *Psychometric Theory*, 3nd ed. New York: McGraw-Hill.

Wold, H., (1982). Soft modeling: the basic design and some extensions, In Joreskog, K. G.; Wold, H. (Ed.). *Systems under Indirect Observation: Causality, Structure and Prediction*, Part II, North-Holland Publishing Company, Netherlands.

Wold, H. (1975). Path models with latent variables: The NIPALS approach. In H. M. Blalock, A. Aganbergian, F. M. Borodkin, R. Boudon, & V. Cappecchi (Eds.), *Quantitative Sociology: International Perspectives on Mathematical and Statistical Modeling* (pp. 307-357). New York: Academic Press.

14 潜变量的调节作用

14.1 潜变量的调节作用

调节作用是理论建模中的常见问题,在结构方程中也不例外。但是潜变量之间的调节作用在统计分析上却比在回归分析中要复杂得多。可以说,至今仍然没有公认优秀的方法来测试潜变量之间的调节作用。如果调节变量是类别型的,我们可以比较多组样本受约束与不受约束时的系数,用 χ^2 检验来测试调节作用,这个问题在讨论结构方程时已经讨论过了。如果调节变量与自变量都是连续的,都用多个测度项来衡量,这时问题就复杂了。

这个复杂性表现在以下一些方面。第一,潜变量是不可直接观察到的,所以无法像在回归中那样直接相乘。第二,就算潜变量可以观察到并相乘,它们的积也不见得会服从正态分布,这就违背了结构方程的多元正态分布要求,使得参数估计尤其是对参数方差的估计不准确,从而使假设检验不准确。第三,就算我们用显性的测度项代表潜变量交叉相乘,在测度项数量比较多的情况下,所需估计的参数会大大增加,从而对样本量要求更高。

我们在这一章讨论几种常见的潜变量调节作用的检验方法。这些方法都有缺点。虽然研究者还是可以使用这些方法,但是必须注意到它们的局限性,并避免在条件不成熟的时候使用这些方法。

14.2 分组检验方法

当条件变量是离散变量时,**分组结构方程**(multi-group SEM)是首选的方法。这个离散变量往往反映了目标群体中一个自然存在的分组,比如性别不同,种族或文化不同等。对于反映性的构件,我们在 11 章与 12 章对这个方法做了详述。总结而言,首先,每一个组需要有足够的样本量;其次,测度模型在多个组之间需要有稳定性;最后,我们可以比较两个组的自由模型与约束模型之间的拟合度的差异来判断一个假设的参数在两个组是否一致,从而判断调节作用。这种方法简洁有效,为人所喜欢。

如果理论模型中含有构成性的构件或测度项,理论模型就需要用 PLS 来拟合。Chin

（2000）提出了一种方法。根据这种方法,研究者先对每个组用同样的模型做 PLS 拟合。之后,对于一个(因果)关系系数,计算它在两个组的**联合标准差**(pooled standard deviation)。最后,使用联合标准差,这两个关系系数的差异就可以用一个 t-test 来测试。具体来讲,假定一个参数 $b(b_1$ 与 $b_2)$ 在两个样本的方差基本相同,两个样本量分别为 m 与 n,b 在两个样本的方差为 s_{b_1} 与 s_{b_2},那么 t 统计量的自由度是 $m+n-2$,公式是:

$$t = \frac{b_1 - b_2}{\sqrt{\frac{(m-1)^2}{(m+n-2)}s_{b_1}^2 + \frac{(n-1)^2}{(m+n-2)}s_{b_2}^2}\sqrt{\frac{1}{m}+\frac{1}{n}}}$$

如果参数 b 在两个组的方差不一样,或者研究者不确定方差的不同是否会影响 t 检验的可靠性,那么可以使用以下的 t-test:

$$t = \frac{b_1 - b_2}{\sqrt{s_{b_1}^2 + s_{b_2}^2}}$$

其中自由度为:

$$df = \frac{(s_{b_1}^2 + s_{b_2}^2)^2}{\frac{s_{b_1}^2}{m+1} + \frac{s_{b_2}^2}{n+1}} - 2$$

对于含有构成性构件的模型,Chin 的方法是一种常见的选择。但是这种方法并没有对测度模型在两个组的稳定性做检验,所以参数比较的结果可能会受测度模型不稳定的干扰。

那么 Chin 的方法能不能用在反映性结构模型中呢? Qureshi 与 Compeau（2009）的模拟研究表明,在一般的研究情况下,就是变量分布服从正态分布、样本不大时,基于协方差的 SEM 比 PLS 具有更强的统计效能,可以更可靠地发现各组间的不同。如果样本量很大,两种方法都有效。但当变量不服从正态分布时,两种方法都无法有效地发现组间的不同,在因变量不正态时尤为显著。总体来讲,如果需要比较关系系数在多个组的不同,而且构件都是反映性的,基于协方差的 SEM 是更为有效的选择。

如果调节变量不是离散的,而是单个的连续变量,一种做法是把连续变量转化成离散的变量,比如用中位数分割样本成两部分。不过这种方法也有缺点。首先,二分法将损失调节变量中的信息,从而降低统计效能。其次,如果按中位数所分的两组都相当紧凑地分布在中位数附近(比如当对正态分布按中位数分割时),这两组在调节变量上可能区分不大,所以很难观察到调节作用。一般这种二分法是不被推荐的。研究者可以考虑使用下面讨论的方法。

14.3 有调节多变量回归

对于一个连续性的调节变量,如果它有多个反映性测度项,**有调节多变量回归法**（MMR）是另外一种相对普遍的方法。这种方法的做法如下:第一,做测度模型检验,淘汰不合格的测度项。至少,所有测度项的可靠性需要满足要求,比如 Cronbach's alpha 大于 0.7。第二,对于合格的测度模型,把测度项按各自的均值中心化。把它所有已经中值化的测度项按它们所属因子取均值(或求和;使用均值或和没有实质上的差别),这个均值就可以作为因子值。第三,把自变量与因变量的因子值算出来后,把需要检验调节作用的变量乘起来,就得到了调节作用的变量。第四,包括自变量与调节变量,一个结构方程就转化成了一个有调节的多变量回归方程,可以用我们在第 8 章讨论的方法做调节作用的假设检验。

这种方法把复杂的结构模型转化成熟悉的回归分析,所以在管理学科中相当普遍。但是这种方法有几个明显的缺点。第一,结构模型往往有多个因变量,回归分析无法处理这种情况,只能处理只有一个因变量的情况。第二,回归模型假定自变量没有测度误差,但是用测度项均值计算所得的因子值并无法完全去除测度误差,所以会减弱拟合的因果关系。使用均值作为因子值还假定所有的测度项对因子的贡献是一样的,但因为各测度项实际载荷的不同,这个假设往往是不成立或不精确的。第三,因为估计的因子值是有误差的,调节项(即两个自变量的积)的因子值也是有误差的,而且这个误差与原自变量的误差不独立,这就违背了回归分析中要求自变量与误差独立的原则。这些因素的综合结果是对包括调节作用在内的关系参数假设检验的可靠性降低。表现在关系参数估计值不准,往往偏低;显著性也不准,往往不显著。结果是,一些应该成立的假设就会因为选用这样的统计方法而被不正确地否定。最后,这种方法显然不能直接适用于有构成性构件的模型。

尽管如此,有调节多变量回归可以被看做是对调节作用假设检验的一个基础方法。在只有一个因变量的情况下,这种方法被普遍使用。其他方法的有效性往往需要与这个方法对比。我们会在以后提到这样的对比。

14.4 基于 PLS 的测度项之积法

使用多测度项具有更好区别因子方差与测度特有方差或随机干扰的优势,为了保持这个优势,**测度项之积法**就被提出来了(Kenny & Judd,1984)。对于有调节作用的两个自变量,这种方法建议把它们的测度项交叉相乘起来。比如因子 A 有三个测度项,因子 B 有四个测度项,那么调节作用 AB 就有 12 个测度项,对应于这三个和四个测度项的积。这些积就叫做**积测度项**(product indicators)。有了表示调节作用的因子 AB 及其测度项,似乎接下去就可以使用我们所熟悉的结构方程分析了。

但是要使用结构方程分析,测度项之积法面临一些挑战。首先,新产生的积测度项引入许多新的参数,每一个积测度项都有一个载荷与残差。这就需要更多的样本来得到参数估计,并保证参数估计的一致性与有效性,这增加了成本。第二,积测度项也含有测量误差,而且积测度项的误差与其他测度项的误差不独立,这就违背了误差的独立性原则。第三,积测度项往往不服从正态分布,这有违于变量服从多元正态分布的结构方程要求。面对这些挑战,多种分析方法被提了出来。

我们先来介绍**基于 PLS 的测度项之积法**(PLS product indicator,PLS-PI)。Chin、Marcolin 与 Newsted(2003)提出了这种方法,这种方法的步骤相当简单。第一,把测度项中心化。第二,把需要测量调节作用的测度项交叉相乘,得到积测度项,作为调节作用因子的测度项。第三,把直接作用与调节作用都放入 PLS 模型中进行拟合,就可以对它们进行假设检验了。PLS 软件 SmarPLS 甚至提供了这方面的操作支持,使用这个方法只需要几次点击就可以完成。

这个方法的优点是 PLS 不要求变量服从特定的分布,而且对样本量的要求也不是特别高,一般 150 以上就够了。与有调节多变量回归相比,这种方法所得到的关系参数估计值也往往更接近于真实值。但是,这种方法也被批评,有模拟显示它的统计效能比有调节多变量回归要低,因为众多的积测度项会过度拟合数据(Goodhue, Lewis & Thompson, 2007)。其结果是它更有可能错过本来显著的假设。就假设检验而言,因为这个缺点比关系参数估计不准更为严重,所以有调节多变量回归似乎是更好的选择。

如果模型比较复杂,有多个因变量,那么回归分析就无法使用了。一种方法是把有调节多变量回归与 PLS 组合起来。首先,我们可以像有调节多变量回归一样,用自变量的因子值相乘,得到调节作用的因子值。这个调节作用因子只有一个测度项,即积测度项。第二,把调节作用与其他因子一起放入 PLS 模型拟合,这样就可以做假设检验了。这就是 **PLS-单积测度项法**(PLS with single product indicator, PLS-SPI)。Goodhue 等(2007)把这种方法叫做 **PLS product of sums**(PLS-PS),但是他们把测度项之和作为因子值。这种方法优于 PLS-PI。

PLS-PI 适用于反映性的结构方程。对于构成性的结构方程,调节作用的检验方法是一个尚待解决的问题。

14.5 在基于协方差的 SEM 中使用测度项之积法

在基于协方差的 SEM 模型中,我们显然也可以尝试测度项之积法。这方面的统计理论的探索比基于 PLS 的方法更为深入。但是,因为种种原因,尤其是软件操作上的支持,测度项之积法在 LISREL 等软件中的应用相当少见。作者认为这方面的缺陷是不难克服的,所以研究者需要对这一类的方法加以关注。我们在这里介绍一个作者认为比较可靠又比较简单的方法。Schumacker 与 Marcoulides(1998)对这方面的研究做了一个简明扼要的总结,如果读者需要了解更多,不妨从他们的书入手,他们回顾了很多这样的方法。要注意,这一类方法目前都假定针对反映性结构模型。

这一类方法也有单个积测度项与多个积测度项之分,与 PLS 类的方法一样。但是,目前的证据显示单个积测度项比多个积测度项方法更为有利(Goodhue, Lewis & Thompson, 2007; Li, et al., 1998)。使用多个积测度项的方法往往需要大量的样本,模型的构建也很复杂,而且模型往往无法收敛,在实际研究中极少使用。所以我们只介绍这类方法中 Ping(1995)所提的方法。Ping 的方法使用单个积测度项。相对于其他方法,这种方法对样本量的要求比较低,操作也比较方便,比较适合实际使用。但是要注意,对各种方法有效性的全面比较还不深入,随着方法论研究的进展与各类方法本身的研究的进步,孰优孰劣可能会在不同的研究场合有所不同。

假定模型中的自变量是 X,调节变量是 Z;假定 X 有两个测度项 x_1 和 x_2,Z 有三个测度项,z_1, z_2 和 z_3。按照单个积测度项的一贯做法,中心化之后,调节作用因子 XZ 的测度项为 $\overline{xz} = \left[(x_1+x_2)/2\right]\left[(z_1+z_2+z_3)/3\right]^2$。那么 $\overline{xz}$ 的方差可以计算如下:

$$\mathrm{Var}(x{:}z) = \mathrm{Var}\left[(x_1+x_2)/2\right]\left[(z_1+z_2+z_3)/3\right]$$
$$= \mathrm{Var}\{(x_1+x_2)/2\}\mathrm{Var}\{(z_1+z_2+z_3)/3\} + \mathrm{Cov}\{(x_1+x_2)/2,(z_1+z_2+z_3)/3\}$$
$$= \left[\Gamma_X^2\mathrm{Var}(X)+\theta_X\right]\left[\Gamma_Z^2\mathrm{Var}(Z)+\theta_Z\right] + \left[\Gamma_X\Gamma_Z\mathrm{Cov}(X,Z)\right]^2$$
$$= \Gamma_X^2\Gamma_Z^2\left[\mathrm{Var}(X)\mathrm{Var}(Z)+\mathrm{Cov}(X,Z)^2\right] + \Gamma_X^2\mathrm{Var}(X)\theta_Z + \Gamma_Z^2\mathrm{Var}(Z)\theta_X + \theta_X\theta_Z$$
$$= \Gamma_X^2\Gamma_Z^2\mathrm{Var}(XZ) + \Gamma_X^2\mathrm{Var}(X)\theta_Z + \Gamma_Z^2\mathrm{Var}(Z)\theta_X + \theta_X\theta_Z$$

其中,
$$\Gamma_X = (\lambda_{x1}+\lambda_{x2})/2,$$

$$\Gamma_Z = (\lambda_{z1} + \lambda_{z2} + \lambda_{z3})/3,$$
$$\theta_X = [\operatorname{Var}(\varepsilon_{x1}) + \operatorname{Var}(\varepsilon_{x2})]/2^2,$$
$$\theta_Z = [\operatorname{Var}(\varepsilon_{z1}) + \operatorname{Var}(\varepsilon_{z2}) + \operatorname{Var}(\varepsilon_{z3})]/3^2$$

以上的推导中用到：$\operatorname{Var}(XZ) = \operatorname{Var}(X)\operatorname{Var}(Z) + \operatorname{Cov}(X,Z)^2$。在以上的推导中，如果一个构件的测度项数目不是 2 或 3，对相应的分母做调整，以上的结论仍然成立。

这个推导表明：

- $\overline{xz}$ 的因子载荷为 $\Gamma_X\Gamma_Z$；
- $\overline{xz}$ 的残差的方差为 $\Gamma_X^2\operatorname{Var}(X)\theta_Z + \Gamma_Z^2\operatorname{Var}(Z)\theta_X + \theta_X\theta_Z$；
- $\overline{xz}$ 的因子载荷与残差的方差是由 X 与 Z 确定的，不具有独立性，可以在得知 X 与 Z 的参数之后计算得到。

有了这个关系，一个有调节作用的模型就可以表示成图 14-1。这个模型包含线性的直接作用与非线性的条件作用。

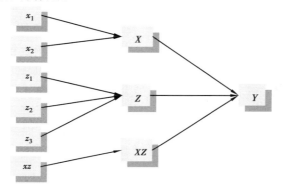

图 14-1　有调节的结构方程模型

对于调节作用的假设检验可以采用两种不同的后续分析方法。第一，如图 14-1 所示，在 SEM 中增加调节作用，但是，对 $\overline{xz}$ 的载荷与残差的方差进行约束，使之必须满足以上推导的关系。在这种情况下，$\overline{xz}$ 的载荷与残差的取值会自动按 X 与 Z 的各个测度项的载荷与残差的取值而变化，但维持前面所给定的关系。对这样的 SEM 进行拟合，我们姑且把它叫做有调节的参数约束 SEM 法。

第二，采用一个两阶段步骤，先拟合一个没有调节作用（即只含 X 与 Z）的测度模型（注意，不是关系模型），获得 X 与 Z 的各个测度项的载荷、残差、X 与 Z 的方差。有了这些值就可以计算出 $\overline{xz}$ 的载荷与残差。然后，构造含有调节作用的结构模型，如图 14-1 所示，但是把 $\overline{xz}$ 的载荷与残差设定为计算出来的值，作为常数项，使之在模型拟合的过程中不会变化。对拟合的模型即可做假设检验。我们姑且把这种方法叫做有调节的两阶段 SEM 法。

直观来看，第一种方法似乎更合理一点。因为第一种方法会按 X 与 Z 的参数自动调整 XZ 的相应参数，而第二种方法则没有。第二种方法假定测度模型中所得的 X 与 Z 的参数到了关系模型中还是原来的值，并不会变化。这个假定显然有待检验。但是第一种方法也有缺点，就是需要对 SEM 进行编程，比如在 LISREL 中设定参数的约束关系，如前面的公式所示。这就比较复杂。第二种方法则相当简单：在拟合一个不含调节作用的测度模型之后，我们可以用 Excel 表得到 $\overline{xz}$ 的载荷与残差，放到一个含调节作用的关系模型中，再做拟合就完成了。

　　Ping 认为,当测度项符合单维性时（unidimensional）,即每个测度项只包含一个因子,第二种方法是可行的。因为在这种情况下,一个测度模型中诸如载荷与残差这样的参数与结构模型中的值的差别是极为细微的（Anderson & Gerbing, 1988）。当然,这个差别在实际研究中的影响还需要进一步的验证。在一个比较典型的设置下,比如样本量为200,因子载荷在 0.6 到 1 之间,关系系数在 0.3 到 0.5 之间,Ping 比较了第一、第二种方法,也对 Kenny 与 Judd（1984）所提的在 SEM 中使用多个积测度项的方法,以及有调节多变量回归法用模拟数据进行了比较,得到这样一些结论。

1. 有调节的两阶段 SEM 法、有调节的参数约束 SEM 法、Kenny 与 Judd 法得到的结果非常相似。

2. 有调节的两阶段 SEM 法对直接作用的关系参数的点估计值误差一般在 −5% 之内;对于调节关系的系数却高估,但是在 5% 之内。有调节多变量回归则会明显地低估所有的关系参数。

3. 有调节的两阶段 SEM 法、有调节的参数约束 SEM 法、Kenny 与 Judd 法所得参数的标准差也基本一致。对于调节关系,有调节回归分析所得的参数标准差更小。Ping 没有给出具体的统计效能的比较,但是声称总体上两阶段 SEM 法所得参数的标准差比回归小。

4. 对于有调节的两阶段 SEM 法,测度项的载荷对统计效能的影响比样本量更大,所以要求比较高的测度项载荷（一般 0.7 以上是稳妥的）。

5. 有调节的两阶段 SEM 法的模型拟合指标与测度模型相仿,没有更差。

6. 两阶段 SEM 法虽然包含非线性因子并违反多元正态分布要求,但是极大似然估计依然比 robust maximum likelihood 与 asymptotic distribution function 等不假定正态分布的估计方法具有更好的拟合指标。

　　比较 Ping 的模拟研究与 Chin（2003）的研究,虽然这两者不是在同等条件下,不具有完全的可比性,却也给我们一些提示。在类似的样本量下,PLS 对关系参数的估计与真实值的偏差往往在 10% 或更多,关系参数的方差也更大（2 倍以上）。如果这些不同可以被证实的话,有调节的两阶段 SEM 法优于基于 PLS 的测度项之积法。

14.6 方法的选择

　　那么在实际研究中应该选用哪个方法呢? 基于以上的观察,对于反映性模型,如果测度工具的信度或者载荷比较高（0.7 以上）,作者建议使用 Ping 的两阶段 SEM。如果模型中有较多的非正态变量,而且因变量只有一个,则可以使用有调节多变量回归。基于 PLS 的测度项之积法是最后的选择。作者也建议同时使用多种方法进行交叉验证,如果几种不同的方法得到一致的结果,结论就更加可靠。

14.7 范文示例

　　我们用范文中的数据来演示 Ping 的有调节的两阶段 SEM。在范文中,我们对 topicality 与 novelty 的调节作用感兴趣,猜测 novelty 对 relevance 的作用会不会因为 topicality 的增强而增强。在第 11 章与第 12 章,我们已经对只包含主作用的测度模型与关系模型进行了拟合,为了便于参照,我们把测度模型重复一下:

```
!Define data file with command: Raw Data from File
Raw Data from File′2StageInteraction.psf′
!Define latent variables with command: Latent Variables
Latent Variables topicality novelty understandability reliability scope rele-
vance

!Define measurement model and structural model in′Relationship′section
Relationships
!Measurement model
topic1 = 1* topicality
topic2 = topicality
topic3 = topicality
topic4 = topicality

novel1 = 1* novelty
novel2 = novelty
novel3 = novelty
!novel4 = novelty

under1 = 1* understandability
under2 = understandability
under3 = understandability

reliab1 = 1* reliability
reliab2 = reliability
reliab3 = reliability
reliab4 = reliability

sco1r = 1* scope
sco2r = scope
sco3r = scope
!sco4r = scope

ri1 = 1* relevance
!ri2 = relevance
ri3 = relevance
ri4 = relevance
ri5 = relevance

!Relational model
!relevance = topicality novelty reliability understandability scope

!Request for diagram output
Path Diagram

!Specify model fitting parameters such as Iteration and Method of Estimation Iter-
ations=250
Method of Estimation: Maximum Likelihood

End of Problem
```

在这个模型中,有几点值得注意。第一,我们需要把其中一个测度项的载荷设为1。第二,我们把关系模型注解掉了,所以只是测度模型。有些测度项因为质量问题也被注解掉了。图14-2 显示了部分未经标准化的载荷与残差的方差。

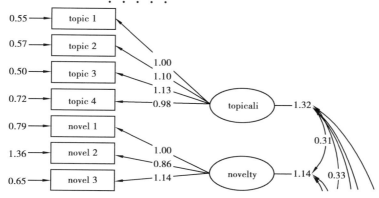

图14-2　潜在变量条件作用的第一步拟合

在 LISREL 的输出中可以找到对 topicality 与 novelty 因子方差的估计,分别为 1.32 与 1.14。有了这些值,按照上面的公式,我们就可以计算出调节作用的因子载荷与残差的方差,分别为:载荷 = 1.063,残差的方差 = 0.668。这些值都是未经标准化的。现在修改模型,加入调节作用,增加约束,得到如下模型:

```
!Define data file with command: Raw Data from File
Raw Data from File'2StageInteraction.psf'
!Define latent variables with command: Latent Variables
Latent Variables   topicality novelty understandability reliability scope rele-
vance topxno

!Define measurement model and structural model in'Relationship' section
Relationships
!Measurement model
topic1 = 1* topicality
topic2 = topicality
topic3 = topicality
topic4 = topicality

novel1 = 1* novelty
novel2 = novelty
novel3 = novelty
!novel4 = novelty

under1 = 1* understandability
under2 = understandability
under3 = understandability

reliab1 = 1* reliability
reliab2 = reliability
reliab3 = reliability
reliab4 = reliability
```

```
sco1r = 1* scope
sco2r = scope
sco3r = scope
!sco4r = scope

ri1 = 1* relevance
!ri2 = relevance
ri3 = relevance
ri4 = relevance
ri5 = relevance
```

!注：topxnocf 是积测度项，topxno 是调节作用因子，1.063025 是固定的载荷，0.667511是残差的方差。
topxnocf = 1. 063025 * topxno
Set Error Variance of topxnocf to 0. 667511

```
!Relational model
!relevance = topicality novelty reliability understandability scope topxno

!Request for diagram output
Path Diagram

!Specify model fitting parameters such as Iteration and Method of Estimation
Iterations = 250
Method of Estimation: Maximum Likelihood
```

End of Problem

　　这个模型首先增加了一个新的调节作用因子 topxno（topicality × novelty），然后设定了积测度项与调节作用因子的载荷和残差，最后把调节作用加入到模型中。
　　我们也可以用有调节的回归分析来测试这个模型。为了便于对比，下表中包含了这两个结果。

表 14-1　两阶段 SEM 与 MMR 所得的调节作用结果

	两阶段 SEM			MMR		
	Coef.	Std.	t	Coef.	Std.	T
topicality	0. 25	0. 064	3. 84	0. 27	0. 053	5. 19
novelty	0. 29	0. 059	4. 89	0. 26	0. 046	5. 60
understandability	0. 12	0. 046	2. 63	0. 13	0. 046	2. 74
reliability	0. 19	0. 079	2. 39	0. 24	0. 071	3. 43
scope	0. 08	0. 048	1. 58	0. 10	0. 046	2. 16
topxno	− 0. 10	0. 041	− 2. 41	− 0. 09	0. 033	− 2. 62

　　结果表明，在显著性上，这两种方法是一致的，但是回归分析所显示的主作用似乎更为显著。对于调节作用，两者基本相当。作为分析的个例，我们无法就此得出两种方法的优劣结论。对这个特定的研究模型，有调节的两阶段 SEM 模型表明，调节作用是显著

的,但是与研究者的假设方向相反,所以假设不被支持。这个结论与有调节的回归分析一致。这个演示也表明两阶段 SEM 法的操作其实非常简单。

课后练习

练习

在 Ping 所提的第一种方法中,也就是有调节的参数约束 SEM 法,我们需要对一些参数进行约束。尝试修改本章中的 LISREL 程序来实现这种方法。

阅读

1. 必读论文

Ping, R. A. Jr. (1995). A parsimonious estimating technique for interaction and quadratic latent variables. *Journal of Marketing Research*, 32(3), 336-347.

2. 选读论文

Chin, W. W., Marcolin, B. L., & Newsted, P. R. (2003). A Partial Least Squares Latent Variable Modeling Approach for Measuring Interaction Effects: Results from a Monte Carlo Simulation Study and an Electronic-Mail Emotion/Adoption Study. *Information Systems Research*, (14)2, 2003, 189-217.

词汇表

分组结构方程 (multi-group SEM)

联合标准差 (pooled standard deviation)

有调节多变量回归法 (MMR)

测度项之积法 (product item)

积测度项 (product indicators)

基于 PLS 的测度项之积法 (PLS product indicator, PLS-PI)

PLS-单积测度项法 (PLS with single product indicator, PLS-SPI)

PLS product of sums (PLS-PS)

有调节的参数约束 SEM 法 (moderated contrained SEM)

有调节的两阶段 SEM 法 (moderated two-stage SEM)

参考文献

Chin, W. W. (2000). *Frequently asked questions—Partial Least Squares and PLS-Graph*, updated December 21, 2004; available online at http://disc-nt. cba. uh. edu/chin/plsfaq/plsfaq. htm.

Chin, W. W. , Marcolin, B. L. , & Newsted, P. R. (2003). A Partial Least Squares Latent Variable Modeling Approach for Measuring Interaction Effects: Results from a Monte Carlo Simulation Study and an Electronic-Mail Emotion/Adoption Study. *Information Systems Research*, (14)2, 2003, 189-217.

Qureshi, I. , & Compeau, D. (2009). Assessing between-group differences in information systems research: A comparison of covariance-and component-based SEM. *MIS Quarterly*, 33(1), 197-214.

Kenny, D. A. ; Judd, C. M. (1984). Estimating the nonlinear and interactive effects of latent variables. *Psychological Bulletin*. 96 201-210.

Goodhue, D. , Lewis, W. , & Thompson, R. (2007). Statistical power in analyzing interaction effect: Questioning the advantage of PLS with product indicators. *Information Systems Research*, 18(2), 211-227.

Schumacker R. E. , & Marcoulides, G. A. (ed.), (1998). *Interaction and Nonlinear Effects in Structural Equation Modeling*. Mahwah, NJ: Laurence Erlbaum.

Li, F. , Harmer, P. , Duncan, T. E. , Duncan, S. C. , Acock, A. , & Boles, S. (1998). Approaches to testing interaction effects using structural equation modelling method, *Multivariate Behavioural Research*, 33(1), 1-39.

Ping, R. A. Jr. (1995). A parsimonious estimating technique for interaction and quadratic latent variables. *Journal of Marketing Research*, 32(3), 336-347.

Anderson, J. C. , & Gerbing, D. W. (1988), Structural Equation Modeling in Practice: A Review and Recommended Two-Step Approach, *Psychological Bulletin*, 103 (May), 411-23.

论文撰写与发表 **15**

15.1 引　言

终于熬到这里了,祝贺你!

从一个研究项目的立题到问卷设计、数据收集与分析,读者对于社会调查研究的过程已经是"甘苦自知"了。甘也罢,苦也罢,你从中学到了什么? 如果再给你一次机会来重做你的课题,你会怎么做?

很多时候,我们会发现自己的理论模型有问题,这个问题往往是概念定义不清,概念之间区别不清,构件之间的关系解释不清。我们也会发现测度项措辞含糊,语义不清;不同构件的测度项之间相关性过高。我们也抱怨调查对象不认真读问卷,随意填写,或者勾1到底,或者选7到底,没有主见。怪谁? 当然是研究者。不但提出合理的理论模型,设计合理的问卷是研究者的责任,如何激励调查对象认真填写,如何避免共同方法偏差也是研究者的责任。

一些常见而又颇具杀伤力的错误及解决方法可以列举如下:

- 草率的理论模型与问卷设计。解决方法就是认认真真重新设计。
- 共同方法偏差。请读者参考 Podsakoff 等人的著作（2003）。
- 用不适当的方式激励调查对象。应把调查过程看做一个社会的、心理的过程。
  请读者参考 Podsakoff 等人的著作(2003)中所列的关于共同方法偏差的问题根源并思考如何解决。

一些有用的建议是:

- 在一个模型中不要只包含心理变量。尤其对于因变量,尽量用客观的数据或对行为的回忆。如果可能,在自变量中加入尽可能多的客观数据。只用有限的心理变量来解释一个行为中最主要的心理机制。
- 因变量与自变量用两个不同的问卷,在不同的时间收集。
- 在问卷设计上的时间要花得够,所谓磨刀不误砍柴功。
- 别贪方便用学生样本。在调查前与调查对象好好沟通。

没有研究是完美的。在尽力避免各种错误后,研究完成了。到了这一步,很自然,下一步是写作与发表。

写作是中国学者的瓶颈。虽然我国的文学历史悠久,有无数的作品璀璨夺目,但是我国历史上科学著作却是极少,可读性强的更少。直至如今,科普作品依然少而又少,最好的科普作品恐怕还是几十年前的《十万个为什么》。很多中国学者不善于表达,也不善于写作,所以社会上认为研究就是"用谁都听不懂的话,讲述谁都知道的东西。"别人听不懂不是说明别人没知识,恰恰说明了研究者没能力表达清楚,这是研究者的悲哀。反观主要的国际学术杂志,比如《Science》,一个受过教育的普通民众就可以读懂,却是多少研究者发表文章的巅峰。

写作是研究者必需掌握的基本技能,不是可有可无的技能。研究者的使命就是发现知识,传播知识。如果你能够发现知识,却无法向人表述传播,作为一个研究者,你就无法完成你的社会使命,或者说,你就不是一个称职的研究者,就好像一个老师不会教书一样。研究者需要两头通畅:一头发现知识,一头传播知识,这就是研究者的职责,哪一头不通都不行。

中文写作已经不容易了,英文写作就更难。我们不需要归咎于早期教育的缺失或者文化的影响,研究者所要做的是奋起直追,通过不断的练习提高自己的水平。也许我们运用英语无法达到母语一样的水平,但是至少可以达到发表学术论文的水平。

在这一章,我们将讨论论文的基本结构、基本的写作技巧与投稿的过程。

15.2　写前的计划

15.2.1　边做边写

一个非常坏的学术习惯是等到数据搜集完了才开始写。这是不可接受的。研究者应当边做边写。

- 当你读文献的时候,要做文献摘要。
- 当你读文献的时候,你要开始提出新的研究模型与设想。读文献时,记录有用的理论、可能的假设、可能的实证研究方法,以及对假设的论证。做记录时,记下以上的思考与想法的时间,并记录为什么有些想法行不通而被淘汰。
- 在做记录时,应当按照从粗到细的原则。先把文章的大纲写出来,并把有用的材料填到各条目中。这些材料可以是文献摘要、前人的理论、你自己的想法、实证研究中的做法（比如数据处理方法、调查方法）等。这些便是最后论文的素材。

15.2.2　确定目标学术期刊

我们经常听到的一个建议是在一个科研项目立题之时,研究者就要确定所产出的文章的目标学术期刊。这样的计划当然是美好的,但不是很切合实际。在实际研究中,文章最后的去向往往不是能预先确定的,而是取决于最后论文的质量。但是,在文献检索与成文的过程中,研究者的确可以思考以下方面:

- 最后所写的文章要投到哪个学科的期刊上？比如,是组织行为科学的期刊还是信息系统的期刊？这个问题对于做交叉学科研究的学者尤其重要。不同的学科对于同一个课题有不同的研究积累,对论文要求的质量、内容的重点、写作的风格都有不同。
- 在目标学科中,哪些期刊代表最高级的学术质量？哪些是次高级的？不同的学科往往对期刊进行排名。这种排名虽然主观并且因学校而异,但也可以大概作为一个期刊质量的指标。
- 你的目标期刊中论文的风格如何？它是不是偏爱实证研究？它对理论创新的要求如何？你的论文是否按照这个期刊的风格进行撰写？
- 你有没有引用这个期刊的文章？一般来讲,既然你的文章要投到这个期刊,这个期刊应该会有与你相关并值得你引用的文章。你读了他们的文章了吗？这些文章与你的研究是否有关系并需要引用？

15.2.3 基本的论文结构

有了足够的材料积累,并收集、分析了数据之后,就是正式撰写报告与论文的时候了。虽然说文无定法,但一个行为研究方面的论文一般遵循一个相当固定的报告格式。这种写作格式对大部分中国人来讲是一个福音。毕竟写八股文还是比较容易的。一个论文的基本结构分以下几部分:

- Introduction
- Theoretical Development
- Methodology
- Data Analysis and Result
- Discussion and Implications
- Conclusion

在我们解释每一部分要写什么之前,有一点需要强调,那就是从粗到细（top-down process）的写作过程。从平时的材料积累到最后写成一篇论文的整个过程中,最好的写作方法就是从纲要开始,然后对每一点进行细化,得到更细的纲要,一直到成文。

15.3 写 Introduction

Introduction 中要写什么？以下的要点可以供你选择:

一个研究课题所对应的现实现象的实践重要性。比如,对于一个研究网上广告的文章,其现象的实践重要性可以用电子商务的重要性来说明。研究者可以用最近几年电子商务的营业总额的增长与广告总额的增长来说明一个课题的重要性。

提出业界所关心的问题。比如,如何通过搜索引擎做广告是很多公司所关心的问题。研究者可以用这些广告的营业总额来说明其受关心程度。对问题进行明确化,使之直接关联到本研究课题。业界所面临的问题是什么呢？比如,业界关心的是一个广告位置是否值一定的价格。

对以往的研究做一个高度概括的总结,并提出其不足。比如,以往研究可能研究了不同的广告表现方式（比如使用动画、使用影视片断）对用户注意力的影响,却没有研究广告位置对注意力的影响。

明确本文的科研主题。用一句很明确的话来表明科研主题:The research question of this study is to investigate the impact of advertisement position on consumers' attention to it。一个科研议题中要明确包含因变量(比如:attention),并尽可能包含主要的自变量。不要用含糊的话,比如:We think it is important to study the impact of advertisement position。也不要把科研主题写在一个从句中,比如:Past research has not paid enough attention to the impact of advertisement position on consumers' attention, which will be the focus of this study.

解释本文的主要理论依据或方法,并指出其贡献。比如:We will use theories in order effect to explain the impact of advertisement position on consumer attention. From a psychological view, theories in order effect provide a mechanism to explain the distribution of consumer attention over a sequence of information items. Based on these theories, the impact of an advertisement's position on its sales can be modeled. Our empirical findings show that there is a non-linear relationship between the position of an advertisement and its sales...

解释论文结构。比如:This paper is organized as follows: First, we review the literature related on to online advertisement. We then introduce the theories on order effect in Section 2. Section 3 proposes a model to explain order effect in online advertising. Three hypotheses are proposed. After that, we report on the methodology of an empirical study...

要注意的是,在 Introduction,研究者要明确定义因变量。其实,研究的现实重要性与理论重要性都要围绕这个因变量,科研主题更是如此。一个初学者常犯的错误是在文献回顾之后才说"本文的研究课题是什么"。这是一种错误的报告方式。开章明义,因变量要在 Introduction 就明确定义并解释。Introduction 是吸引读者一个重要部分。可以不夸张地说,读完 Introduction 后,一个读者就可以决定一篇文章是否值得继续读。

Introduction 大概在 3~5 页。写作检查项如下:

1. 一个课题的实践重要性

　　a. 有没有使用统计数据来说明实践重要性?

　　b. 有没有使用行业报告来说明实践重要性?

　　c. 有没有使用行业中重要人物的观点来说明实践重要性?

　　d. 有没有使用主流媒体中的报告来说明实践重要性?

　　e. 有没有数据说明行业的规模?

　　f. 有没有数据说明课题中目标群体的规模?

　　g. 有没有数据说明行业或目标群体的增长?

2. 一个课题的理论研究现状

　　a. 前人研究的着重点是什么? 是不是忽略了本文所研究的课题?

　　b. 有没有回顾性的论文指出这方面研究的不足?

　　c. 有没有学者的话或论文可以原文引用来说明本文课题的重要性或现有研究的不足?

3. 明确本文的科研主题

　　a. 有没有用一句问句来表明本文的研究主题(research question)?

　　b. 有没有在主题中包含因变量?

　　c. 有没有对因变量给出明确的定义?

　　　　　d. 有没有界定研究的适用范围？

　4. 解释本文的理论依据

　　　　　a. 有没有点出本文的理论依据或视角？

　　　　　b. 有没有点出所依据理论对本课题独特的贡献？这部分要与文献研究中对现有文献的批判一致。

　5. 论文的结构

15.4 写 Theoretical Development

　　这部分要包括什么内容？以下的要点可供选择。

　　文献回顾。对于本文的因变量,前人做了什么？比如,对于网上广告的注意,前人的研究可以分成几类？研究者此时要对前人的相关研究进行总结并分类。分类的标准往往没有一定的规律可循。比如,你可以把以前的研究分成网上广告的注意力与网下广告的注意力研究;你也可以按不同的广告表现方式分（静态、动态、有声、无声）。研究者也要报告各类研究有什么主要的发现？比如,在各类广告中,有哪些自变量被研究了？各有什么作用？前人研究所用的理论有哪些？

　　对前人研究进行总结,总结其强项,并指出其不足。你只需要指出其中与本文有关的不足,并且,本文是要回答并弥补这些不足。如果前人的研究中的不足并不是本文所能回答的,则不需要提这样的不足。

　　提出本文的理论视角。本文用什么理论或理论组来研究这个因变量？这个理论与本文相关的主要观点是什么？

　　提出本文的理论模型,对其做一个综述。

　　对每个假设进行论证。在论证的过程中,把所用理论的基本观点与假设的关系解释明白。假设可以通过理论的基本观点推导而得。

　　Theoretical Development 大概要写 6～10 页。

　1. 文献回顾

　　　　　a. 有没有包括所有相关学科的文献？尤其是对于交叉学科的课题,文献检索需要覆盖多个学科领域。

　　　　　b. 有没有对文献进行分类,并总结出几个不同的但又相互补充的流派？每个流派的重点是什么？

　　　　　c. 对每个流派进行分析。它们回答了什么问题？它们代表性的文献是什么？它们的发展过程是什么？前人的研究之间是如何继承而又发展的？它们的贡献是什么？它们的缺陷是什么？

　　　　　d. 对这些流派进行总结,给你的论文一个定位。你的论文是如何基于前人的研究,又是如何回答他们所没有回答的问题？你是如何避免前人的缺陷？为什么你这么做是重要的？

　　　　　e. 有没有包括足够的新文献,特别是最近一两年的文献？一般来讲,10 年以前的文献算是老的了。你的文献应该大部分是在 10 年之内。

　2. 理论的引入

　　　　　a. 如果引入了新的理论,首先介绍这个（或这些）理论与本文有关的要点。

b. 为什么这个理论适用于本研究领域？如果理论是在另外一个学科或环境中提出来的，解释为什么这个理论仍可用在这里。

c. 这个理论的优点与缺点是什么？它为什么可以弥补前人研究的不足？根据文献回顾的结果与本文的定位来回答这些问题。

3. 介绍本文的模型

a. 根据所依据的理论，给出理论模型，用一个模型图来表示。

4. 假设

a. 定义假设中的每一个变量。

b. 理论中所用的概念或变量与这个假设中的变量在定义上一致吗？如果有不同，那么对理论中概念的变化是不是太大，以至于牵强？

c. 这个变量与其他同一层次的变量在概念上有没有明显的不同，是否具有区别效度？

d. 这个变量与其他变量是不是在测量同一个调查对象，在分析单位上是不是一致？

e. 如果使用了理论中的变量，有没有用理论来推出假设？

f. 在理论之外，有没有其他推理可以论证这个假设？

g. 如果引入理论中没有的变量，为什么要引入这个新的变量？

h. 有没有理论或推理来论证这个假设不被支持？如果有，那么为什么要采取当前立场？

i. 有没有第三变量来同时影响自变量与因变量，导致这个假设中的关系是相关关系而不是因果关系？

j. 这个假设是不是常识性的？如果是，那么为什么还需要在这里检验？

k. 前人有没有提过这个假设？是不是被支持？如果有，那么为什么还需要在这里重复检验？如果没有，有没有间接的实证证据支持这个假设？

l. 这个假设的新意是什么？这个变量是不是本文所研究的群体所特有的属性？这个变量是不是适用于更广的领域？在更广的领域中有没有研究已经对这个变量做了研究？

m. 假设的陈述是不是明确？

15.5 写 Methodology

这一部分，研究者报告数据是如何得到的，并做了什么数据预处理。需要报告：

测度工具的开发过程。测度项从哪里来？哪些方法被用来确保测度项的构件效度？有哪些控制变量也包括在调查中？为什么包括这些变量？如果有预调查或预测试，报告其具体过程。

调查的目标群体与调查过程。本研究的目标群体是什么？本研究的抽样方法与抽样过程是什么？有没有使用预定的抽样范围？具体描述抽样的过程，包括给抽样对象的指令、数据的记录方式、样本量、返回率等。

数据的预处理。数据收集之后，有没有不完整的记录？如果有，这样的记录是被删除了还是做了一定的处理，比如补充缺值？

这部分一般会有 4~6 页。

1. 研究方法的选择

    a. 本文的研究方法是什么？为什么要选用这种方法（如社会调查法）作为研究方法？

2. 测度工具的开发

    a. 逐个介绍理论变量的测度工具。这个测度工具是源于哪个前人的研究还是自创的？如果是基于前人的研究，它的可靠度是多少？如果是比较新的概念，是不是需要给出一些关键字或个别测度项，使读者更容易明白这个变量？

    b. 逐个介绍控制变量。一般来讲，人口统计特征（比如年龄与性别）只要提一下就好了。对理论变量有影响的控制变量需要比较详细的介绍，但不要太详细以至于喧宾夺主。内容可以包括为什么它会影响一个理论变量与它的测度工具。

    c. 测度工具的内容效度、字面效度是如何保证的？如果使用了测度项分类法，报告实施过程与最终的分类结果。如果执行了预测试，报告预测试的参加对象。

    d. 报告测度工具，包括在预调查和主体调查中被去掉的测度项。

3. 预调查

    a. 预调查的对象是谁？预调查的过程是怎么样的？样本量是多少？

    b. 预调查的结果如何？用了什么统计方法（比如主成分分析法与 VARIMAX 旋转）得到因子？根据聚合效度与区别效度，有没有舍弃一些测度项？为什么？有没有对测度项进行修改，保留到主体调查中？报告旋转后的载荷矩阵与必要的参数（比如特征根的阈值）。

4. 主体调查的过程

    a. 本研究的目标群体是什么？本研究的抽样方法与抽样过程是什么？有没有使用预定的抽样范围？具体描述抽样的过程，包括时间、地点、场合、过程、激励机制（比如是否有偿？）、给调查对象的指令、数据的记录方式、样本量、返回率等。

    b. 报告缺值的处理。缺值是如何处理的？为什么？有多少记录被删除？为什么？

    c. 样本的代表性如何？做必要的统计分析比较样本与群体，回答他们有没有不同？这样的不同会不会对结果的普适性产生影响？

15.6 写 Data Analysis

在这一部分，一般地，研究者要报告测度模型与关系模型的分析过程。

对样本的描述。报告样本的人口统计学特征，比如性别组成、年龄组成、教育背景、职位组成等。与适当的参照群体进行比较，估计不返回率对调查所产生的影响。

报告测度模型的分析过程与结果。比如，预调查的探索性因子分析的结果如何？哪些测度项被淘汰，为什么会被淘汰？正式调查的测度模型用了哪些指标来衡量聚合效度，哪些指标来衡量区别效度？本次研究的聚合效度与区别效度各如何？用合适的表格报告相应的指标与数据结果。如果个别测度项被淘汰，解释其原因。对于所剩的测度项,如果它们的聚合效度满足要求,可以按构件对它们进行平均,以得到一个构件的均值与方差。各构件的均值、方差、各构件之间的相关系数要用表格报告出来。其中,各构件之间的相关系数可以从 LISREL 等软件的输出中得到。

报告关系模型即假设检验的结果。用回归分析或结构模型对数据进行分析。报告分析的过程,及模型的拟合度。报告各回归系数或结构模型中关系系数的标准值与其显著程度,并由此得出一个假设是否被支持的结论。

这部分一般会有 3~5 页。

1. 对样本的描述
   a. 对样本的描述性统计特征做一简单介绍,尤其是研究领域所特有的统计特征。比如,在电子商务研究中,调查对象以前的网购频率是一种与课题相关的描述性统计特征。人口统计特征可以略略带过。

2. 测度模型的检验
   a. 对测度项的正态性进行检验。是不是有的测度项违反正态性? 解释所采取的补救措施。
   b. 略提测度模型所使用的统计方法与统计软件。介绍衡量测度模型所用的聚合效度与区别效度的各项标准。
   c. 拟合测度模型,鉴别违反聚合效度与区别效度的测度项。这些测度项是否被删除? 为什么?
   d. 报告最终的测度模型,包括测度项载荷、AVE、可靠度、因子综合可靠度、因子的均值、方差、相关系数矩阵、测度模型的拟合指标。
   e. 是不是有的因子之间的相关系数比较大(比如大于 0.6)? 报告多重共线性的检验结果与处理方法。
   f. 是不是理论变量之间的相关系数普遍显著,且比较大? 那么讨论数据是否受共同方法偏差的影响。

3. 假设检验
   a. 拟合结构模型。用一个图来报告结构模型的拟合结果。报告模型的各个拟合指标。
   b. 简单描述哪些假设被支持,哪些没有被支持。
   c. 对结果进行稳定性检验。比如增加人口统计特征是否会改变假设的显著性?

4. 后验分析
   a. 是否有其他没有被假设,但是在理论上又有一定意义的关系出现? 对这样的关系进行测试,提出可能的理论解释。
   b. 对于理论变量之间的关系,是不是有其他理论提出与本文不同的看法? 对这样的关系进行检验,看看是不是得到数据支持。

15.7 写 Discussion and Implications

Discussion 是对数据分析结果的一个简单总结。这往往分成几部分:

总结哪些假设得到了数据支持,哪些没有。

解释每一个没有被数据支持的假设,找出可能的原因。有的可能是因为理论上的原因,有的可能是因为实证研究中样本的特殊性。有没有证据,最好是本实证研究中的证据来支持这种解释?

如用研究者进行了额外的数据分析,可以在这里报告。这样的分析往往是在假设检验的要求之外,但可能读者会有兴趣,并有助于解释本文中的一些现象。

Implications 是对本文的理论与实践意义的总结,分两部分。

本研究的理论意义。本研究在哪些方面拓展了前人的理论框架?这往往表现为一些新的假设在本文中得到了支持。这些假设是前人所未曾测试过的。本研究对不同的参考领域有什么贡献?比如,一个研究搜索引擎中广告排序的研究可能有以下贡献:对于心理学中 order effect 的研究,这样的研究可能引入了多个信息对象的 order effect,以往的 order effect 研究往往只研究一个信息对象;对于广告学,这样的研究拓展了以往对广告表现形式的研究,引入广告位置的研究;对于营销学,这样的研究可能解释了消费者在这种情形下的心理过程。

本研究的实践意义。业界人士如果读了这篇论文,他可以在实践中运用其中的哪些结论呢?比如,本研究还提出了一个广告效益的估算方法,企业可以用它来估算网上广告的价值,网站可以用它来计算投放这样一个广告的价格;消费者要明白这种次序效应对自己的影响等。

本文的局限性。一篇论文的局限性有理论方面的,也有实证方面的。在理论方面,一篇论文可以采用某个理论作为总纲,但其他的理论可能会提出类似的观点。是不是有一些其他的理论会提出一些不同的变量,而本文没有包括?在实证方面,本文的样本具有足够的代表性吗?是不是抽样的过程或测度项的设计不够好,以致于数据有质量问题,比如缺少区别效度?是不是有很强的共同方法偏差?最后,哪些与本文相关的未来的研究方向是有价值的?

这部分一般会有 3～5 页。

1. 对实证研究结果的讨论

    a. 总结所支持的假设。

    b. 对于不被支持的假设,逐条解释不被支持的可能原因。是不是有数据,最好是本研究中的数据,可以支持这个解释?这个新的解释有什么理论意义?

2. 理论贡献

    a. 对于文献中各个相关流派的研究,本文的贡献是什么?就本文对各个流派的贡献做逐一论证。

    b. 本研究中是不是有一些新的假设得到了支持?这些新的假设与前人的研究相比,有什么显著的贡献?

    c. 基于本文的结果,是不是可以提出一个新的理论或者颠覆了一个旧的理论?如果是,那么这个新理论的特别之处在哪里?

    d. 本文是否开创了新的研究方向与研究领域?如果是,那么有哪些重要的研究方向可以在本文的基础上进一步研究?

    e. 本文的研究方法是不是具有创新性?是不是为这一类的研究展示了一种新的研究方法与步骤?

3. 实践意义

　　a. 业界人士如果读了这篇论文,他可以在实践中运用其中的哪些结论? 根据被支持的假设,逐一解释业界可以应用的地方。

　　b. 与业界的现有做法相比,本文是不是提出了一种改进或全新的做法?

4. 本文的局限性

　　a. 本文在理论上的局限性是什么? 本文没有关注哪些理论上重要的方面?

　　b. 本文在实证研究中的局限性是什么? 在取样、数据收集、测度工具、数据质量、分析方法方面是不是有缺陷? 这些缺陷会如何影响本文结论的可靠性?

　　c. 在同一个课题领域,有哪些研究问题是本文没有包括,但将来的研究应该探索的?

15.8 写 Conclusion

　　在结论中,研究者对本文的科研主题进行回顾,总结主要的理论指导与假设,及实证研究的结果。然后,研究者要强调本文的理论与实践意义。

15.9 全文的协调

　　概念一旦使用,就要给出定义。在每个概念第一次被使用时就给出它的定义,不要等到后面,对这个概念进行长篇大论时才给定义。

　　一个概念,一个名称。对于一个术语,在通篇论文中应该统一使用一个名称。比如,在组织研究中,有研究者会觉得 firm,organization,company 是一个意思,所以在文章中混用这些字眼,可是一个读者可能会觉得这些概念是不同的,所以不要混用。

　　避免不必要的重复。任何一句话,如果前面说过,就不要在后面重复。研究者应当假设读者记住了前面说过的一切。

　　控制必要的重复。只有当一个观念十分重要时才需要重复,比如本研究的一个特别重要的贡献、特别重要的假设、突破性的观点等。即使如此,也不要重复超过三遍。一般来讲,需要这样重复的要点不会超过五句。

　　使用正式文体的语气。不要使用口语的表达方法。比如,口语中我们可以说:as you may know。在论文中则不可以这样说。如果一定要说,合适的表达方式是:as most people have been aware of。

　　参考文献的数目。在管理类论文中,参考文献的数目不要超过 70。虽然这因课题前人的研究积累而不同,也因期刊的偏好而不同,如果超过这个数字,大部分时候表示你对文献缺乏筛选,没有鉴别文献的重要性。

15.10 段落的组织

　　一个段落,一个主题。这是科研写作的一个基本规则。虽然说不是每一段都可以用一句话来总结的,但是,80% 的段落应该可以用一句话简短地总结。如果有一个段落无法这样总结,那么要不是本段有太多太杂的内容,可以分为多段,要不就是你对本段所要表达的意思还没有理解透彻。

段落的长度不超过一页。大部分国际期刊要求手稿用 12 号字、双行距排版。在这个格式要求下,一般来讲,段落长度不要超过 A4 纸的一页。大部分的段落应该在 1/3 页到 2/3 页之间。

在陈述的过程中,把最重要的放在前面。一段之中往往有多个点,所以我们常用 first,second,third 等来组织。重要的内容要放在前面,给人留下深刻印象,不要把好东西留在后面。

主题句放在段落的前面。主题句(topic sentence)最好放在前面,这条规则与前一条类似。虽然有时我们也把主题句放在最后,偶尔放在中间,但是最好的方式是放在前面。明确地讲,主题句应当尽量放在第一句。如果无法放在第一句,比如,第一句用来承上启下,那么就用第二句。

承上启下。在段落之间不要突然跳转。用一个短句或从句承上启下。比如:Online community members are not only IT system users, but also community residents. As community residents, community supports are pivotal to their satisfaction with the online platform〔The rest of the paragraph elaborates on the importance of community supports to online community residents〕.

论述的方法。大部分段落都是为了阐明一个观点。阐明观点的最基本的方法是我们所熟悉的三段论。但是除此之外,我们可以用以下方法使论述更有说服力:①使用实例;②使用统计数据;③引用别人的原文;④使用实际人物的经历;⑤明确概念与定义;⑥对比;⑦分几个方面来论述;⑧使用历史过程来论述;⑨反驳反面观点。实际论文写作中,我们常常先明确定义,再分几个方面来论述。每个方面先用三段论做逻辑推理,再用统计数据、别人的原文、实证研究的结果、实际人物的经历、对比或历史过程来论述。在论述一个观点的时候,当你觉得无话可说时,想一想这些方面。

句子之间用连词做必要的承启。在一个段落中,连词可以把前后句子之间的关系表达出来。连词往往使用在三段论式的概念推理中。常见的连词有:in this light, therefore, hence, however, moreover, furthermore, although, but, consequently, as a result, in summary 等。使用连词可以帮助我们思考句子之间的逻辑关系。在逻辑推理中,如果两个句子之间无法用连词连起来,我们就要怀疑我们的思路是不是清晰。反过来,如果不用连词,前后句之间的关系也是明显的,则不要用连词。连词不是越多越好。

15.11 单句的表达

简洁地表述一个句子。不要使用长句,或在句子中使用两个或两个以上从句。试看这个句子:Departing from extant research which adopts an inductive and grounded exploratory methodology, we adopt a positivist perspective which starts with hypotheses deduced from current stock of domain knowledge and existing theories based on which hypotheses are tested with a new procedure that offers a number of advantages.

这个句子在语法上是过得去的,但是语义非常复杂。应该把它拆成简单句使之简单易懂:Departing from extant research which adopts an inductive and grounded exploratory methodology, we adopt a positivist perspective. With the positive perspective, hypotheses are deduced from current stock of domain knowledge and existing theories. These hypotheses are tested with a new procedure that offers a number of advantages.

除了对句子进行拆分,简洁的表述也可以通过对句子"瘦身"来实现。句子瘦身的办法如下:①找出主要动词与其主语;②找出所有的介词;③把主要动词与其主语放到语干上,并对介词所联系的部分进行简化。比如:The point this research wants to make is that platform providers **need** to enhance functionalities **of** social support **for** community members **in** online contexts. 在这个句子中,主题动词是 need;of,for 和 in 是为了描述宾语。我们可以去掉不必要的成分,简化后的句子是:Platform providers **need** to enhance functionalities **of** social support **for** online community members.

用句子的主要成分表达重要的意思。一个句子的主要成分就是它的主谓宾。主要意思要放在主谓宾上,不要放在从句或修饰语中。

有限地使用强调格式。可以用斜体或黑体来强调概念与观点,这样使得读者对论文的理解更为明确。以下是一些常见的使用强调的场合。①当理论模型中的概念被定义时,可以对概念名做强调;②对研究主题做强调;③对主要的理论名或理论视角做强调;④对开拓性结论做强调。

除了使用格式的变化来强调,也可使用句式的变化或者强调副词来强调一个观点。比如:Community supports have a great impact on community members' intention to switch. 强调后的表达可以是:Undeniably, community supports have a great impact on community members' intention to switch.

尽量避免使用被动句。被动句往往比主动句更不容易理解。在学术论文中,被动句要少用。在社会调查与实验设计的论文中,被动句一般出现在对实证研究过程的描述中,比如:

- The questionnaire was posted on the homepage of five online stores.
- Records with missing values were discarded.
- Subjects were randomly assigned to a treatment.
- They were given $10 each for their participation.

描述实证研究过程时,使用被动句往往是为了避免过多提及论文的作者 we 或者 I。即使如此,对数据收集过程的描述也要控制被动句的使用。Microsoft Word® 会自动警告所用的被动式,不过对句式的选择最终应该由写作的需要决定,而不是由软件决定。

定义概念和变量时使用文献。除非研究者定义一个全新的概念,否则在定义概念时要引用相关的文献。即使所采用的概念与相关文献不是完全一样的,也需要引用文献,然后研究者可以说明其中的不同。

文献的使用。一般来讲,在一个句子中,所引用的文献应该放在语句的末尾,这样不至于干扰对语句的理解。如果有多个文献则用";"隔开,并按作者姓氏的次序排列。如果句子的不同部分引用不同文献,则可以适当在句子中间插入文献引用。

15.12 时 态

所研究的现象。对所研究的现象的描述,一般需要用现在时。在一篇论文中,大部分描述是对研究现象的描述,包括概念的定义、概念之间的关系、现象之间的关系、普遍接受的观点、理论所持的观点、概念推理等。现在时可以说是论文的默认时态。

前人的研究行为与观点。前人的研究活动的本身要用过去式,但是前人的观点或研究发现与结论要用现在时,比如:They found privacy is an important concern for users to purchase online. 当我们不明确指定作者,只是泛指前人研究时,可以用现在完成时,比如:Extant research has found that users are concerned about their privacy when they purchase online.

理论与广为接受的观点。对于理论中的观点或其他广为接受的观点、做法,则需要用现在时,比如:The maxim of quality also has two sub-maxims:"do not say what you believe to be false" and "do not say that for which you lack adequate evidence." 又比如:According to Anderson and Gerbing (1988), measurement modeling should be carried out as the first step of structural equation modeling.

作者的观点。作者在提出观点时要用现在时,比如:We believe that online consumers are concerned about their privacy when they purchase online. 又比如:Based on the above reasoning, online consumers are concerned about their privacy when they purchase online. 其中第二句虽然没有提 We believe,但显然是作者的观点。

实证研究的过程描述。实证研究的过程描述要用过去式,比如:We carried out a semicontrolled survey to collect data. The subjects were undergraduate and graduate students from a major university in Southeastern Asia. They were invited to a computer laboratory where they were given four search topics and asked to choose one that interested them the most. 这也包括对结果的描述,比如:The majority of the subjects were male (M=72.7%, F=27.3%) undergraduate students(undergraduate=96.7%, graduate=3.3%). The mean age was 20.6 (stdev=1.5).

对结果的总结。在 Discussion 这一部分中,我们往往对实证的结果做一个总结,并对没被支持的假设做讨论。在这部分中,对于结果的讨论也需要用过去式。比如:Our empirical study shows that the overall model fit was satisfactory and 38% of variance in the dependent variable was explained. However, our data showed that privacy statement had no effect on alleviating privacy concern. 类似地,在讨论论文的局限性时也要用过去式。

理论贡献与实践贡献。在 Implication 中,我们对理论与实践贡献进行讨论。这时,研究者假定实证研究的结论是可靠的。所以,当研究者阐述变量之间的关系及其意义时,就要用现在时。比如:First, our study suggests that decisional control mechanism has an important effect on privacy concern; hence it is an important mechanism to alleviate online privacy concern.

要注意的是,虽然以上的建议是按这篇论文的各个部分提出来的,但是并不是说论文中的相应部分中所有语句都需用一个时态。最终,时态的确定要根据句子或从句的内容来定。另外,不同的学科或期刊的写作风格也会有不同,读者需要参考相应的期刊。

15.13 投稿的准备

投稿之前,研究者需要首先了解一个期刊相应的投稿要求。期刊往往要求论文采用一定的格式,研究者需要根据投稿要求对论文做一定的修改。下面例示了 MIS Quarterly 的部分投稿要求。

Manuscript Guidelines
Address and Format

URL address for submissions: http://mc. manuscriptcentral. com/misq.

Communications about your manuscript should be sent through this *MISQ* Manuscript Central website. All authors of a paper must be copied on any electronic communications with the senior editor or staff in the office of *MISQ*.

Authors should **not** indicate on their paper that it is under review at *MISQ*.

Manuscripts and associated materials should be submitted electronically to the *MISQ* Manuscript Central URL listed above. For a sample cover letter/e-mail, please see http://www. misq. org/roadmap/coverlet. html.

The preferred electronic format is Word or Word Perfect for a PC environment. Before using other formats, please contact the review coordinator through Manuscript Central.

All text in manuscripts should be in 12-point Times Roman font. Papers should be **double-spaced**, left-justified only.

Figures and exhibits should be in PowerPoint (preferred), Word, or GIF format. Please include all figures, exhibits, and tables in the same electronic file that contains the Word or Word Perfect document. Tables, figures, and exhibits should be in Arial font.

Grammar and Style
Use of high-quality grammar and style is essential. Authors should employ the services of a professional editor if they need assistance with grammar and style.

The following guidelines should be noted:

- Writing in the first person is acceptable, especially for qualitative, interpretive, intensive, critical, and case research.
- When using citations in text, stress the point of what's being cited, not who made the citation (for example, "... the Minnesota Golden Gophers basketball team was arguably the best team in the nation (Smith and Jones 1997)" rather than "Smith and Jones (1997) argue that the Golden Gophers were the best...").
- Authors should limit the number of citations in the text. Only those that are essential should be included.
- Authors should limit the use of footnotes. These can be distracting to a reader who may only have a short time to scan an article.

Content and Structure

The following information should also be provided:

Page 1:

- Paper title.
- Abstract.
- Keywords: Select 5 to 10 words or phrases to be used for indexing, in consultation with a technical thesaurus, if helpful. These might include important terms from the title, their synonyms, or related words. Authors should use neither prepositions nor hyphens unless the hyphenated parts are always treated as a unit. Authors should use terms that are as specific as possible and whose meaning is generally known.

Page 2:

- Paper title.
- Beginning of paper.

Headings should be clearly delineated. Authors should show each heading's level of importance as follows:

MAJOR HEAD
Separate line centered over text; bold, all caps.

First Subhead
Separate line centered over text; bold, upper/lower case.

Second Subhead
Separate line, flush left; bold, upper/lower case.

Third Subhead
On same line as beginning of text, flush left, bold, upper/lower case, followed by a colon.

Length of Papers

Papers must be written concisely. The following are guidelines on **maximum** length (excluding tables, figures, appendices, and references):

1. Research Articles: 40 pages
2. Research Notes: 20 pages
3. Research Essays: 35 pages
4. Research Commentaries: 30 pages
5. MISQ Theory and Review: 60 pages

> 6. Issues and Opinions Article：25 pages
>
> Submissions that have an excessive number of pages may have to be returned to authors for shortening before they are sent out for review.

以上的要求主要是格式上的要求。需要指出的是,不同的期刊对文献引用格式有不同的要求。但是,在头几轮的审稿过程中,审稿人一般对文献引用格式不会有硬性的要求。文献引用格式可以在最后再按期刊要求确定。

有些期刊要求作者推荐编辑与审稿人。编辑不一定会采用或全部采用推荐的审稿人。对研究者来讲,不管期刊是否要求,推荐编辑与审稿人总是有益的。这不但减轻编辑的负担,也可以让论文有更大的概率落在内行的审稿人之手。一般来讲,论文落在一个内行的审稿人之手比落在一个外行之手好得多。即使被拒绝,研究者也可以得到有价值的反馈意见。

15.14 审稿的标准

审稿人是如何评价一篇论文的? 论文的理论与实践贡献、研究实施过程的效度、报告的质量是主要的评价方面。MIS Quarterly 是管理信息系统领域最权威的期刊,我们可以用它作为例子来说明审稿标准。其他的管理类期刊大多采用类似的标准,读者可以从各期刊的网站得到审稿标准。

> **Part I.**
> Please express your level of agreement with each of the following statements，indicating your choices with an "X"：
> **Criterion**
> 1. The paper is conceptually significant.
> 2. The paper is practically significant.
> 3. The paper is well designed.
> 4. The design is well executed.
> 5. The presentation of ideas is effective.
> 6. Overall，the paper presently makes a major contribution.
> 7. Overall，the paper has the potential to make a major contribution.
>
> | Strongly agree | Agree | Slightly agree | Unsure | Slightly disagree | Disagree | Strongly disagree |
> |---|---|---|---|---|---|---|
> | | | | | | | |
> | | | | | | | |
> | | | | | | | |
> | | | | | | x | |
> | | | | | | x | |
> | | | | | | x | |
> | | | | | | x | |

Standards for Reviewing

1. **Conceptual Significance**：The work represents an important contribution to knowledge. It extends or challenges IS theory, empirical literature, methods, IS professional issues, or IS body of knowledge. Ties to relevant literature are clear as is the thrust of the central argument. The work explicates underlying assumptions well and provides direction for extending or improving on the present work.

2. **Practical Significance**：The work contributes to our understanding of current technological and organizational problems or challenges faced by IS or other practitioners.

3. **Design and Execution**：Methods, subjects, logic, and techniques (where relevant) are well designed for the investigation of the questions posed. The work is well executed, including provision of pertinent evidence and interpretation of results. Where appropriate, operationalizations of theoretical constructs, validity, and the choice of statistical and/or mathematical analysis are well done. The work adheres to AIS and generally accepted codes of scientific ethics.

4. **Presentation**：The work adopts a professional style and tone and is concise. It is grammatically correct and clear in its use of figures and tables. The flow of ideas in the paper is logical and there is a clear tie between its use of prior literature and a clear link between the method it adopts and its conclusions. The work is presented at a level of sophistication and length appropriate to the readership of the journal.

Part II.

In the space below, please provide the following feedback for the authors and editors. When you have finished, please go to http://mc. manuscriptcentral. com/misq. At this website, you will first be asked to make a recommendation about the disposition of the manuscript ranging from (1) "reject," (2) "reject but invite new submission" (i. e., very risky revisions), (3) "major revisions," (4) "minor revisions," (5) "accept conditionally" (i. e., very minor revisions), and (6) "accept." After that, you will be prompted to upload this entire evaluation form in MS Word.

Comments for the Authors and Editors (use as much space as you like for each evaluation question and be sure not to identify yourself in this space)：

I. **What is interesting about this paper**?

II. **As the authors continue to develop this paper for possible publication in *MISQ* or another journal, what are the 2-3 strengths/contributions that you would like to see them highlight**?

III. **What are the 2-3 key challenges/shortcomings that they must overcome as they develop this paper for possible publication in *MISQ* or in another top journal? Please provide suggestions for overcoming these shortcomings/challenges**?

IV. **Please write any additional comments here**：

　　大部分期刊的审稿是一个所谓的盲审过程,作者与审稿人互不知道对方是谁。但是受理的助理编辑或主编则知道双方是谁。这样的过程是为了保证审稿的公正性。

　　审稿人审稿意见一般分两大部分,先是对文章内容或优点的总结,再逐点指出文章弱点或欠缺之处。第二部分是主要部分。当然最后还会有总结性的建议。

15.15 修改与再投稿的过程

论文的结果可以是 acceptance, minor revision, major revision 或 rejection。大部分高质量的期刊首轮审稿的结果是 major revision 或 rejection。所以对研究者而言,任何一个 major revision 的机会都不要放弃,努力修改,争取在第二轮、第三轮成为 minor revision 或 acceptance。有时候,一篇论文的修改需要重新收集数据。如果是好的期刊,即使需要收集数据也不要放弃。一般来讲,一篇论文经过 3~4 轮的审稿过程是正常的。再强调一次,不管结果如何,不要放弃,认真修改再投稿,这已经是"临门一脚"了。

在投稿之前,一定要对论文做仔细的检查,保证没有语法与打印错误,保证意思的通畅传达。对中国的学者来讲,请专业的文字编辑修改论文往往是必要的。本书作者的每一篇论文都请过专业的文字编辑修改。把手稿交给文字编辑之前,研究者要尽自己的最大努力改正所有能发现的错误,这样,文字编辑才能有时间注意到研究者无法发现的错误上。否则,文字编辑把时间花在那些简单错误上,就无法注意到更隐蔽的错误了。

内容表达的正确与通畅十分重要。要知道,大部分审稿人没有心情读一篇粗制滥造的论文,就算有内容,因为错误的语法与拙劣的表达,审稿人也会草草拒绝了事。一句话:态度很重要。如果你写论文的态度是草率的,你不会得到审稿人的尊重。

在回答审稿人意见时,研究者需要逐点回答,而且要回答每一点。哪怕研究者不同意审稿人意见,也要认真说明为什么"坚持己见"。以下是回答审稿人意见的一个例子。

Comment:

The second issue that concerns me about the paper is its recentness. Suspicions are raised when many of the references are to research published in the 70s and 80s. While some research obviously is timeless, I believe the authors have an obligation to justify the applicability of the basic concepts and theory spawned over 40 years ago to today's rapidly changing, technology driven communications environment and new generation of participants.

Response:

We thank the reviewer for raising this point. The main theory used for the previous version of the paper was Watzlawick et al.'s (1967) interactional communication theory. In the revised paper, we use the more recent "relational communication theory" (Walther 1995; Walther & Burgoon, 1992) which is the latest development of the older theory. The relational communication theory, particularly Walther's social information processing concepts, are well-known to the IS community. However, the basic proposition i. e., communication modifies dyadic relationships and people have the motivation to actively manage relationships through communication, is present in Watzlawick et al.'s original work. That is why we relied on that classic work as our previous theoretical foundation. In response to the reviewer's comments, we have made the following changes:

- We have replaced the interactional communication theory with its more recent development i. e. , the relational communication theory. Please refer to <u>page 6</u>, "A Communication Perspective".

- When justifying hypotheses 3 on the relational motivation, the justification is now tied to the concepts from relational communication theory (<u>page 11</u>).

- While some of the classic references on socialization and information seeking have been retained, a number of old references from the 60s to the 80s have been removed.

- A number of new references on information seeking and the use of CMC and KMS have been added. Some of this is done as part of the revision to strengthen the relevance of the study to MIS. The changes to the references have been made throughout the paper.

15.16 结 语

社会调查研究并不是一个容易的工作,交学费是不可避免的。关键是你学到了什么! 但愿大家体会到从理论模型到实证研究的一体性与相互影响,从而少走弯路,早日在顶级的学术期刊发表文章。若本书于你有所裨益,便是笔者的大喜了。

参考文献

Podsakoff, P. M. , S. B. MacKenzie, J. Lee, N. P. Podsakoff. 2003. Common method biases in behavioral research: A critical review of the literature and recommended remedies. *Journal of Applied Psychology*. 88 (5) 879-903.

Yule, G. (2004). *Explaining English Grammar*. Oxford, NJ: Oxford University Press.